발간에 즈음하여

AI 시대를 맞이하여 73만명 졸업생을 배출한 한국방송통신대학이
세계로 뻗어나가고 있다는 것이 자랑스럽다
돈없이 공부하고 학점따는 시대가 왔고 과학적인 대학의 커리큘럼
24시간 언제 어디서든지 공부할 수 있는 시대가 왔다
방송통신대는 인생의기회이다 단돈40만원 학비 입학하면 400만원
무이자 지원 힘없고 가난한자는 기회이다
강의내용은 유명대학교수보다 더 좋은 커리큘럼 가장경제적으로 학문을
잡할수있는기회 그야말로 디딤돌이다
명퇴자 실직자 대학에가보지않은 취준생은 학과를 선택해서 학문의디딤돌로
삼아야한다
외국인 유학생은 한국어를 강의내용으로 반복하면 가장 경제적으로 한국어를
배울수있는기회이다
전세계 어느곳에서도 24시간 강의들으며 학위도받고 한국어를 쉽게 공부할수있는기회
앞으로 방송통대신대 시대가온다
현재 우리나라 여성은 독서률이 세계최저수준으로 부끄러울정도로 1년에 단1권도
책을 읽지않은 민족이다
바느질과 밤세 다듬이질을 해온 부지런하고 섬세한 한국여성상이 점차 부끄러운민족
으로 추락하는 시점에서 경각심을갖고 책을사고 방송통신대를 꼭입학하여 생각하는
민족으로 다시태어나야한다
한반도 5000년을 지탱하던 에너지를 다시 부활하여 물질문명에 선을 긋고
유투브나 미디어 문화보다 생각하는 한민족으로 다시테어나야한다
필자는 이러한 좋은제도를 십분활용하여 현재 40여개학과를 100여개확과로 확충
대한민국국민은 열심히 연구하고 공부하는 민족임을 자랑스럽게 말할 수 있는
좋은시스템을 활용 세계속에 대한민국을 이루어야할때가 왔다
100권 도서구매 영수증을 은행이자할인정책 100권구매영수증을 아파트분양권우선
점수배당제 등의 정책으로 독서로 거듭나는 민족을 만드는정책에 동참하여야한다
해외유학생이 점점 늘어나는 요즘 한국어배우기에는 안성마춤이다
kpop k 민주주의 에이어 k대학세계화로 가는 초석이 될것으로 확신한다
대학갈기회를 못잡으신분 최저가로 도전함이 바람직하다
전국민이 방송통신대를 거울삼아 공부하는 대한민국 24시간 세계문화를 선도하는
대한민국이 되리라 확신한다

2025년 10월20일

저자 김정수 배상

목차

발간에 즈음하여

1 대학생활길라잡이
2 2024년 모집요강
3 2025년 모집요강
4 방통대 활성화

부록 급여500만원 요양보호사요약및문제집

1 대학생활 길라잡이

한국방송통신대학교 2021학년도 1학기

대학생활 길라잡이

내 인생을 바꾼 대학

KOREA NATIONAL OPEN UNIVERSITY

국립 한국방송통신대학교
Korea National Open University

CONTENTS

006	2021학년도 1학기 대학생활 길라잡이 ㅣ 안내
007	입학 환영사
008	한국방송통신대학교 2021학년도 학사력

Ⅰ. 대학생활

012	1. 우리 방송대는 어떠한 대학인가요?
012	1-1. 대학의 특성
014	1-2. 대학의 비전과 교명과 심볼, 교가 등
016	1-3. 대학의 조직과 전경
020	2. 입학하면 수업을 받기 전에 무엇을 먼저 해야 하나요?
020	2-1. 인터넷 ID 등록과 학생 e-mail 보유
028	2-2. 학교와 소속 지역대학 및 학과의 홈페이지 검색
028	2-3. 오리엔테이션(OT, 안내교육)과 입학식 참여
028	2-4. 수강신청과 등록
029	3. 수강신청은 어떻게 하나요?
029	3-1. 수강신청 일정
029	3-2. 수강신청 및 지정 기준
031	3-3. 수강신청 방법
032	4. 등록금과 실험실습비의 납부는 어떻게 해야 하나요?
032	4-1. 등록금 납부
035	4-2. 실험실습비 납부
036	5. 자율경비를 납부하면 좋은 점이 무엇인가요?
036	5-1. 교재의 대금납부와 구입
037	5-2. 학보 구독신청 및 대금납부
037	5-3. 학생회비의 납부
038	5-4. 대학발전후원금의 납부
038	6. 학기는 언제 시작되며 수업은 어떻게 받나요?
038	6-1. 학기 개시와 수업연한
038	6-2. 출석수업(원격영상강의 포함)
040	6-3. 방송강의(U-KNOU캠퍼스)
051	6-4. 계절수업
052	7. 시험의 유형과 응시방법은 어떠한가요?
052	7-1. 형성평가
052	7-2. 중간평가 시험(출석수업평가, 출석수업대체시험, 과제물시험)
053	7-3. 기말시험
053	7-4. 기말추가(과제물) 시험
053	7-5. 계절수업 시험

054	8. 성적평가는 어떻게 하나요?
055	9. 학점은 어떻게 얻을 수 있나요?
055	9-1. 편입생 학점인정
055	9-2. 사회봉사활동학점 인정
056	9-3. 프라임칼리지 학점 인정
056	9-4. 다른 대학 학점 인정
056	10. 학점을 잘 받으려면 어떻게 해야 하나요?
057	11. 학업을 위한 도움은 어떻게 받을 수 있나요?
057	11-1. 학과의 조교와 교수의 학습상담
057	11-2. 튜터(Tutor) 제도
058	11-3. 멘토링(Mentoring) 제도
058	11-4. 장애학생·다문화 학생·북한이탈주민 학생을 위한 특별학업지원제도
059	11-5. 학습동아리(스터디)
060	12. 장학금을 받으려면 어떻게 해야 하나요?
061	12-1. 국가장학금
062	12-2. 저소득계층을 위한 장학금
062	12-3. 장애학생을 위한 장학금
062	12-4. 청년과 고령자(장년)를 위한 장학금
063	12-5. 성적우수자를 위한 장학금
063	12-6. 교육보호자(국가유공자와 북한이탈주민)를 위한 장학금
064	12-7. 외국인과 귀화자, 다문화학생을 위한 장학금
064	12-8. 학생회 임원을 위한 장학금
064	12-9. 선행과 공로를 한 학생을 위한 장학금
065	12-10. 방송대에 다시 입학한 학생을 위한 재학업장학금
065	13. 장학금 등을 받으며 학업과 일을 양립할 수 있는 일자리가 방송대에 있나요?
065	13-1. 근로장학생
065	13-2. 장애학생도우미
066	14. 연계전공·복수전공·전공분리(일부 학과만 해당)는 무엇인가요?
066	14-1. 사회복지연계전공
067	14-2. 복수전공
068	14-3. 전공분리
069	15. 학업과 일,가정,병역의 양립을 지원하는 제도와 시설이 있나요?
069	15-1. 시험의 편의제공
069	15-2. 지역대학의 유아방
069	15-3. 병역연기제도
069	15-4. 특별휴학제도

070	16. 학생통합서비스센터는 어떠한 서비스를 제공 하나요?
070	16-1. 학사상담
070	16-2. 성희롱·성폭력 예방 교육·상담
071	16-3. 진로상담과 경력개발지원
071	16-4. 심리검사·상담
071	16-5. 건강교육·상담
071	16-6. 학생증과 국제학생증, 각종 증명서 발급
073	17. 알아두면 좋을 학생지원제도는 무엇인가요?
073	17-1. 국가직 지역인재 7급 수습직원 추천
073	17-2. 학자금 대출과 복지제도 등 안내
073	18. 지역대학과 학습센터·학습관은 어떻게 이용할 수 있나요?
074	19. 도서관과 전산·정보실, 방송대학 TV는 어떻게 이용할 수 있나요?
075	20. 대학생활을 즐겁고 보람차게 보내려면 어떻게 하면 좋을까요?
075	20-1. 학교와 학교 부속시설, 지역대학, 학과의 행사 참가
075	20-2. 학생자치조직(학생회, 스터디모임과 동아리)의 활동과 행사 참가
076	20-3. 봉사활동 참여
077	21. 휴학과 재입학을 하려면 어떻게 해야 하나요?
078	22. 징계와 제적은 어떠한 경우에 당하게 되나요?
078	23. 졸업을 하려면 어떻게 해야 하나요?
078	23-1. 졸업에 필요한 학점과 요건
079	23-2. 졸업논문작성과 졸업논문대체인정(일부 학과만 해당)
080	23-3. 특별한 졸업의 요건(복수/연계전공자 졸업, 조기졸업, 명예졸업)
081	23-4. 졸업유보제도
082	24. 졸업할 때 상과 자격증을 받으려면 어떻게 해야 하나요?
082	24-1. 수상에 필요한 요건
083	24-2. 자격증 획득에 필요한 요건
083	25. 졸업 후에도 방송대에서 계속 공부할 수 있나요?
083	25-1. 시간제 등록제도 활용
083	25-2. 다른 학과 편입학
084	25-3. 대학원과 경영대학원, 프라임칼리지 진학
085	[별첨] 1. 입학에서부터 졸업까지의 학사흐름도
086	2. 대학본부 행정부서 전화번호
087	3. 학과별 전화번호
088	4. 지역대학과 학습센터·학습관의 위치와 연락처

II. 교수 및 교과과정

098	1. 교수소개
118	2. 인문과학대학
132	3. 사회과학대학
157	4. 자연과학대학
174	5. 교육과학대학
215	6. 프라임칼리지
217	7. 대학원

III. 부속시설 및 부설기관

222	1. 원격교육연구소
224	2. 통합인문학연구소
225	3. 중앙도서관
231	4. 디지털미디어센터
234	5. 종합교육연수원
235	6. 역사기록관
236	7. 교양교육원
237	8. 인재개발원
238	9. 국제협력단
239	10. 산학협력단
240	11. 출판문화원(press.knou.ac.kr)

IV. 학생상담 사례모음

246	1. 홈페이지 이용 방법
248	2. 수강신청(변경) 방법
252	3. 등록과 휴학
255	4. 교재구입 방법
257	5. 수업 방법
259	6. U-KNOU캠퍼스
263	7. 성적평가 방법
266	8. 졸업 방법
267	9. 재입학 방법
268	10. 다른 학과로 편입
269	11. 학생복지 혜택
273	12. 진로·심리상담 서비스
274	13. 신교육과정 및 복수전공
278	14. 대학원 상담

2021학년도 1학기
대학생활 길라잡이 안내

[2021학년도 1학기 대학생활 길라잡이]는 우리대학에 2021학년도 1학기에 입학한 신·편입생과 재입학한 학생이 입학한 때부터 졸업할 때까지 학업과 대학생활을 잘 하려면 알아두어야 할 정보를 간략하면서도 체계적이고 알기 쉽게 학생처가 설명하여 제공하는 학교안내 자료입니다.

이 자료에는 우리 대학의 특성, 입학 후 수업을 받기 전 먼저 해야 할 일, 수강신청과 등록하는 방법, 수업과 시험·평가·장학금을 받는 방법, 학점을 잘 받는 방법, 학업을 위한 도움을 받는 방법, 학업과 일·가정·병역의 양립을 지원하는 제도와 시설 안내, 학생에 대한 서비스 지원제도의 안내, 지역대학과 도서관·전산실·방송대학 TV의 이용방법, 교재 구입과 학보 구독의 필요성과 방법, 학생자치조직(학생회, 스터디 모임, 동아리 등)의 활동, 대학생활을 즐겁고 보람차게 보내는 방법, 휴학과 재입학의 방법, 징계와 제적을 당하는 경우, 졸업할 때 상과 자격증을 받는 방법, 졸업 후에도 방송대에서 계속 공부하는 방법 등에 관한 정보를 담고 있습니다.

이 자료는 2021학년도 1학기에 입학한 모든 학생들에게 지역대학을 방문하면 배부될 뿐만 아니라 학교 홈페이지에도 게시됩니다. 그리하여 입학생 뿐 아니라 재학생들도 상시 이 자료를 참조하여 우리 대학을 빨리 파악하고 적응을 잘하여 중도에 포기하지 않고 학업과 대학생활을 즐겁게 하다가 졸업할 수 있도록 돕고자 합니다.

제공하는 정보는 2021년 1월 현재 기준 우리 대학 학칙과 규정, 제도와 정책을 축약한 것이므로 추후 변경될 수 있습니다. 그러므로 학교와 소속 지역대학, 학과의 홈페이지에 게시되는 공지를 자주, 꼭 확인하여 보다 상세하고 최신의 정보, 행사 및 서비스에 관한 안내를 받는 것이 필요합니다. 학생통합서비스센터의 안내전화 ☎1577-9995와 지역대학의 학생서비스센터에 문의하셔도 좋습니다.

입학 환영사

2021년에 우리 한국방송통신대학교("방송대")에 입학하여 새내기 대학 구성원이 되심을 크게 환영하고 축하합니다. 자신의 역량을 성장시키고 인생을 재설계하기 위해 고등교육기관인 대학에서 새롭게 공부하는 꿈을 꾸어 보지만 실행하기는 매우 어려운데 대학 입학을 결단하신 여러분께 경의를 표합니다. 인생에 있어서 "선택"과 "만남"이 중요함을 새록새록 깨닫게 됩니다. 많은 대학 중에 방송대를 선택하여 방송대의 인적·물적 자원을 만나게 되는 여러분의 선택과 만남이 황금빛 인생의 소중한 마중물이 될 것이며 또한 그렇게 되도록 우리 방송대의 교수와 직원, 학우, 튜터와 멘토, 동문들이 도울 것입니다. 그런데 방송대에서 대학생활을 잘 하려면 방송대의 특성과 가치를 잘 알아두어야 할 것입니다.

첫째, 방송대는 1972년에 우리나라 최초이자 유일한 국립 원격대학으로 설립되어 배움을 원하는 모든 국민들에게 고등교육과 평생교육의 기회를 제공하고 있습니다.

둘째, 우리나라 대학 중 유일하게 대학 캠퍼스에 TV강의와 멀티미디어 강의 등 다양한 방식의 강의를 제작할 수 있는 방송국을 설치하고 있고 고등교육 전문채널(방송대학 TV, OUN)을 보유하여 재학생은 물론 전국민에게도 제공하며 시간과 장소에 제약 없이 PC와 스마트폰으로 수업을 받을 수 있는 첨단 학습시스템도 갖추고 있습니다. 그리하여 일과 가정생활, 학업을 병행하기에 최적의 여건을 가진 대학입니다.

셋째, 전국 곳곳에 지역대학, 학습센터, 시·군 학습관을 설치하여 학생들이 교수진들과 만나서 수강과 지도를 받을 수 있고, 학생회/스터디/동아리 등의 학생자치 활동을 활발히 할 수 있고 지역사회와 연계하여 교육과 문화를 함께 증진시키고 있어 우리나라 유일한 전국권 대학의 특성도 가지고 있습니다.

넷째, 등록금이 우리나라 대학 중에서 가장 저렴합니다(한 학기 34만원대~37만원대). 그럼에도 다양한 장학금 제도가 있어 재학생 중 30%가 장학금을 받고 있습니다. 또한 우리 대학의 교수진과 교재의 우수함, 학사관리의 엄정성은 널리 인정받고 있습니다.

다섯째, 개교 49년이 되는 동안 73만 명의 졸업생을 배출하였고, 전국 곳곳에 거주하며 다양한 직업과 연령, 삶의 경험을 가진 재학생이 약 10여만 명에 이르는 최대의 대학 인적네트워크를 가진 대학이라는 특성도 가지고 있습니다. 우리나라 고위공무원단 출신대학 6위, 기초지방자치단체장 출신 대학 1위, 국가 인재 DB등록자 4위 대학이 바로 우리 방송대입니다. 방송대를 경험한 사람들은 이러한 방송대의 장점을 알기에 방송대를 졸업하고 다시 입학하는 재학업생, 자퇴하였거나 제적된 학생들이 다시 입학하는 재입학생이 해마다 늘어나고 있습니다.

이제 방송대에서 국립대학의 대학생으로서의 첫걸음을 하시거나 다시 발걸음을 하시는 여러분들의 입학을 다시 축하하며 지혜와 인생을 배우며 대학생활을 즐겁고 보람있게 하시고 방송대의 구성원들이 여러분들의 대학생활에 든든한 길라잡이가 될 것이니 중도에서 포기하지 말고 졸업하시길 축원합니다.

한국방송통신대학교 총장 류 수 노
학생처장 손 미 영

한국방송통신대학교
2021학년도 학사력

1 January

기간	내용
2020.09.01(화) ~ 2021.01.26(화)	2020 전기 졸업유보 신청
2020.12.31(목) ~ 01.06(수)	2021 1학기 신·편입생 입학지원서 방문접수
01.04(월)	2021 시무식
01.05(화) ~ 01.11(월)	2020 연계·복수 취소 신청
01.08(금) ~ 01.10(일)	2020 동계 계절수업시험 ※시험 일정은 조정될 수 있음
01.07(목) ~ 01.13(수)	2021 1학기 시간제등록생 입학지원서 접수 및 수강신청
01.08(금)	2020 2학기 졸업논문 및 제2차 졸업논문대체 합격자 발표
01.19(화) ~ 01.26(화)	2021 1학기 재학생 수강신청
01.26(화)	2021 1학기 시간제등록생 합격자 발표
01.27(수)	2021 1학기 신·편입생 합격자 발표
01.27(수) ~ 02.02(화)	2021 1학기 신·편입생 수강신청
01.27(수) ~ 02.02(화)	2021 1학기 신·편입생 등록
01.27(수) ~ 02.02(화)	2021 1학기 시간제 등록생 등록

2 February

기간	내용
02.01(월) ~ 02.05(금)	2021 1학기 재학생 등록
02.24(수)	2021년도 전기 학위수여식

3 March

기간	내용
03.01(월)	2021 입학식
03.01(월) ~ 07.27(화)	2020 후기 졸업유보 신청
03.02(화) ~ 06.13(일)	2021 1학기 방송강의(멀티미디어,TV 등)
03.02(화) ~ 06.05(토)	2021 1학기 출석수업
03.02(화) ~ 03.16(화)	2021 1학기 졸업논문 계획서 접수
03.16(화) ~ 03.29(월)	2021 2학기 생활과학부 전공배정 신청
03.09(화)	개교기념일
03.17(수) ~ 04.23(금)	2021 1학기 과제물시험 과제물 접수(정시)
03.22(월) ~ 03.26(금)	2021 1학기 제1차 졸업논문대체 접수

4 April

기간	내용
04.13(화) ~ 04.19(월)	2021 2학기 연계전공 신청
04.19(월)	2021 1학기 제1차 졸업논문대체 합격자 발표

5 May

기간	내용
05.03(월) ~ 05.10(월)	2021 1학기 졸업논문 접수
05.04(화) ~ 05.10(월)	2021 2학기 복수전공 신청
05.04(화) ~ 05.10(월)	2021 하계계절수업 수강신청
05.14(금) ~ 05.20(목)	2021 하계계절수업 등록

6 June

기간	내용
06.04(금) ~ 07.06(화)	2021 2학기 재입학 신청
06.04(금) ~ 06.06(일)	2021 1학기 출석수업대체시험
06.11(금) ~ 06.13(일)	2021 1학기 1,2학년 기말시험 ※시험 일정은 조정될 수 있음
06.14(월) ~ 07.13(화)	2021 2학기 신·편입생 입학지원서 접수
06.18(금) ~ 06.20(일)	2021 1학기 3,4학년 기말시험 ※시험 일정은 조정될 수 있음
06.21(월) ~ 06.25(금)	2021 1학기 2차 졸업논문대체 접수
06.21(월) ~ 07.11(일)	2021 하계계절수업 강의
06.29(화) ~ 07.05(월)	2021 1차 연계·복수 전공 취소 신청

7 July

기간	내용
07.07(수) ~ 07.13(화)	2021 2학기 신·편입생 입학지원서 방문접수
07.09(금) ~ 07.11(일)	2021 하계계절수업 시험 ※시험 일정은 조정될 수 있음
07.14(수) ~ 07.20(화)	2021 2학기 시간제등록생 입학지원서 접수 및 수강신청
07.16(금)	2021 1학기 졸업논문 및 제2차 졸업논문대체 합격자 발표
07.22(목) ~ 07.27(화)	2021 2학기 재학생 수강신청
07.30(금)	2021 2학기 시간제등록생 합격자 발표

Korea National Open University

8 August	08.02(월)	2021 2학기 신·편입생 합격자 발표
	08.02(월) ~ 08.05(목)	2021 2학기 신·편입생 등록
	08.02(월) ~ 08.05(목)	2021 2학기 시간제 등록생 등록
	08.02(월) ~ 08.05(목)	2021 2학기 재학생 등록
	08.02(월) ~ 08.05(목)	2021 2학기 신·편입생 수강신청
	08.23(월) ~ 12.04(토)	2021 2학기 방송강의(멀티미디어,TV 등)
	08.25(수)	2021년도 후기 학위수여식
9 September	09.01(수) ~ 11.27(토)	2021 2학기 출석수업
	09.01(수) ~ 2022.01.25(화)	2021 전기 졸업유보 신청
	09.02(수) ~ 09.16(목)	2021 2학기 졸업논문 계획서 접수
	09.14(화) ~ 09.27(월)	2022 1학기 생활과학부 전공배정 신청
	09.15(수) ~ 10.22(금)	2021 2학기 과제물시험 과제물 접수(정시)
	09.27(월) ~ 10.01(금)	2021 2학기 제1차 졸업논문대체 접수
10 October	10.12(화) ~ 10.18(월)	2021 동계계절수업 수강신청
	10.25(월)	2021 2학기 제1차 졸업논문대체 합격자 발표
	10.22(금) ~ 10.27(수)	2021 동계계절수업 등록
11 November	11.02(화) ~ 11.09(화)	2021 2학기 졸업논문 접수
	11.02(화) ~ 11.08(월)	2022 1학기 복수전공 신청
	11.26(금) ~ 11.28(일)	2021 2학기 출석수업 대체시험
	11.29(월) ~ 2022.01.05(수)	2022 1학기 신·편입생 입학지원서 접수
	11.30(화) ~ 2022.01.05(수)	2022 1학기 재입학 신청
12 December	12.03(금) ~ 12.05(일)	2021 2학기 1,2학년 기말시험 ※시험 일정은 조정될 수 있음
	12.10(금) ~ 12.12(일)	2021 2학기 3,4학년 기말시험 ※시험 일정은 조정될 수 있음
	12.20(월) ~ 12.24(금)	2021 2학기 제2차 졸업논문대체 접수
	12.20(월) ~ 2022.01.09(일)	2021 동계계절수업 강의
	12.30(목) ~ 2022.01.05(수)	2022 1학기 신·편입생 입학지원서 방문접수
	12.31(금)	2021 종무식

2022년

1 January	01.03(월)	2022 시무식
	01.04(화) ~ 01.10(월)	2021 2차 연계·복수 전공 취소 신청
	01.06(목) ~ 01.12(수)	2022 1학기 시간제등록생 입학지원서 접수
	01.07(금) ~ 01.09(일)	2021 동계 계절수업 시험 ※시험 일정은 조정될 수 있음
	01.14(금)	2021 2학기 졸업논문 및 제2차 졸업논문대체 합격자 발표
	01.18(화) ~ 01.25(화)	2022 1학기 재학생 수강신청
	01.25(화)	2022 1학기 시간제등록생 합격자 발표
	01.26(수)	2022 1학기 신·편입생 합격자 발표
	01.27(목) ~ 02.03(목)	2022 1학기 신·편입생 등록
	01.27(목) ~ 02.03(목)	2022 1학기 시간제 등록생 등록
2 February	02.03(목) ~ 02.08(화)	2022 1학기 재학생 등록
	02.23(수)	2022년도 전기 학위수여식

※ 상기 일정은 학교사정으로 인하여 변경될 수 있습니다.

KOREA NATIONAL OPEN UNIVERSITY
KNOU

I. 대학생활

1. 우리 방송대는 어떠한 대학인가요?
2. 입학하면 수업을 받기 전에 무엇을 먼저 해야 하나요?
3. 수강신청은 어떻게 하나요?
4. 등록금과 실험실습비의 납부는 어떻게 해야 하나요?
5. 자율경비를 납부하면 좋은 점이 무엇인가요?
6. 학기는 언제 시작되며 수업은 어떻게 받나요?
7. 시험의 유형과 응시방법은 어떠한가요?
8. 성적평가는 어떻게 하나요?
9. 학점은 어떻게 얻을 수 있나요?
10. 학점을 잘 받으려면 어떻게 해야 하나요?

11. 학업을 위한 도움은 어떻게 받을 수 있나요?

12. 장학금을 받으려면 어떻게 해야 하나요?

13. 장학금 등을 받으며 학업과 일을 양립할 수 있는 일자리가 방송대에 있나요?

14. 연계전공·복수전공·전공분리(일부 학과만 해당)는 무엇인가요?

15. 학업과 일,가정,병역의 양립을 지원하는 제도와 시설이 있나요?

16. 학생통합서비스센터는 어떠한 서비스를 제공 하나요?

17. 알아두면 좋을 학생지원제도는 무엇인가요?

18. 지역대학과 학습센터·학습관은 어떻게 이용할 수 있나요?

19. 도서관과 전산·정보실, 방송대학 TV는 어떻게 이용할 수 있나요?

20. 대학생활을 즐겁고 보람차게 보내려면 어떻게 하면 좋을까요?

21. 휴학과 재입학을 하려면 어떻게 해야 하나요?

22. 징계와 제적은 어떠한 경우에 당하게 되나요?

23. 졸업을 하려면 어떻게 해야 하나요?

24. 졸업할 때 상과 자격증을 받으려면 어떻게 해야 하나요?

25. 졸업 후에도 방송대에서 계속 공부할 수 있나요?

1
우리 방송대는 어떠한 대학인가요?

1-1. 대학의 특성

설립
1972

1972년에 설립된 우리나라 최초이자 유일한 국립 4년제 원격대학

배움을 원하는 모든 국민들에게 고등교육과 평생교육을 제공하는 평생교육기관, 열린 대학

국내외 대학 등에게 강의 콘텐츠와 원격 교육 기술을 제공하는 세계적 수준의 첨단 원격대학

등록금이 국내 대학 중 가장 저렴한 대학 (한 학기 34만원 대~37만원 대)

학습관
31개

전국 곳곳에 13개의 지역대학과 3개의 학습센터, 31개의 시·군 학습관을 두고 교수진들이 학생들과 만나 면대면 교육 체제를 가진 국내 유일한 전국권 대학

시간과 장소에 제약 없이 PC와 스마트폰으로 수업과 학사정보를 받을 수 있는 첨단 학습시스템을 갖춘 대학

대학 캠퍼스에 TV·인터넷강의를 제작하는 방송국(방송대학 TV)을 보유하여 재학생은 물론 전국민에게 양질의 교육 콘텐츠를 제공하는 국내 유일한 대학

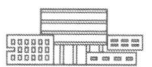 Korea National Open University

졸업생
73만명

개교 50년이 되는 동안 졸업생 73만 명 배출, 다양한 직업과 연령대·지역의 재학생 10여만 명을 보유하여 국내 대학 중 가장 많은 대학 인적네트워크를 가진 대학

교수진과 강의·교재의 우수함과 학사관리의 엄정성을 널리 인정받고 있는 대학

👍

학업과 직업·생업·가정을 병행하기 좋은 대학

장학금
30%

30%가 넘는 학생들이 장학금을 받고 공부하는 대학

 기초지방자치단체장 출신

1위

고위공무원단 출신대학 6위, 기초지방자치단체장 출신 1위 대학

내 인생을 바꾼 대학

1-2. 대학의 비전과 교명과 심볼, 교가 등

■ 비전과 핵심가치

- Knowledge 전문성
- With U 다양성
- Network 나눔과 연대
- Openness 개방성

지혜의 시대를 여는
지식 네트워크 중심대학

KNOU
KOREA NATIONAL OPEN UNIVERSITY

■ 교명과 약칭

① 교명 : '한국방송통신대학교' (약칭 : '방송대')
② 영문 명칭 : Korea National Open University (약칭 : KNOU)

■ 대학의 위치와 우편 주소, 홈페이지, 대표전화

① 대학본부의 위치와 우편주소 : (03087) 서울시 종로구 대학로 86(동숭동)
② 학교의 홈페이지 : https://www.knou.ac.kr
③ 지역대학·학습센터/시·군 학습관의 위치·홈페이지·연락처 : 별첨 4
④ 대표 안내전화 : ☎ 1577-9995

정장

약장

■ 심볼마크

우리 대학의 심볼마크는 "열린 학습사회를 선도하는 세계 속의 첨단 원격대학"의 이념과 미래상을 표상합니다.

우주공간에 떠 있는 타원의 형태는 통신위성을 뜻하며 21세기 정보통신시대의 첨단 원격교육을 펼쳐가는 첨단대학을 의미합니다.

청색 원은 세계를 뜻하며 O(Open) 자형 타원과 열려진 U(University) 자형은 항상 개방되어 있는 열린 대학을 의미합니다.

열린 U자의 L(Love)과 J(Justice)의 조형은 사랑과 정의로 남과 북 그리고 온겨레가 하나 되는 민족대학임을 지향하는 것을 의미합니다.

■ 개교기념일 : 3월 9일

■ 교가

우리 대학의 교가는 유명한 가곡 [그리운 금강산]을 작곡한 최영섭 선생님이 작곡하였고 작사자는 '방송대학'으로 표기되어 있습니다. 입학식, 오리엔테이션을 비롯해 다양한 학교 행사에서 교가를 부르는 경우가 많습니다. 그러므로 (학교 홈페이지 → 홍보관 → 대학 상징 → 교가)를 클릭하면 악보와 교가 음원 mp.3가 있으니 가사를 음미하며 연습해 보세요.

1-3. 대학의 조직과 전경

우리 대학은 총장, 부총장, 대학본부, 교육조직, 중앙도서관 및 부속시설 등 법인과 기타시설로 조직되어 있습니다.

대학본부에는 교무처, 학생처, 기획처, 사무국, 교육정보화본부가 있습니다.

부서	조직
교무처	교무과/학사운영과
학생처	학생과/입학학적과/학생통합서비스센터
기획처	기획평가과/대외협력홍보과
사무국	행정지원과/재정지원과/시설지원과
교육정보화본부	교육정보화과

대학은 4개의 단과대학과 그 소속의 24개 학과, 프라임칼리지로 조직되어 있습니다.

단과대학	소속 학과·전공
인문과학대학	국어국문학과/영어영문학과/중어중문학과/프랑스언어문화학과/일본학과
사회과학대학	법학과/행정학과/경제학과/경영학과/무역학과/미디어영상학과/관광학과/사회복지학과(2018년 신설)
자연과학대학	농학과/생활과학부(가정복지학전공, 식품영양학전공, 의류패션학전공)/컴퓨터과학과/통계·데이터과학과/보건환경학과/간호학과
교육과학대학	교육학과/청소년교육과/유아교육과/문화교양학과/생활체육지도과(2020년 신설)

특별교육조직	소속·전공
프라임칼리지	금융·서비스학부(회계금융전공, 서비스경영전공)/첨단공학부(산업공학전공, 메카트로닉스전공, 데이터융합공학전공)

대학원에는 19개의 학과가 있고, 경영대학원에는 7개의 전공이 있습니다.

대학원	소속 학과·전공
대학원	문예창작콘텐츠학과, 실용영어학과, 실용중국어학과, 아프리카·불어권 언어문화학과, 일본언어문화학과, 법학과, 행정학과, 영상문화콘텐츠학과, 농업생명과학과(농학, 동물 자원), 생활과학과(생활과학, 가정복지상담학, 식품영양학, 의류패션학), 정보과학과, 이러닝학과, 바이오정보·통계학과 (바이오통계학, 통계학), 환경보건시스템학과, 간호학과, 평생교육학과, 청소년교육학과, 유아교육학과, 사회복지학과(2020년 신설)
경영 대학원	HR컨설팅전공/GM전공/테크노경영전공/마케팅전공/재무금융전공/회계금융전공/ 경제정책전공/국제무역전공

- 부속시설에는 중앙도서관, 디지털미디어센터(방송대학TV), 교양교육원, 역사기록관, 국제협력단 등이 있습니다.
- 연구시설에는 원격교육연구소와 통합인문학연구소가 있습니다.
- 그외 산학협력단, 발전기금재단, 출판문화원 등이 있습니다.

대학 본부 | 역사관

지역조직에는 13개의 지역대학과 3개의 학습센터, 31개의 시·군 학습관이 있습니다.
지역대학은 시·군학습관의 관할구역을 포함하며 소재지 전체를 총괄합니다.

지역대학명과 소재지	학습센터 / 시·군학습관명	시·군학습관의 관할구역
서울	남부학습센터(목동) 서부학습센터(원흥동) 북부학습센터(미아동)	
	동두천시 학습관	동두천시, 포천군, 연천군
	남양주시 학습관	남양주시, 구리시
부산		
대구·경북	포항시 학습관	포항시, 울릉군, 울진군, 영덕군
	안동시 학습관	안동시, 영주시, 봉화군, 예천군, 의성군, 군위군, 영양군, 청송군
	상주시 학습관	상주시, 문경시
	경주시 학습관	경주시
	구미시 학습관	구미시, 김천시
인천	부천시 학습관	부천시
광주·전남	목포시 학습관	목포시, 신안군, 무안군, 영암군
	순천시 학습관	순천시, 구례군, 광양시, 곡성군, 보성군, 고흥군
	여수시 학습관	여수시
	해남군 학습관	해남군, 진도군, 완도군, 강진군, 장흥군
대전·충남	공주시 학습관	공주시, 계룡시, 논산시, 부여군
	천안시 학습관	천안시, 아산시, 세종시
	홍성군 학습관	홍성군, 보령시, 예산군, 청양군
	서산시 학습관	서산시, 태안군, 당진군
울산		
경기	안양시 학습관	안양시, 과천시, 군포시, 의왕시
	성남시 학습관	성남시, 광주시, 하남시
	안산시 학습관	안산시, 시흥시
강원	강릉시 학습관	강릉시, 평창군
	원주시 학습관	원주시, 횡성군, 영월군
	동해시 학습관	동해시, 삼척시
	속초시 학습관	속초시, 양양군, 고성군
충북	제천시 학습관	제천시, 단양군
	충주시 학습관	충주시
전북	익산시 학습관	익산시
	남원시 학습관	남원시, 임실군, 순창군, 장수군
	군산시 학습관	군산시, 서천군
	정읍시 학습관	정읍시, 고창군, 부안군
경남	창원시 학습관	창원시, 함안군, 밀양시, 고성군, 창녕군, 의령군
	거제시 학습관	거제시, 통영시
제주		

서울 지역대학(성수)

부산 지역대학

대구·경북 지역대학

인천 지역대학

광주·전남 지역대학

대전·충남 지역대학

울산 지역대학

경기 지역대학

강원 지역대학

충북 지역대학

전북 지역대학

경남 지역대학

제주 지역대학

2
입학하면 수업을 받기 전에 무엇을 먼저 해야 하나요?

2-1. 인터넷 ID 등록과 학생 e-mail 보유

우리 대학은 원격교육기관이므로 학생이 ID(아이디)와 학생 e-mail(이메일)을 가져야 학교 홈페이지에서 수업일정, 성적 등 자신의 학사정보를 포함하여 학업과 대학생활에 필요한 각종 자료와 정보를 받을 수 있습니다. 또한 학교 홈페이지에 ID와 패스워드(password, 비밀번호)를 입력해야 "로그인" 할 수 있고 로그인 해야 '나의 공지'를 통해 자신의 학과와 지역대학과 관련한 정보도 얻을 수 있습니다. 그러므로 입학 후 가장 먼저 ID 등록과 학생 e-mail 신청을 해야 합니다.

ID등록 방법

1 ID 등록은 학적 정보가 생성되고 입학 합격자 발표가 난 후에 할 수 있습니다. ID는 5~15자로 영문 소문자·숫자 사용, 비밀번호는 영문자·숫자·특수문자 조합으로 9~15자로 만드는데 영문자는 대소문자를 구분합니다.

2 학교 홈페이지 초기화면의 로그인 영역에서 [아이디 등록]을 누른 후 사용자 구분에서 '학부생'을 선택하고 기본 인적사항(이름, 생년월일, 성별, 학번 등)을 입력합니다. 그 후 개인정보의 수집, 이용, 제공 등에 동의하고 (확인)을 클릭하면 등록할 수 있습니다.

3 등록한 ID는 변경할 수 없으니 ID 결정 시 신중하여야 합니다. 비밀번호 변경은 [로그인 → 맞춤정보 → '비밀번호관리']에서 변경할 수 있습니다.

4 학번, ID와 비밀번호는 본인이 잘 관리하여야 하고 잊어버렸다면 찾기 서비스를 이용할 수 있습니다. 이를 위해 다음 화면에서 나오는 개인정보를 미리 등록할 필요가 있습니다. 비밀번호를 잊어버린 경우에 '비밀번호 분실신고'를 클릭하면 임시 비밀번호를 발급받을 수 있는데 발급 받은 후 24시간 이내에 로그인하고 비밀번호 변경을 해야 합니다.

5 사용자 유형을 여러 개 보유하고 있더라도 ID는 하나로 씁니다.

6 시간제 등록 및 신·편입으로 인한 사용자 유형 추가는 시스템에서 일괄 처리합니다.

e-mail 생성   ❶ 학교 e-mail 생성을 위해 개인정보 동의서에 동의한 다음 KNOU 이메일 주소와 비밀번호 설정을 하는 것이 필요합니다.

❷ 이메일 생성이 완료되면 "축하합니다"라는 메시지가 뜨고 로그인하면 학교가 메일로 제공하는 각종 정보를 이메일로 받을 수 있습니다.

참고

방송대 도메인의 메일 계정은 구글 메일 계정입니다. 이 계정을 이용하면 용량과 저장 기한에 제한이 없는 구글 드라이브와 G 메일, 캘린더, 문서 등의 구글 앱스 서비스를 사용할 수 있습니다. 또한 MS사의 오피스365를 활용할 때 필요합니다.

방송대 교육용(구글) 이메일 신청

신청절차

https://www.knou.ac.kr

방송대 포털 사이트(https://www.knou.ac.kr)에서 로그인 후, 맞춤정보에서 메일 신청하시면 됩니다.

홈페이지에서 로그인은 우리대학의 구성원 여부를 확인하기 위한 절차입니다.

*홈페이지 오른쪽 하단 학생 이메일 신청 안내 참고

※ 맞춤정보

로그인 클릭

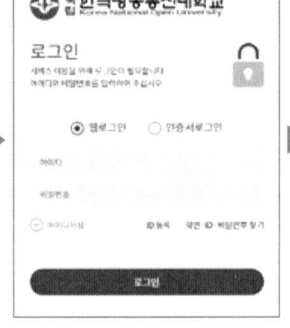
ID 및 비밀번호 입력

맞춤정보 클릭

1) 맞춤정보에서 메일신청 ● • 최초 로그인 후 맞춤정보에서 **[메일신청]** 버튼 클릭

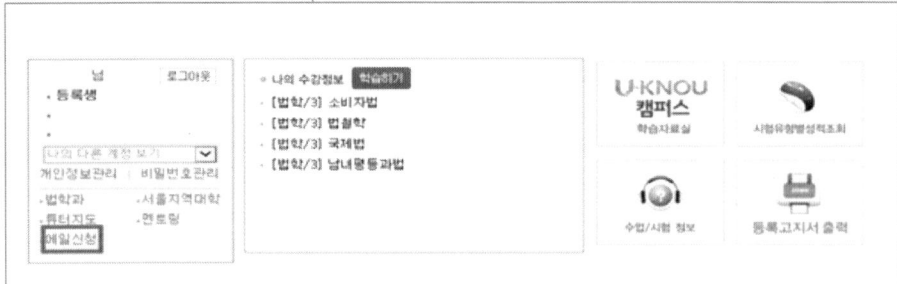

2) 이메일 생성 페이지에서
  각 항목 입력

❶ 개인정보 동의 항목 체크
  - 체크하지 않으면 메일 생성 불가
❷ 메일계정은 본인
  ID@knou.ac.kr로 자동 설정
❸ 사용자의 성을 입력
  - 학생 이메일에 표시되는 성
❹ 사용자의 이름을 입력
  - 학생 이메일에 표시되는 이름
❺ 이메일 비밀번호 설정
❻ 이메일 비밀번호 확인
❼ 이메일 생성 버튼 클릭

3) 이메일 생성 여부 재확인 • **[확인] 버튼 클릭** - 이메일 생성 여부 재확인

4) 이메일 생성 완료

❶ 학생 이메일 생성과 동시에 기존 학생 수신용 메일이 업데이트되므로, 메일 미수신에 따른 여러 문제를 해결 하기 위해서 재확인을 수행함
❷ [확인] 버튼 클릭
  - 반드시 [확인]버튼을 클릭하여야 로그인 시 [메일신청]에서 [메일]로 변경 됨

5) 이메일 사용

- **[메일] 버튼 클릭**
  - [메일] 버튼을 클릭하면 클라우드 시스템으로 넘어감

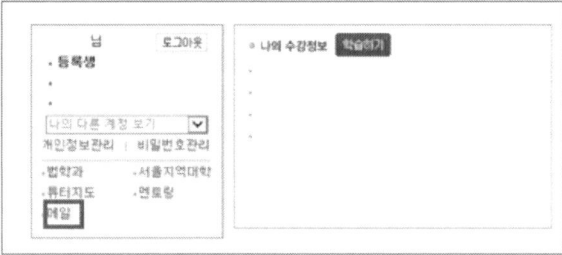

6) 이메일 사용

- **[메일 주소 입력]**
  - ID@knou.ac.kr
  - [다음] 버튼

7) 비밀번호 입력

- **[비밀번호 입력]**
  - 비밀번호 입력 후 [로그인]버튼

8) 학생 이메일 로그인 화면

- **[메일사용]** – Google Apps For Education에 대한 사용방법은 site를 통해 수행
  (https://sites.google.com/a/mba.knou.ac.kr/manuals/)

※ 교육메일은 방송대 아이디를 이용하여 아이디@knou.ac.kr로 생성이 됩니다.
  교육메일 생성 시 학내시스템 개인정보 중 메일주소가 '교육메일' 주소로 자동 변경 됩니다.
  방송대 홈페이지가 아닌, 직접 구글 홈페이지인 www.gmail.com에서 아이디와 패스워드로 로그인 할 수 있습니다.

2-2. 학교와 소속 지역대학 및 학과의 홈페이지 검색

- 우리 대학은 원격교육기관의 특성상 수강신청, 등록, 수업, 시험, 학사운영, 장학, 학생 서비스, 각종 행사 등 학업과 대학생활에 필요한 각종 자료와 정보를 학교 홈페이지에 게시합니다. 그러므로 입학 후 학교 홈페이지, 소속 지역대학과 학과의 홈페이지를 살펴보고 자신에게 필요한 정보를 파악하는 것이 필요합니다. 홈페이지에 게시된 정보에 관하여 의문이 들거나 궁금한 사항이 있으면 언제든지 대학본부와 소속 지역대학에 있는 학생서비스센터에 메일 또는 전화로 문의해 주시기 바랍니다.

2-3. 오리엔테이션(OT, 안내교육)과 입학식 참여

- 우리 대학은 입학생이 학업과 등록, 대학생활에 필요한 안내를 하여 학교에 적응을 잘할 수 있도록 오리엔테이션(OT)을 실시합니다. OT는 학과가 주관하며 대학본부 또는 지역대학에서 개최됩니다. OT에 참가하면 입학생이 알아두어야 할 꼭 필요한 정보를 얻을 수 있을 뿐 아니라 소속학과의 교수님과 조교, 튜터, 선배 동문과 학우들을 만날 수 있고 대학본부 또는 지역대학을 둘러 볼 수 있어 '방송대 대학생'이 됨을 실감할 수 있을 것입니다.

- 학생처는 OT에 참가하고 싶으나 대학본부와 지역대학에 갈 수 없는 학생들을 위하여 행아웃을 통해 OT를 실시간 또는 그 후에도 볼 수 있게 학과에 권장하고 있습니다. 소속학과 홈페이지 또는 구글, 유투브에서 OT행아웃을 게시했는지를 살펴보시길 바랍니다.

2-4. 수강신청과 등록

우리 대학에서 학업과 대학생활을 하려면 수강신청과 등록을 반드시 해야 합니다. 수강신청과 등록은 입학을 결단한 각오를 실천하고 방송대의 좋은 특성을 체험하며 "방송대 학우"가 되는 첫걸음입니다.

3
수강신청은 어떻게 하나요?

수강신청의 일정과 방법에 대하여 매학기「수강신청 안내」를 학교 홈페이지에 공지합니다. 수강신청은 소속학과의 전공분리 여부, 실험실습과목 신청 여부, 연계전공·복수전공의 신청 여부 등에 따라 학과별 수강신청 사항이 다르므로 학교 홈페이지 뿐 아니라 반드시 소속 학과의 홈페이지「수강신청 안내」를 확인하여 수강 신청하셔야 합니다.

3-1. 수강신청 일정

신·편입생	1차	2021. 1. 27.(수) 09:30 ~ 2. 2.(화) 18:00
	2차	2021. 2. 18.(목) 09:30 ~ 2. 19.(금) 18:00
	3차(최종)	2021. 2. 24.(수) 09:30 ~ 2. 25.(목) 18:00
재학생	입학학과의 수강신청 및 변경 : 2021. 1. 19.(화) 09:30 ~ 18:00	
	타학과와 입학학과의 수강신청 및 변경 : 2021. 1. 20.(수) 09:30 ~ 1. 26.(화) 18:00	

※ 수강신청의 변경과 취소도 할 수 있으나 지정된 기한 내에 하여야 합니다.

3-2. 수강신청 및 지정 기준

■ 원칙
- 소속 학과의 교과과정에 의거 학년 순서대로 학기당 18학점까지 지정

■ 예외
- 당해학기 신·편입생, 재입학생, 복학생의 입학 첫 학기 : 19학점 이내
  ※ 18학점(기준학점) + 1학점('원격대학교육의 이해' 교과목)

- 3학점 초과이수 대상자 : 학기당 21학점까지 가능
  | 직전 학기에 1학점 교과목을 제외한 전 과목을 이수하고, 성적 평균평점이 3.5이상인 자
  ※ 전과목 이수 : 6과목(16~18학점)이상 수강 신청하여 모두 이수(원격대학교육의 이해·사회봉사활동·교육봉사활동은 제외) *7과목 수강자는 7과목이 전과목임
  | 취득학점이 102학점 이상인 자로서 다음 각 호에 해당하는 경우
    - 재수강 교과목(취득성적 C^+ ~ F) 또는 대체이수 교과목을 이수하고자 하는 자
    - 2000학년도 이전 입학하거나, 취득한 전체성적 교과목 중 폐지 교과목(취득성적 C^+ ~ F)이 존재하는 자는 재수강·대체이수와 무관하게 개설된 모든 교과목 중에서 이수 가능

- **타학과 전공교과목 신청**
  - 타학과에 개설된 교과목을 수강신청 할 수 있으나(일부학과 예외), 타학과 수강신청인원은 지역별·학과별(전공별)·학년별로 등록예상 인원의 40%(일부학과 예외 적용)를 선착순으로 마감
  - 입학(본인)학과 교과목이 타 학과에 중복되어 개설된 경우 입학(본인)학과 교과목만 수강 가능
  - 타학과에 개설된 '전공' 교과목을 이수하면 '일반선택'으로 인정
  - 국내 대학간 학생교류 학생은 모든 학과에 개설된 교과목을 수강인원 제한없이 수강신청가능

  ※ 단, 실습교과목 제외

- **프라임칼리지 교과목 수강신청**
  - 단과대학 소속 학생이 프라임칼리지의 평생교육과정에 개설된 학점 교과목을 수강하면 12학점 까지 졸업에 필요한 학점으로 인정받을 수 있습니다. 평생교육과정 운영은 연간 3~4회 운영되며 대부분의 교과목은 100% 온라인으로 수강 가능합니다.

- **교과목 재이수**
  - 기 취득 성적이 C^+ ~ F인 교과목에 대하여 성적향상 또는 학점취득을 원하는 경우에는 "교과목 재이수" 신청이 가능하며 재이수한 과목 성적이 기존에 비해 동일하거나 높은 경우에는 기존 과목의 성적과 학점이 삭제되고, 재이수한 과목의 성적과 학점이 인정
    - C^+ ~ D^0 성적의 교과목 : 성적 향상만 가능, 학점 취득 불가
    - F성적의 교과목 : 학점취득 및 성적 향상 가능

- **교과목 대체이수**
  - 취득 성적이 C^+ ~ D^0인 폐지교과목의 성적향상 또는 취득성적이 F인 폐지교과목의 학점 취득 및 성적향상을 하고자 하는 경우, 폐지된 교과목과 동일한 교과 구분의 미수강한 교과목으로 대체이수 가능

3-3. 수강신청 방법

■ 수강신청/변경/취소

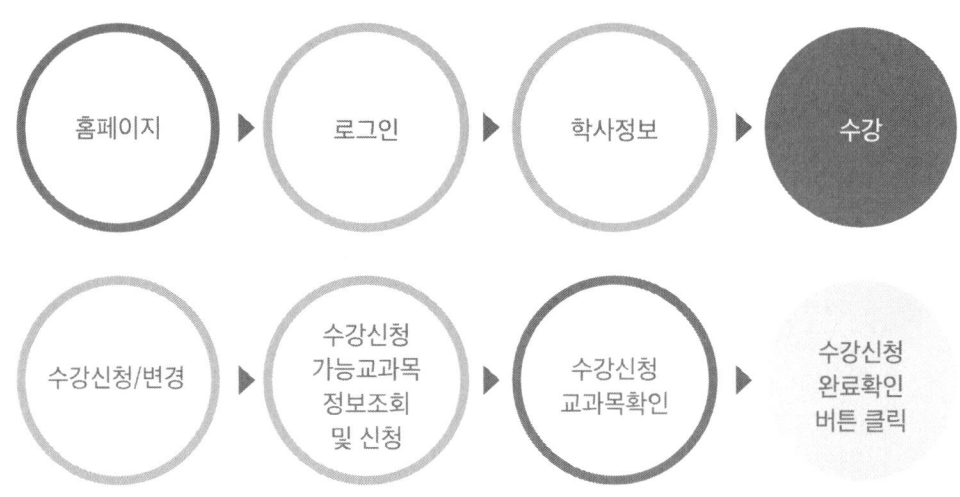

구 분	수강신청 방법		
수강지정교과목 수강신청	홈페이지 ↓ 로그인 ↓ 학사정보 ↓ 수강 ↓ 수강신청/변경 →	지정된 교과목 자동으로 보여짐	반드시 "수강신청완료 확인" 버튼을 클릭하여야 수강 신청 완료 됨
수강교과목 취소		취소할 교과목선택 → 교과목취소	
수강교과목 변경신청		수강신청 교과목 정보/원하지 않는 교과목 선택/취소 → 수강신청 가능 교과목 정보/조회/신청할 교과목 선택 신청	
타학과(타전공) 교과목 수강신청		수강신청 교과목 정보/원하지 않는 교과목 선택/취소 → 수강신청 가능 교과목 정보 조회/학과(전공)/학년/교과목 검색 → 수강할 교과목 선택 → 신청	
수강신청 완료 후 교과목 취소 및 추가 신청 (타학과 포함) ※ 수강신청 기간에만 가능		신청완료취소 → 수강신청 교과목정보/원하지 않는 교과목 선택/취소 → 수강신청 가능 교과목 정보/조회/학과(전공)/학년/교과목 검색 → 수강할 교과목 선택 → 신청	

4
등록금과 실험실습비의 납부는 어떻게 해야 하나요?

입학이 허가되면 등록금과 실험실습비, 자율경비(교재, 학보, 학생회비, 대학발전후원금)의 고지서를 받게 됩니다. 수강신청을 한 학생은 등록금을 납부하여야 수업을 받을 수 있고 실험실습을 하는 교과목을 신청한 학생은 실험실습비를 반드시 납부해야 합니다.

4-1. 등록금 납부

등록금 납부 의무의 근거와 시한 : 「한국방송통신대학교 학칙(이하 "학칙")」 제 33조(등록)에 따라 입학이 허가된 학생은 지정된 기일까지 등록금을 납부해야 합니다. 정당한 사유 없이 등록기간 내에 등록하지 아니하면 입학허가가 취소되는 것이 원칙입니다.

■ 2021학년 1학기 등록금 납부 일정

구분	기간
신·편입생 시간제 등록생	2021. 1. 27.(수) ~ 2. 2.(화)
재적생	2021. 2. 1.(월) ~ 2. 5.(금)

※ 상기일정은 학사사정에 따라 변동 가능

■ 등록금 납부액(*2021학년도 기준)

정상 납부자 등록금 (단위:원)

계열	학과	수업료
계열 I	국어국문, 영어영문, 중어중문, 프랑스언어문화학과, 일본, 법, 행정, 경제, 경영, 무역, 관광, 문화교양	343,800
계열 II	미디어영상, 농, 생활과학, 컴퓨터과학, 통계·데이터과학, 보건환경, 간호, 교육, 청소년교육, 유아교육	365,800
계열 III	사회복지, 생활체육지도	378,800

차등 납부자 등록금 (*2021학년도 기준)

(단위:원)

수강신청 학점기준	수업료			
	기준	계열 I	계열 II	계열 III
10학점 이상	수업료 전액	343,800	365,800	378,800
7~9학점	수업료의 1/2 해당액	171,900	182,900	189,400
4~6학점	수업료의 1/3 해당액	114,590	121,930	126,260
1~3학점	수업료의 1/6 해당액	57,290	60,960	63,130

※ 차등 납부자 적용 기준
  1. 수업연한 경과자(1학년 입학생은 8번 초과 등록, 2학년 편입생은 6번 초과 등록, 3학년 편입생은 4번 초과등록한 자)로서 수강신청 학점이 9학점 이하인 자
  2. 장애학생으로서 수강신청 학점이 9학점 이하인 자

■ 등록금 납부절차

재적생(재학생, 복학생) 및 재입학생의 경우

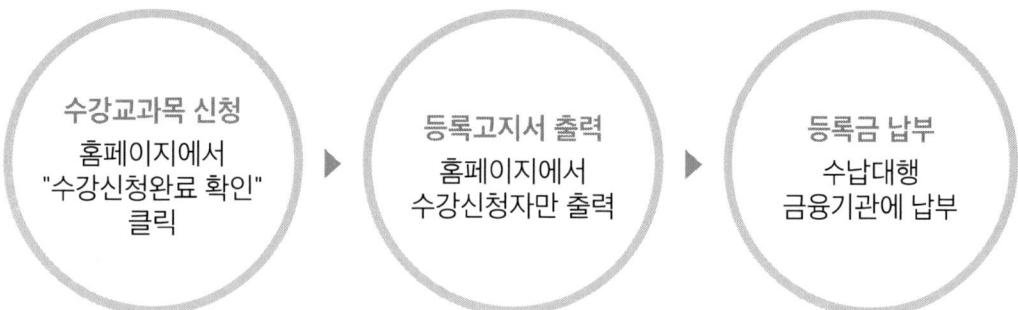

신·편입생의 경우(첫 학기만 해당)

※ 등록결과 조회방법
등록금 납부 후 1~2일 지난 시점에서 학교 홈페이지 로그인 → 학사정보 → 등록 → 등록결과조회를 클릭하시면 확인할 수 있습니다.

등록금 고지서 발급

우리 대학은 '선수강신청 후등록제' 실시로 먼저 수강신청을 한 후 등록기간에[학교 홈페이지 로그인 → 학사정보 → 등록 → 등록대상자 조회 → 등록금 고지서 출력]을 클릭하여 출력할 수 있습니다. 등록금 고지서를 출력할 수 없는 학생은 각 지역대학, 학습센터, 시·군학습관을 방문하여 발급받을 수 있습니다.

금융기관 납부

등록금 수납 은행은 국민은행, 신한은행, 우체국입니다. 납부 방법은 계좌 납부, 창구 납부, 카드 납부, 은행 홈페이지(공과금)납부를 통해 할 수 있습니다.

가상계좌 납부	가상계좌는 학생 개인별로 부여되는 임시계좌번호로 등록금을 납부하면 등록완료 됩니다. 입금 횟수는 1회만 가능하므로, 자율경비를 납부하고자 하는 경우 등록금과 합한 총금액을 입금하여야 합니다.
창구 납부	국민은행, 신한은행, 우체국에 방문하여 등록금 고지서로 납부할 수 있습니다.
신용카드에 의한 납부	「삼성카드」와 「KB국민카드」로 등록금을 납부 할 수 있습니다. [학교 홈페이지 로그인 → 학사 정보 → 등록 → 등록대상자 조회 → 카드사 링크 화면]에서 납부할 수 있습니다.
은행 홈페이지 납부	[수납은행 공인인증서 로그인 → 공과금 → 대학등록금 납부]에서 납부할 수 있습니다.

■ 학비감면대상자의 등록금 납부 방법

0원 등록대상자

전액 장학생 또는 등록금을 납부하고 휴학한 학생이 복학하는 경우에는 등록금액이 '0원'이더라도 반드시 등록기간 내에 등록처리를 하여야 합니다. 장학생의 경우에도 등록처리를 완료하여야 장학금을 받을 수 있습니다. 등록은 [학교 홈페이지 → 학사정보 → 등록 → 등록대상자 조회 → 0원 등록대상자 납부]를 클릭한 후 등록결과조회에서 반드시 납부내역을 확인하셔야 합니다. 다만 자율경비를 가상계좌, 인터넷뱅킹, 모바일뱅킹, 창구 납부시 자동으로 등록처리 됩니다. 만일 등록과 관계없이 자율경비만 납부하려면 해당부서에 직접 연락하여 별도로 납부할 수 있습니다.

신·편입생 중 학비감면대상자

국가유공자, 기초생활수급자, 차상위 계층 등 학비감면대상자는 장학신청 기간에 해당서류를 지역대학에 제출한 후 추가등록기간에 감면된 고지서로 등록할 수 있습니다.

■ 등록금 반환

전액 반환 등록한 후 입학허가가 취소되거나 입학을 포기한 자, 학기 개시일 이전 자퇴자, 중복 등록자 등은 납부한 등록금을 전액 반환받을 수 있습니다.

일부 반환 학기 개시일 후 90일 이전 자퇴자, 휴학했다가 자퇴한 자, 등록금 납부 후 휴학했다가 복학시 수강과목수의 변경으로 등록금 차등 납부대상이 된 자는 납부한 등록금을 일부 반환 받을 수 있습니다.

4-2. 실험실습비 납부

- 현재 실험실습은 사회과학대학의 미디어영상학과와 사회복지학과, 사회복지연계 전공, 자연과학대학의 농학과, 생활과학부, 컴퓨터과학과, 통계·데이터과학과, 보건환경학과, 간호학과, 교육 과학 대학의 유아교육과, 교육학과, 청소년교육과 등에서 실시합니다.
- 일부 실습 교과목은 실습비를 별도 징수합니다.
- 실험실습비 납부에 관해서는 소속학과에 문의해 보세요.

5
자율경비를 납부하면 좋은 점이 무엇인가요?

자율경비(교재, 학보, 학생회비, 대학발전후원금)의 납부 여부는 4가지 종류 모두 또는 일부를 학생 개개인이 자율적으로 선택하여 결정할 수 있습니다. 하지만 자율경비를 납부하면 좋은점이 많으므로 등록금과 함께 납부하기를 권합니다.

5-1. 교재의 대금납부와 구입

- 강의는 제한된 시간에 요점 위주로 이루어지는 경우가 많습니다. 교재는 우리 대학 교수님을 비롯한 각 분야의 전문가들이 집필하고 우리 대학의 출판문화원에서 발간하는 교육자료로서 기본교재와 자율적 학습을 돕기 위해 연습문제 풀이가 포함된 워크북 등의 보조교재로 구성되어 있습니다. (보조교재는 별매하지 않고 본교재와 묶음으로 공급합니다.) 학생들이 강의 내용을 보다 정확하게, 심층적으로 학습하고 학점을 잘 받으려면 교재를 숙독하는 것이 필요합니다.

- 수강교과목 교재대금 합계 금액이 4만원 이상이면 등록금 고지서에 고지되며, 교재대금을 등록금과 함께 납부하면 은행수납자료와 연동되어 택배로 약 5일 이내에 교재를 배달받을 수 있습니다. 택배 배달을 받기 위해서는 납부 다음 날 오전 10시까지 학교 홈페이지 메인화면 하단의 [출판문화원] 배너를 클릭하거나 출판문화원 홈페이지(http://press.knou.ac.kr)를 직접 찾아 [로그인 → 학생 → 교재대금 납부조회 및 배송지 수정 → 수강신청 교과목 확인 또는 수강과목 수정하기 및 배송지 확인 후 저장] 하는 과정이 필요합니다.

- 등록기간 내에 교재대금을 납부하지 못한 경우, 또는 수강신청과목 중 일부 교재만 구입하는 경우에는 출판문화원 홈페이지 또는 교재 공급 서점에서 직접 구입할 수 있으며, 출판문화원 고객센터(☎ 1644-1232)로 전화주문도 가능합니다. 또한 출판문화원 홈페이지에서 전자책(eBook)을 구입할 수도 있습니다.

- 교재대금 환불신청은 납부한 다음 날 오전 10시까지 출판문화원 홈페이지 또는 고객센터(☎ 1644-1232)로 접수하며, 교재를 수령하였을 경우는 인수받은 날로부터 15일 이내에 반품신청이 가능합니다. (상세정보는 출판문화원 홈페이지 http://press.knou.ac.kr 참조)

5-2. 학보 구독신청 및 대금납부

- <KNOU위클리>란 제호를 사용하는 우리 대학 학보는 매주 월요일자로 발간하여 학생이 원하는 주소지(집, 회사 등)로 배달되는 주간신문입니다. 학습/진로 관련 심층적 정보, 학사 일정과 학내 뉴스, 정제된 교양·학술정보 등 풍부한 콘텐츠를 제공하고 있어, 대학생활에 큰 도움이 됩니다.
- 학보의 구독료는 한 학기(6개월) 20,000원입니다. 학보대금은 등록금 고지서에 고지되며, 학보대금을 등록금과 함께 동시납부 함으로써 구독신청 절차가 완료됩니다. 등록기간 중 학보대금을 납부하지 못한 경우에는 학교 홈페이지 메인화면 하단의 [KNOU위클리] 배너를 클릭하거나 KNOU위클리 홈페이지(https://weekly.knou.ac.kr) 상단→ '구독관리' → '구독안내' 메뉴를 보거나 출판문화원 고객센터(☎ 1644-1232)로 전화하여 구독신청을 하면 됩니다. (상세정보는 KNOU위클리 홈페이지 https://weekly.knou.ac.kr 참조)

5-3. 학생회비의 납부

- 등록금 고지서와 함께 "한국방송통신대학교 총학생회장" 명의로 학생회비 납입고지서가 발급됩니다.
- 학생회는 학생들의 자치조직으로서 학생 상호간의 유대를 강화하고 학생과 대학 간의 공식적인 의사전달의 주요한 통로로 학생들의 권익향상을 위한 활동과 학습에 도움을 주고 대학생활을 즐겁고 보람차게 하는 다양한 행사를 합니다.
- 전국총학생회는 전교생이 참여하는 선거를 통하여 선출되는 총학생회장을 중심으로 한 집행부, 13개 지역 총학생회, 단과대학 학생회, 학과별 학생회, 시·군 학습관에 조직된 학생회 분회 등으로 조직되어 있습니다. (☞ 학생회에 관한 상세한 정보는 전국총학생회 (☎ 02-3668-4788) 또는 [학교홈페이지에서 대학생활 → 학생활동안내 → 학생회]를 클릭하여 살펴보고 문의하세요.)
- 학생회비는 현재 학기당 5천원인데 회비를 납부하면 학생회의 재정을 안정화시켜 학생회가 활동을 더욱 풍성하게 할 수 있으며, 학생회에서의 선거권과 피선거권을 행사하고 학생회 임원으로 활동할 수 있습니다.
- 우리 대학은 학생회의 추천을 받은 학생회 임원에게 장학금과 졸업 시 공로상을 수여하고 있습니다. 우리 대학은 학생회비가 투명하고 체계적으로 쓰여질 수 있도록 학생회비를 학교 재정에 일단 예입조치하고 전국총학생회의 사업활동계획서를 검토, 승인한 후 예산배정을 합니다. 아울러 학생회의 활동을 지도, 지원하며 학생회의 의견을 정책에 반영하기 위해 노력하고 있습니다.

5-4. 대학발전후원금의 납부

등록금 고지서와 함께 '한국방송통신대학교 발전후원회장' 명의로 대학발전 후원금 고지서가 발급됩니다. 발전후원회는 학교의 발전을 위해 발전기금 조성에 도움을 주고자 하는 동문들과 외부 인사들로 조직되어 있습니다. 후원금(12,000원)은 우리 대학의 발전기금재단에 편입됩니다. 발전기금은 우리 대학의 특성을 활성화하고, 평생교육의 선도적 역할을 수행하기 위한 교육·연구의 수준 향상, 교육 인프라의 확충, 교육 프로그램의 개발지원, 학생 복지를 위한 장학사업 등에 사용됩니다. (☞ 상세한 정보는 학교홈페이지 하단에서 [발전기금]을 클릭하거나 발전기금 홈페이지 https://fund.knou.ac.kr 참조)

6
학기는 언제 시작되며 수업은 어떻게 받나요?

6-1. 학기 개시와 수업연한

- 학칙 제27조(학년도·학기)에 따라 학년도는 3월 1일부터 다음 해 2월 마지막 날까지로 합니다. 학기는 매 학년도 2개 학기로 하되, 1학기는 3월 1일부터 8월 마지막 날, 2학기는 9월 1일부터 다음 해 2월 마지막 날로 합니다. 다만, 2학기 수업은 2주를 초과하지 아니한 범위에서 학기 전에 시작할 수 있습니다.
- 방학은 여름방학, 겨울방학이 있는데 방학기간이란 기말고사 이후 다음 학기 시작전을 말합니다.
- 학칙 제28조(수업연한)에 따라 수업연한은 4년으로 하여 1학년, 2학년, 3학년, 4학년으로 구분하지만, 재학연한은 두지 않습니다.

6-2. 출석수업(원격영상강의 포함)

■ 출석수업

① 출석수업이란 매체강의를 통한 원격교육방법의 한계를 극복하고 교수와 학생, 학생 상호간의 교류를 활성화하기 위해 교수진들이 학생들과 직접 만나 면대면 강의를 하는 교육방식을 말합니다.
　※ 코로나-19 지역사회 감염 확산을 방지하기 위하여 2021. 1학기 출석수업을 온라인(실시간 화상수업)과 오프라인으로 병행 운영

② 모든 교과목이 출석수업 대상은 아니며 학과에서 지정한 교과목 중에서 한학기에 학년별 3과목 이내에서 과목의 출석수업을 받게 됩니다.

③ 출석수업은 13개의 지역대학과 3개의 학습센터, 6개 시·군 학습관(강릉, 원주, 안양, 성남, 창원, 포항)에서 실시합니다. 학생은 소속 지역대학에서 수업을 받아야 하나 미리 신청을 하면 다른 지역에서도 수업을 받을 수 있습니다. 신청은 [학교 홈페이지 로그인 → 학사정보 → 수업/시험 → 출석수업 장소변경]을 클릭하면 됩니다.

④ 출석수업은 교과목마다 3시간(2021. 1학기에 한함)으로 진행하며 대개 학기당 1~2일에 걸쳐서 실시됩니다. 교과목별 세부시간표는 [학교 홈페이지 로그인 → 학사정보 → 수업/시험] 또는 각 지역대학 홈페이지에 게시됩니다. 개인별 세부시간표는 [학교 홈페이지 → 나의 정보 → 나의 학습종합정보]에서 조회할 수 있습니다.

⑤ 출석수업에 참석하지 못하는 학생들은 수강신청 기간 중에 출석대체시험을 신청하여 출석수업 대신 시험으로 대체할 수 있습니다. 신청은 [학교 홈페이지 로그인→학사정보→수업/시험정보→출석수업 유형 변경(출석↔대체)]를 클릭하면 됩니다. 출석대체 시험을 신청하였어도 다시 출석수업을 받고자 하는 경우에는 신청절차를 거쳐 변경할 수 있습니다.

   ※ 유아교육과 전공과목을 수강신청한 학생은 소속학과와 관계없이 유치원 정교사(2급 이상) 자격증 미소지자인 경우 출석수업 대체 불가

⑥ 유아교육과의 경우 특례가 있습니다. 전공과목의 출석수업은 8시간으로 진행되며 유치원 정교사(2급 이상) 자격증이 없는 학생은 반드시 출석수업을 수강해야 하고 출석대체 시험으로 대체할 수 없습니다.

   ※ 단, 보육교사 자격증을 취득하고자 하는 학생은 대면교과목의 경우 유치원 정교사(2급 이상) 자격증 소지 여부와 상관없이 반드시 8시간 이상 출석수업, 1회 이상 출석시험을 이수하셔야 합니다.
   <영유아보육법 시행규칙 제12조제1항[별표4](2016.8.1.시행)>

⑦ 생활과학부 가정복지전공과목 중 보육교사 대면교과목은 출석수업 8시간, 1회 이상 출석시험으로 진행되며, 보육교사 자격증 소지와 상관없이 반드시 출석수업으로 수강해야 하고 출석대체시험으로 대체할 수 없습니다.

■ 출석수업 원격영상강의

출석수업 원격영상강의란 출석수업과 다른 형태로, 교수는 대학본부의 원격영상강의실에서 강의하고 학생은 출석수업이 이루어지는 지역대학과 시·군 학습관에서 영상을 통해 교수에게 질문하는 방식으로 진행됩니다. 현재 프랑스언어문화학과, 일본학과, 행정학과, 경제학과, 관광학과, 무역학과, 미디어영상학과, 통계·데이터과학과, 보건환경학과 등에서 일부과목을 원격영상 강의로 실시하고 있습니다.

6-3. 방송강의(U-KNOU캠퍼스)

방송강의는 기본적으로 재학생만 수강 가능합니다. 단, 수강신청기간 중에는 수강과목 외에 전과목 열람 가능하며 휴학생들도 열람할 수 있습니다.

■ 강의보기 : U-KNOU캠퍼스(유노캠퍼스)

방송대의 모든 강의는 **방송대 학습 포털 U-KNOU캠퍼스(https://ucampus.knou.ac.kr)**에서 제공되며 학생들은 직장 또는 가정에서 언제·어디서나 강의를 학습할 수 있습니다.

(1) PC 이용방법

① 학습하기

1. 홈페이지에 로그인 후 나의 수강정보 옆 [학습하기] 버튼을 클릭하여 U-KNOU캠퍼스 마이페이지로 이동합니다.

2. 마이페이지에서는 본인의 진도율, 총 학습시간, 수강강의 등이 표시되며 수강강의 목록에서 학습하고자 하는 강의를 클릭하면 강의 주차가 하단에 표시됩니다.

3. 강의 주차목록에서 학습하고자 하는 주차의 [강의보기] 버튼을 클릭하면 학습이 시작됩니다.

4. 학습하기 창에서는 학습개요, 학습목표, 강의영상, 연습문제, 정리하기, 과목상담 등의 학습요소를 제공합니다. (제공되는 학습 요소는 과목 특성에 따라 다릅니다.)
   학습을 마친 후 [학습종료] 버튼을 클릭하여 학습창을 닫습니다.

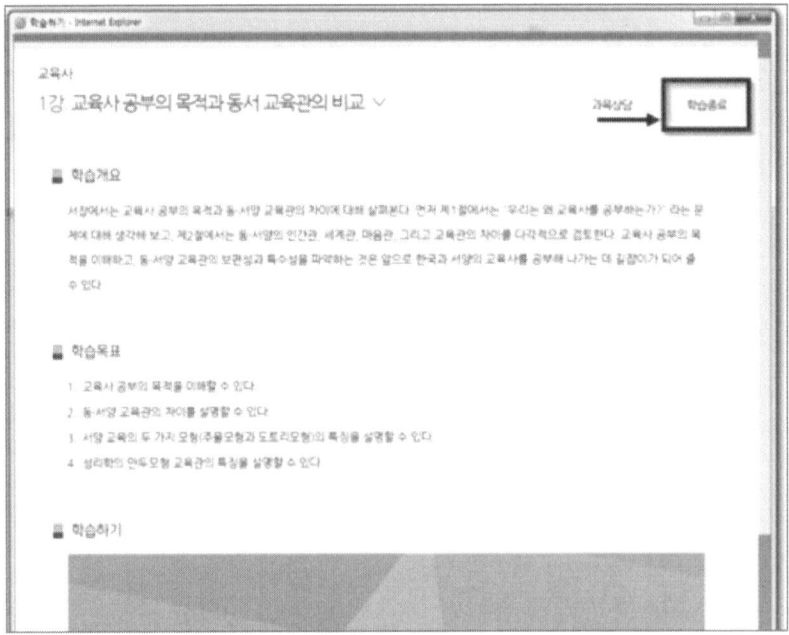

5. 학습영상 완료(전체시간의 50% 이상 시청), 연습문제 완료 시 ✅ 표시가 되며 진도율이 반영됩니다.

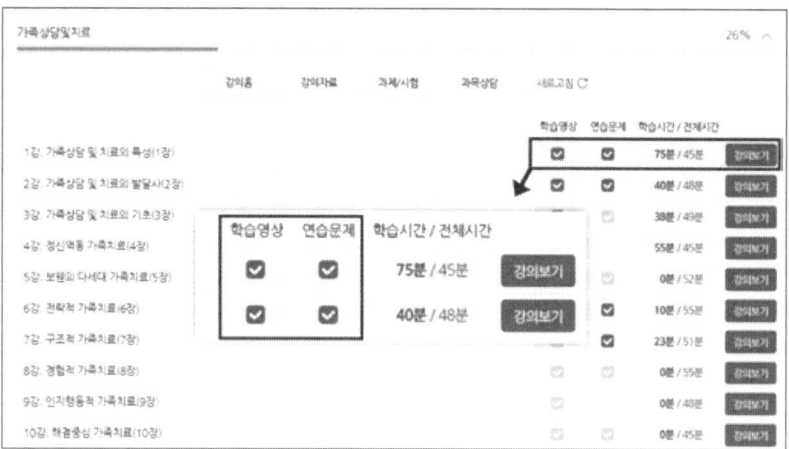

② 강의 오디오 파일(MP3) 다운로드 하기

1. 마이페이지에서 [MP3 다운로드] 버튼을 클릭 후 원하는 강의명을 클릭하여 다운로드를 시작합니다.

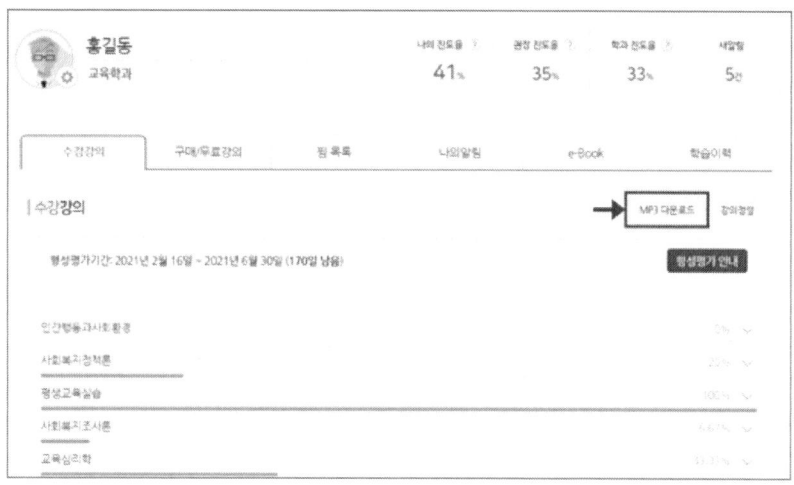

※ 강의 음성 파일(MP3) 다운로드 서비스는 수강 교과목(재학생)만 제공합니다.
※ 동영상 다운로드는 모바일에서만 가능합니다.

③ 강의자료실 이용하기

1. '마이페이지'에서 원하는 과목을 클릭한 후 상단의 [강의자료] 버튼을 클릭하여 [강의 자료실]로 이동합니다.

2. 강의자료실에서 원하는 자료유형을 선택하여 자료를 찾습니다.

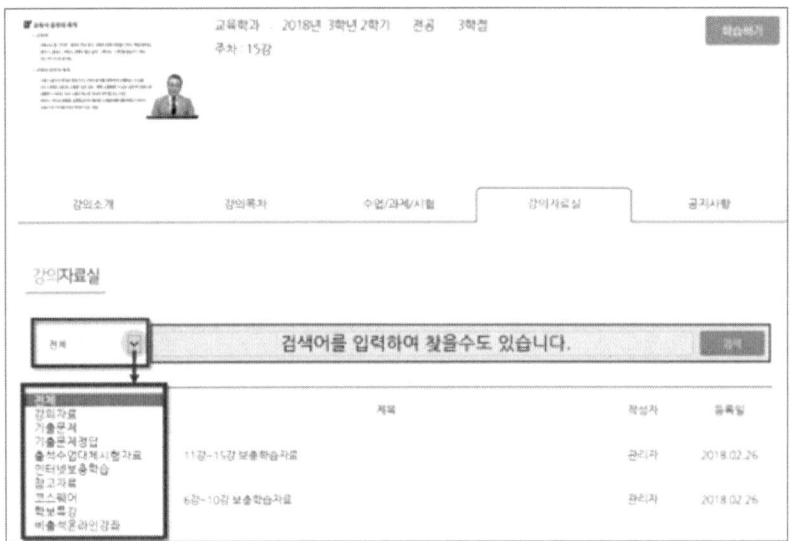

(2) 모바일 이용방법

① 사용환경

U-KNOU캠퍼스는 모바일과 PC에서 동일한 학습 환경을 제공하며 학교 아이디와 비밀번호로 로그인 하실 수 있습니다.

OS	사용버전	이용방법	필수설치
Android (안드로이드)	6 이상	유노캠퍼스 App 설치	크롬 최신 버전
	6 이하	크롬브라우저(Chrome)를 이용하여 https://ucampus.knou.ac.kr로 접속	
iOS (애플)	13 이상	유노캠퍼스 App 설치	없음
	13 이하	8 이상으로 업데이트	

② 앱(APP) 설치하기

1. 앱(APP) 설치를 위해 플레이스토어 앱을 실행하세요. (애플의 경우 앱스토어)

2. '유노캠퍼스', 'uknou', '유노' 등으로 검색하세요.

3. 검색 결과에서 U-KNOU캠퍼스를 선택하신 후 '설치' 버튼을 눌러 설치를 진행하세요.

   ※ 스마트폰 또는 태블릿의 웹 브라우저 주소창에 https://ucampus.knou.ac.kr을 입력하여 앱 설치 없이 사용하실 수도 있습니다.

③ 학습하기

1. 앱에서 로그인 하면 마이페이지로 이동됩니다.
   수강강의 중 학습을 원하는 과목명을 누르면 주차목록이 열립니다.

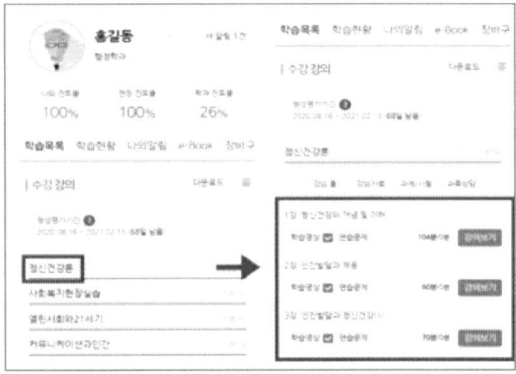

2. 강의 주차목록에서 학습하고자 하는 주차의 [강의보기] 버튼을 선택하여 학습창을 연 후 학습을 시작합니다.

3. 학습창에서는 학습개요, 학습목표, 강의영상, 연습문제, 정리하기, 과목상담 등의 학습요소를 제공합니다.
(제공되는 학습 요소는 과목 특성에 따라 다릅니다.) 학습을 마친 후 [학습종료] 버튼을 눌러 학습창을 닫습니다.

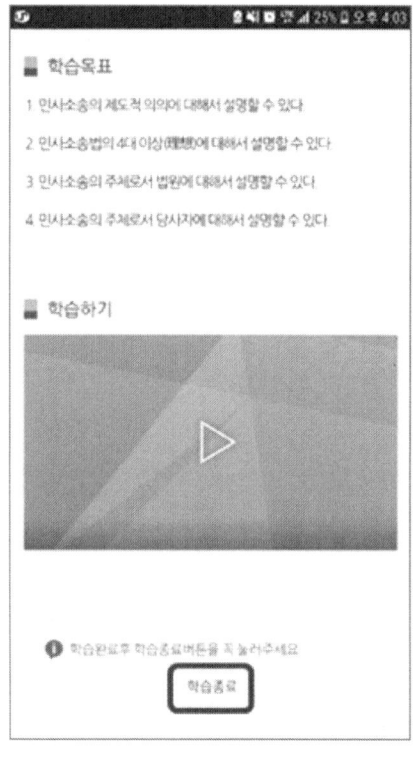

④ 강의 다운로드 하기

1. 마이페이지에서 [다운로드] 버튼을 선택하면 '다운로드보관함'으로 이동됩니다.

2. '다운로드보관함'에서 수강중인 강의의 모든 목록을 확인할 수 있으며 전체 또는 개별 강의를 다운로드 할 수 있습니다.

※ 강의 다운로드는 APP에서만 하실 수 있습니다.
※ 다운로드 중에는 재생이 되지 않습니다.
※ 다운로드한 파일은 다른 기기에서 재생되지 않습니다.
※ 저장공간 변경(내장/외장 메모리)은 메인 메뉴 중 '설정'에서 할 수 있습니다.

⑤ 강의자료 다운로드 하기

1. 마이페이지 수강강의 목록에서 과목명을 선택하세요.

2. 강의자료 버튼을 선택하여 강의자료실로 이동 하세요.

3. 원하는 자료 유형을 선택하여 보실 수 있습니다.

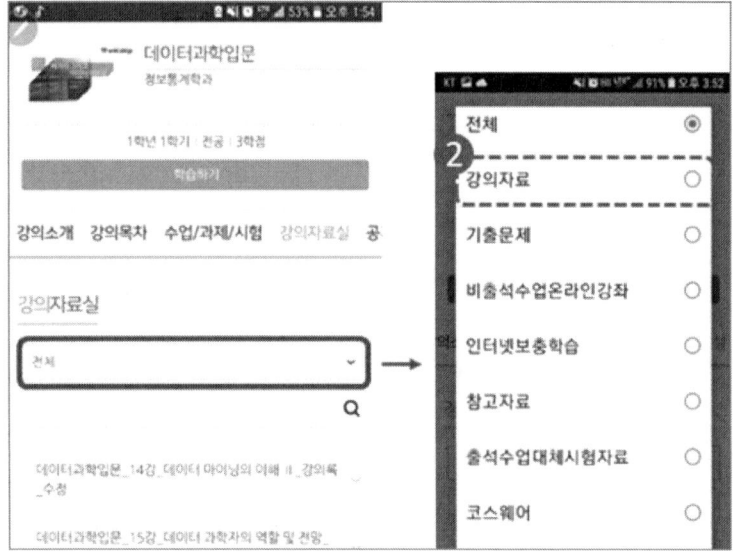

⑥ 학사정보 보기

1. 유노캠퍼스 앱에서 학사정보를 확인하실 수 있습니다. 하단 메뉴를 선택하시면 메뉴가 열립니다.
   메뉴항목에서 학사정보를 누르세요.

2. 학사정보에서 수강, 장학, 등록, 성적, 수업/시험, 졸업, 공지, 설문 등의 메뉴를 이용하실 수 있습니다.

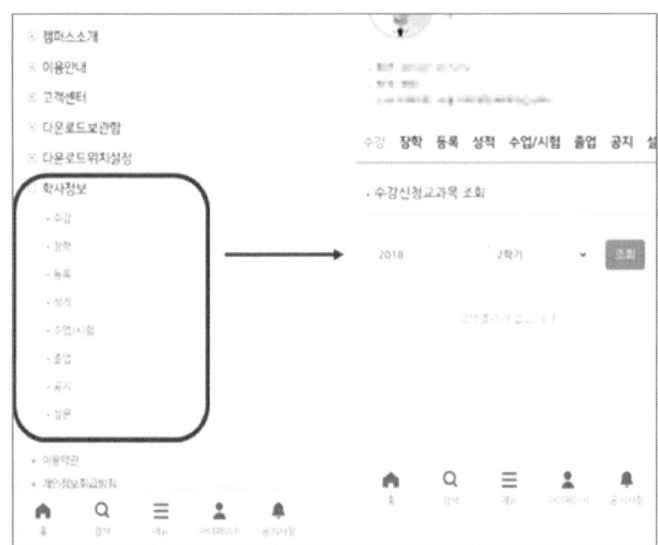

6-4. 계절수업

① 수강대상은 기취득한 교과목 성적이 'C⁺(F성적 포함)이하'로서 성적향상 또는 학점 취득을 원하는 재학생과 휴학생입니다.
- C^+ ~ D^0성적의 교과목 : 성적 향상만 가능, 학점 취득 불가
- F성적의 교과목 : 학점취득 및 성적 향상 가능

② 개설교과목 / 수강가능교과목 / 수강신청기간 및 방법

- 개설교과목 : 정규학기 개설교과목 중 일부 교과목
  하계 2학기 교과목 중 일부 전공교과목
  동계 1학기 교과목 중 일부 전공교과목
  ※ 교양 교과목은 하·동계 모든 교과목 개설함
- 수강가능 교과목 : 최대 3과목(9학점)까지
- 수강신청 기간
  하계 5월 초순 경
  동계 10월 중순 경
- 수강신청 방법
  학교 홈페이지 로그인 → 학사정보 → 수강 → 수강신청/변경 → 수강신청 가능 교과목 정보 조회 후 수강신청 → 수강신청완료확인 버튼 클릭

③ 강의는 TV, 멀티미디어 유형으로 정규학기 강의매체를 재사용하여 제공하며, 일부 교과목은 영상녹화강의와 지역대학에서 자체 보충강의를 제공합니다.

7
시험의 유형과 응시방법은 어떠한가요?

7-1. 형성평가

① 형성평가는 20점 만점으로 방송강의 기간중에 학습진도율 및 학습활동(연습문제)을 평가하여 성적으로 반영
   ※ 시행시기 : 2021학년도 1학기(교양과목에 한함), 2학기(전과목)

② 형성평가 "평가기준" : 1강기준 및 과목기준 모두 적합
   (1강기준) 50%이상 학습시 완료(방송강의 15강 중 1강기준)
   (과목기준) 75%이상(12강 이상) 학습시 완료

③ 학습방법 : PC, 모바일 및 모바일 다운로드에서 학습 가능
   - 다운로드는 모바일 APP(앱)에서 가능(※ PC 다운로드 기능은 제공하지 않음)

7-2. 중간평가 시험(출석수업평가, 출석수업대체시험, 과제물시험)

중간평가 유형에는 출석수업평가, 출석수업대체시험, 과제물 제출이 있는데 교과목별로 다르게 지정되어 있으니 자신에 해당하는 시험유형을 파악하고 응시해야 합니다. 중간평가는 현재 100점 만점에 30점 만점으로 평가합니다. 시험의 일정과 장소는 학교 홈페이지와 지역대학, 학보에 미리 공지합니다.

■ 출석수업평가

출석수업평가는 지역대학이 지정한 날과 장소에서 실시됩니다. 평가는 교과목에 따라 수업과 연계한 맞춤형평가*를 실시하거나 별도 시험일을 지정하여 주관식 시험으로 평가합니다. 출석수업을 2시간 초과하여 결석하면 시험에 응시할 수 없으니 출석체크를 한 교수(강사) 또는 지역대학 출석수업 담당 조교께 응시가능 여부를 확인할 필요가 있습니다.
※ 맞춤형평가 : 퀴즈, 발표/수업참여도, 리포트, 오픈북테스트 등

■ 출석수업대체시험

출석수업대체시험은 출석수업을 수강하지 못한 경우에 대체시험을 신청하여 응시할 수 있습니다. 출제는 교과목 담당교수가 객관식 15문제로 합니다. 출석수업대체 과제물 지정교과목의 경우, 별도의 제출기간에 과제물을 제출하여야 합니다.

■ 과제물 제출

과제물 평가대상 교과목을 수강신청한 학생은 과제물을 공고 내용에 따라 사전에 작성하여 지정된 기한 내에 반드시 온라인으로 제출해야 합니다. 제출방법은 [학교 홈페이지 로그인 → 학사정보 → 수업/시험 → 온라인과제물 제출]을 클릭하여 하면 됩니다.

7-3. 기말시험

① 기말시험은 70점 만점으로 일부 소수과목을 제외하고는 대부분 객관식 25문항 또는 35문항으로 출제합니다.
② 1과목당 시험시간은 35분이며, 주관식 시험시간은 50분 입니다.
③ 시험장소 변경을 원할 경우에는 시험일 한 달 전까지 변경하고자 하는 지역대학에 수강지역대학 변경원을 접수해야 합니다. 변경은 [학교 홈페이지 로그인 → 학사정보 → 수업/시험 → 수강지역대학 변경]을 클릭하여 하거나 방문, 우편, FAX의 방법으로도 할 수 있습니다.
④ 시험장에는 신분을 확인할 수 있는 학생증 또는 공적신분증(주민등록증, 운전면허증, 여권 등)을 지참하여야 합니다. 시험 당일 신분증을 소지하지 않은 경우에는 시험관리본부에서 응시허가증을 발급받아 시험을 본 후 신분증을 가지고 방문하여 확인을 받아야 합니다.

※ 21학년도 1학기 교양과목 기말시험 만점은 50점이며 1과목당 시험시간은 변경 될 수 있습니다.

7-4. 기말추가(과제물) 시험

- 중간평가 시험(출석수업시험, 출석수업대체시험)과 기말시험에 국가기관 등의 공공기관 및 기업체의 업무상 국외출장과 각종 행사 및 동원·훈련, 공무원과 공익 사업장의 비상근무, 본인 또는 배우자의 출산과 유산, 본인 또는 본인 및 배우자의 직계존비속과 형제자매의 결혼, 사망, 입원, 감염병, 공인자격(검정)시험의 응시때문에 결시하는 경우에 미리 신청하고 증빙서류를 제출하면 결시사유 인정이 됩니다.
- 신청은 [학교 홈페이지 → 학사정보 → 성적 → 시험결시자 인정신청 → 해당 시험유형 선택조회 → 해당과목 및 신청사유에 체크 → 신청]을 클릭하면 되고 증빙서류 제출은 출력한 신청서와 함께 소속 지역대학과 학습센터(시·군 학습관은 제외)에 직접 또는 등기우편으로 하면 됩니다.
- 중간평가(출석수업시험·출석수업대체시험) 시험의 결시자는 형성평가 20점과 기말평가 성적을 100% 환산하여 성적을 인정하고, 기말시험 결시자는 결시자 추가(과제물) 시험에 응시할 수 있게 하는 방법으로 이루어집니다. 유의할 점은 중간평가 시험 결시자는 최고점을 89점(B+)까지만 인정합니다. 다만, 감염병 전파 위험을 방지하기 위하여 중간평가(출석수업시험·출석수업대체시험) 및 기말평가에 모두 결시한 경우 형성평가 20점과 추가시험 성적만 100% 환산하여 평가할 수 있습니다.

7-5. 계절수업 시험

- 계절수업시험은 수업 종료 후 강의 담당교수가 과목 당 객관식 40문항 또는 50문항으로 출제하여 100점 만점으로 평가합니다. 성적 향상을 목적으로 계절수업에 참여한 학생의 경우는 취득한 성적 중 향상된 성적만 전체성적에 반영합니다.

※ 시험에 응시하여 기존의 성적보다 낮을 경우 기존 성적유지

- 시험성적은 [학교홈페이지 로그인 → 나의정보 → 시험유형별 성적조회 → 학년도/학기 (동·하계) 선택 → 조회]하여 확인할 수 있습니다.

8
성적평가는 어떻게 하나요?

- 우리대학의 성적평가는 일반적으로 형성평가 20%, 중간평가 30%, 기말평가 50%로 이루어집니다. 이 중 기말평가는 객관식시험으로 실시되며, 중간평가는 출석수업과목의 경우는 출석수업평가 또는 출석수업대체시험으로, 비출석수업과목은 과제물 평가로 실시됩니다. 다만 실습과목의 경우는 실습평가 100%로, 계절수업과목은 계절수업시험 100%로 평가합니다.

과목	성 적 산 출
출석수업 과목	형성평가(20점) + 출석수업평가 또는 대체시험(과제물) 성적(30점) + 기말평가(50점)
비출석수업 과목	형성평가(20점)+과제물 성적(30점) + 기말평가(50점)
계절수업 과목	계절수업시험 성적(100%)

※ 학교현장실습, 보육실습, 현장실습(농학과), 영양사실습 과목은 실험·실습성적(100점)만으로 성적 산출
※ 형성평가 시행시기 : 2021학년도 1학기(교양과목에 한함), 2학기(전과목)

- 우리대학 학업성적의 등급은 9등급으로 구분되어지며, 평점은 4.5를 만점으로 각 등급 간에 0.5점의 차등을 두고 있습니다. 등급은 그 과목의 전반에 대한 이해와 기능 습득 정도에 따라 A(우수), B(양호), C(보통), D(보통이하)로 구분하고, 각각을 '+', '0'의 2단계로 구분하고 있습니다.

등급	A^+	A^0	B^+	B^0	C^+	C^0	D^+	D^0	F
평점	4.5	4.0	3.5	3.0	2.5	2.0	1.5	1.0	0
실점	100~95	94~90	89~85	84~80	79~75	74~70	69~65	64~60	59 이하

- 평점(평균)은 '교과목별합계(취득학점×평점)'을 '취득학점계'로 나눈 값으로 표시합니다. 이때 소수점 이하 둘째자리에서 반올림 합니다.

    예시 | 모두 3학점짜리 5과목을 신청하여 A과목 98점, B과목 58점, C과목 86점, D과목 62점, E과목 78점을 취득한 경우에 평점평균은?
    평점평균 = (3×4.5)+(3×0)+(3×3.5)+(3×1.0)+(3×2.5)/(3+0+3+3+3)
    = (13.5+0+10.5+3.0+7.5) / 12
    = 34.5 / 12 = 2.875 → 2.9(소수점 이하 둘째 자리에서 반올림)

9
학점은 어떻게 얻을 수 있나요?

9-1. 편입생 학점인정

교과목별 성적은 인정하지 아니하고 학점만 인정하며, 학점은 교양과목, 전공과목, 일반선택과목의 교과구분에 따라 인정합니다. (학생선발 등에 관한 규정 제8조)

< 편입생 학점인정 기준표 >

학년	학과 \ 교과구분	교양과목	전공과목	일반선택	학점합계
2	전학과	18	17	-	35
3	전학과	36	34	-	70

9-2. 사회봉사활동학점 인정

- 사회봉사활동 학점인정제도란 복지시설 및 단체에서 학생이 자발적으로 참여하여 봉사하고 이를 대학의 승인을 받아 학점으로 인정받는 제도를 말합니다. (☞ 상세한 내용은 [학교 홈페이지 로그인 → 대학생활 → 학생지원 안내 → 사회봉사활동] 참조)
- 우리 대학은 1학기당 1학점, 재학기간 중 2회, 2학점까지만 인정합니다. 사회봉사활동 학점은 1학기당 수강신청 제한 학점(18학점~21학점)에 포함되지 않습니다.
- 사회봉사활동 학점인정을 희망하는 학생은 반드시 해당학기 수강신청 기간 중에 사회봉사를 신청해야 합니다. 신청은 [학교 홈페이지 로그인 → 나의정보 → 종합신청정보 → 학생복지/봉사 → 사회봉사활동신청 → 신청완료 확인]의 방법으로 하면 됩니다. 신청하기 전 반드시 봉사할 기관을 조회하여 봉사활동 시간과 가능여부를 기관과 상담한 후 신청해야 합니다. 기관검색은 [학교 홈페이지 로그인 → 학사정보 → 학생후생복지 → 사회봉사활동기관 조회]의 방법으로 하면 됩니다. 사회봉사활동 기관에는 교내기관과 교외기관이 있습니다.
- 봉사활동은 해당학기 수강신청일부터 학점인정 서류 제출 전일까지 총 30시간 이상을 실시하여야 합니다. 봉사시간은 하루 6시간까지만 인정하므로 최소 5일 이상은 하여야 합니다. 봉사활동이 끝나면 인증기관 또는 '사회봉사활동학점 인정신청서'에 봉사내용을 확인 받아야 합니다.
- 사회봉사활동학점 인정 신청은 해당학기 기말시험 종료 후 5일 이내에 인증기관에서 발급받은 자원봉사 활동실적 확인서 또는 '사회봉사활동학점 인정신청서'를 소속 지역대학에 제출하여야 인정됩니다.

9-3. 프라임칼리지 학점 인정

프라임칼리지는 우리 대학에서 4개의 단과대학과 별개로 운영되는 교육조직으로서 학사학위과정과 평생교육과정을 개설하고 있습니다. 단과대학 소속의 학생이 재학 기간 중 프라임칼리지 평생교육과정에 개설된 학점 인정 교과목을 이수한 후 졸업 사정 전에 학점 인정 신청을 하면 교과목단위로 12학점까지 인정받을 수 있습니다.

9-4. 다른 대학 학점 인정

우리 대학의 재학생 중 해당학기 등록생으로서, 2개 학기 이상 등록하고 70학점 이상 이수하여 이수학기까지 총 평점평균 3.0 이상인 자는 우리 대학과 학술 교류협정을 체결하여 상호 학생교류 및 학점인정을 하는 타대학에서 수학하고 학점을 인정받을 수 있습니다. 교류대상 대학에서 수학을 원하는 학생은 본인 소속 학과에 수강교과목에 대한 인정여부를 확인한 후 지원서를 제출하여 신청하면 됩니다. 총장은 지원서류를 검토한 후 「학점인정에 관한 규정」에 따라 대상 학생을 선발합니다. 교류대상 대학의 수학기간은 2학기 이내로 하며 학점인정 범위는 수학기간 동안 계절학기 취득학점을 포함하여 학기당 18학점 이내로 합니다. 수강 신청은 선발확정 후 교류대상 대학교의 안내에 따라 학생 본인이 수강 신청을 해야 하고, 이수한 교과목의 성적은 우리 대학의 학칙 및 성적처리 기준에 따라 환산하여 인정됩니다.

10
학점을 잘 받으려면 어떻게 해야 하나요?

학점을 잘 받는 방법에는 왕도가 없지만, 다음과 같은 방법을 실행해 보기를 권합니다.

- 직장에 다니거나 생업에 종사하는 등의 이유로 학업에 전념할 수 없는 사정이 있는 경우에는 수강신청과목 수를 줄이는 등으로 자신의 형편에 맞는 학업계획을 세울 필요가 있습니다.
- 수강신청한 교과목의 강의와 교재를 반복하여 예습, 복습하여 숙지하는 것이 가장 기본적으로 필요합니다. 교수님들이 학생들의 자율적 학습을 돕기 위해 강의요지와 연습문제를 포함하여 워크북(보조교재)을 집필한 경우가 많으므로 강의내용과 기본교재를 참조하여 연습문제를 풀어보면 유용할 것입니다.
- 학교홈페이지 로그인 → 나의정보 → 학습자료실(U-KNOU캠퍼스) 클릭 → 과목명클릭 → 강의자료실에서 기출문제를 풀어보는것도 필요합니다.

- 교수님들 중에는 시험에 대비하여 학습자료 또는 문제은행을 게시하는 경우가 있으니 수강하고 있는 교과목의 교수 홈페이지 또는 학과 홈페이지의 공지를 꼭, 자주 살펴보시길 바랍니다.
- 학보에 교양과목 담당교수님들이 교과목의 강의에 관한 학보특강을 게재하고 있으니 이를 살펴보는 것도 필요합니다.
- 시험준비를 혼자 하는 것이 힘들면 조교, 튜터, 멘토, 스터디 모임의 학우들께 도움을 요청해 보시면 도움이 됩니다.
- 우리 대학의 강의와 교재는 원격대학에서 학업하는 학생들이 혼자서도 학습할 수 있도록 설계되어 있습니다. 그러므로 교과목의 교재로 지정되거나 교수가 제공하는 학습자료가 아닌 사설 학원의 참고서나 인터넷 강의, 등록금에 버금가거나 비싼 수강료를 요구하는 과외 교습은 불필요하며 우리 대학 학점 취득에 도움이 되지 않습니다.

11
학업을 위한 도움은 어떻게 받을 수 있나요?

11-1. 학과의 조교와 교수의 학습상담

소속학과의 학업에 관한 문의는 학과의 조교선생님께 전화나 메일로 하면 도움을 받을 수 있습니다. 교수님들께는 교수 홈페이지의 상담게시판을 통해 문의하는 것이 좋습니다.

11-2. 튜터(Tutor) 제도

- 튜터제도란 원격대학에서 일어날 수 있는 학습자의 고립감을 해소하고 학업초기 신·편입생들의 학교적응 및 학업지원을 돕기 위하여 석사 또는 박사학위를 가진 전문 튜터들이 해당학기 1학년 신입생 및 2·3학년 편입생을 대상으로 운영하고 있는 학습지원 프로그램 입니다.

  ① **학과 튜터** | 튜터지도사이트를 이용하여 학습지도(전공과목 학습방법, 과제물 작성법 등) 및 학습상담을 실시하며 학기당 1~2회 면대면 오프라인 수업을 진행합니다.
  ※ 튜터지도사이트 접속방법 : [학교 홈페이지 로그인 → 나의정보 → 튜터지도]

  ② **사이버 튜터** | 「원격대학교육의이해」 교과목을 수강하는 학생을 대상으로 학습지도 관리를 합니다. 구체적으로는 주요 학사일정 및 과목 공지사항 관리, 「원격대학교육의이해」와 관련된 질의 응답 및 상담실시, 매주 학습진도를 점검하여 학습참여 격려메일 발송, 과목 자료실 운영을 통한 각종 학습자료를 제공합니다.

11-3. 멘토링(Mentoring) 제도

멘토링(Mentoring)이란 학업과 대학생활의 경험과 지식이 풍부한 선배 학생들과 교직원들이 자신의 학습경험과 노하우를 바탕으로 도움이 필요한 재학생들에게 온라인과 오프라인 공간을 통해 학업 생활에 관한 안내와 도움을 제공하는 학습자 지원 프로그램을 말합니다.

- ■ 멘토(Mentor) : 학업생활에 관한 지도·조언을 제공하는 자로서 졸업생 또는 재학생, 교직원(직원,조교,연구원) 중에서 선발됩니다. 학생멘토의 자격기준은 우리대학에서 전전학기까지 18학점 이상 취득하고, 평점 평균 2.0 이상이며, 성희롱·성폭력 예방교육을 이수하셔야 합니다.

- ■ 멘티(Mentee) : 학업생활에 관한 지도·조언을 필요로 하는 자로서 해당연도 신·편입생(재입학생 포함)과 재학생 누구나 신청할 수 있습니다.

- ■ 멘토와 멘티의 신청 : 멘토 또는 멘티가 되고자 하는 사람은 매학기별로 멘토링 웹사이트 (https://mentor.knou.ac.kr)에서 신청하면 됩니다.

- ■ 멘토링의 방법 : 온라인 활동은 멘토링 홈페이지를 통하여 이야기방, 1:1 상담방, 자료실 등을 통해 의견이나 자료를 교환하고 이메일, 쪽지, SMS 보내기 등을 합니다. 오프라인 활동은 직접 만남, 전화통화를 하는 것입니다.

- ■ 멘토에 대한 학교의 지원 :
  ① 수강신청 기간에 멘토와 사회봉사활동 학점신청을 하고, 1명 이상의 멘티에게 멘토링 활동을 하여, 활동실적이 일정 요건 이상이면 사회봉사활동학점을 인정합니다.
  ② 멘티에 대한 SMS(단문메세지)이용료를 지원합니다.
  ③ 지역대학별로 우수멘토를 선정하여 포상하고 멘토 워크숍 등을 통해 능력계발 기회를 제공합니다.
  ④ 멘토 실천계획서를 작성하고 활동포인트 5,000점 이상을 취득하면 모바일 쿠폰을 지급합니다.

11-4. 장애학생·다문화 학생·북한이탈주민 학생을 위한 특별학업지원제도

우리 대학은 특별한 지원이 필요한 장애학생, 다문화 학생, 북한이탈주민 학생들이 학습하고 생활하는 데 불편함이 없도록 다양한 지원을 하고 있습니다.

- ■ 장애학생을 위한 특별학업 지원제도

① 장애학생에게 "첨단 곰두리" 장학금을 지급하고 졸업 시에 포상도 합니다.

② 수업, 시험, 도우미 연결 등 실질적인 지원은 각 지역대학에서 운영하는 장애학생지원센터에서 담당합니다. 지원에는 모든 학과 정원 외 1% 이내에서 특별전형하는 장애인특별전형, 교내외 장학금 지원제도, 시각장애인용 전자 점자도서 제공과 각종 시험자료, 기출문제 등을 녹음·복사하여 제공하는 학습지원제도, 청각장애 학생용 수화 삽입 TV교과목 제작과 매체강의 자막 제공, 각 지역대학에 학습보조기기를 설치하고 응시생에게 시험시간 연장과 별도 시험실 제공 등의 편의를 제공하는 서비스도 있습니다.

③ 장애학생은 학습활동의 도움을 받기 위해 도우미 배정을 학교(지역대학)에 요청할 수 있습니다. 배정대상은 장애학생 도우미가 필요한 장애 학생입니다. 일반인 또는 지역사회인은 지역대학에 본교 재학생은 한국장학재단에 장애학생을 돕기 위한 도우미 활동을 신청할 수 있습니다. (☞ 도우미에 관한 상세한 내용은 「장애학생을 위한 학습안내 지침서」 한국장학재단 홈페이지 참조)

■ 다문화학생과 북한이탈주민 학생 등을 위한 특별학업지원제도

① 우리 대학은 다문화이주민, 귀화자에게 교내장학금(글로벌 장학금)과 발전기금재단의 교외 장학금을 지급하고 있으며 멘토링을 우선적으로 받게 하고 있습니다.

② 우리 대학은 북한이탈주민 학생에게도 교내장학금(교육보호장학금)을 지급하고 있으며 멘토링을 우선적으로 받게 하고 있습니다.

■ 다문화학생 대상 학습지원 서비스

우리 대학에서는 대학에 입학하였거나, 입학을 희망하는 다문화 학생 및 북한이탈주민 학생들의 학습을 지원하기 위해 2016년 부터 다문화 학습자 맞춤형 콘텐츠를 운영 및 개방하고 있습니다. 해당 과정은 프라임 칼리지 평생교육허브과정 홈페이지(http://hub.knou.ac.kr)에서 유료 혹은 무료과정으로 수강할 수 있습니다.

11-5. 학습동아리(스터디)

우리 대학에는 학과마다 학생들이 자치적으로 만든 학습동아리(스터디모임)들이 다양하게 있습니다. 스터디 모임은 원격대학 신·편입생들이 혼자 학습함으로써 겪게 되는 어려움을 학우들과 함께 학습함으로써 많이 해소해 주고 학교생활에 빨리 적응하는 데 도움을 주고 있습니다. 우리 대학은 스터디 모임을 활성화시키기 위해 지원금을 지급하고 우수 스터디 경진대회 등을 개최하고 있습니다. 오리엔테이션과 입학식에 오면 스터디 모임들의 안내를 받을 수 있습니다. [학교 홈페이지 → 대학생활 → 학생활동안내 → 학습 동아리 활동]을 클릭하면 상세한 정보를 볼 수 있습니다.

12
장학금을 받으려면 어떻게 해야 하나요?

- 장학금의 유형에는 한국장학재단이 지급하는 국가장학금, 우리 대학의 재정으로 지급하는 교내 장학금, 외부기탁자 등이 지급하는 교외 장학금이 있으며 장학금의 종류는 다양합니다. 선발기준과 신청방법, 신청기한은 매학기 계획에 따라 변경될 수 있으니 반드시 학교 홈페이지의 공지를 살펴보고 적극 신청하시길 바랍니다.
- 장학금 수혜자는 해당 학기에 등록을 하여야 학비 감면 혜택을 받을 수 있습니다. 전액 수혜자 또한 고지서상 '0원'이라도 등록을 하여야 합니다. (등록기간 중 학교 홈페이지 → 로그인 → 학사정보 → 등록 → 등록대상자 조회 → 등록신청 클릭)
- 미등록 휴학을 하려는 경우에도 해당 학기 장학생 신청 기간에 미리 신청하여야 하며, 해당 학기 등록 후 휴학하여야 합니다. (복학하는 학기에 교내장학금 별도 신청 불가능, 국가 장학금은 신청 가능)

12-1. 국가장학금

- 신·편입생과 재입학생은 첫 학기에는 성적 기준을 적용받지 않으니 국가장학금을 한국장학재단에 신청해 보시길 바랍니다. 국가장학금은 한국장학재단이 정한 소득기준 0~8분위에 해당되면 누구나 신청할 수 있습니다. 다만, 재학생의 경우 직전학기 12학점 이상 이수, 백분위 환산점수 80점 이상(F학점 포함 평점 평균 2.6)의 성적을 획득하여야 합니다. 국가장학금은 등록금 범위내에서 교내장학금과 중복수혜 가능합니다. 국가장학금과 관련된 자세한 사항은 한국장학재단 홈페이지를 참고하시기 바랍니다.

종류	구분	지급내역	전공과목	신청시기	비고
국가장학금	1유형	• 소득기준 0~7분위 : 등록금전액 • 소득기준 8분위 : 337,500원	• **신편입생, 재입학생은 첫 학기 성적기준 미적용** • 재학생은 최종학기 성적이 12학점 이상 이수, 백분위 환산점수 80점 이상 (기초 수급자/차상위 계층은 백분위 70점 이상) • 장애학생은 성적 기준 미적용 • 소득1~3분위는 C학점경고제(70점이상~80점 미만인 경우 경고 후 2회까지 수혜가능)	별도 공고 기간	• 한국장학재단 (www.kosaf.go.kr) 에서 신청 • 관련 문의 : 1599-2000
	다자녀	• 소득기준 0~8분위 : 등록금전액	• **신편입생, 재입학생은 첫학기 성적기준 미적용** • 재학생의 성적기준은 1유형과 동일 • 소득8분위 이하, 다자녀가구 대학생으로 성적 기준 충족자(미혼에 한함) * 다자녀가구(자녀3명이상)의 모든 자녀에게 지원 * 사망자녀는 자녀 수 합산에 불가하나, 신청일 기준 만 1년 이내 사망한 경우 추가증빙서류 필요		
	고졸후 학습자	• 등록금 전액	• **신편입생은 첫 학기 성적기준 미적용** • 재학생은 최종학기 성적이 백분위 70점 이상 • 고교 졸업자로 재직기간[1]이 2년이상인 자 • 현 재직기업[2]이 중소·중견기업 및 대기업·비영리법인에 해당 하는 자 • 계속장학생(기선발된 장학생은 매학기 신청을 생략함) * 단, 지원학기마다 필수요건(성적, 수혜횟수 8회, 학적, 재직기업규모, 의무재직[3] 이행 등) 충족필요, 고졸 후 장학금과 교내장학금의 합산금액이 등록금 범위를 초과할 경우 교내장학 미적용		

1) 재직기간은 고용보험가입정보를 기준으로 산정, 기업유형 및 규모는 무관. 일단위로 계산하며, 30일을 1개월로 함
2) 「중소기업법」 및 「중견기업 성장촉진 및 경쟁력 강화에 관한 특별법」에 따른 중소·중견기업에 해당하는 기업. 공정거래위원회에서 공시하는 대기업 집단 및 그 소속 기업. 사업자등록번호의 개인·법인 구분코드가 비사업자(80)또는 비영리법인(82)에 해당하는 기업(단, 부 또는 모가 대표인 기업이나, '재직의무이행제외'업종에 해당하는 경우 등은 지원 제외)
3) 의무재직기간 : 장학생은 수혜학기심사기준일로부터 1년(1학기 : 해당년도 1.1~12.31, 2학기 : 해당년도 7.1~다음년도 6.30)이내에 '수혜학기×4개월'간 대상기업 등에 재직하여야 함

12-2. 저소득계층을 위한 장학금

장학금 종류		지급대상	감면액	제출서류	비고
출판문화원		• (학적)해당 학기 재학생 　* 해당 학기가 첫학기인 신·편입생 및 재입학생은 제외 • (성적)직전학기 12학점 이상 수강신청 평점평균 1.6 이상(F학점 제외) • 기초생활수급자, 차(차)상위, 기타 생활곤란자, 장애인, 방송대 가족	25만원 (성적우수 증진은 15만원)	별도 공지	출판문화원 기탁
나눔	기초생활수급자	• 신편입생, 재입학생은 첫 학기 성적기준 미적용 　* 재학생은 직전학기 9학점 이상이수 　* 평점평균 2.0이상(F학점 제외)	수업료 95%	• 학비감면 신청서 • 수급자증명서	고지서 감면
	차상위계층		수업료 90%	• 학비감면 신청서 • 차상위계층 관련 서류	
학생후생복지 (아동시설 퇴소자)		• 아동복지법에 의한 아동양육(생활)시설 퇴소자 　* 12학점 이상 이수 　* 평점평균 2.0이상(F학점 제외)	수업료 85%	• 학비감면 신청서 • 아동시설퇴소 증명서	

12-3. 장애학생을 위한 장학금

장학금 종류		지급대상	감면액	제출서류	비고
학생후생복지 (첨단 곰두리)	중증	• 장애인복지법상 장애 정도가 심한 장애인으로 등록된 자 • 9학점이상 이수(F학점 제외)	수업료 85%	• 학비감면 신청서 • 장애인 복지카드 사본 또는 장애인 증명서	고지서 감면
	경증	• 장애인복지법상 장애 정도가 심하지 않은 장애인으로 등록된 자 • 9학점이상 이수(F학점 제외) • 평점평균 1.6이상(F학점 제외)			

12-4. 청년과 고령자(장년)를 위한 장학금

장학금 종류	지급대상	감면액	제출서류	비고
학생후생복지 (실버)	• 학기개시일 기준 만70세 이상 • 직전학기 12학점 이상 이수 • 평점평균 2.0이상(F학점 제외)	수업료 85%	• 학비감면 신청서	고지서 감면
학생후생복지 (청년)	• 학기개시일 기준 만24세 이하 • 직전학기 12학점 이상 이수 • 평점평균 2.0이상(F학점 제외)	수업료 85%	• 학비감면 신청서	고지서 감면

12-5. 성적우수자를 위한 장학금

장학금 종류		지급대상	감면액	제출시기	신청시기	비고
성적우수	우수	• 직전학기 18학점이상 이수(전과목) • 평점평균이 학과·학년그룹별 5%이내	수업료 전액	-	자동 선발	고지서 감면
	증진	• 직전학기 18학점이상 이수(전과목) • 평점평균이 학과·학년그룹별 15%이내	수업료 50%			
	격려	• 직전학기 18학점이상 이수(전과목) • 평점평균이 학과·학년그룹별 50%이내	수업료 26,800원			

※ 유아교육과 2학점 과목인 「학교현장실습」, 「학교폭력예방및학생의이해」, 「교직실무」 신청자는 15~17학점 이상을 전과목 이수로 인정
※ 평점평균(5자리에서 반올림)이 5%, 15%, 50%를 초과하여 동점일 경우 실점평균(실점합 (F포함)/이수과목수, 5자리에서 반올림)으로 순위부여, 실점평균이 5%, 15%, 50%를 초과하여 동점일경우, 이수학점으로 순위 부여

12-6. 교육보호자(국가유공자와 북한이탈주민)를 위한 장학금

장학금 종류	지급대상	감면액	제출서류	신청시기	비고

국가 유공자 교육 보호	• 국가유공자 등 본인 및 사망유족의 배우자
	  * 성적에 관계 없이 면제
	  * 수혜횟수 제한 없음
		수업료 전액	• 학비감면 신청서
			• 교육지원대상자 증명서(보훈청 발급)
				별도 공지	고지서 감면

	• 국가유공자의 (손)자녀 중 대학수업료 등 면제대상자 증명서 발급가능자
	  * 신·편입생 : 첫 학기만 성적에 관계 없이 면제
	  * 재학생 : 평점평균 1.6 이상(F학점 포함)
	  * 재입학생 : 최종학기 성적 적용
	    (성적기준 : 재학생 성적기준 동일)
	  * 수혜횟수 : 정규학기 8회 제한
	    (타 대학 수혜 횟수 포함)
	  * 손자녀는 독립유공자만 해당
			• 학비감면 신청서
			• 대학수업료등 면제대상자 증명서 (보훈청 발급)		

북한 이탈자 교육 보호	• 북한이탈주민
	  * 성적에 관계없이 면제 최초 입학 기준 6년 범위 내에서 8회 제한
	    (타대학 수혜 횟수 포함)
	  * 국내 4년제 대학이상 졸업자 제외
			• 학비감면 신청서
			• 교육지원대상자 증명서(통일부장관 또는 지자체 발행)		

12-7. 외국인과 귀화자, 다문화학생을 위한 장학금

장학금 종류	지급대상	감면액	제출서류	비고
학생후생 복지 (글로벌)	• 귀화자 또는 외국인 학생 및 다문화 학생 • 직전학기 12학점 이상 이수 • 평점평균 2.0이상(F학점 제외)	수업료 85% 감면	• 학비감면신청서 • 귀화자 : 국적취득이 기록된 기본 증명서 또는 제적등본 • 외국인 : 외국인 등록증 또는 영주증 사본 • 다문화 학생 : - 가족관계증명서(필수) - (부모가 대한민국 국적 취득자일 경우) 국적취득이 기록된 기본 증명서 또는 제적등본 - (부모가 대한민국 국적 미취득자일 경우) 국적이 표기된 혼인관계 증명서 또는 외국인 등록증, 영주증 사본	고지서 감면

12-8. 학생회 임원을 위한 장학금

장학금 종류	지급대상	감면액	제출서류	비고
학생회 임원	• 직전학기 학생회비 납부자 • 지역대학장 추천자 • 학생회 임원으로 직전학기 12학점 이상 이수, 평점평균 2.0이상(F학점 제외)	수업료 전액	-	고지서 감면

12-9. 선행과 공로를 한 학생을 위한 장학금

구분		자격사항	제출서류	지급액
공통 자격		• (학적) 해당 학기 재학생 *해당 학기가 첫학기인 신·편입생 및 재입학생은 제외 • (성적) 직전학기 기준 12학점 이상 수강신청, 평점평균 1.6 이상(F학점 제외)	• 장학금 신청서 1부 • 본인통장사본 1부	30만원 (성적 우수 증진은 15만원)
세부 자격	선행 학생	• 봉사활동 50시간 이상자	봉사활동 확인 증명서 1부	
		• 선행활동으로 인한 표창장 또는 수상실적	표창 또는 상장 사본 1부	
		• 기타 교내·외 선행 활동 실적	선행활동 소속 기관장의 공적조서 및 그 밖의 증빙서류	
	공로 학생	• 교내외 공모전 등 수상실적	공모전 상장 사본 또는 증명서 1부	
		• 교내활동 공로자(학생회 활동, 스터디 대표 등)	공로활동 소속 기관장의 공적 조서와 증빙서류 1부	
		• 그밖의 교외 공로활동 입증 가능자		

12-10. 방송대에 다시 입학한 학생을 위한 재학업장학금

장학금 종류		지급대상	감면액	제출서류	신청시기	비고
재학업	방송대 출신	• 방송대 학사과정 졸업 후 입학한 신·편입생 * 1인 1회 한함	수업료 26,800원	-	자동 선발	고지서 감면

13

장학금 등을 받으며 학업과 일을 양립할 수 있는 일자리가 방송대에 있나요?

13-1. 근로장학생

- 근로장학생이란 재학 중 근로시간에 따라 장학금을 지급받으며 학과와 학교, 지역대학 등의 사무실에서 근로하는 학생을 말합니다. 학교에서 근로의 경험도 가지고 학업도 할 수 있는 일자리입니다.
- 국가교육근로장학금은 한국장학재단이 저소득층 학생에게 등록금과 생활비 마련을 통하여 안정적인 학업여건을 조성하고 직업체험 기회를 제공하여 취업역량을 제공하기 위해 수여하므로 국가근로장학생이 되려면 한국장학재단에 신청하여야 하는데 소득기준 8분위 이하, 직전학기 성적이 70점(100점 만점, 'F' 포함) 이상이 되어야 합니다.
- 학교에서 장학금을 지급하는 교내근로장학생은 결원이 있는 경우에 선발되는데 해당 학기 등록을 하고 처·국장, 지역대학장, 학과장의 추천을 받은 후 면접 심사를 받고 충원됩니다.

13-2. 장애학생도우미

장애학생의 학습을 지원하기 위해 장애학생도우미 지원사업이 실시되고 있습니다. 우리 대학 재학생 중 대한민국 국적 소지자로서 직전학기 성적이 70점(100점 만점, 'F' 포함)이상인 사람은 한국장학재단에 도우미 활동을 신청할 수 있습니다. 도우미로 선정되면 우리 대학 재학생 중 장애학생의 교재 대독, 강의·시험 대필 등의 활동을 하는데 소정의 수당을 받을 수 있습니다. 이 수당의 재원은 국고보조금 80%, 우리 대학의 대응투자금 20%로 조성됩니다.

14

연계전공·복수전공·전공분리
(일부 학과만 해당)는 무엇인가요?

14-1. 사회복지연계전공

- 사회복지연계전공이란 소속학과의 전공 외에 사회복지사가 되는데 필요한 연계전공과목(실습 포함)을 이수하면 졸업할 때 소속학과의 학위와 사회복지학사와 함께 사회복지사 2급 자격증을 받을 수 있는 제도를 말합니다.
- 2018학년도 신입생부터는 사회복지학과 신설로 신청할 수 없습니다.
- 2011학년도~2017학년도 신입생은 2021학년도까지 신청 가능합니다.
  - 사회복지연계전공(주관학과 : 사회복지학과) 참여학과인 행정학과, 법학과, 생활과학부(가정복지학 전공), 보건환경학과, 교육학과, 청소년교육과, 유아교육과에 2011학년도~2017학년도 신입생으로 입학자만 신청할 수 있습니다. 또한 신청 전 최종 등록학기 전과목을 이수하고 취득학점이 36학점 이상 81학점 이하, 총 평점 평균이 3.0이상 이어야 합니다. ('원격대학교육의 이해'와 '사회봉사활동'으로 취득한 학점은 제외입니다.) 2, 3학년 편입생은 연계전공 신청이 불가하며, 복수전공 승인자는 연계전공을 신청할 수 없습니다.
  - 사회복지연계전공의 선발정원은 매년 총500명으로 참여학과별로 모집합니다. 학과별 정원의 범위 내에서 총평점평균(3.0이상 중에서)이 높은 순서로 선발합니다. 2학기 선발은 미달학과 우선선발 후 전체 잔여 정원 범위내에서 초과학과를 추가 선발합니다.
  - 사회복지 연계전공 신청방법은 [학교 홈페이지 로그인 → 나의 정보 → 종합신청정보 → 학적란에서 연계전공 신청 → 신청 연계전공 선택(사회복지연계전공) → 연계전공 신청 버튼을 클릭한 후 "해당 자료를 저장하시겠습니까?" → "신청되었습니다"를 확인]하면 됩니다.
  - 연계전공 신청은 2011학년도~2017학년도 신입생으로 재학 중 1회 신청이 원칙입니다. 단, 미승인자이며 신청조건을 충족할 경우 1회에 한하여 추가 신청할 수 있습니다. 연계전공을 승인 받은 후 취소한 경우에는 다시 신청할 수 없습니다.
  - 연계전공 이수과목은 주관학과(사회복지학과)와 참여학과에서 지정한 연계전공 교과목이어야 합니다. 연계전공 이수 승인 전에 연계전공 교과목을 이수하였거나, 프라임 칼리지에서 개설한 교과목 중 연계전공 교과목으로 지정된 교과목을 이수하였으면 연계전공 교과목으로 인정됩니다. (단, 2019학년도 1학기부터 프라임칼리지에서 연계전공 교과목이 개설되지 않으므로 유의바랍니다.)

14-2. 복수전공

- 복수전공이란 제1전공 이외의 전공교과목을 이수하여 졸업할 때 복수의 학위를 취득할 수 있는 제도를 말합니다.
- 복수전공을 이수할 수 없는 자
  - 연계전공 승인자, 졸업유보자, 복수전공을 이수중인 자

구분	2013학년도 이전 신·편입생	2014학년도 이후 신·편입생	2017학년도 이후 신·편입생	2018학년도 이후 신·편입생
대상학과	전학과	전학과	전학과	전학과
제외 학과	생활과학부 (식품영양학 전공), 간호학과, 교육학과, 청소년교육과, 유아교육과, 사회복지학과 (2018학년 신설)	농학과, 생활과학부 (가정복지학 전공, 식품영양학 전공), 간호학과, 교육학과, 청소년교육과, 유아교육과, 사회복지학과 (2018학년 신설)	농학과, 생활과학부 (가정복지학 전공, 식품영양학 전공, 의류패션학 전공), 간호학과, 교육학과, 청소년교육과, 유아교육과, 사회복지학과 (2018학년 신설)	사회복지학과, 농학과, 생활과학부 (가정복지학전공, 식품영양학전공, 의류패션학전공), 간호학과, 교육학과, 청소년교육과, 유아교육과

※ 복수전공 제외학과(7개) 학생들은 다른 학과에 대하여 복수전공을 이수할 수 있음
※ 입학년도와 상관없이 사회복지학과로 복수 전공 불가
※ 2017학년도 신·편입생부터 생활과학부(의류패션학전공)는 복수전공 제외학과에 포함

- 복수전공 신청자격은 신청 학기 등록생으로서 1학년 신입생은 36학점 이상, 2학년 편입생은 45학점 이상(인정학점 포함), 3학년 편입생은 81학점(인정학점 포함) 이상을 취득하고, 총 평점평균이 3.5 이상인 재학생 입니다. (원격교육의 이해, 사회봉사활동, 교육봉사활동으로 취득한 학점은 제외됩니다.)
- 복수전공은 제1전공을 포함하여 제2전공까지만 허용하고 복수전공 이수 중에 다른 복수전공으로 변경할 수 없습니다. 생활과학부의 각 전공 간에는 복수전공을 이수할 수 없습니다.
- 복수전공 신청은 [학교 홈페이지 로그인 → 나의 정보 → 종합신청정보 → 학적란에서 복수전공 신청 → 신청복수전공 선택 → 복수전공신청 버튼 클릭 → 해당자료를 저장 하시겠습니까?/ 확인 → 신청되었습니다/확인]하면 됩니다.
- 복수전공 신청은 재학 중 1회만 신청할 수 있습니다. 복수전공을 승인 받은 후 취소할 경우에는 다시 신청할 수 없습니다.

14-3. 전공분리

전공분리를 실시하는 학과는 생활과학부입니다.

- 생활과학부

① 생활과학부에는 가정복지학 전공, 식품영양학 전공, 의류패션학 전공이 있으며 1, 2학년에는 공통개설 교과목을 운영하고 3,4학년에는 전공에 따라 교과과정을 분리 운영합니다.

② 생활과학부 전공분리 신청 대상은 다음과 같은 신청 학기의 등록생으로서 신청요건을 갖춘 자입니다.

신청대상	신청요건	비고
• 2004학년도 이후 신입생(1군)	39학점 이상 취득	- 전공분리 신청 필수자 (학점취득자) - 전공을 배정받아야 졸업 가능 - 전공분리 신청 후 다음 학기부터 적용 ※ 주의사항 신청요건 학점을 취득 한 후에는 반드시 전공분리 신청을 하여야 다음 학기 수강신청 시 수강제한이 없음.
• 2005학년도 이후 2학년 편입생(2군)	44학점(인정학점 포함)이상 취득	

③ 2003학년도 이전 입학자(3군)는 전공분리 신청 불가자로 전공 배정없이 졸업하고, 연계전공 이수를 승인받은 생활과학부 학생은 가정복지학 전공으로 자동 배정됩니다.

④ 생활과학부의 전공분리 신청방법은 [학교 홈페이지 로그인 → 나의 정보 → 종합신청정보 → 학적란에서 「전공분리 신청」 → 원하는 전공신청]을 클릭하면 됩니다.

⑤ 생활과학부 전공분리 신청은 제1전공, 제2전공, 제3전공까지 신청할 수 있으며, 신청 순위에 따라 전공을 배정합니다. 전공분리 신청 시 한번 배정받은 전공은 변경 및 취소가 불가하니, 생활과학부에서 충분한 상담을 받은 후 전공을 선택하시기 바랍니다.

⑥ 전공배정 받기 전에 기 이수한 교과목은 전공배정 받은 이후의 교과과정 교과목의 교양과목, 전공과목, 일반선택과목의 교과구분을 그대로 적용합니다. 다만, 전공배정 받은 이후의 교과과정에 전공배정 받기 전에 미리 이수한 교과목이 없는 경우에는 교과구분을 일반선택 과목으로 합니다.

※ 교육과(2009학년도 전의 학과명)
2011학년도까지 학과(전공)을 배정받지 못한 교육과 학생은 2012학년도부터 교육학과로 배정 조치됨.

15
학업과 일, 가정, 병역의 양립을 지원하는 제도와 시설이 있나요?

15-1. 시험의 편의제공

중간평가 시험(출석수업평가, 출석수업대체시험)과 기말시험에 국가기관 등의 공공기관 및 기업체의 업무상 국외출장과 각종 행사 및 동원·훈련, 공무원과 공익사업장의 비상근무, 본인 또는 배우자의 출산과 유산, 본인 또는 본인 및 배우자의 직계존비속과 형제자매의 결혼때문에 결시할 수 밖에 없는 경우에는 미리 신청하고 증빙서류를 제출하면 결시자 인정이 됩니다. (☞ 신청 방법은 7-3. 기말추가(과제물)시험, p.53 참조)

15-2. 지역대학의 유아방

각 지역대학에는 수유실을 갖춘 유아방 운영을 하고 있습니다. (☞ 상세한 내용은 소속 지역대학 홈페이지 참조)

15-3. 병역연기제도

신·편입생 중 현역입영 대상자는 만24세까지 병역연기 가능합니다. 신·편입생은 병역연기 신청서 제출없이 대학에서 학적보유자 명부를 일괄 작성하여 1학기는 3월 말, 2학기는 9월말까지 병무청에 보내 자동연기 처리합니다. 재학 중 입영을 희망하는 학생은 본인의 희망시기를 적어 재학생 입영희망원을 해당 지방병무청 민원실에 제출하면 입영 가능합니다.

15-4. 특별휴학제도

우리 대학은 학생의 학업과 병역·일·가정의 양립을 지원하기 위하여, 학생이 입영 또는 복무, 장기요양, 직계존비속·배우자·배우자의 직계존속의 간호, 만 8세 이하(취학 중인 경우에는 초등학교 2학년 이하)의 자녀 양육 또는 여학생의 임신 또는 출산, 본인 또는 배우자의 해외근무, 그 밖에 이에 준하는 사유로 총장이 인정하는 경우의 어느 하나에 해당하고 증빙서류를 제출하는 경우에는 특별휴학으로 처리합니다. 특별휴학은 첫학기 휴학이 금지되는 2018년 3월 이후에도 예외적으로 첫학기에 휴학이 허용되며 휴학기간은 연속하여 6개 학기범위 내로 하되, 특별휴학 사유별로 「학적사무처리규정」에서 정한 바에 따릅니다.

16

학생통합서비스센터는 어떠한 서비스를 제공 하나요?

학생처 소속의 학생통합서비스센터는 학생들에게 학업과 대학생활에 관한 다양한 상담과 건강교육의 실시, 학생증 발급 등의 서비스를 제공합니다.

16-1. 학사상담

- 학사(입학, 수강, 등록, 시험, 장학, 학적, 졸업 등)에 관하여 상담을 합니다.
- 상담방법
  ① 학사상담 : ☎ 1577-9995 → 1번 → 1번
  ② 인터넷학습 등 문제해결(원격지원 포함) : ☎ 1577-9995 → 1번 → 2번
  ③ 인터넷상담 : 학교홈페이지 → 로그인 → 인터넷 상담(오른쪽 상단)

16-2. 성희롱·성폭력 예방 교육·상담

- 관계법령 및 교내 「성희롱·성폭력 예방과 처리에 관한 규정」(이하 '교내 규정'이라 함)에 따라 모든 구성원(교수, 직원, 조교, 학생 등)을 대상으로 온·오프라인 예방교육을 실시하고 있으며, 성희롱·성폭력에 관한 상담과 신고접수, 조사 등의 업무를 수행합니다.
- 학생은 U-KNOU 캠퍼스에 탑재 된 「성희롱·성폭력·가정폭력 예방교육(학생용)」교과목을 무료로 수강할 수 있으며, 학생과 교수, 직원과 조교로부터 성희롱·성폭력피해를 입거나 피해 상황에 처한 학생은 학생통합서비스센터 내 성희롱·성폭력 피해상담실(02-3668-4491)이나 사이버 성희롱·성폭력 신고센터(helpme@mail.knou.ac.kr)로 상담을 요청하거나 신고를 할 수 있습니다. 신고는 본인이 직접 하거나 대리인을 통해서도 할 수 있으며, 신고된 사건은 조사 후 교내 성희롱·성폭력심의위원회(이하'위원회'라 함)의 심의를 거치는 등 교내 규정에 따라 최대한 공정하고 신속하게 처리됩니다.
- 위원회는 교수, 직원, 학생 대표로 구성되는데 사건을 심의하여 가해자 제재를 포함한 적절한 조치 방법을 의결하여 총장에게 보고하여 문제가 해결되도록 합니다.

16-3. 진로상담과 경력개발지원

- 학생들의 진로에 관한 상담 및 검사, 경력개발을 위한 특강을 오프라인 상에서 실시하며, 진로경력개발홈페이지에서 자격증 안내, 취업정보안내, 직업심리검사, 이력서·자기소개서 작성법, 면접전략 안내 등은 게시하고 있습니다.
- 학교 홈페이지에서 [대학생활 → 학생지원 → 학생서비스센터 → 진로심리상담 → '진로경력개발']을 클릭하면 진로경력개발 홈페이지 (http://faculty.knou.ac.kr/~career)로 연결됩니다.

16-4. 심리검사·상담

- 학업, 적응, 대인관계, 정서문제 등으로 어려움을 겪게 되면 학생통합서비스센터의 심리상담을 활용해 보세요. 심리상담 신청은 심리상담 홈페이지를 통해 이루어집니다. 학교 홈페이지에서 [대학생활 → 학생지원 → 학생서비스센터 → 진로심리상담 → 심리상담]을 클릭하면 심리상담 홈페이지 (http://counseling.knou.ac.kr)로 연결됩니다.
- 온라인 자가진단 검사를 클릭하면 자신의 학습방법, 학습스타일, 우울 정도를 온라인으로 진단해 볼 수 있고, 온라인 상에서도 상담(이메일상담, 전화상담)을 받을 수 있습니다. 오프라인 심리검사 및 심리상담과 전화상담은 예약제로 운영됩니다. 그 밖에 집단상담, 워크숍, 특강은 공지를 미리하고 실시합니다.

16-5. 건강교육·상담

건강상담실은 혈압, 혈당 등의 기초 검사와 상담, 투약 및 단순 응급처치, 심폐소생술 교육 등 건강 교육 운영, 온라인 건강 상담 및 건강정보 알리미 등의 서비스를 제공합니다.

16-6. 학생증과 국제학생증, 각종 증명서 발급

학생증과 국제학생증, 각종 증명서를 발급하는 서비스를 제공합니다.

- 학생증은 도서관을 이용할 때와 각종시험에 응시할 때 신분증으로 활용이 가능합니다.

① 신청방법 : 학교 홈페이지 로그인 > 하단의 학생증발급 > 학생증 신청 바로가기

② 수령방법
- 직접수령 : 학생증 수령 문자메시지를 받은 후 지역대학 학생서비스센터 방문
- 우편수령 : 학생증 수령 문자메시지를 받은 후 지역대학 학생서비스센터에 우편발송 가능여부 문의 후 우편 신청

- 국제학생증(ISIC)이란 유네스코에서 인증한 학생신분증(International Student Identity Card)을 말합니다. 이를 소지한 학생은 세계 여행지의 항공권, 숙소, 교통, 여행보험 할인 등의 혜택을 받을 수 있습니다.

① 신청방법 및 수령방법 :

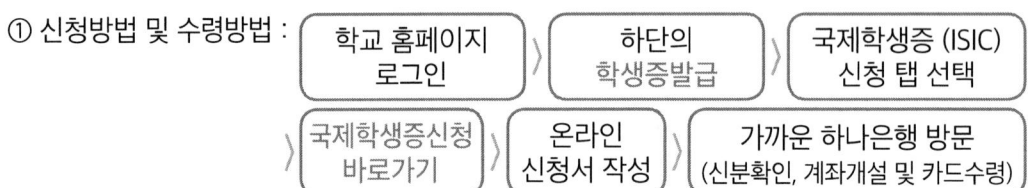

② 발급비용 : 최초발급은 무료

  (☞ 한국국제학생교류회 홈페이지 www.isic.co.kr 참조)

- 각종 증명서는 다음과 같은 방법으로 발급받을 수 있습니다.

① 인터넷 신청 :

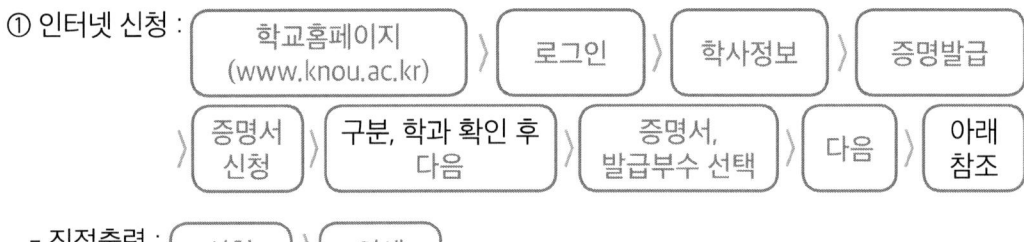

  - 직접출력 : 신청 〉 인쇄

  - 이메일 : 이메일 주소 확인 후 〉 신청

    ※ 증명서 자체가 발송되는 것이 아니라 링크 주소 발송 됨

  - 우편 : 연락처, 주소, 배송방법, 결제수단 선택 후 〉 결제

    ※ 우체국 익일특급(해외 : EMS) 발송

② FAX민원 : 신분증 지참 후 전국 시·군·구청, 시·도교육지원청 및 읍·면사무소, 주민센터에 방문하여 신청 가능하며, 발급에 필요한 시간은 약 10분~3시간 정도 소요됩니다.

  ※ [정부24 → 고객센터 → 서비스지원 → 어디서나민원]을 이용하여 인터넷으로 신청하고 지정한 행정기관에서 받을 수 있습니다.

  ※ 증명발급 수수료는 무료이나 FAX민원 수수료는 부과될 수 있습니다.

③ 지역대학 방문 : 방문 발급은 아래의 지역대학 등으로 가시면 발급 받을 수 있습니다.

  - 자동증명발급기 : 대학본부(열린관 1층) 및 각 지역대학(학습센터, 창원시학습관 포함)

  - 학생서비스센터 : 각 지역대학(학습센터, 창원시학습관 포함)

17
알아두면 좋을 학생지원제도는 무엇인가요?

17-1. 국가직 지역인재 7급 수습직원 추천

- 국가직 지역인재 7급 수습직원 추천제도란 전국 광역시·도의 우수인재를 고르게 등용하여 공직의 지역 대표성을 강화하고 필기시험 위주의 공채제도가 가지는 한계를 보완하여 공직 충원경로를 다양화하기 위하여 시행하는 제도입니다. 또한 이 제도는 별도의 취업 준비없이 대학의 교과과정을 성실히 이수한 사람을 공무원으로 선발하여 대학교육의 정상화와 지방대학 출신의 취업기회 확대에 기여하고 있습니다.
- 우리 대학은 인사혁신처의 지침과 배정인원에 따라 졸업자와 졸업예정자를 대상으로 하여 매년 추천절차를 거쳐 추천대상자를 선발합니다. 추천을 받은 대상자는 인사혁신처의 필기시험, 면접 등의 선발절차를 거쳐 국가직 지역인재 7급 수습직원이 될 수 있습니다.

17-2. 학자금 대출과 복지제도 등 안내

우리 대학은 한국장학재단이 실시하는 학자금 대출[농어촌출신 대학생 학자금융자, 취업 후 상환 학자금 대출, 일반 상환 학자금 대출]에 관하여 학교 홈페이지에서 안내하고 있습니다. 학자금 대출이 필요한 경우 한국장학재단에 신청기한을 지켜 신청하길 바랍니다. 그 밖에 학생의 복지증진을 위한 다양한 정보와 제도에 관한 안내도 합니다.

18
지역대학과 학습센터·학습관은 어떻게 이용할 수 있나요?

■ 지역대학

학생들은 입학과 동시에 수강신청한 지역대학에 소속됩니다. 지역대학에서는 강의실·학생서비스센터·도서관·전산실·유아방·실험실습실·휴게실 등을 갖추고 있으며, 입학 지원 부속서류 접수, 출석수업 실시, 각종 시험업무의 운영·관리, 학습자료 제공 등을 포함하여 입학에서 졸업까지의 학사업무 처리 및 상담을 합니다. 또한 입학식, 오리엔테이션, 특강과 전시회, 문화행사 등의 다양한 행사도 실시합니다. 학생회, 스터디모임, 동아리의 활동도 이루어집니다. 우리 대학 학생이면 학생증을 소지하고 소속 지역대학 뿐 아니라 전국에 소재한 지역대학을 이용할 수 있습니다. 학교 홈페이지에서 [지역대학]을 클릭하면 각 지역대학 홈페이지를 볼 수 있습니다.

■ 학습센터

학습센터란 서울지역대학에 소속된 학습시설인데 서울이 다른 지역에 비해 워낙 넓고 학생들도 많기 때문에 성수동(뚝섬) 소재의 서울지역대학, 목동 소재의 남부학습센터, 미아동 소재의 북부학습센터, 경기도 고양시 원흥동 소재의 서부학습센터에서 출석수업을 분산 실시하고 있으며 도서관과 컴퓨터가 구비된 학습정보실 운영도 하고 있습니다.

■ 학습관

학습관이란 지역대학에서 멀리 떨어져 있는 학생들의 학습편의를 위하여 전국 주요 시·군에 설치된 시설을 말합니다. 학습관 중에서 강릉, 원주, 안양, 성남, 창원, 포항 학습관에서는 출석수업이 실시됩니다. 학습관에도 도서관과 학습정보실을 이용할 수 있습니다.

19 도서관과 전산·정보실, 방송대학 TV는 어떻게 이용할 수 있나요?

■ 도서관

학교 본부에는 중앙도서관이 있고 지역대학, 학습센터 및 시·군학습관에도 도서관이 있습니다. 도서관은 학생증 및 공적신분증을 소지한 학생이면 누구나 이용할 수 있습니다.

학교홈페이지에서 중앙도서관을 클릭하여 중앙도서관 홈페이지를 꼭 살펴보세요. 교과목 관련 참고도서 뿐 아니라 국내외 학술 데이터베이스(DB), 전자도서 및 멀티미디어 자료 등 연구와 학습에 필요한 다양한 자료를 소장하여 열람, 복사, 대출 서비스를 제공하고 있습니다. 아울러 도서관 이용 교육, 인문학강좌, 독서퀴즈대회 등의 행사도 실시합니다. 또한 시각장애 학생들의 학습편의를 위하여 교과서를 데이지(Daisy) 형태로 제작하여 국립장애인도서관 홈페이지를 통해서 제공하고 있습니다.

■ 전산·정보실

학교 본부에는 대학 전체의 정보화 지원을 위한 교육정보화본부가 있고 각 지역대학에 학생들의 학습지원을 위해 컴퓨터가 비치된 전산실습실(또는 학습정보실)이 있습니다. 학생들이 컴퓨터를 이용하여 자율학습을 하거나 레포트 작성, 수강을 하려면 학생증을 지참하고 지역대학의 전산실습실을 개관 시간에 이용하면 됩니다.

■ 방송대학 TV

① 방송대학TV(OUN, Open University Network)는 국내 유일의 고등교육 전문채널로서, 평생학습사회를 지향하는 우리 대학 설립목표에 따라 양질의 프로그램(강의 프로그램, 교양 프로그램, 영화·드라마 등)을 제작, 보급하고 있습니다.
  방송대학TV는 거주지의 케이블 방송국에 가입하여 시청할 수 있으며 위성방송 (스카이라이프), IPTV로도 시청할 수 있습니다. 편성표 및 자세한 채널 안내는 방송대학TV 홈페이지(https://oun.knou.ac.kr)를 참고하시기 바랍니다.

② 방송대학TV에서 제작되는 프로그램은 방송대 학습포털 유노캠퍼스(U-KNOU Campus)에서 무료로 시청 또는 구매가 가능합니다.
  - 학교 홈페이지 로그인 → 나의 정보 → 학습자료실을 클릭하여 유노캠퍼스로 이동 → 프로그램 검색 후 시청
  - 유노캠퍼스(https://ucampus.knou.ac.kr) 로그인 → 프로그램 검색 후 시청

20
대학생활을 즐겁고 보람차게 보내려면 어떻게 하면 좋을까요?

20-1. 학교와 학교 부속시설, 지역대학, 학과의 행사 참가

대학본부와 중앙도서관 및 부속시설(출판문화원, 디지털미디어센터, 원격교육연구소, 통합인문학연구소, 역사기록관 등), 각 지역대학과 학과는 학생들이 참여할 수 있는 다채로운 행사들을 개최합니다. 이러한 행사들은 학교와 각 기관들의 홈페이지에서 사전에 공지합니다. 대학생활을 즐겁고 보람차게 보내려면 이러한 행사들에 참여해 보세요.

20-2. 학생자치조직(학생회, 스터디모임과 동아리)의 활동과 행사 참가

대학생활을 즐겁고 보람차게 보낼 수 있는 방법으로 학생들의 자치조직(학생회, 스터디, 동아리)에 가입하여 활동하고 행사에 참가하는 것을 적극 권면합니다. 원격대학의 특성상 고립되어 학업을 중도탈락하거나 학업만 하고 "대학생활"을 즐기지 못하는 경우도 있는데 학생자치조직에 가입하거나 학생자치조직이 주관하는 각종 행사에 참가하면 "학우"들을 만나 힘을 얻을 수 있을 것입니다. (☞ 상세 정보는 [학교 홈페이지 로그인 → 참여마당 → 학생활동]을 클릭하면 볼 수 있습니다.)

■ 학생회

우리 대학은 학생과 학교 사이의 공식적인 소통 창구인 학생회의 의견을 반영하여 학교 운영과 학생 서비스를 개선하려고 노력하고 있으며 학생회의 임원들에게 장학금을 지급하고 졸업할 때에 포상도 하고 있습니다. 학생회는 학과마다, 단과대학, 지역대학과 시·군 학습관마다, 전국단위로 조직되어 있고 공부, 봉사, 화합, 학교사랑을 기본방향으로 다양한 활동을 하고 있습니다.

■ 스터디모임과 동아리

우리 대학은 학생들이 자치적으로 만든 다양한 동아리들을 학교 홈페이지에 게시하고 학생들이 가입하여 활동하도록 안내하고 있습니다. 특히 학습동아리(스터디 모임)을 활성화하여 신·편입생들에게 학습동기를 부여하고 학습활동 성과를 제고하며 학교생활의 적응력을 높이고자 각 지역대학의 학과별 주관 우수학습동아리에 대하여 시상하고 활동비를 지원하고 있습니다.

20-3. 봉사활동 참여

- 우리 대학은 교내외 봉사활동을 하는 학생들에게 사회봉사활동 학점인정, 선행학생 장학금 지급과 졸업 시 포상 등의 지원을 하고 있습니다. 또한 근로장학생, 멘토, 장애학생 도우미 등의 봉사활동도 장려하고 있으며, 학생회 및 동문회와 함께 사회봉사활동도 하고 있습니다.
- 학생회의 주요한 활동 중의 하나가 후배사랑, 학교사랑을 표현하고 소외된 사람들을 돕기 위한 다양한 봉사활동을 하는 것입니다.
- 또한 우리 대학의 학생들 중에는 다채로운 경력과 전문성을 가지고 있으면서 더 정진하기 위해 공부하는 학생들이 그 경력과 전문성, 학업성과를 기반으로 봉사활동을 조직적으로 하고자 만든 봉사단들이 있습니다. 법학과의 법률상담자원봉사단, 생활과학부의 가정복지봉사단, 간호학과의 간호봉사단은 그 대표적 사례입니다.
- 이러한 봉사활동에 참여하면 나눔과 섬김, 경험 축적을 통해 더욱 자신을 성장시킬 수 있고 대학생활을 즐겁고 보람차게 보낼 수 있을 것입니다.

21
휴학과 재입학을 하려면 어떻게 해야 하나요?

휴학과 재입학 등의 학적은 「학칙」과 「학적사무처리규정」에 따라 허용됩니다.
(☞ 상세한 내용은 「학적사무처리규정」과 학교홈페이지의 학사공지 참조)

■ 휴학(일반휴학, 미등록휴학, 특별휴학)

① **일반휴학** 학생이 등록한 후 휴학하고자 할 때에는 해당 학기 수업이 개시 된 후 2분의 1이 경과하기 이전에 휴학원을 제출하여 총장의 승인을 받아야 합니다.
   ※ 2018년 3월부터는 조기 중도탈락을 방지하고 학업을 계속할 수 있도록 하기 위해 첫 학기에는 휴학이 허용되지 않습니다.

② **미등록 휴학** 등록기간 내에 등록하지 않으면 미등록 휴학으로 처리되는데 휴학 기간은 연속하여 2개 학기를 초과할 수 없으며, 휴학처리된 학생은 등록기간 중에 등록하면 복학됩니다.

③ **특별휴학** (☞ 15. 학업과 일, 가정, 병역의 양립을 지원하는 제도와 시설의 4 참조)

■ 재입학

재입학이란 학사학위과정에서 자퇴 또는 제적된 당시의 학과로 다시 입학하는 것을 말합니다. 재입학은 학과 정원에서 여석이 있는 경우에 두 차례에 한정하여 허가됩니다. 지원자가 정원의 여석을 초과할 경우 취득학점이 많은 자 순으로 선발합니다. 재입학하고자 하는 학생은 학사정보시스템을 이용하여 신청을 하여야 합니다. 신청방법은 [학교 홈페이지 로그인(맞춤정보) → 나의 정보 → 종합신청정보 → 학적 → 재입학 신청 → 개인정보 및 신청정보 확인 후 재입학 신청 클릭 → 확인 버튼 클릭 → "신청되었습니다"를 확인하고 확인버튼]을 클릭하면 됩니다.

※ 징계를 받아 제적된 학생의 재입학은 제적된 날로부터 2년을 경과하여야 하고 소속 학과장과 지역대학장, 학생지도위원회 및 단과대학 교수회의 심의를 거쳐 허가여부가 결정됩니다. 재입학한 학생의 학점은 이미 이수한 학점을 통산하여 인정됩니다.

22
징계와 제적은 어떠한 경우에 당하게 되나요?

■ 징계

총장은 학칙 제66조(징계)에 따라 학생이 학칙을 위반하거나 학생의 본분에 어긋난 행위를 하였을 때에는 징계할 수 있습니다.

학칙은 제61조(학생의 의무)에서 "① 학생은 학칙 등 제 규정을 준수하여야 한다. ② 학생은 수업·연구 등 본교의 기본 기능수행에 방해가 되는 개인 또는 집단적 행위와 교육목적에 위배되는 활동을 할 수 없다."라고 규정하고 있습니다.

「학생징계에 관한 규정」은 징계대상자를 ① 시험부정 행위자, ② 학생활동에 관한 학칙 및 제규정 위반자, ③ 학생신분을 이용하여 부당한 상행위, 이권개입, 금품수수 및 알선 등을 하여 학내 질서를 문란케 한 자로 구분하고 행위내용에 따라 징계양정을 다르게 정하고 있습니다.

징계의 종류는 근신·유기정학의 경징계와 무기정학·제명의 중징계로 구분합니다. 징계를 당하지 않도록 유의하시길 바랍니다. (☞ 상세한 내용은 「학생징계에 관한 규정」 참조)

■ 제적

학생은 학칙 제38조(제적)에 따라 ① 징계에 따라 제명된 경우, ② 정당한 사유 없이 연속해서 3개 학기를 등록하지 아니한 경우, ③ 원에 의하여 자퇴한 경우에는 제적당하게 됩니다.

23
졸업을 하려면 어떻게 해야 하나요?

23-1. 졸업에 필요한 학점과 요건

졸업을 하려면 수업연한(등록횟수)을 충족해야 하고 졸업소요학점을 취득해야 합니다. 다만, 23-2에서 게시하는 바와 같이 일부 학과에서는 졸업학력평가(졸업논문 또는 졸업논문대체인정)도 합격해야 졸업이 됩니다.

① 수업연한은 1학년 신입생으로 입학한 경우는 8학기 이상 등록, 2학년 편입생으로 입학한 경우는 6학기 이상 등록, 3학년 편입생으로 입학한 경우는 4학기 이상 등록해야 합니다.

② 졸업소요학점은 총140 학점인데 그 중 교양과목은 24학점 이상을 취득해야 하고, 전공과목도 최소 취득학점을 취득해야 합니다. 그 학점은 다음과 같이 2009학년도 이전 신·편입생으로 입학한 경우와 2010학년도 이후 신·편입생으로 입학한 경우에 차이가 있습니다.

구분		2009학년도 이전 신편입생 입학	2010학년도 이후 신편입생 입학
교양과목		24점 학점 이상	24학점 이상
전공과목	신입생	51학점 이상 (유아교육과 : 54학점 이상)	51학점 이상 (유아교육과 : 55학점 이상)
	2학년 편입생	51학점 이상 (유아교육과 : 54학점 이상)	60학점 이상 (유아교육과 : 64학점 이상)
	3학년 편입생	63학점 이상	69학점 이상
총 취득학점 140학점이상			

23-2. 졸업논문작성과 졸업논문대체인정(일부 학과만 해당)

현재 3개 학과(컴퓨터과학, 청소년교육, 문화교양학과)는 수업연한(등록횟수) 충족, 졸업소요학점 취득 외에 졸업논문(또는 졸업논문대체인정심사)에 합격해야 졸업할 수 있는 졸업학력평가제도를 실시하고 있습니다.

졸업학력평가 대상자는 직전 학기까지 84학점 이상 취득한 자로 합니다. 다만, 복수전공 이수자로서 복수전공 학위를 원하는 자는 직전 학기까지 복수전공학과의 전공과목 15학점을 포함하여 84학점 이상 취득한 자로 합니다. 졸업논문(대체)시행계획은 학보와 홈페이지에 공고되니 해당 학과 학생들은 꼭 살펴보시고 준비하시길 바랍니다.

졸업학력평가에서 합격 또는 인정받지 못한 학생은 졸업수료 증서는 받을 수 있습니다.
(☞ 상세한 내용은 「졸업학력평가시행규정」 참조)

※ 2019학년도 1학기부터 졸업논문(논문대체인정 포함) 폐지 추가학과 : 국문, 영문, 경영, 미디어영상, 교육, 유아교육, 사회복지연계전공

■ 졸업논문작성

졸업논문을 작성하려면 먼저 졸업논문계획서를 매년 학기별 1학기(3월초)와 2학기(9월초)중에 제출하여야 합니다. 논문 제출은 학기별로 1회(1학기 : 5월초), 2학기(11월초)에 하는데 학사정보시스템에서 온라인으로 제출하거나 지역대학에 직접 제출할 수 있습니다. 제출된 논문은 심사위원들이 합격자 사정절차를 거쳐 합격여부가 판정됩니다.

■ 졸업논문대체인정

졸업논문대체인정이란 졸업논문대체 인정심사기준을 충족하면 졸업논문을 작성하지 않아도 되는 것을 말합니다. 졸업논문대체 인정심사기준은 학과별로 다릅니다. 졸업논문대체 시행계획은 매년 학기별로 2회(학기별 1차, 2차) 학보와 홈페이지에 공고됩니다. 졸업논문 대체 인정을 받으려면 먼저 학교 홈페이지에서 신청을 한 후 심사기준을 충족하는 관련 증명서류를 첨부하여 신청서와 함께 총장이 정하는 날까지 소속 지역대학장께 제출하여야 합니다. 소속 학과의 심사 절차를 거쳐 인정여부가 확정됩니다.

23-3. 특별한 졸업의 요건(복수/연계전공자 졸업, 조기졸업, 명예졸업)

■ 복수전공자의 졸업요건

2010학년도 이후 입학한 신·편입생이 복수전공을 선택한 경우에 제1전공(주전공)과 제2전공(복수전공)학과의 졸업요건을 모두 취득해야 졸업할 수 있습니다. 다만, 학교에서 공지한 기간 내에 학사정보시스템에서 복수전공을 취소하면 소속학과의 졸업은 가능합니다. 복수전공의 졸업요건을 취득한 학생의 졸업증서에 복수전공 소속 학과와 전공명이 병기됩니다.

구분	제 1 전공			제 2 전공(복수전공)	
	전공 (A)	교양 (B)	졸업학력평가(C)	전공 (D)	졸업학력평가 (E)
신입생	51학점 이상 (유아교육과 : 55학점 이상)	24학점 이상	합격	51학점 이상	합격
2학년 편입생	60학점 이상 (유아교육과 : 64학점 이상)	24학점 이상	합격	51학점 이상	합격
3학년 편입생	69학점 이상	24학점 이상	합격	51학점 이상	합격

- 공통 : A~E의 요건을 모두 충족하고 총 취득학점 140학점 이상
- 졸업학력평가(C, E)의 합격은 졸업논문(졸업논문대체 포함)부과 학과만 해당

■ 연계전공자의 졸업요건

사회복지연계전공을 선택한 학생은 주 전공(입학 당시 학과의 전공)과 연계전공의 졸업요건을 모두 취득해야 졸업할 수 있습니다. 다만, 학교에서 공지한 기간 내에 연계전공 이수 취소를 학사정보시스템을 통해 하면 학과의 졸업은 가능합니다. 연계전공 졸업요건을 취득한 이수자의 졸업증서에는 학과의 학위명과 사회복지학사(연계전공 학위명)가 같이 기재됩니다.

2011학년도 이후 신입생(편입생 제외)			
주 전공(입학 당시 학과)			연계전공
전공 (A)	교양 (B)	졸업학력평가(C)	전공 (D)
51학점 이상 (유아교육과 : 55학점 이상)	24학점 이상	합격	51학점 이상

- 공통 : A~D의 요건을 모두 충족하고, 총 취득학점 140학점 이상
- 졸업학력평가(C) 합격은 졸업논문(논문대체 포함) 부과 학과만 해당
- 주 전공 학과에서 연계전공으로 개설한 전공 및 교양은 모두 중복 인정함. 단 졸업소요학점에는 중복 인정하지 않음

■ 조기졸업 요건

조기졸업이란 학사학위과정에서 6학기 또는 7학기를 이수하고, 졸업요건을 갖춘 경우에 학사학위를 수여하는 것을 말합니다. 대상은 1학년 신입생(편입생은 제외)으로 입학한 학생이 되며 졸업에 필요한 이수학점(총 140학점)을 조기에 취득하여 졸업요건을 충족하고, 이수한 전교과목의 성적 평점평균이 4.0 이상 취득하면 조기졸업을 할 수 있습니다. 조기졸업 요건을 충족하였음에도 조기졸업을 원하지 않는 경우에는 졸업유보를 신청하여야 합니다.

■ 명예졸업

「명예졸업 규정」에 따라 학생이 재학 중 학업에 정진하여 타 학생의 귀감이 되고 졸업소요학점의 4분의 3 이상을 취득한 후 사망하거나 그 밖에 총장이 인정하는 경우에는 본인, 그의 가족 또는 친지 등의 신청을 받아 학·처장회의의 심사를 거쳐 명예졸업자로 확정되면 명예졸업증서를 받을 수 있습니다.

23-4. 졸업유보제도

졸업유보란 졸업요건을 충족한 학생이 성적 향상 또는 자격증 취득을 위해 일정기간 졸업을 미루는 것을 말합니다. 졸업유보는 학기단위로 연속하여 4개 학기까지 신청할 수 있으며, 졸업유보 기간 중 수강하고자 하는 교과목이 개설된 학기에 등록할 수 있습니다. 졸업유보를 신청한 학생은 졸업유보 기간이 끝나는 학기에 졸업하게 됩니다.

24
졸업할 때 상과 자격증을 받으려면 어떻게 해야 하나요?

24-1. 수상에 필요한 요건

졸업할 때 포상은 졸업우등상, 공로상, 평생학습상으로 구분되고 총동문회장상을 제외하고는 총장이 수여합니다. 포상계획은 매년 변화될 수 있는데 2020학년도 기준(2021년 2월 전기졸업)은 다음과 같습니다. 졸업할 때 상을 받을 수 있도록 학점 취득과 공로활동을 하여 도전해 보세요.

■ 졸업우등상

성적우수자에게 수여하는데 동점자가 발생하면 성적(소수점 다섯째 자리에서 반올림), 취득학점 순으로 선정합니다.

구분	선정기준(2019학년도 기준)
성적우수상	졸업대상자 중 학업성적(평점평균)이 학과 별 상위 15퍼센트 이내 이면서 3.0 이상인 자
학과 최우수상	학과별로 성적 최우수자를 신·편입생 각각 1명씩 44명에게 수여
최우수상	4개의 단과대학별로 선정된 학업성적 최우수자 중에서 신·편입생 각각 1명에게 수여하되, 단과대학별 윤번제로 선정(2021학년도 전기 졸업의 최우수상은 신입생 부문 인문과학대학에서, 편입생부문 교육과학대학에서 선정하였고, 2021학년도 후기 졸업의 최우수상은 신입생부문 자연과학대학에서, 편입생부문 사회과학대학에서 선정)

■ 공로상

2020학년도에 학교 발전에 현저한 공이 있거나 명예를 선양한 자 또는 타의 모범이 된 자 중에서 학생처장, 단과대학장, 지역대학장이 추천한 자로 선정합니다.

■ 평생학습상

구분	선정기준
시니어우수학습자부문	만 70세 이상으로 평점평균이 2.7 이상인 자 전원
열린곰두리 부문	장애학생(장애 정도가 심한 장애인)으로서 평점평균 2.7 이상인 자 전원
청년우수학습자 부문	만 24세 이하로 평점평균 2.7이상인 자 전원
총동문회장상 부문	신입생으로 입학하여 학업성적이 우수하고 품위가 단정하며 타인의 귀감이 되는 자 • 단과대학별 추천제로 총동문회장이 포상

24-2. 자격증 획득에 필요한 요건

- 우리 대학에서 자격증을 획득하는 방법에는 자격증 획득에 필요한 교육과정(또는 교과목)을 이수하면 특별한 시험 없이 자격증을 받을 수 있는 경우와 교육과정을 이수한 후 국가 등의 시험실시기관에서 실시하는 시험에 합격하여야 자격증을 받는 경우가 있습니다. (☞ 상세한 내용은 해당학과의 홈페이지 참조).
- 자격증 획득에 필요한 교육과정(또는 교과목)을 이수하면 특별한 시험없이 자격증을 받을 수 있는 경우에는 사회복지연계전공 및 사회복지학과(2018학년도 신설)의 사회복지사 2급 자격증, 유아교육과의 교원자격증(유치원 정교사 2급), 유아교육과·생활과학부 가정복지학 전공의 보육교사 2급 자격증, 생활과학부의 가정복지사 2급 자격증과 건강 가정사 자격증, 교육학과의 평생교육사 자격증 등이 있습니다.
- 교육과정 이수를 통해 국가자격 검정시험 응시자격을 획득하는 경우에는 청소년교육과의 청소년지도사 2급 및 청소년상담사 3급 자격증이 있고, 사회복지연계전공 및 사회복지학과의 사회복지사 1급 자격증 등이 있습니다.

25
졸업 후에도 방송대에서 계속 공부할 수 있나요?

25-1. 시간제 등록제도 활용

- 우리 대학은 고등학교 졸업자 또는 졸업예정자, 법령에 따라 이와 같은 수준 이상의 학력이 있다고 인정되는 사람에게 우리 대학의 정규교육과정 이수기회를 제공하기 위해 시간제 등록제를 실시하고 있습니다. 학습결과는 학점은행제와 연계하여 인정됩니다. 현재 교원과 의료인력양성 관련 모집학과인 유아교육과와 간호학과, 사회복지학과를 제외한 모든 학과에서 시행하되, 대상교과목을 지정하여 실시하고 있습니다. 합격자는 학기 당 4과목(12학점) 이내로 수강신청을 하고, 등록하면 학번을 부여받고 학업과 시험 응시 등을 할 수 있습니다.
- 이 제도를 활용하고자 하면 지원서를 제출하여 합격해야 합니다.

25-2. 다른 학과 편입학

우리 대학을 졸업하고 다른 학과 2학년 또는 3학년에 편입하여 학업을 계속 할수 있습니다. 이 경우 1회에 한하여 재학업 장학금을 받을 수 있습니다.

25-3. 대학원과 경영대학원, 프라임칼리지 진학

우리 대학은 졸업하면 석사학위를 부여하는 특수대학원으로서 대학원과 경영대학원을 두고 있고 학사학위과정과 평생교육과정을 개설한 특수한 교육조직인 프라임칼리지를 두고 있습니다.
(개설학과·전공은 1-3. 대학의 조직, p.16 참조) 학부과정을 졸업하여 학사학위를 취득한 다음 다른 대학의 대학원에도 진학할 수도 있지만, 방송대의 석사학위과정과 프라임칼리지 학사학위과정에 진학하여 방송대에서 학업을 계속 할 수 있으니 진학해 보시길 권합니다.

■ 대학원

◆ 우리 대학의 대학원은 국내 최초 원격교육방식으로 개설된 석사학위 과정으로서 국립 대학으로는 유일한 대학원 과정입니다. 개설되어 있는 학과는 총 19개학과이며, 830명 정원으로 명실공히 국내 최대의 원격대학원으로 자리 잡고 있으며, 경영학과는 2013년 부터 경영대학원으로 분리하여 운영하고 있습니다.
◆ 대학원은 원격교육의 특성을 고려하여 강의 수강 시 교수와 튜터가 온라인상에서 학생들의 학습활동을 적극적으로 지원하는 체제로 운영하고 있어 재학생들은 신속하고 만족스러운 학습지도를 받을 수 있습니다. 또한 매 학기마다 과목세미나, 학과세미나, 학과워크숍 등 오프라인 학습지원도 이루어지고 있습니다.
(☞ 상세한 정보는 [학교 홈페이지의 대학·대학원 → 대학원]을 클릭하면 볼 수 있습니다.)

■ 경영대학원

대학원 경영학과가 2013년 경영대학원으로 독립하였으며, 7개 전공과 150명 정원을 가진 국내 유일의 국립 원격 경영대학원으로서 글로벌 시대의 경영자를 위해 한층 업그레이드된 MBA 과정을 제공하고 있습니다.
(☞ 상세한 정보는 [학교 홈페이지 대학·대학원 → 경영대학원] 클릭하면 볼 수 있습니다.)

■ 프라임칼리지

프라임칼리지는 학사학위과정으로 금융·서비스학부(회계금융전공, 서비스경영전공)와 첨단공학부(산업공학전공, 메카트로닉스전공, 데이터융합공학전공)를 운영하고 있으며, 아울러 평생교육과정, 재직자기초과정을 운영하고 있습니다.
(☞ 상세한 정보는 프라임칼리지 홈페이지 https://primecollege.knou.ac.kr 참조)

별첨 1 입학에서부터 졸업까지의 학사흐름도

- 신·편입생이 처음 입학해서 등록에서 학점이수까지의 흐름도입니다.

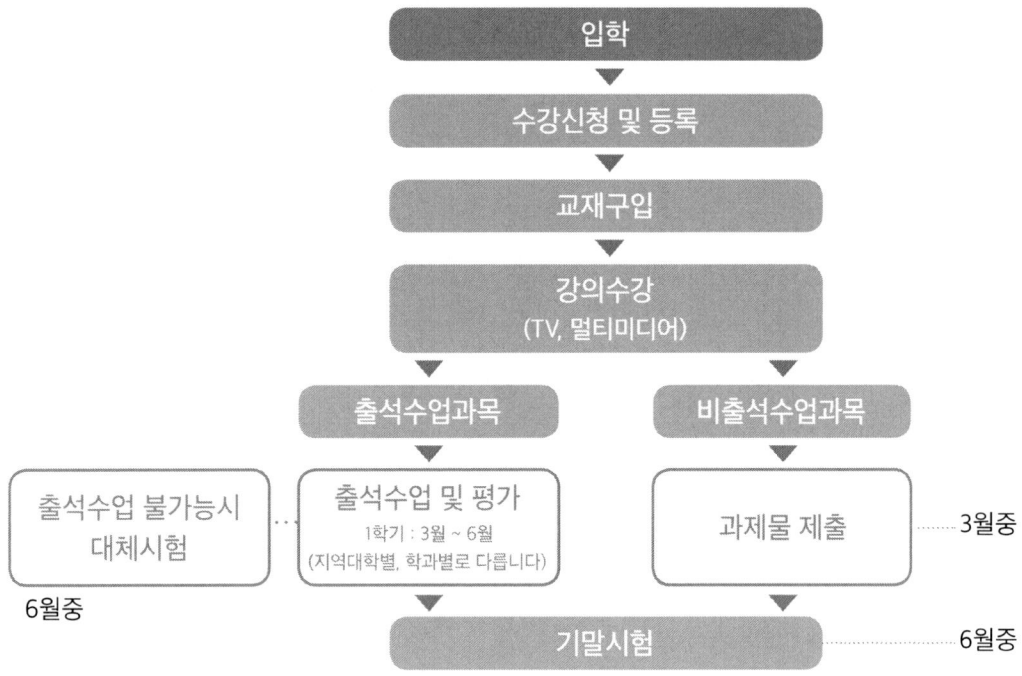

- 이러한 과정을 거쳐 8개 학기(4년)동안 학점을 이수하고, 다음 과정을 거쳐 졸업요건이 충족되면 졸업할 수 있습니다.

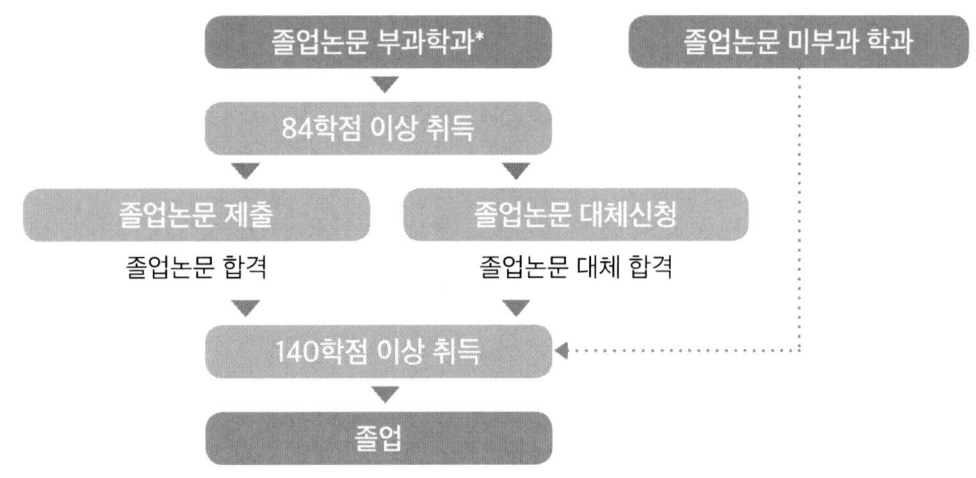

※ 졸업논문 부과학과 : 컴퓨터과학과, 청소년교육과, 문화교양학과
※ 졸업논문 미부과학과 : 위 3개 학과를 제외한 21개 학과

별첨 2 대학본부 행정부서 전화번호

구분	상담내용	소관부서	전화번호
입학상담 (1577-2853)	학부과정	입학학적과, 지역대학	02-3668-4350~1
	대학원 과정	대학원	02-3668-4343, 4346~8
학사상담 (1577-9995)	학생증, 증명발급	학생통합서비스센터	02-3668-4337
	휴학 / 자퇴 / 학적정정 재입학, 학적관리, 졸업, 복수·연계전공	입학학적과, 지역대학	02-3668-4197~8
	등록금 관련	재정지원과	02-3668-4241~2
	출석수업 관리	학사운영과	02-3668-4141~2
	수강신청, 계절수업	학사운영과	02-3668-4143~4
	각종시험·성적 졸업논문 / 졸업논문 대체인정	학사운영과	02-3668-4151~2
	장학, 병역, 포상 / 징계 봉사활동학점인정	학생과	02-3668-4171~4
자격증 발급	평생교육사 자격증 관련 실습 및 이수과목	교육학과 지역대학	02-3668-4660
	학교현장실습 및 이수과목 등 자격요건	유아교육과 지역대학	02-3668-4670
	- 평생교육사 자격증 신청 　(※ 자격증 발급 : 국가평생교육진흥원) - 유치원 정교사(2급) 자격증 신청 　및 발급	입학학적과	02-3668-4197
	기타 자격증 문의	해당학과	
학습상담	학습내용질문	각 학과	각 학과
	교재구입 및 학보구독	출판문화원	1644-1232
	방송강의	디지털미디어센터	02-3668-4841~3
	학교도서관 이용	중앙도서관	02-3668-4390
	학교홈페이지, 전산시스템 장애	교육정보화본부	02-3668-4515
프라임 칼리지	선취업후진학과정, 평생교육과정, 교원연수프로그램	프라임칼리지, 종합교육연수원	02-3668-4435~6 02-3668-4433~4

별첨 3 학과별 전화번호

구분	상담내용	소관부서	전화번호
인문과학대학	국어국문학과	02-3668-4550	학습내용 및 질문
	영어영문학과	02-3668-4560	"
	중어중문학과	02-3668-4570	"
	프랑스언어문화학과	02-3668-4580	"
	일본학과	02-3668-4290	"
사회과학대학	법학과	02-3668-4590	"
	행정학과	02-3668-4600	"
	경제학과	02-3668-4610	"
	경영학과	02-3668-4620	"
	무역학과	02-3668-4680	"
	미디어영상학과	02-3668-4710	"
	관광학과	02-3668-4460	"
	사회복지학과	02-3668-4799	"
자연과학대학	농학과	02-3668-4630	"
	생활과학부	02-3668-4640	"
	컴퓨터과학과	02-3668-4650	"
	통계·데이터과학과	02-3668-4690	"
	보건환경학과	02-3668-4700	"
	간호학과	02-3668-4709	"
교육과학대학	교육학과	02-3668-4660	"
	청소년교육과	02-3668-4400	"
	유아교육과	02-3668-4670	"
	문화교양학과	02-3668-4540	"
	생활체육지도과	02-3668-4752	"

별첨 4 지역대학과 학습센터·학습관의 위치와 연락처

서울지역대학

주소 _ 서울특별시 성동구 아차산로 12(성수동1가)
우편번호 _ 04778

약도

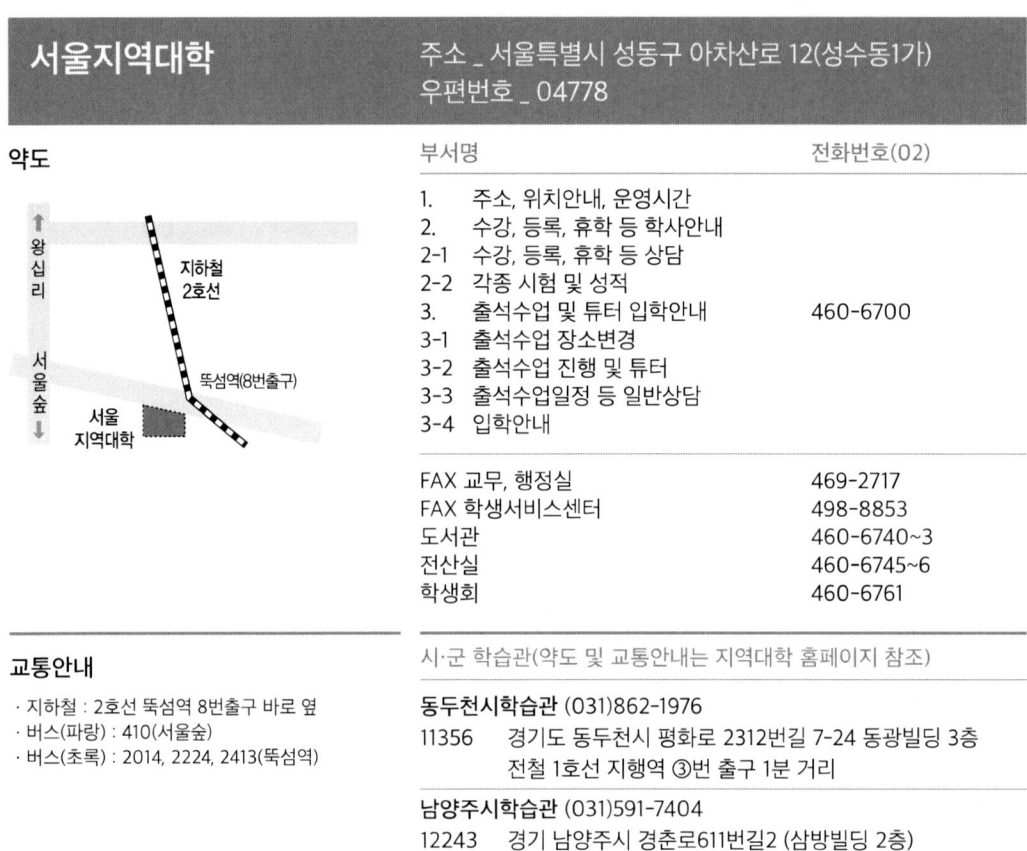

부서명	전화번호(02)
1. 주소, 위치안내, 운영시간	
2. 수강, 등록, 휴학 등 학사안내	
2-1 수강, 등록, 휴학 등 상담	
2-2 각종 시험 및 성적	
3. 출석수업 및 튜터 입학안내	460-6700
3-1 출석수업 장소변경	
3-2 출석수업 진행 및 튜터	
3-3 출석수업일정 등 일반상담	
3-4 입학안내	
FAX 교무, 행정실	469-2717
FAX 학생서비스센터	498-8853
도서관	460-6740~3
전산실	460-6745~6
학생회	460-6761

교통안내

· 지하철 : 2호선 뚝섬역 8번출구 바로 옆
· 버스(파랑) : 410(서울숲)
· 버스(초록) : 2014, 2224, 2413(뚝섬역)

시·군 학습관(약도 및 교통안내는 지역대학 홈페이지 참조)

동두천시학습관 (031)862-1976
11356   경기도 동두천시 평화로 2312번길 7-24 동광빌딩 3층
        전철 1호선 지행역 ③번 출구 1분 거리

남양주시학습관 (031)591-7404
12243   경기 남양주시 경춘로611번길2 (삼방빌딩 2층)

서울지역대학 북부학습센터

주소 _ 서울특별시 강북구 도봉로 136(미아동)풍양빌딩 2층
우편번호 _ 01161

약도

부서명	전화번호(02)
행정실	980-4488
수업관리실, 조교실	980-4937~8
도서관	980-4936
FAX	980-4935

교통안내

· 지하철 : 4호선 미아역 4번출구(도보 10분)
· 버스(파랑) : 101, 102, 106, 107, 108, 120, 130, 140, 141, 142, 150, 151, 153, 160, 710(도봉세무서·성북시장 하차)
· 버스(초록) : 1144(도봉세무서·성북시장 하차)

서울지역대학 남부학습센터

주소 _ 서울특별시 양천구 국회대로 272(목동)
우편번호 _ 07993

약도

부서명	전화번호(02)
행정실	840-3721~3, 3725
학생서비스센터	840-3719, 3724
FAX	849-0218
수업관리실	840-3752~3
도서관	840-3741~2

교통안내

- 지하철 : 5호선 목동역 3번출구(도보 5분)
- 버스(파랑) : 602, 650, 654(목동역 홍익병원 하차)
- 버스(초록) : 5616, 6620, 6623, 6628, 6629, 6630, 6715(목동역 홍익병원 하차)

서울지역대학 서부학습센터

주소 _ 경기도 고양시 덕양구 권율대로 696-13(원흥동)
우편번호 _ 10558

약도

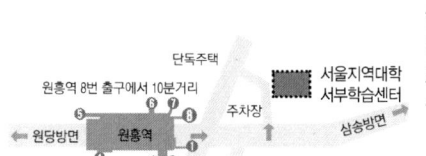

부서명	전화번호(02)
행정실	383-5907~8
FAX	383-2881
도서관	383-2880
수업관리실	383-5909~10

교통안내

- 지하철 : 3호선 원흥역 8번 출구(도보 5분)
- 버스(초록) : 95(원흥역 하차)
- 마을버스 : 024, 045, 046, 075B(원흥역 하차)

부산지역대학

주소 _ 부산광역시 북구 학사로17번길 14(화명동)
우편번호 _ 46542

약도

부서명	전화번호(051)
학생서비스센터	361-9901~5(ARS 1번)
FAX	361-9915
수업관리실	361-9901~5(ARS 2번)
FAX	361-9912
행정실	361-9901~5(ARS 3번)
FAX	361-9908
도서관	361-9901~5(ARS 4번)
학생회	361-2456

교통안내

· 지하철 : 2호선 수정(방송통신대)역 3번출구(낙동강 방향 100m)
· 시내버스 : 15, 59, 111, 121, 126(수정지하철역 하차)

대구·경북지역대학

주소 _ 대구광역시 달서구 선원로 21(신당동)
우편번호 _ 42603

약도

부서명	전화번호(053)
행정실	606-6699
FAX	606-6698
도서관	606-6682
학생서비스센터	606-6683~4
FAX	606-6697
전산실	606-6685
조교실	606-6622~4
FAX	606-6629
영상강의실	606-6640
학생회	606-6668

교통안내

· 지하철 : 2호선(문양방면) 계명대역 6번 출구(도보 10분)
· 시내버스 : 509, 성서3(학교정문앞 하차)
· 좌석버스 : 급행1(계명문화대앞 하차)
· 승용차 : 성서IC → 성서공단 → 신당네거리 → 서재방향 → 계명문화대학정문 맞은편

시·군 학습관(약도 및 교통안내는 지역대학 홈페이지 참조)

포항시학습관 (054)261-0184~5
37536 경상북도 포항시 북구 흥해읍 동해대로 1586번길 5(마산길)

안동시학습관 (054)853-8348
36744 경상북도 안동시 강남로 65-1(수상동)

상주시학습관 (054)535-3863
37186 경상북도 상주시 동수로 36(서문동)

경주시학습관 (054)743-2375
38139 경상북도 경주시 동문로 40-2(성동동)

구미시학습관 (054)453-6269
39307 경상북도 구미시 선기로 111(남통동)

인천지역대학

주소 _ 인천광역시 남동구 미래로 31(구월동)
우편번호 _ 21558

약도

부서명	전화번호(032)
행정실	451-7101~3
조교실	451-7124~7
도서관	451-7120~1
FAX	429-1795
학생회	437-7660, 7671

시·군 학습관(약도 및 교통안내는 지역대학 홈페이지 참조)

부천시학습관 (032)657-2332, 451-7133 / FAX (032)451-7134
11356 　경기도 부천시 소사구 경인로 133번길 10

교통안내
- 지하철(수도권전철 1호선 부평역 환승)
  - 인천지하철1호선 인천시청역 5번 출구(21세기 병원지나 사거리 이정표 확인, 도보 10분)
  - 인천지하철1호선 예술회관역 2번 출구(인천시청 방향 도보 15분)
- 버스 : 8, 33, 41, 77, 103, 111(시청앞 하차, 인천시청 방향 도보 15분)
- 승용차 - 경인고속도로 도화IC → 주안역 → 석바위 → 중앙공원 → 인천지역대학
  - 제2경인고속도로 남동IC → 길병원사거리 좌회전 → 문예회관사거리 우회전 → 인천시청정문 앞 → 인천지역대학

광주·전남지역대학

주소 _ 광주광역시 광산구 첨단내촌로 6(월계동)
우편번호 _ 62271

약도

부서명	전화번호(062)
행정실(조교실, 도서관)	973-5100
FAX	973-5106
학생회	973-5480

시·군 학습관(약도 및 교통안내는 지역대학 홈페이지 참조)

목포시학습관 (061)287-9110
58684 　전라남도 목포시 백년대로 412번길 14(옥암동)

순천시학습관 (061)751-0801
57906 　전라남도 순천시 임촌동길 23(서면)

여수시학습관 (061)651-2811
59699 　전라남도 여수시 선소로 105, 선일빌딩 5층(학동) 흥국체육관 옆

해남군학습관 (061)532-4047
59027 　전라남도 해남군 중앙1로 2 3층(해남읍)

교통안내
- 버스 : 27, 40, 92,94, 192(방송대 삼거리 하차, 도보 3분) 09, 30, 192(남부대 사거리 하차, 도보 10분) 16, 51(전자공고 삼거리 하차, 도보 15분) 100(수완자동차 매매단지 하차, 도보 5분)
- 승용차
  - 광산IC → 굴다리 지하차도 우회전 → 과학기술원 삼거리 우회전 → 남부대학교 사거리 우회전 → 첨단중 → 광주·전남지역대학
  - 산월IC → 신창·수완지구방면 우측도로 유턴 → 첨단지구방면 우측도로 직진 → 전자공고 앞 삼거리 좌회전 → 광주·전남지역대학

대전·충남지역대학

주소 _ 대전광역시 유성구 오룡1길 112(용산동)
우편번호 _ 34035

약도

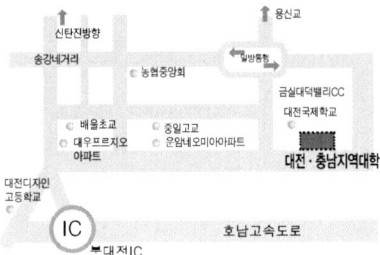

부서명	전화번호(042)
행정실	822-8041~3
FAX	823-0932
수업관리실, 조교실 FAX	823-5280
도서관, 학생서비스센터 FAX	822-7847
영상강의실	823-0931
학생회	823-8119

시·군 학습관(약도 및 교통안내는 지역대학 홈페이지 참조)

공주시학습관 (041)852-4986
37536 충청남도 공주시 웅진로 120-3(중학동)

서산시학습관 (041)681-5453
36744 충청남도 서산시 고운로 184(동문동)

천안시학습관 (041)557-5586
38139 충청남도 천안시 서북로 두정고2길 52-10(두정동)

홍성군학습관 (041)632-4771
32226 충청남도 홍성군 홍성읍 법원로 2(월산리)

교통안내

· 시내버스 : 705, 802, 918
· 마을버스 : 1
· 승용차 : 화암사거리 → 대전디자인고등학교 → 한국원자력연구원(북대전IC 앞) → 테크노밸리 2단지/4단지/5단지 → 대전외국인학교 → 지역대학

울산지역대학

주소 _ 울산광역시 중구 함월로 90(성안동)
우편번호 _ 44422

약도

부서명	전화번호(052)
행정실	246-9761~5
FAX	245-9787
도서관, 학생서비스센터 FAX	246-9769
조교실 FAX	246-9768
학생회	245-7300

교통안내

· 시내버스 : 108, 257, 408, 824, 827
· 마을버스 : 13, 14
· 승용차
 - 고속도로 톨게이트 → 신복로터리 → 방어진 방향으로 진입 → 산호료 → 북부순환도로 진입 → 울산교육청 → 울산경찰청 → 학교
 - 태화강역 → 효문사거리 → 덕양산업 → 병영 → 북부순환도로 진입 → 중구청 → 울산경찰청 → 학교
 - 울산공항 → 덕양산업 → 병영 → 북부순환도로 진입 → 중구청 → 울산경찰청 → 학교
 - 공업탑로터리 → 태화로터리 → 향교 → 울산경찰청 → 학교
 - 울산역(KTX) → 구수교차로 → 울밀로를 따라 이동 → 삼호교 → 북부순환도로 진입 → 울산교육청 → 울산경찰청 → 학교

경기지역대학

주소 _ 경기도 수원시 권선구 효행로 28(오목천동)
우편번호 _ 16634

약도

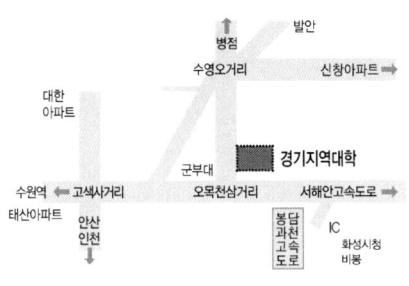

부서명	전화번호(031)
행정실	296-0072
조교실(출석수업관련)	296-9687
도서관	296-9685
학생회	292-1380~1
FAX	296-9679

시·군 학습관(약도 및 교통안내는 지역대학 홈페이지 참조)

안양시학습관 (031)443-3441/473-3441
13969 경기도 안양시 만안구 안양로 483(석수동)
        우리은행 건물 2, 4, 5 층

성남시학습관 (031)713-0560/713-0787
13627 경기도 성남시 분당구 성남대로 150(구미동)

안산시학습관 (031)405-1741
15476 경기도 안산시 단원구 광덕서로 54 종로프라자 4층 401호

교통안내
· 시내버스 : 수원역 2층 환승센터 12번 승강장
  42(지역대학 하차), 26, 32, 33, 38, 46, 34, 34-1
  (수영오거리 하차, 도보 10분)
  (수원역 → 수영오거리, 20분 소요)

강원지역대학

주소 _ 강원도 춘천시 방송길 51(효자동)
우편번호 _ 24362

약도

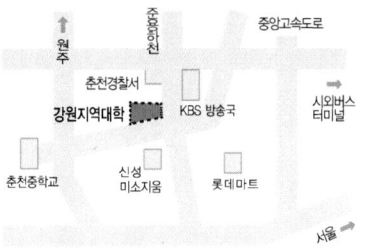

부서명	전화번호(033)
행정실	240-6611~6
FAX	257-4642
도서관	240-6655
출석수업관리	240-6624
FAX	241-4943
학생회	256-4400
FAX	257-0163

시·군 학습관(약도 및 교통안내는 지역대학 홈페이지 참조)

강릉시학습관 (033)652-6014
25561 강원도 강릉시 경강로 2478(송정동)

원주시학습관 (033)747-4778
24547 강원도 원주시 오리현길 46(반곡동)

동해시학습관 (033)521-2430
25789 강원도 동해시 송정2길 21(송정동) 복지회관 3층

속초시학습관 (033)633-7300
24845 강원도 속초시 청초호반로 201(교동) 속초근로복지관 3층

태백시학습별관 (033)552-0809
26007 강원도 태백시 광장로 6(황지동) 태백터미널 3층

교통안내
· 시내버스
  춘천경찰서 뒷편 300m(포도청1길 도보 5분)
· 승용차
  중앙고속도로 종점(원주 → 춘천방향)에서 10분 소요
· 시외버스터미널
  롯데마트 방향으로 도보 10분 소요

충북지역대학

주소 _ 충청북도 청주시 서원구 모충로 32(개신동)
우편번호 _ 28668

약도

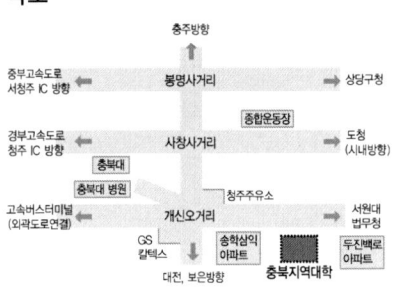

부서명	전화번호(043)
대표전화	270-8600
행정실	270-8600
FAX	271-1888
수업관리실	270-8614~6
FAX	270-8636
학생회	268-1888
FAX	271-1889

교통안내

- 시내버스 : 30-1, 30-2(한국방송통신대 하차)
- 청주역 : 가경터미널 승차후 → 사창사거리 하차 → 충대 중문 승강장 → 30-2번 버스 환승(한국방송통신대 하차) 823, 842, 811-1, 811-2(한국방송통신대 하차)
- 기타 시내버스 승차후 충북대 병원하차, 모충동 방향 도보 200m

시·군 학습관(약도 및 교통안내는 지역대학 홈페이지 참조)

제천시학습관 (043)642-0002 / FAX (043)642-0019
27157   충청북도 제천시 대학로 175(신월동)

충주시학습관 (043)843-0558 / FAX (043)843-0557
27476   충청북도 충주시 원달천1길 4(달천동)

전북지역대학

주소 _ 전라북도 전주시 완산구 태평3길 63(태평동)
우편번호 _ 54997

약도

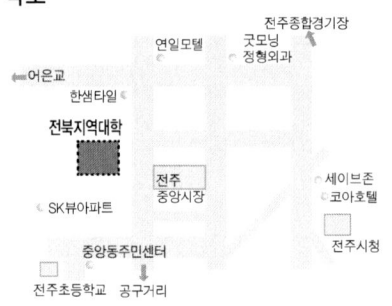

부서명	전화번호(063)
행정실	254-8221
수업관리실	254-8222
영상강의실	254-8023
도서관	254-8224
FAX	254-5756
학생회	254-8919

시·군 학습관(약도 및 교통안내는 지역대학 홈페이지 참조)

익산시학습관 (063)854-8090
37536   전라북도 익산시 무왕로 1107(영등동)

남원시시학습관 (063)625-6742
36744   전라북도 남원시 전령길 51(도통동)

군산시학습관 (063)446-3094
37186   전라북도 군산시 번영로 20(경장동)

정읍시학습관 (063)531-5663
38139   전라북도 정읍시 태평5길 76-12(시기동)

교통안내

- 시내버스 : 211, 215, 221, 225, 165, 231, 105, 109, 12 (세이브존 중앙성당 하차, 중앙시장 뒤 300m 위치)
- 승용차 : 전주IC → 조촌교차로 → 기린대로(전주시청 방향) → 금암광장 → 팔달로 → 진북광장 → 공북5길 → 태평3길 → 한국방송통신대학교

경남지역대학

주소 _ 경상남도 진주시 진주대로 824(주약동)
우편번호 _ 52727

약도

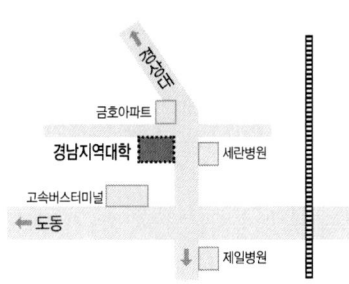

부서명	전화번호(055)
대표전화	762-5110
행정실	762-5111
FAX	762-5117
도서관	762-5113
조교실	762-5112
FAX	762-5118
영상실	762-5115
학생회	755-6333

시·군 학습관(약도 및 교통안내는 지역대학 홈페이지 참조)

창원시학습관 (055)247-9490~2 / FAX (055)246-1212
51754　경상남도 창원시 마산합포구 드림베이대로 54(해운동)

창원시학습관 진해별관 (055)542-1354
51664　경상남도 창원시 진해구 동진로 44(석동)
　　　　진해 재활용 상설교환 판매장 2층

거제시학습관 (055)636-1240
53258　경상남도 거제시 거제중앙로 1821-4(고현동)

교통안내

· 시외버스터미널 : 130~133, 140~146, 171, 380~383(세란병원 하차)
· 고속버스터미널 : 고려병원 → 경남지역대학 도보 10분

제주지역대학

주소 _ 제주특별자치도 제주시 정존7길 34(노형동)
우편번호 _ 63102

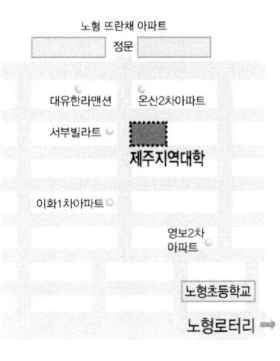

부서명	전화번호(064)
행정실	741-8812~6, 8820~1
조교실	741-8804, 8811
영상강의실	741-8836
도서관	741-8830~1
FAX	800-8966
학생회	741-8851

교통안내

· 노형초등학교에서 하차 후 북쪽으로 도보 약 7분(삼환아파트2차 옆)
· 노형동 뜨란채아파트 정문 맞은편 1블럭
· 시내버스 : 251, 252, 253, 254, 255, 282, 291, 365, 455, 461, 471, 472, 473, 477(노형초등학교 하차)
　　　　　　 315, 316, 331, 335, 368, 369, 446, 462, 477, 3004, 3006, 3008(백록초등학교 및 한국방송통신대학 하차)

KOREA NATIONAL OPEN UNIVERSITY

KNOU

II. 교수 및 교과과정

1 교수 소개
2 인문과학대학
3 사회과학대학
4 자연과학대학
5 교육과학대학
6 프라임칼리지
7 대학원

1. 교수소개

인문과학대학

국어국문학과

https://korean.knou.ac.kr_ Tel.(02)3668-4550_ Fax.(02)2088-4307

이 호 권	문학박사(서울대)
담당과목	글과생각/맞춤법과표준어/우리말의구조 중세국어의이해/우리말의역사
e-mail	hklee@knou.ac.kr

이 상 진	문학박사(연세대)
담당과목	글쓰기/현대소설의이해와감상 한국근대작가론/현대소설론/문학의이해 한국희곡론
e-mail	sje@knou.ac.kr

김 신 정	문학박사(연세대)
담당과목	한국근대작가론/문학의이해 현대시론/시창작론
e-mail	kimsj317@knou.ac.kr

고 성 환	문학박사(서울대)
담당과목	글쓰기/국어학개론/언어와생활 맞춤법과표준어/우리말의구조
e-mail	kosh@knou.ac.kr

박 종 성	문학박사(서울대)
담당과목	글과생각/고전의이해와감상 국문학의역사/고소설론과작가 구비문학의세계
e-mail	zaotar@naver.com

임 유 경	문학박사(연세대)
담당과목	글과생각/문학비평론 근현대문학사/문화통합론과북한문학
e-mail	limyk@knou.ac.kr

영어영문학과

https://eng.knou.ac.kr_ Tel.(02)3668-4560_ Fax.(02)3673-2295

이 동 국	문학박사(서울대)
담당과목	테스트영어연습/영어의역사 영문법의활용/영작문Ⅱ/멀티미디어영어
e-mail	dklee@knou.ac.kr

김 보 원	문학박사(서울대)
담당과목	영국소설/영미단편소설 영어권국가의이해 생활영어/영미산문
e-mail	bwkim@knou.ac.kr

영어영문학과

https://eng.knou.ac.kr_ Tel.(02)3668-4560_ Fax.(02)3673-2295

이 원 주	문학박사(서울대)		신 현 욱	문학박사(서울대)
담당과목	영문법의기초/테스트영어연습 드라마와영어듣기/영미희곡 고급영문강독		담당과목	미국문학의이해/미국의사회와문화 현대세계의이해와영어듣기 영미단편소설/대학영어
e-mail	wjlee@knou.ac.kr		e-mail	hester@knou.ac.kr
박 윤 주	철학박사(인디애나대)		손 향 숙	문학박사(서울대)
담당과목	영어회화 I /영어회화 II 대학영어/영어교수법		담당과목	영어듣기연습/영미아동문학/대학영어 고급영문강독
e-mail	yjpark@knou.ac.kr		e-mail	hsson@knou.ac.kr
박 동 우	철학박사(메릴랜드대)		찰스정윤	객원교수 문학석사(일리노이대 어버너샘페인)
담당과목	영작문1/영어학의이해/영어발음의원리 영어문장구조의 이해		담당과목	Intensive English Drill I (대학원) Practical English Writing(대학원)
e-mail	dongwoop@knou.ac.kr		e-mail	charseyun@knou.ac.kr

중어중문학과

https://chl.knou.ac.kr_ Tel.(02)3668-4570_ Fax.(02)3673-0612

안 병 국	문학박사(서울대)		오 문 의	문학박사(서울대)
담당과목	기초한자/초,중급한문 중국명문감상		담당과목	중국어문법
e-mail	bkahn@knou.ac.kr		e-mail	moonoh@knou.ac.kr
김 성 곤	문학박사(서울대)		변 지 원	언어학박사(프랑스 국립사회과학 고등 연구원)
담당과목	중국고전문학의 전통 중국명시감상/경서제자강독 성어와고사		담당과목	중국어3,4/고급중국어1 중국언어산책/중국어실용문 중국어작문
e-mail	sgkim@knou.ac.kr		e-mail	jwbyun@knou.ac.kr
장 호 준	인류학박사(美콜롬비아대)		손 정 애	언어학박사(북경어언대학)
담당과목	중국문화산책/중국인문기행 현대중국입문/중국의사회와문화		담당과목	중국어1,2/중국어구어실습 중국어듣기연습1
e-mail	hihojun@knou.ac.kr		e-mail	pinkhand@knou.ac.kr

중어중문학과

https://chl.knou.ac.kr_ Tel.(02)3668-4570_ Fax.(02)3673-0612

장 희 재	문학박사(중국남경대학)
담당과목	중국공연예술/중국현대문학론 중국미디어와 대중문화 현대중국연극영화감상
e-mail	smallfish19@knou.ac.kr

최 성 은	한어문자학 박사(中國社會科學院 言語研究所)
담당과목	중한번역연습
e-mail	chsgeun@mail.knou.ac.kr

김 나 래	언어학박사(북경어언대학)
담당과목	고급중국어2/영상중국어
e-mail	luolai@knou.ac.kr

방 금 화	객원교수/박사수료(중국화동사범대)
담당과목	중국어1,2/중국어실용문
e-mail	yongshi@knou.ac.kr

프랑스언어문화학과

https://french.knou.ac.kr_ Tel.(02)3668-4580_ Fax.(02)3673-0614

이 용 철	문학박사(서울대)
담당과목	초급프랑스어/프랑스작품선 프랑스어기초문법연습 프랑스어의구조Ⅰ, Ⅱ/프랑스단편읽기 시사프랑스어/프랑스문학산책 프랑스어권연구/오늘날의프랑스
e-mail	yongchul@knou.ac.kr

선 영 아	번역학박사(프랑스국립통번역대학 ESIT)
담당과목	프랑스어기초문법따라잡기 프랑스어읽기와쓰기A2/프랑스어읽기와쓰기B1 프랑스어번역연습/프랑스산문 오늘날의프랑스/프랑스어입문 봉쥬르프랑스
e-mail	yaseon@knou.ac.kr

심 지 영	문학박사(파리7대학)
담당과목	프랑스어발음연습/프랑스어듣기와말하기A2 프랑스어듣기와말하기B1/파리박물관기행 실용프랑스어
e-mail	mapoesie@knou.ac.kr

오헬리엉루베르	객원교수
담당과목	프랑스어특강

일본학과

https://jpn.knou.ac.kr_ Tel.(02)3668-4290_ Fax.(02)742-7386

정진성	문학박사(쓰쿠바대)
담당과목	일본인의경제생활/현대일본경제의이해 일본의기업과경영/일본학개론
e-mail	jins@knou.ac.kr

이애숙	문학박사(동경대)
담당과목	일본의소설/일본의시와노래 일본명작기행/일본어문학여행
e-mail	aesook@knou.ac.kr

정현숙	사회학박사(동경대)
담당과목	일본학개론/일본사회문화의이해 현대일본사회론 일본사회문화연습
e-mail	hyesu@knou.ac.kr

강상규	정치학박사(동경대)
담당과목	근현대일본정치사/현대일본정치의이해 근현대한일관계와국제사회 일본학개론
e-mail	hangang39@knou.ac.kr

이영	문학박사(동경대)
담당과목	일본고중세사/일본근세근현대사 일본전통문화론/전근대한일관계사 일본학개론
e-mail	yiyoung@knou.ac.kr

이경수	교육학박사(히로시마대)
담당과목	일본어문법/일본어문장연습 중급일본어활용1/일본의언어와문화
e-mail	kslee@knou.ac.kr

사공환	문학박사(오사카대)
담당과목	일본어기초1,2/일본어활용Ⅰ,Ⅱ 중급일본어활용2/고급일본어활용
e-mail	sgh8627@knou.ac.kr

김보경	문학박사(쓰쿠바대)
담당과목	일본어기초1,2 일본대중문화론/일본문학과영화
e-mail	bokyoungkim@knou.ac.kr

사회과학대학

법학과

https://law.knou.ac.kr_ Tel.(02)3668-4590_ Fax.(02)3673-2361

강경선	법학박사(서울대), 명예교수(방송대)
담당과목	헌법의기초/통치의기본구조 기본권의기초이론/비교법
e-mail	kangks@knou.ac.kr

이상영	법학박사(서울대)
담당과목	법사상사/법철학/법과사회/환경법
e-mail	sjylee@knou.ac.kr

박승룡	법학박사(서울대)
담당과목	상법기초/주식회사법/공정거래법
e-mail	cass717@knou.ac.kr

조승현	법학박사(고려대)
담당과목	민법총칙/물권법/채권법/친족상속법
e-mail	chosh@knou.ac.kr

김엘림	법학박사(이화여대)
담당과목	근로보호법/노사관계법/남녀평등과법 사회보장법/생활법률
e-mail	elim@knou.ac.kr

최정학	법학박사(서울대)
담당과목	형법총론/형법각론/형사소송법 형사정책
e-mail	chchoi09@knou.ac.kr

임재홍	법학박사(인하대)
담당과목	일반행정법/개별행정법/인권법
e-mail	chlim1@knou.ac.kr

이민열	법학박사(서울대)
담당과목	헌법의기초/통치의기본구조 기본권의기초이론/헌법논증이론
e-mail	constitution@knou.ac.kr

이호행	법학박사(고려대)
담당과목	물권법/소송과강제집행/부동산법제
e-mail	hohalee@knou.ac.kr

권혜령	법학박사(이화여대), 전임대우강의교수
담당과목	인권법
e-mail	hrkon71@knou.ac.kr

행정학과

https://pa.knou.ac.kr_ Tel.(02)3668-4600_ Fax.(02)3673-2363

강성남	행정학박사(서울대)
담당과목	정보사회와행정/비교행정론 기획론/행정변동론
e-mail	snkang@knou.ac.kr

이선우	행정학박사(시라큐스대)
담당과목	행정학개론/인적자원관리론/협상조정론 국제정책 및 통상갈등/행정사례연구
e-mail	bunte@knou.ac.kr

윤태범	행정학박사(서울대)
담당과목	행정학개론/행정통제와윤리/공기업론 발전행정론/한국정부론
e-mail	yun@knou.ac.kr

문병기	정책학박사(오하이오주립대)
담당과목	행정학개론/행정계량분석/사회복지행정론 정치학개론/사회복지정책론
e-mail	moonbg@knou.ac.kr

행정학과

https://pa.knou.ac.kr_ Tel.(02)3668-4600_ Fax.(02)3673-2363

강 문 희	정치학박사(델라웨어대)		조 경 훈	행정학박사(성균관대)
담당과목	행정학개론/지방자치행정론/지역개발론 도시행정론		담당과목	행정학개론/성과관리론 행정조직론/공공협치론/행정조사론
e-mail	nexant@knou.ac.kr		e-mail	khcho@knou.ac.kr
신 종 렬	행정학박사(서울대)		김 지 원	행정학박사(피츠버그대)
담당과목	정부기업관계론		담당과목	행정학개론/정책분석론
e-mail	jrshin@knou.ac.kr		e-mail	jwkim@knou.ac.kr
신 유 호	행정학박사(단국대)		주 희 진	행정학박사(성균관대)
담당과목	재무행정론		담당과목	정책학원론
e-mail	enyouho@daum.net		e-mail	heejin_ju@naver.com
주 지 예	행정학박사(성균관대)		조 성	행정학박사(충북대)
담당과목	정책평가론		담당과목	재난관리론
e-mail	energyjjy@knou.ac.kr		e-mail	학과 홈페이지 탑재 예정

경제학과

https://econ.knou.ac.kr_ Tel.(02)3668-4610_ Fax.(02)3673-2365

노 형 규	경제학박사(오하이오주립대)		박 강 우	경제학박사(서울대)
담당과목	기초미시경제론/공공경제학 부동산시장과정책/도시경제학		담당과목	기초거시경제론/고급거시경제론 금융시장론
e-mail	nohg704@knou.ac.kr		e-mail	kwpark05@knou.ac.kr
이 충 기	경제학박사(고려대)		김 상 수	경제학박사(서울대)
담당과목	성장과 복지의 경제학/기업경제학 환경경제학/고급미시경제론		담당과목	재테크와 금융투자/증권투자론 화폐금융론/경제통계의이해
e-mail	cklee415@knou.ac.kr		e-mail	sskim512@knou.ac.kr
이 남 형	경제학박사(고려대)			
담당과목	디지털경제의 이해/서양경제사 경제분석의역사/기술혁신의경제학			
e-mail	namhyunglee@knou.ac.kr			

경영학과

https://biz.knou.ac.kr _ Tel.(02)3668-4620 _ Fax.(02)3673-0562

김 성 영	경영학박사(워싱턴주립대)
담당과목	마케팅론/마케팅조사/마케팅특강 경영학원론
e-mail	sykim@knou.ac.kr

김 종 오	경영학박사(서울대)
담당과목	재무관리/금융제도의이해 중소기업창업론
e-mail	jokim@knou.ac.kr

이 성 철	경영학박사(연세대)
담당과목	IT와경영정보시스템/e-Business 경영의사결정론/경영분석을위한기초통계
e-mail	silkheim@knou.ac.kr

라 선 아	경영학박사(서울대)
담당과목	마케팅커뮤니케이션관리/소비자행동론 마케팅특강/경영전략론
e-mail	sunala@knou.ac.kr

이 우 백	경영학박사(서울대)
담당과목	금융투자의이해/경영분석
e-mail	datalover@knou.ac.kr

선우혜정	경영학박사(서울대)
담당과목	재무회계원리/중급재무회계/회계학특강
e-mail	hjsonu@knou.ac.kr

최 세 라	경영학박사(서울대)
담당과목	관리회계/원가회계 세무회계/회계학특강
e-mail	srchoi@knou.ac.kr

백 삼 균	경영학박사(서울대)
담당과목	조직행위론/인적자원관리/경영학특강 전략적인적자원개발론
e-mail	skbaek@knou.ac.kr

문 상 원	경영학박사(펜실베니아대)
담당과목	물류관리
e-mail	swmoon@knou.ac.kr

심 재 영	경영학박사(경희대)
담당과목	
e-mail	jyshim@knou.ac.kr

김 종 진	경영학박사(고려대)
담당과목	
e-mail	jjkim@knou.ac.kr

무역학과

https://trade.knou.ac.kr _ Tel.(02)3668-4680 _ Fax.(02)2088-4318

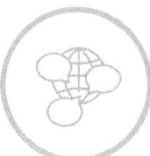

김 진 환	경제학박사(英플리머스대)
담당과목	무역실무/전자무역론 무역결제론/무역영어 무역법규/국제물류론
e-mail	jhkimkp@knou.ac.kr

우 경 봉	경제학박사(일본교토대)
담당과목	다국적기업론/국제경영학 해외시장조사론/국제경영의이해 동아시아와통일한국경제/국제경영전략
e-mail	wkb@knou.ac.kr

무역학과

https://trade.knou.ac.kr_ Tel.(02)3668-4680_ Fax.(02)2088-4318

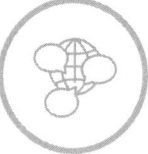

황 희 중	경영학박사(서울대)		손 경 우	경제학박사(서울대)
담당과목	글로벌스타트업브랜딩 글로벌스타트업마케팅 글로벌프랜차이즈창업/국제무역과협상 국제광고론/글로벌경제생태계/글로벌스타트업		담당과목	무역학원론/글로벌자산관리 글로벌뱅킹의이해/글로벌지역투자 국제금융론
e-mail	ygodson@knou.ac.kr		e-mail	sohnkw@knou.ac.kr
김 병 구	경영학박사(고려대)		한 복 연	경제학박사(美캔사스대), 명예교수
담당과목	글로벌스마트비즈니스 글로벌비즈니스네트워킹		담당과목	산업구조와경쟁 국제무역정책
e-mail	bgkim@knou.ac.kr		e-mail	byhan@knou.ac.kr

미디어영상학과

https://mas.knou.ac.kr_ Tel.(02)3668-4710_ Fax.(02)2088-4319

김 영 임	언론학박사(고려대), 명예교수		강 승 구	광고학박사(미주리대)
담당과목	커뮤니케이션과인간		담당과목	현대광고와카피전략/홍보론 통합마케팅커뮤니케이션/영화산업과마케팅
e-mail	yykim@knou.ac.kr		e-mail	kangsk@knou.ac.kr
이 영 음	커뮤니케이션학박사(미시간대)		이 은 택	언론학박사(미주리대)
담당과목	그래픽커뮤니케이션 뉴미디어기술과사이버사회 시사미디어영어/멀티미디어기획제작		담당과목	뉴미디어론 미디어비평/저널리즘의이해 설득커뮤니케이션
e-mail	yesunny@knou.ac.kr		e-mail	etlee@knou.ac.kr
설 진 아	커뮤니케이션학박사(맥콰리대)		장 일	커뮤니케이션학박사(런던대)
담당과목	영상제작입문/미디어교육 방송기획제작의기초/소셜미디어		담당과목	대중문화와영화비평 대중영화의이해/사진영상론/영화기획제작
e-mail	jas@knou.ac.kr		e-mail	iill@knou.ac.kr
김 옥 태	매스커뮤니케이션학박사(인디애나대)		이 성 민	언론정보학박사(서울대)
담당과목	게임·에니메이션·VR의이해 아동·청소년과미디어/미디어심리학의이해 사회변화와미디어트렌드		담당과목	미디어와사회/사회변화와미디어트렌드 영상문화콘텐츠산업론
e-mail	ocktopia@knou.ac.kr		e-mail	sky153@knou.ac.kr

미디어영상학과

https://mas.knou.ac.kr_ Tel.(02)3668-4710_ Fax.(02)2088-4319

권 승 태	문학박사(고려대), 전임대우 강의교수	공 훈 의	겸임교수
담당과목	1인미디어기획제작/디지털영상편집	담당과목	미디어혁신과뉴스스토리텔링
e-mail	alwayskwon@knou.ac.kr	e-mail	huneyk@wikitree.co.kr

관광학과

https://tourism.knou.ac.kr_ Tel.(02)3668-4460_ Fax.(02)3675-0809

장 호 찬	관광학박사(Texas A&M대)	이 석 호	관광학박사(Texas A&M대)
담당과목	관광행동론/관광연구의이해 현대인의여가생활	담당과목	관광개발론/관광개발실무/관광법규
e-mail	hcjang@knou.ac.kr	e-mail	gaddi@knou.ac.kr
허 진	관광경영학박사(Virginia Tech)	김 철 원	관광학박사(경희대)
담당과목	관광경영론/관광마케팅 축제·이벤트관광	담당과목	외식산업의이해/세계의음식·음식의세계 호텔산업의이해
e-mail	jhuh@knou.ac.kr	e-mail	foodeco@mail.knou.ac.kr
여 경 진	관광학박사(릿교대)	장 서 연	관광학박사(Surrey대)
담당과목	관광과문화/관광해설론/지역관광론	담당과목	여행영어1/여행영어2/이벤트플래닝
e-mail	kjyeo10@knou.ac.kr	e-mail	seojang@knou.ac.kr

사회복지학과

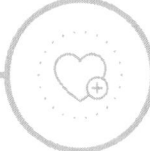

https://socialwelfare.knou.ac.kr_Tel.(02)3668-4799_Fax.(02)2088-5523

유 범 상	정치학박사(서울대), 정책학박사(에딘버러대)	이 현 숙	정책학박사(에딘버러대)
담당과목	사회복지학개론/사회복지역사 사회복지정의론/사회복지실천기술론 사회복지정치학	담당과목	사회복지현장실습/사회복지와인권 빈곤론/노인복지론
e-mail	hourun@knou.ac.kr	e-mail	lhs2329@knou.ac.kr
김 영 애	사회복지학박사(이화여대)		
담당과목	장애인복지론/사회복지법제와실천 사회복지조사론/사회복지정책론		
e-mail	youngae@knou.ac.kr		

자연과학대학

농학과

https://agri.knou.ac.kr_ Tel.(02)3668-4630_ Fax.(02)3673-2381

류 수 노	농학박사(충남대)		장 종 수	농학박사(워싱턴 주립대)
담당과목	농학원론/자원식물학/식용작물학2 재배학원론/환경친화형농업		담당과목	축산학/동물유전과개량/가축번식생리학 가축영양학/가축사양학1/가축사양학2
e-mail	ryusn@knou.ac.kr		e-mail	jschang@knou.ac.kr
한 상 준	이학박사(서울대)		최 은 영	농학박사(애들레이드대)
담당과목	생물과학/농업유전학/재배식물육종학 식용작물학1/생물통계학		담당과목	원예작물학1/생활원예/토양학 시설원예학
e-mail	shan@knou.ac.kr		e-mail	ch0097@knou.ac.kr
고 한 종	농학박사(서울대)		김 태 성	농학박사(코넬대)
담당과목	축산학/농업생물화학/농축산환경학 농축산식품이용학/동물사료학		담당과목	원예학/재배식물생리학 원예작물학2
e-mail	khjong333@knou.ac.kr		e-mail	kts117@knou.ac.kr
박 영 희	농학박사(경북대)			
담당과목	농학원론/재배학원론			
e-mail	yhpark0811@knou.ac.kr			

생활과학부

https://he.knou.ac.kr_ Tel.(02)3668-4640_ Fax.(02)2088-4306

성 미 애	문학박사(서울대)		곽 호 경	철학박사(오레곤주립대)
담당과목	인간발달/가족과문화/가족관계 가족발달/노인복지론		담당과목	영양과건강/임상영양학/인체생리학 생애주기영양학/운동과영양 고급영양학/기초영양학/영양사현장실습
e-mail	eliza_s@knou.ac.kr		e-mail	hkkwak@knou.ac.kr

생활과학부

https://he.knou.ac.kr _ Tel.(02)3668-4640 _ Fax.(02)2088-4306

손미영	생활과학박사(서울대)		서지원	철학박사(오하이오주립대)
담당과목	패션마케팅/패션·소비·문화 디지털시대의패션리테일링 패션관리와스타일링/패션디자인 글로벌패션비즈니스/패션창업 한국의복구성/의류패션학실습		담당과목	가족복지론/가계재무관리 가정복지학연구법 비영리기관운영관리 가족자원관리학/주거관리
e-mail	pkt2000@knou.ac.kr		e-mail	jiwonseo@knou.ac.kr
김선아	생활과학박사(서울대)		권유진	철학박사(아이오와주립대)
담당과목	식품학/푸드마케팅/조리과학 식생활과문화/조리원리 영양과건강/영양사현장실습		담당과목	색채와디자인/서양복식문화/한국복식문화 패션디자인활용/패션·소비·문화/패션디자인 패션일러스트레이션/의류패션학실습
e-mail	ksuna7@knou.ac.kr		e-mail	kwonyoojin@knou.ac.kr
김동우	생활과학박사(서울대)		김승민	농학박사(서울대)
담당과목	식사요법/생화학/영양판정/지역사회영양학 영양교육및상담/영양과건강/영양사현장실습		담당과목	식품미생물학/식품가공및저장학 식품위생학/영양과건강/영양사현장실습
e-mail	kimdow@knou.ac.kr		e-mail	kisie@knou.ac.kr
박소현	생활과학박사(서울대)		기쁘다	철학박사(코네티컷대)
담당과목	세탁과염색/텍스타일기획과표현/의복과건강 패션관리와스타일링/의류소재의이해 패션·소비·문화/의류패션학실습		담당과목	가족생활교육/가족상담및치료 가족역동과상담
e-mail	sohyunpark@knou.ac.kr		e-mail	ppudahki@knou.ac.kr
이현아	문학박사(서울대)		정현심	생활과학박사(서울대)
담당과목	가사노동·시간관리/여가관리 소비자와소비생활		담당과목	아동안전관리/영유아보육학/보육현장실습
e-mail	leehyunah@knou.ac.kr		e-mail	hyunsimjung@knou.ac.kr
정윤희	이학박사(연세대)			
담당과목	급식경영학/단체급식관리/영양사현장실습			
e-mail	j2k007@knou.ac.kr			

컴퓨터과학과

https://cs1.knou.ac.kr_ Tel.(02)3668-4650_ Fax.(02)3673-2384

김 강 현	이학박사(고려대)
담당과목	컴퓨터의이해/Visual C++프로그래밍 컴파일러구성/시뮬레이션
e-mail	khkim@knou.ac.kr

손 진 곤	이학박사(고려대)
담당과목	컴퓨터의이해/이산수학/선형대수 정보통신망
e-mail	jgshon@knou.ac.kr

이 병 래	공학박사(연세대)
담당과목	컴퓨터의이해/C++프로그래밍 컴퓨터그래픽스/인공지능
e-mail	brlee@knou.ac.kr

김 형 근	공학박사(명지대)
담당과목	C프로그래밍/멀티미디어시스템 디지털논리회로/컴퓨터구조
e-mail	hgrikim@knou.ac.kr

이 관 용	이학박사(연세대)
담당과목	컴퓨터과학개론/알고리즘 HTML웹프로그래밍/HTML5
e-mail	kylee@knou.ac.kr

김 희 천	이학박사(서울대)
담당과목	Java프로그래밍/JSP프로그래밍 소프트웨어공학/UNIX시스템
e-mail	hckim@knou.ac.kr

정 광 식	이학박사(고려대)
담당과목	자료구조/컴퓨터과학개론 모바일앱프로그래밍 유비쿼터스컴퓨팅개론
e-mail	kchung0825@knou.ac.kr

정 재 화	이학박사(고려대)
담당과목	인터넷과 정보사회/데이터베이스시스템 클라우드컴퓨팅
e-mail	jaehwachung@knou.ac.kr

김 진 욱	공학박사(서울대)
담당과목	운영체제/컴퓨터보안/프로그래밍언어론
e-mail	gnugi@knou.ac.kr

통계·데이터과학과

https://stat.knou.ac.kr_Tel.(02)3668-4690_Fax.(02)3673-2362

백 재 욱	통계학박사(Virginia Tech)
담당과목	품질경영/신뢰성공학/통계로세상읽기 실험계획과응용
e-mail	jbaik@knou.ac.kr

김 성 수	이학박사(서울대)
담당과목	회귀모형/통계패키지/데이터처리와활용 다변량분석/고급R활용/파이썬과 R
e-mail	sskim@knou.ac.kr

통계·데이터과학과

https://stat.knou.ac.kr_Tel.(02)3668-4690_Fax.(02)3673-2362

이 기 재	이학박사(서울대)		이 긍 희	이학박사(Texas A&M)
담당과목	데이터정보처리입문/표본조사론 통계조사방법론/엑셀데이터분석 여론조사의이해/국가통계의이해		담당과목	예측방법론/빅데이터의이해 확률의개념과응용/딥러닝의통계적이해 통계학의개념및제문제/데이터시각화
e-mail	kjlee@knou.ac.kr		e-mail	geunghee@knou.ac.kr
장 영 재	통계학박사(Wisconsin-Madison)		이 태 림	이학박사(중앙대), 명예교수
담당과목	R컴퓨팅/데이터마이닝 비정형데이터분석/통계학개론 데이터과학입문		담당과목	보건정보데이터분석 바이오정보학
e-mail	yjchang@knou.ac.kr		e-mail	trlee@knou.ac.kr

보건환경학과

https://env.knou.ac.kr_ Tel.(02)3668-4700_ Fax.(02)741-4701

권 수 열	공학박사(고려대)		박 동 욱	보건학박사(서울대)
담당과목	수질관리/상하수도관리/수질시험법 토양지하수관리/용수및하폐수처리		담당과목	산업보건학/작업환경관리 작업환경측정/산업독성학
e-mail	sykwon@knou.ac.kr		e-mail	pdw545@knou.ac.kr
윤 병 준	보건학박사(서울대)		한 선 기	공학박사(KAIST)
담당과목	공중보건학/건강보험론 보건행정		담당과목	생활폐기물관리/환경미생물학/유해폐기물관리 환경과대체에너지/토양지하수관리
e-mail	bjyoon57@knou.ac.kr		e-mail	skhan003@knou.ac.kr
박 지 호	이학박사(Texas A&M대)		이 경 무	보건학박사(서울대)
담당과목	환경화학/환경생화학/대기오염관리 실내공기오염관리		담당과목	환경보건학개론/환경보건역학 보건통계학/보건영양
e-mail	jihopark@knou.ac.kr		e-mail	kmlee92@knou.ac.kr
정 영 일	보건학박사(서울대)			
담당과목	조사방법론/보건의사소통/의료사회복지론 보건프로그램개발및평가			
e-mail	extra012@knou.ac.kr			

간호학과

https://nursing.knou.ac.kr_ Tel.(02)3668-4709_ Fax.(02)3673-4274

박 영 숙	간호학박사(서울대)
담당과목	정신건강과간호/청소년건강과간호 생활과건강/고급간호연구
e-mail	anywayyoung@knou.ac.kr

최 윤 경	간호학박사(서울대)
담당과목	간호과정론/성인간호학/간호이론 간호학특론/전략적간호관리
e-mail	ykchoi2012@knou.ac.kr

김 영 임	이학박사(서울대), 명예교수
담당과목	가족건강간호학/지역사회간호학/보건교육 간호학특론/간호이론
e-mail	young@knou.ac.kr

정 성 희	간호학박사(서울대)
담당과목	응급간호학/재활간호학/생활과건강 간호연구/노인간호학
e-mail	sjeong@knou.ac.kr

이 수 진	간호학박사(서울대)
담당과목	기초간호과학/간호과정론/응급간호학
e-mail	syjlee@knou.ac.kr

이 상 미	간호학박사(미시간대), 명예교수
담당과목	전략적간호관리/간호지도자론 간호연구/간호윤리와법
e-mail	sangmi@knou.ac.kr

교육과학대학

교육학과

https://learn.knou.ac.kr_ Tel.(02)3668-4660_ Fax.(02)2088-4309

이 해 주	교육학박사(서울대)
담당과목	평생교육방법론/평생교육프로그램개발 자원봉사론
e-mail	haejoole@knou.ac.kr

전 용 오	교육학박사(서울대)
담당과목	교육심리학/상담심리학 성인학습및상담론/인간과교육
e-mail	yojun@knou.ac.kr

윤 여 각	교육학박사(서울대)
담당과목	문화와교육/지역사회교육론 평생교육론
e-mail	ykyun@knou.ac.kr

정 민 승	교육학박사(서울대)
담당과목	평생교육경영론/생애발달과교육 여성교육론/다문화교육론
e-mail	msjung@knou.ac.kr

이 동 주	철학박사(텍사스대)
담당과목	교육공학/원격교육론/교육과정및평가 평생교육실무론
e-mail	djlee66@knou.ac.kr

김 영 빈	교육학박사(서울대)
담당과목	심리검사및측정/직업·진로설계 학교사회복지론/가족교육론
e-mail	kybean@knou.ac.kr

이 자 명	교육학박사(서울대)
담당과목	중독상담과교육/이상심리학 장애인상담과교육
e-mail	jmyi1012@knou.ac.kr

권 영 민	철학박사(컬럼비아대)
담당과목	교육의이해/교육철학 교육사/교육고전의이해
e-mail	ymkwon99@knou.ac.kr

청소년교육과

https://yedu.knou.ac.kr_ Tel.(02)3668-4400_ Fax.(02)3673-1870

김 영 인	교육학박사(서울대)
담당과목	시민교육론/청소년학습이론및지도 청소년지도방법론/청소년인권과참여
e-mail	ykim@knou.ac.kr

김 진 호	교육학박사(서울대)
담당과목	청소년문화/청소년교육개론(관리) 청소년활동론/청소년프로그램개발및평가
e-mail	kjh4662@knou.ac.kr

장 미 경	심리학박사(보스톤대)
담당과목	발달심리/청소년심리 집단상담의기초/청소년진로지도및상담
e-mail	mkj07@knou.ac.kr

이 봉 민	교육학박사(서울대)
담당과목	청소년문제/인터넷생활윤리 학교교육과청소년
e-mail	leebmin@knou.ac.kr

청소년교육과

https://yedu.knou.ac.kr_ Tel.(02)3668-4400_ Fax.(02)3673-1870

하 혜 숙	교육학박사(서울대)
담당과목	청소년과부모/청소년상담 청소년인성교육/청소년성교육과성상담
e-mail	maumaum@knou.ac.kr

주 경 필	철학박사(펜실베니아주립대)
담당과목	사회복지실천론/청소년육성제도론 청소년복지론
e-mail	kpjoo@knou.ac.kr

김 태 한	철학박사(위스콘신-매디슨대)
담당과목	사회적역할의이해/사회조사방법론 인간관계론
e-mail	ktaehan@knou.ac.kr

전 영 욱	교육학박사(서울대)
담당과목	인간행동과사회환경/청소년리더십개발 직업세계와직업정보
e-mail	aramhb@knou.ac.kr

유아교육과

https://ece.knou.ac.kr_ Tel.(02)3668-4670_ Fax.(02)3673-1872

전 인 옥	철학박사(서든캘리포니아대)
담당과목	유아교육론/영아발달 유아음악교육/유아동작교육
e-mail	iojeon@knou.ac.kr

박 선 희	철학박사(뉴욕주립대)
담당과목	아동문학/유아언어교육 아동복지/교과교재연구및지도법
e-mail	shpark@knou.ac.kr

이 소 은	철학박사(노스캐롤라이나대)
담당과목	아동미술/아동생활지도 영유아프로그램개발과평가
e-mail	soeunl@knou.ac.kr

김 희 태	철학박사(텍사스대)
담당과목	교육철학및교육사/교육과정 교육평가/놀이지도/유아사회교육
e-mail	kht@knou.ac.kr

이 영 애	철학박사(미주리대)
담당과목	아동관찰및행동연구/교직실무 유아교육기관운영관리/영유아교수방법론
e-mail	yaelee@knou.ac.kr

김 진 경	철학박사(서울대)
담당과목	유아발달/영유아교사론 부모교육/학교폭력예방및학생의이해
e-mail	holyjin@knou.ac.kr

유 은 영	문학박사(중앙대)
담당과목	유아과학교육/유아수학교육 교과교육론/특수교육학개론
e-mail	eyyoo1@knou.ac.kr

유 주 연	문학박사(이화여대)
담당과목	교과논리및논술/유아건강교육 유아교육과정/정신건강론
e-mail	jooyeonr@knou.ac.kr

문화교양학과

https://bu45.knou.ac.kr _ Tel.(02)3668-4540 _ Fax.(02)3673-2291

이 필 렬	자연과학박사(베를린공대)
담당과목	인간과과학/생태적삶을찾아서 생명과환경/생명공학과인간의미래 세계의도시와건축
e-mail	prlee@knou.ac.kr

이 혜 령	문학박사(서울대)
담당과목	세계의역사/유럽바로알기 근대화와동서양/여성의삶과문화 인물로본문화/제3세계역사와문화 음악의이해와감상
e-mail	hye@knou.ac.kr

정 준 영	문학박사(서울대)
담당과목	문화산업과문화기획 정보사회와디지털문화/대중문화의이해 문화비평과미학/독서의즐거움 예술경영과예술행정 공연예술의이해와감상 문화와교양
e-mail	junechung@knou.ac.kr

송 찬 섭	문학박사(서울대)
담당과목	한국사의이해/역사의현장을찾아서 한국문화와유물유적 근현대속의한국 전통사회와생활문화
e-mail	songcs@knou.ac.kr

이 준 석	철학박사(스위스 바젤대)
담당과목	철학의이해/동서양고전의이해 행복에이르는지혜/세상읽기와논술 세계의종교 미술의이해와감상 영화로생각하기 신화의세계/동서양문학고전산책
e-mail	Helfenberg14@knou.ac.kr

진 보 성	철학박사(대진대)
담당과목	고전함께읽기 동서양고전의이해 동양철학산책
e-mail	bosongs@knou.ac.kr

김 재 형	사회학박사(서울대)
담당과목	성·사랑·사회 세계의정치와경제/사회문제론 열린사회와21세기/세계의풍속과문화
e-mail	hyungjk7@knou.ac.kr

생활체육지도과

https://sports.knou.ac.kr_ Tel.(02)3668-4752_ Fax.(02)743-3083

정 준 영	문화박사(서울대)		김 옥 태	매스커뮤니케이션박사(인디애나대)
담당과목	한국체육사/스포츠사회학		담당과목	스포츠산업론/스포츠심리학
e-mail	junechung@knou.ac.kr		e-mail	ocktopia@knou.ac.kr
허 진	관광경영학박사(Virginia Tech)			
담당과목	스포츠경영론/스포츠마케팅론			
e-mail	jhuh@knou.ac.kr			

대학원

한 태 인	이학박사(고려대)
담당과목	상호작용및접근성전략 이러닝시스템설계전략
e-mail	hanten55@knou.ac.kr

김 용	이학박사(고려대)
담당과목	ICT융합교육론 이러닝교수학습특론
e-mail	dragonknou@knou.ac.kr

서울지역대학

강 승 구	광고학박사(미주리대)
담당과목	현대광고와카피전략/홍보론 통합마케팅커뮤니케이션 영화산업과마케팅
e-mail	kangsk@knou.ac.kr

부산지역대학

강 문 희	정치학박사(델라웨어대)
담당과목	행정학개론/지방자치행정론/지역개발론 도시행정론
e-mail	nexant@knou.ac.kr

대구·경북지역대학

김 옥 태	매스커뮤니케이션 박사(인디애나대)
담당과목	미디어와사회/게임·에니메이션·VR의이해 아동·청소년과미디어 미디어연구방법/미디어심리학의이해
e-mail	ocktopia@knou.ac.kr

인천지역대학

손 진 곤	이학박사(고려대)
담당과목	컴퓨터의이해/이산수학/정보통신망 선형대수
e-mail	jgshon@knou.ac.kr

광주·전남지역대학

신 현 욱	문학박사(서울대)
담당과목	미국문학의이해/미국의사회와문화 현대세계의이해와영어듣기 영미단편소설/대학영어
e-mail	hester@knou.ac.kr

대전·충남지역대학

김 형 근	공학박사(명지대)
담당과목	C프로그래밍/멀티미디어시스템 디지털논리회로/컴퓨터구조
e-mail	hgrikim@knou.ac.kr

울산지역대학

이 충 기 경제학박사(고려대)
담당과목 고급미시경제론/기업경제학
         성장과복지의경제학/환경경제학
e-mail   cklee415@knou.ac.kr

경기지역대학

안 병 국 문학박사(서울대)
담당과목 초급한문/중급한문/중국명시감상
         중국명문감상
e-mail   bkahn@knou.ac.kr

강원지역대학

한 상 준 이학박사(서울대)
담당과목 생물과학/농업유전학/재배식물육종학
         식용작물학1/생물통계학
e-mail   shan@knou.ac.kr

충북지역대학

김 동 우 생활과학박사(서울대)
담당과목 식사요법/생화학/영양판정
         지역사회영양학/영양교육및상담
         영양과건강/영양사현장실습
e-mail   kimdow@knou.ac.kr

전북지역대학

조 승 현 법학박사(고려대)
담당과목 민법총칙/물권법/채권법/친족상속법
e-mail   chosh@knou.ac.kr

경남지역대학

백 재 욱 통계학박사(Virginia Tech)
담당과목 품질경영/신뢰성공학/통계로세상읽기
         실험계획과응용
e-mail   jbaik@knou.ac.kr

제주지역대학

김 엘 림 법학박사(이화여대)
담당과목 근로보호법/노사관계법/남녀평등과법
         사회보장법/생활법률
e-mail   elim@knou.ac.kr

2. 인문과학대학

국어국문학과, 영어영문학과,
중어중문학과, 프랑스언어문화학과,
일본학과

국어국문학과
Dept. of Korean Language & Literature

https://korean.knou.ac.kr
Tel.(02)3668-4550
Fax.(02)2088-4307

1. 개설목적

- 언어학 전반에 대한 기초지식과 우리말에 대한 깊이 있는 지식을 습득하고 올바른 언어 사용 능력을 기른다.
- 선조들이 남겨 놓은 국문학 작품을 감상하고 분석하여 우리의 전통 문화와 문학 작품을 이해하는 능력을 배양한다.
- 시·소설·평론·희곡 등 오늘날의 국문학 전반에 대한 이론과 실제를 학습하여 언어문화 창조에 이바지하는 능력을 함양한다.

2. 교육내용

분야		내용	해당교과목
국어학	국어학 일반	국어학의 여러 분야에 대한 기초 지식 학습	국어학개론
	음운론	국어 음운체계와 음운현상에 대한 학습	소리와발음
	문법론	국어 문장구조에 대한 이해와 분석	우리말의구조

분야		내용	해당교과목
국어학	의미론	국어 어휘 및 문장의 의미에 대한 학습	언어와의미
	변천사	국어의 역사적 변천과 국어학의 역사	우리말의역사, 중세국어이해
	국어규범	올바른 국어생활을 위한 규범	맞춤법과표준어, 언어와생활
	한국어 교육	외국인을 위한 한국어 교육 방법	한국어교육학개론
고전 문학	국문학 일반	국문학의 여러 분야에 대한 기초 지식	고전의이해와감상
	국문학사	국문학의 역사에 대한 체계적인 학습	국문학의역사
	고전시가	고전시가에 대한 이론 습득과 강독	고전시가론, 고전시가강독
	고전소설	고전소설에 대한 이론 습득과 강독	고소설론과작가, 고전소설강독, 국문학연습
	구비문학	구비문학 유산에 대한 폭넓은 이해	구비문학의세계
	한문학	한문으로 이루어진 고전들에 대한 강독	생활한문, 한국한문학의이해
현대 문학	현대문학사	현대의 국문학이 이루어진 역사를 탐구	근현대문학사
	현대시	현대시에 대한 이론 습득과 작품 분석	현대시론
	현대소설	현대소설에 대한 이론 습득과 작품 분석	현대소설론
	비평	비평의 이론과 실제 및 흐름 이해	문학비평론
	희곡	희곡의 역사와 이론에 대한 학습	한국희곡론
	작가·작품	작가 및 작품에 대한 포괄적인 이해	현대소설의이해와감상, 한국근대작가론
	북한문학	북한 문학에 대한 총체적 이해	문화통합론과북한문학
언어와 문장	문장	실습을 통한 문장력 배양	글쓰기, 글과생각
작품창작	창작론	시·소설 창작의 과정과 실제	시창작론, 서사문학의이해와창작

3. 졸업 후의 진로

국어국문학과를 졸업한 학생들은 본교 문예창작콘텐츠학과 대학원을 비롯한 국내 각 대학의 대학원에 진학하거나 언론사, 출판업계, 광고업계, 기타 기업체 홍보부서 등에 취업할 수 있습니다. 또한 작가, 시인, 평론가 등 문필가로도 활동할 수 있습니다.

4. 국어국문학과 교과과정

학년·학기	교과구분	교과목명	학점	학년·학기	교과구분	교과목명	학점
1-1	교양	글쓰기	3	1-2	교양	인간과사회	3
	교양	세계의역사	3		교양	심리학에게묻다	3
	전공	글과생각	3		교양	대학영어	3
	전공	생활한문	3		전공	고전의이해와감상	3
	전공	현대소설의이해와감상	3		전공	국어학개론	3
	일선	중국문화산책	3		일선	한국문화자원의이해1	3
2-1	교양	동서양고전의이해	3	2-2	교양	문학의이해	3
	교양	세상읽기와논술	3		교양	취미와예술	3
	교양	한국사의이해	3		교양	철학의이해	3
	전공	한국근대작가론	3		전공	현대소설론	3
	전공	국문학의역사	3		전공	맞춤법과표준어	3
	전공	언어와생활	3		전공	고전시가강독	3
3-1	전공	우리말의구조	3	3-2	교양	인간과교육	3
	전공	고전시가론	3		전공	중세국어의이해	3
	전공	고전소설강독	3		전공	고소설론과작가	3
	전공	서사문학의이해와창작	3		전공	근현대문학사	3
	전공	문학비평론	3		전공	현대시론	3
	일선	신화의세계	3		교양	생활법률	3
4-1	교양	생활과건강	3	4-2	교양	성·사랑·사회	3
	전공	시창작론	3		전공	한국어교육학개론	3
	전공	우리말의역사	3		전공	한국희곡론	3
	전공	소리와발음	3		전공	언어와의미	3
	전공	문화통합론과북한문학	3		전공	한국한문학의이해	3
	전공	구비문학의세계	3		전공	국문학연습	3

※ 2학기 교과목은 학과의 사정에 따라 변경될 수 있으니 확인 바람

영어영문학과
Dept. of English Language & Literature

https://eng.knou.ac.kr
Tel.(02)3668-4560
Fax.(02)3673-2295

1. 개설목적

- Global Language 영어에 대한 올바르고 체계적인 학습
- 영미인들의 문화와 생활에 대한 보다 정확하고 깊이 있는 이해
- 영어를 통해 자신의 능력을 발휘할 수 있는 우수한 전문인력 양성
- 풍부한 교양을 갖춘 지성인 양성

2. 교육내용 및 학습방법

● 기초과목

2학년 때부터 시작되는 전공과정에서의 학습을 준비하고 영어독해능력 함양 및 영문법의 기초를 다지는 과목이 개설되어 있습니다.
※ 교과목 : 대학영어, 영문법의기초

● 전공과목

전공분야의 교과목들은 영어학, 영미문학, 실용영어, 지역학 분야 등으로 나눌 수 있습니다. 각 분야의 학습방법을 개략적으로 설명하면 다음과 같습니다.

1) 영어학 분야
※ 교과목 : 영문법의 활용, 영어학의 이해, 영어발음의 원리, 영어문장구조의 이해, 영어의 역사

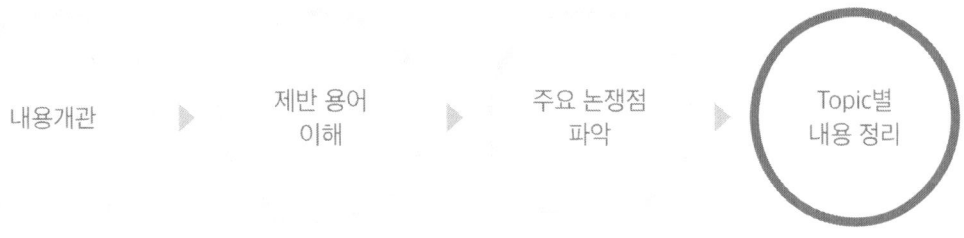

2) 영미문학 분야

※ 교과목 : 영국문학의 이해, 미국문학의 이해, 영시읽기의 기초, 영미시, 영국소설, 영미희곡, 영미아동문학, 영미산문, 영미단편소설, 고급영문강독

3) 실용영어 분야

※ 교과목 : 영어회화Ⅰ.Ⅱ, 영작문Ⅰ.Ⅱ, 영문법의 기초, 멀티미디어영어, 대학영어, 생활영어, 영어듣기연습, 시사영어, 드라마와 영어듣기, 테스트영어연습, 영어교수법, 현대 세계의 이해와 영어듣기,

• 듣기, 말하기

• 쓰기

• 읽기

4) 영미지역 연구 분야

※ 교과목 : 영어권국가의 이해, 미국의 사회와 문화

3. 졸업 후의 진로

- 국내 각 대학의 대학원(일반대학원 및 교육대학원)과 통역대학원에 진학
- 외국상사 및 해외 종합상사, 교육계, 언론계, 출판계, 예술계, 번역, 통역 등 영어와 관련된 기관에 종사

4. 영어영문학과 교과과정

학년·학기	교과구분	교과목명	학점	학년·학기	교과구분	교과목명	학점
1-1	교양	글쓰기	3	1-2	교양	심리학에게묻다	3
	교양	인간과언어	3		교양	인간과사회	3
	전공	영어회화1	3		교양	대학영어	3
	전공	영문법의기초	3		전공	생활영어	3
	전공	멀티미디어영어	3		전공	영작문1	3
	일선	영화로생각하기	3		전공	영어듣기연습	3
2-1	교양	동서양고전의이해	3	2-2	교양	문학의이해	3
	교양	세상읽기와논술	3		교양	취미와예술	3
	교양	한국사의이해	3		교양	철학의이해	3
	전공	영미산문	3		전공	미국의사회와문화	3
	전공	시사영어	3		전공	영미단편소설	3
	전공	영문법의활용	3		전공	드라마와영어듣기	3
3-1	전공	영어교수법	3	3-2	교양	인간과교육	3
	전공	영어권국가의이해	3		전공	영작문2	3
	전공	테스트영어연습	3		전공	영어회화2	3
	전공	영어학의이해	3		전공	영어발음의원리	3
	전공	영시읽기의기초	3		전공	현대세계의이해와영어듣기	3
	전공	영미아동문학	3		전공	영국문학의이해	3
4-1	교양	생활과건강	3	4-2	교양	이슈로보는오늘날의 유럽	3
	전공	영국소설	3		전공	영미시	3
	전공	미국문학의이해	3		전공	고급영문강독	3
	전공	영미희곡	3		전공	영어의역사	3
	전공	영어문장구조의이해	3		일선	오늘날의프랑스	3
	일선	신화의세계	3		일선	교육심리학	3

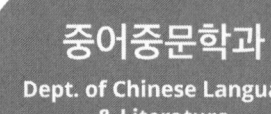

중어중문학과
Dept. of Chinese Language & Literature

https://chl.knou.ac.kr
Tel.(02)3668-4570
Fax.(02)3673-0612

1. 개설목적

- 중국어의 기본적인 회화 및 고급 수준의 문장 독해능력을 습득함으로써 중국과 관련된 제반 정보와 문서를 이해하고 활용할 수 있는 전문인을 양성
- 한문문법을 숙지하여 중국고전문학 작품을 바르게 이해하고, 나아가 우리 고대 문헌에 대한 해독능력을 기름
- 중국의 역사, 철학, 문화 전반에 걸친 학습을 통하여 세계문화 속의 중국문화의 특성과 의의에 관한 폭넓은 교양을 배양

2. 교육내용

● 중국어 일반
중국어 발음과 어휘, 문법의 학습과 중국어 문장에 대한 이해
관련과목 : 중국어1,2,3,4, 고급중국어1,2, 중국어듣기연습1, 중국어작문, 중국어문법

● 중국어 실용
실제 생활에 쓰이는 회화 연습/편지, 문서, 신문 등 각 분야의 실용문장 학습/중국어 번역능력 배양
관련과목 : 중국어구어실습, 중한번역연습, 중국어실용문, 영상중국어, 중국언어산책

● 한자·한문·중국고전문학
한자 학습과 한문 문장구조의 이해/선별된 고전 문장들을 통해 한문 문장의 구조 및 한문 문법 이해/중국시가, 경서제자 및 산문의 역대 명편 강독과 감상
관련과목 : 기초한자, 초급한문, 중급한문, 중국고전문학의전통, 중국공연예술, 경서제자강독, 중국명시감상, 중국명문감상, 성어와 고사

- 중국문화

현대중국의 사회적 이슈와 문화적 특성 이해/현대문학의 경향과 작품 학습을 통해 중국 문화 심층 이해

관련과목 : 중국문화산책, 중국인문기행, 중국의사회와문화, 중국현대문학론, 현대중국입문, 중국미디어와대중문화, 현대중국연극영화감상

※ 2020년도 1학년 교과과정부터 순차적으로 교과과정 개편 진행 중
※ 추후 학과 공지 참고 바람

3. 졸업 후의 진로

- 졸업 후에는 일반 국내 기업체나 중국주재 상사원, 중국어 어학교육 관련 기관 등으로 취업하거나 통·번역사로 활동할 수 있으며, 또한 관광가이드 자격증을 취득하여 전문직으로 활동할 수 있습니다.
- 우리학교 실용중국어학과대학원, 국내 일반대학원 혹은 교육대학원, 통·번역대학원 등으로 진학하거나 중국유학을 통하여 보다 깊이 있는 중국학을 공부할 수도 있습니다.

4. 중어중문학과 교과과정

학년·학기	교과구분	교과목명	학점	학년·학기	교과구분	교과목명	학점
1-1	전공	중국어1	3	1-2	전공	중국어2	3
	전공	중국문화산책	3		전공	중국인문기행	3
	전공	기초한자	3		전공	중국언어산책	3
	교양	글쓰기(국문)	3		교양	대학영어(영문)	3
	일선	생활과건강(간호)	3		교양	심리학에게묻다(교양)	3
	교양	인간과언어(교양)	3		교양	인간과사회(교양)	3
2-1	전공	중국어3	3	2-2	전공	중국어4	3
	전공	중국어구어실습	3		전공	중급한문	3
	전공	초급한문	3		전공	중국어문법	3
	전공	중국고전문학의전통	3		교양	철학의 이해(문교)	3
	교양	동서양고전의이해(문교)	3		교양	취미와 예술(교양)	3
	교양	세상읽기와 논술(문교)	3		교양	세대와소통(교양)	3
3-1	전공	고급중국어1	3	3-2	전공	고급중국어2	3
	전공	현대중국입문	3		전공	중국의사회와문화	3
	전공	중국명시감상	3		전공	중국명문감상	3
	전공	중국어듣기연습1	3		전공	중국미디어와대중문화	3
	전공	중국공연예술	3		교양	인간과 교육(교육)	3
	일선	신화의세계(문교)	3		일선	동양철학산책(문교)	3
4-1	전공	중국현대문학론	3	4-2	전공	영상중국어	3
	전공	중한번역연습	3		전공	성어와고사	3
	전공	중국어실용문	3		전공	중국어작문	3
	전공	경서제자강독	3		전공	현대중국연극영화감상	3
	일선	언어와 생활(국문)	3		교양	이슈로보는오늘날의유럽(교양)	3
	교양	사회문제론(문교)	3		일선	전통사회와 생활문화(문교)	3

※ 2020년도 1학년 교과과정부터 순차적으로 교과과정 개편 진행 중
※ 추후 중문학과 공지사항 참고 바람

프랑스언어문화학과

Dept. of French Language & Culture

https://french.knou.ac.kr
Tel.(02)3668-4580
Fax.(02)3673-0614

1. 개설목적

- 아프리카가 급속하게 성장하고 유럽연합과의 교류가 확대되어 가고 있는 현실 속에서, 프랑스어 능력을 갖춘 전문가들이 활동할 수 있는 분야는 점점 넓어지고 있습니다.
- 프랑스언어문화학과는 프랑스어와 프랑스어권의 문화를 익히고, 프랑스 문학의 전통을 이해함으로써, 프랑스어 능력뿐만 아니라 전문가로서의 깊이와 교양인으로서의 넓이를 갖춘 인재 양성을 목표로 하고 있습니다. 이를 위해 기초 문법에서부터 고급프랑스어, 프랑스 문화와 문학을 흥미 있고 심도 있게 가르치는 교과목들을 운용하고 있습니다.
- 프랑스언어문화학과는 프랑스어를 배우려는 누구나 쉽게 찾을 수 있는 평생학습의 장으로 기능하고 있습니다. 학문의 실용성을 중시하며 교육내용을 시대에 맞게 끊임없이 정비하고 있습니다.

2. 교육내용

● 기초 프랑스어
프랑스어를 읽고 쓰고 말하고 듣기 위한 기본 능력을 양성
관련과목 : 프랑스어입문, 프랑스어기초문법연습, 프랑스어발음연습, 프랑스어기초문법따라잡기, 초급프랑스어, 프랑스어의구조1/2, 프랑스산문, 봉쥬르프랑스

● 실용 프랑스어
실생활의 다양한 요구에 부응하는 프랑스어 구사 능력을 양성
관련과목 : 실용프랑스어, 프랑스어읽기와쓰기A2/B1, 프랑스어듣기와말하기A2/B1, 프랑스어회화1/2, 프랑스어번역연습, 시사프랑스어

- 프랑스어문학

프랑스어에 대한 과학적 접근을 통해 프랑스어의 구조에 대한 다양한 이해 능력과 지식을 함양. 프랑스어 지식의 활용과 아울러 프랑스 문화의 제1전선인 문학작품을 접하고 작품에 투영된 프랑스 정신문화의 이해로 인도

관련과목 : 프랑스어단편읽기, 프랑스문학산책, 카뮈와위고선독, 프랑스작품선, 프랑스시와 샹송, 프랑스어문장연습

- 프랑스 문화

프랑스와 프랑스어권의 다양한 문화에 대한 이해

관련과목 : 오늘날의프랑스, 파리박물관기행, 프랑스문화읽기, 프랑스어권연구, 프랑스어와 문화, 영화로배우는프랑스어

3. 졸업 후의 진로

통·번역 분야, 언론, 출판, 금융, 교육, 예술, 관광, 종교, 무역, 외교, 전문기술영역(미용, 제과, 제빵, 포도주 산업, 향장) 등 사회 각 분야에서 활동의 기회를 넓힐 수 있으며, 아프리카·불어권 언어문화학과 대학원에 진학하여 더욱 전문적인 지식을 함양, 연구할 수 있습니다.

4. 프랑스언어문화학과 교과과정

학년·학기	교과구분	교과목명	학점	학년·학기	교과구분	교과목명	학점
1-1	교양	글쓰기*	3	1-2	교양	대학영어	3
	교양	컴퓨터의이해*	3		교양	인간과사회*	3
	교양	세계의역사*	3		교양	심리학에게묻다*	3
	전공	프랑스어입문	3		전공	오늘날의프랑스*	3
	전공	프랑스어발음연습	3		전공	초급프랑스어	3
	전공	프랑스어기초문법연습	3		전공	프랑스어기초문법따라잡기	3
2-1	교양	동서양고전의이해*	3	2-2	교양	문학의이해*	3
	교양	세계의정치와경제*	3		교양	취미와예술*	3
	교양	세상읽기와논술*	3		교양	철학의이해*	3
	전공	프랑스산문	3		전공	프랑스어읽기와쓰기A2	3
	전공	프랑스어의구조1	3		전공	프랑스어의구조2	3
	전공	프랑스어듣기와말하기A2	3		전공	실용프랑스어	3
3-1	전공	프랑스어회화1	3	3-2	교양	인간과교육*	3
	전공	프랑스문학산책*	3		전공	프랑스어회화2	3
	전공	프랑스문화읽기	3		전공	프랑스어듣기와말하기B1	3
	전공	프랑스어문장연습	3		전공	프랑스어읽기와쓰기B1	3
	전공	파리박물관기행	3		전공	봉쥬르프랑스	3
	일선	영어권국가의이해	3		전공	프랑스단편읽기	3
4-1	교양	사회문제론*	3	4-2	교양	성·사랑·사회*	3
	전공	프랑스어번역연습	3		전공	프랑스어와문화	3
	전공	프랑스작품선	3		전공	시사프랑스어	3
	전공	카뮈와위고선독	3		전공	프랑스어권연구	3
	전공	영화로 배우는 프랑스어	3		전공	프랑스시와샹송	3
	일선	유럽바로알기*	3		일선	현대소설론*	3

* 표시한 과목은 우리말로 된 교과목임
※ 2학기 교과목은 학과의 사정에 따라 변경될 수 있으니 확인 바람

일본학과
Dept. of Japanese Studies

https://jpn.knou.ac.kr
Tel.(02)3668-4290
Fax.(02)742-7386

1. 개설목적

- 원어민과의 자유로운 의사소통능력 함양
- 일본사회와 문화에 대한 종합적이고 체계적인 이해 추구
- 국제화·정보화 시대에 걸맞은 한일관계 전문인재 양성

2. 교육내용

● 어학·문학 분야

정확한 일본어를 구사하기 위해 일본어 어휘, 문법, 작문, 회화를 공부합니다. 이를 기초로하여 일본인의 언어생활을 이해합니다. 아울러 문학작품을 통하여 일본인의 가치관과 생활양식을 이해합니다.

● 지역학 분야

일본사회와 문화를 종합적이고도 체계적으로 이해하기 위해 사회, 문화, 역사, 경제, 경영, 정치 등의 각 분야로 나누어 공부합니다. 또한 원서강독을 통해 스스로가 연구할 수 있는 능력을 함양합니다.

3. 졸업 후의 진로

국내 각 대학의 대학원 진학(일반대학원, 지역학대학원, 통번역대학원, 교육대학원, 산업대학원, 관광대학원, 경영대학원), 일본유학(대학원), 언론사, 출판업계, 일반기업 통역과 번역 등 일본과의 관계가 깊은 분야에 취업할 수 있습니다.

4. 일본학과 교과과정

학년·학기	교과구분	교과목명	학점	학년·학기	교과구분	교과목명	학점
1-1	교양	글쓰기	3	1-2	교양	인간과사회	3
	전공	일본어기초1	3		전공	일본어기초2	3
	전공	일본학개론	3		전공	일본사회문화의이해	3
	일선	기초한자	3		전공	일본고중세사	3
	교양	세계의역사	3		일선	대중영화의이해	3
	일선	한국지리여행	3		일선	한국문화자원의이해	3
2-1	교양	세상읽기와논술	3	2-2	교양	취미와예술	3
	교양	한국사의이해	3		교양	철학의이해	3
	교양	생명과환경	3		전공	일본어활용2	3
	전공	일본어활용1	3		전공	일본어문법	3
	전공	일본어문장연습	3		전공	일본인의경제생활	3
	전공	일본근세근현대사	3		일선	역사의현장을찾아서	3
3-1	전공	일본대중문화론	3	3-2	교양	인간과교육	3
	전공	근현대일본정치사	3		전공	일본의시와노래	3
	전공	중급일본어활용1	3		전공	중급일본어활용2	3
	전공	일본전통문화론	3		전공	현대일본정치의이해	3
	전공	일본의소설	3		전공	현대일본경제의이해	3
	일선	글과생각	3		전공	현대일본사회론	3
4-1	교양	사회문제론	3	4-2	교양	이슈로보는오늘날의유럽	3
	전공	일본명작기행	3		교양	성·사랑·사회	3
	전공	고급일본어활용	3		전공	일본의언어와문화	3
	전공	일본사회문화연습	3		전공	일본문학과영화	3
	전공	일본의기업과경영	3		전공	일본어문학여행	3
	전공	근현대한일관계와국제사회	3		전공	전근대한일관계사	3

※ 2학기 교과목은 학과의 사정에 따라 변경될 수 있으니 확인 바람

3. 사회과학대학

법학과, 행정학과, 경제학과,
경영학과, 무역학과, 미디어영상학과,
관광학과, 사회복지학과

법학과
Dept. of Law

https://law.knou.ac.kr
Tel.(02)3668-4590
Fax.(02)3673-2361

1. 개설목적

- 법에 관한 이론과 그 적용을 학문적·실제적으로 교육하여, 법과 사회 현상을 법논리적·체계적으로 이해하고, 습득한 법률지식을 전문적으로 활용할 수 있는 법학인을 양성

- 법적 이해와 문제해결 능력이 요구되는 국가와 사회의 각 지역에 종사하는 직업인에 대한 전문화 재교육

- 자유와 실질적 평등, 인권을 보장하는 민주적이고 평등한 사회와 인간 관계를 추구하는 의식과 실천력 배양

2. 교육내용

● **기초법학**

법의 본질과 연원, 개념과 이념에 대한 철학적·사상적·역사적 고찰, 법과 사회 및 법과 국가 관계의 근본 문제에 관한 연구

관련과목 : 법사상사, 법철학, 법과사회

● **헌법학**

국가기관의 조직과 작용, 국민의 기본적 권리와 의무를 규정한 헌법에 관한 연구

관련과목 : 헌법의기초, 통치의기본구조, 기본권의기초이론, 헌법논증이론

● **민사법학**

개인간의 법률관계를 규율하는 일반사법인 민법과 당사자의 권리를 실현하기 위한 소의 제기 및 판결의 확정과 그 집행 절차에 관한 연구

관련과목 : 민법총칙, 물권법, 채권법, 친족상속법, 소송과강제집행, 부동산법제

● **형사법학**

범죄 및 이에 대한 국가의 형벌권을 규정한 형법과 수사에서 재판에 이르기까지 형사소송의 구조와 절차에 관한 연구

관련과목 : 형법총론, 형법각론, 형사소송법, 형사정책

● **상사법학**

민법의 특별법으로 경제생활을 대상으로 하는 상법, 조세의 부과 및 징수에 관한 규율, 지적재산(특허, 실용신안, 상표, 디자인)의 보호와 각 권리에 관한 연구

관련과목 : 상법기초, 주식회사법, 지적재산권법, 세법

● **행정법학**

행정의 조직과 작용 및 그로 인한 공권력에 의한 국민의 권리구제를 다루는 행정법과 건강하고 쾌적한 환경에서 생존할 수 있는 권리를 규율하는 환경법에 관한 연구

관련과목 : 일반행정법, 개별행정법, 환경법

● **국제법학**

국가 간의 합의를 기반으로 국제사회 행위 주체 상호간의 행태와 이해관계를 규율하는 국제법에 관한 연구

관련과목 : 국제법

● **사회경제법학**

고용의 안정과 근로자의 보호, 노사관계, 사회보장, 공정거래, 소비자보호 등 자본주의 경제체제에서 발생하는 사회·경제문제에 관한 법의 규율과 대책에 관한 연구

관련과목 : 근로보호법, 노사관계법, 사회보장법, 공정거래법, 소비자법

● **인권관련 법학**

인권의 내용과 보장체계 및 남녀평등의 실현을 위한 국내외의 법제 등에 관한 연구

관련과목 : 인권법, 국제인권법, 남녀평등과법

3. 졸업 후의 진로

1) 각종 국가고시(입법고시, 행정고시 등) 및 자격증시험(법무사, 변리사, 노무사, 행정사 및 공인중개사 등)을 거쳐 법의 입법·집행·적용·해석을 담당할 공무원 또는 전문인이 될 수 있습니다.

2) 법의 해석과 활용을 필요로 하는 정부·기업 기타 사회단체 등 제 분야의 법무 관련 부서에서 업무를 수행할 수 있습니다.

3) 인권운동단체 및 각종 시민단체(NGO) 등에서 법률전문가로서 활동할 수 있습니다.

4) 국내외의 각종 법학 관련 대학원에서 수학할 수 있습니다. 일반대학원에 진학할 경우 구체적인 법학 영역 예컨대, 기초법, 헌법, 민사법, 형사법, 상사법, 행정법, 국제법, 사회경제법, 인권법 등 다양한 전공분야에서 학문적·이론적 연구를 계속할 수 있고(한국방송통신대학교 대학원에도 석사과정이 개설되어 있음), 법학전문대학원(로스쿨)에 진학하여 과정 수료 후 일정 시험을 거쳐 변호사 자격을 취득할 수도 있습니다.

※ 홈페이지 안내 및 문의처
- 기타 자세한 사항은 법학과 사무실(홈페이지 주소 : https://law.knou.ac.kr, ☎ 02-3668-4590)로 문의하시기 바랍니다.
- 학과 교수님들께서는 법률상담을 제공하지 않으며, 법학과 학생들의 자치단체인 법률상담자원봉사단(http://knoulaw.org)을 통해 인터넷상담을 받을 수 있습니다.

4. 법학과 교과과정

학년·학기	교과구분	교과목명	학점	학년·학기	교과구분	교과목명	학점
1-1	교양	글쓰기	3	1-2	교양	인간과과학	3
	교양	컴퓨터의이해	3		교양	인간과사회	3
	교양	세계의역사	3		교양	대학영어	3
	전공	헌법의기초	3		전공	통치의기본구조	3
	전공	민법총칙	3		전공	물권법	3
	전공	형법총론	3		전공	형법각론	3
2-1	교양	생명과환경	3	2-2	교양	문학의이해	3
	교양	세계의정치와경제	3		교양	생활속의경제	3
	교양	한국사의이해	3		교양	철학의이해	3
	전공	채권법	3		전공	주식회사법	3
	전공	상법기초	3		전공	노사관계법	3
	전공	근로보호법	3		전공	기본권의기초이론	3
3-1	전공	법사상사	3	3-2	교양	생활법률	3
	전공	헌법논증이론	3		전공	법철학	3
	전공	공정거래법	3		전공	국제법	3
	전공	일반행정법	3		전공	남녀평등과법	3
	전공	국제인권법	3		전공	소비자법	3
	전공	지적재산권법	3		전공	개별행정법	3
4-1	교양	사회문제론	3	4-2	교양	성·사랑·사회	3
	전공	법과사회	3		전공	형사정책	3
	전공	사회보장법	3		전공	인권법	3
	전공	형사소송법	3		전공	친족상속법	3
	전공	소송과강제집행	3		전공	세법	3
	전공	부동산법제	3		전공	환경법	3

※ 2학기 교과목은 학과의 사정에 따라 변경될 수 있으니 확인 바람

행정학과
Dept. of Public Administration

https://pa.knou.ac.kr
Tel.(02)3668-4600
Fax.(02)3673-2363

1. 개설목적

- 현대 및 미래의 사회변화에 대응하기 위한 높은 수준의 관리능력과 태도형성
- 사회 및 행정 현상에 대한 체계적이고 종합적인 이해와 분석능력의 배양
- 현직 공무원 및 회사원의 행정수행능력 제고와 능률성의 향상
- 민주성과 봉사정신의 함양을 위한 다양하고 충실한 교육기회 제공

2. 교육내용

조직, 인사, 재무, 정책 등 행정학의 중심 분야와 최근의 행정학 연구동향을 반영하여 정책분석기법, 정보사회와 행정, 지방자치 등에 대한 깊이 있는 이해를 도모할 수 있는 교과과정을 개설하고 있습니다.

- 1학년
- 일반교양 및 전공(기초)과목 등으로 편성
- 행정학뿐만 아니라 사회과학 전반의 기초적 학문 양식을 갖추기 위한 일반교양 및 전공 분야 개설
- 교양분야 : 글쓰기, 컴퓨터의이해, 세계의역사, 인간과과학, 심리학에게묻다, 대학영어
- 전공분야 : 행정학개론, 정보사회와행정, 사회복지학개론, 정치학개론, 국제정책 및 통상갈등, 발전행정론

- 2학년

전공 및 교양과목으로 편성
- 행정학의 전반적인 이론 습득을 위한 전공과 교양과목 개설
- 교양분야 : 생명과환경, 세계의정치와경제, 한국사의이해, 수학의이해, 생활속의경제, 철학의이해
- 전공분야 : 재무행정론, 인적자원관리론, 행정조직론, 기획론, 행정통제와윤리, 사회복지정책론

- 3학년

전공의 심층적 이해를 위한 교과과정 편성
- 교양분야 : 생활법률
- 전공분야 : 비교행정론, 행정계량분석, 지방자치행정론, 성과관리론, 공기업론, 한국정부론, 도시행정론, 행정조사론, 정책학원론, 행정사례연구, 일반행정법

- 4학년

심층적 이해를 바탕으로 전공심화 교과과정 편성
- 교양분야 : 사회문제론, 현대의서양문화
- 전공분야 : 지역개발론, 재난관리론, 정책평가론, 협상조정론, 사회복지행정론, 정책분석론, 통치의기본구조, 정부기업관계론, 행정변동론, 공공협치론

3. 졸업 후의 진로

행정학과는 국정관리방안을 연구하고 새롭게 변화된 국가기능에 필요한 유능한 인재를 양성하며, 졸업 후 다양한 분야로 진출할 수 있습니다.

1) 평생 학습 : 대학원 및 연구기관에 진출하여 지속적인 연구 및 학습 능력을 향상시킬 수 있습니다.
2) 공직 진출 : 행정고시 등 각종 국가시험에 응시하여 공직에 진출할 수 있습니다.
3) 사회 각 분야의 우수 기업체 진출 : 시민사회, 공기업, 국제기구 리더, 공직(개방형) 등 사회 각 전문분야의 주요 기업체에 진출할 수 있습니다.

4. 행정학과 교과과정

학년·학기	교과구분	교과목명	학점	학년·학기	교과구분	교과목명	학점
1-1	교양	글쓰기	3	1-2	교양	인간과과학	3
	교양	컴퓨터의이해	3		교양	심리학에게묻다	3
	교양	세계의역사	3		교양	대학영어	3
	전공	행정학개론	3		전공	정치학개론	3
	전공	정보사회와행정	3		전공	국제정책및통상갈등	3
	전공	사회복지학개론	3		전공	발전행정론	3
2-1	교양	생명과환경	3	2-2	교양	수학의이해	3
	교양	세계의정치와경제	3		교양	생활속의경제	3
	교양	한국사의이해	3		교양	철학의이해	3
	전공	행정조직론	3		전공	기획론	3
	전공	인적자원관리론	3		전공	재무행정론	3
	전공	행정통제와윤리	3		전공	사회복지정책론	3
3-1	전공	비교행정론	3	3-2	교양	생활법률	3
	전공	행정계량분석	3		전공	한국정부론	3
	전공	지방자치행정론	3		전공	도시행정론	3
	전공	성과관리론	3		전공	행정조사론	3
	전공	공기업론	3		전공	정책학원론	3
	전공	일반행정법	3		전공	행정사례연구	3
4-1	교양	사회문제론	3	4-2	교양	현대의서양문화	3
	전공	지역개발론	3		전공	정책분석론	3
	전공	재난관리론	3		전공	통치의기본구조	3
	전공	정책평가론	3		전공	정부기업관계론	3
	전공	협상조정론	3		전공	행정변동론	3
	전공	사회복지행정론	3		전공	공공협치론	3

※ 2학기 교과목은 학과의 사정에 따라 변경될 수 있으니 확인 바람

경제학과
Dept. of Economics

https://econ.knou.ac.kr
Tel.(02)3668-4610
Fax.(02)3673-2365

1. 개설목적

- 국민경제의 운행원리와 경제문제에 관한 과학적인 인식능력의 습득 및 전문지식 보급

2. 교육내용

1) 경제학의 기초이론을 학습하고 분야별로 응용할 수 있도록 전공과목 개설
2) 경제현상을 이론, 현실, 정책의 틀로 바라보는 힘을 키울 수 있도록 개별 교과목 개발
3) 경제학의 기본 분석 방법인 수리적 표현과 논리 전개, 통계 자료의 처리 방법 등을 다루는 과목 개설

기초이론	분석방법	인접학문
기초미시경제론 기초거시경제론 고급미시경제론 고급거시경제론	경제통계의이해	경영학원론 무역학원론 IT와경영정보시스템 다국적기업론 글로벌지역투자 부동산법제 중소기업창업론 경영분석 글로벌경제생태계

응용분야

재테크와금융투자 디지털경제의이해 경제분석의역사 기업경제학 공공경제학 금융시장론
화폐금융론 도시경제학 노동경제학 빈곤론 한국경제의이해 한국산업의이해
성장과복지의경제학 기술혁신의경제학 국제금융론 산업구조와경쟁 증권투자론
글로벌비즈니스네트워킹 부동산시장과정책 보건경제학 환경경제학 서양경제사

3. 졸업 후의 진로

공무원 및 공기업, 금융기관 및 금융공기업 취업, 일반대학원(경제학과, 무역학과, 경영학과) 및 MBA 과정 진학 등

4. 경제학과 교과과정

학년·학기	교과구분	교과목명	학점	학년·학기	교과구분	교과목명	학점
1-1	교양	글쓰기	3	1-2	교양	심리학에게묻다	3
	교양	컴퓨터의이해	3		교양	인간과사회	3
	전공	기초미시경제론	3		전공	기초거시경제론	3
	전공	경영학원론	3		전공	재테크와금융투자	3
	전공	무역학원론	3		전공	IT와경영정보시스템	3
	일선	재무회계원리	3		일선	국제정책및통상갈등	3
2-1	교양	생명과환경	3	2-2	일선	글로벌지역투자	3
	교양	한국사의이해	3		교양	철학의이해	3
	전공	경제통계의이해	3		전공	고급거시경제론	3
	전공	고급미시경제론	3		전공	경제분석의역사	3
	전공	서양경제사	3		전공	디지털경제의이해	3
	전공	다국적기업론	3		일선	중소기업창업론	3
3-1	전공	기업경제학	3	3-2	교양	생활법률	3
	전공	한국산업의이해	3		전공	화폐금융론	3
	전공	공공경제학	3		전공	국제금융론	3
	전공	성장과복지의경제학	3		전공	도시경제학	3
	전공	금융시장론	3		전공	노동경제학	3
	전공	기술혁신의경제학	3		전공	산업구조와경쟁	3

학년·학기	교과구분	교과목명	학점	학년·학기	교과구분	교과목명	학점
4-1	교양	사회문제론	3	4-2	교양	성·사랑·사회	3
	전공	부동산법제	3		전공	한국경제의이해	3
	전공	증권투자론	3		전공	부동산시장과정책	3
	전공	경영분석	3		전공	보건경제학	3
	전공	빈곤론	3		전공	환경경제학	3
	일선	글로벌비즈니스네트워킹	3		전공	글로벌경제생태계	3

※ 2학기 교과목은 학과의 사정에 따라 변경될 수 있으니 확인 바람

경영학과
Dept. of Management

https://biz.knou.ac.kr
Tel.(02)3668-4620
Fax.(02)3673-0562

1. 개설목적

- 지식정보사회에 필요한 효과적인 경영이론 교육
- 학문적 이론과 실무를 체계화한 사회적 효용성 증진
- 기업조직의 효과적 운영을 위한 전문지식 보급
- 경영학적 사고의 틀을 갖춘 유능한 인재 양성

2. 교육내용

1) 경영학과의 교육내용은 크게 7개 분야(경영일반, 생산관리, 마케팅관리, 인사·조직, 재무관리, 회계학, 경영정보)로 구분됩니다.

● 경영일반

경영학의 기초가 되는 기업기능, 관리과정, 기업환경에 대한 제이론 및 전략적 경영에 대한 일반이론을 연구(경영학원론, 중소기업창업론, 경영전략론, 경영학특강)

● 생산관리

제품 및 용역의 효율적인 생산을 위한 생산자원의 최적 결합 및 생산 시스템의 전반적인 분야를 연구(생산관리, 물류관리, 경영의사결정론, 경영분석을위한기초통계)

● 마케팅관리

고객의 욕구를 파악하여 새로운 제품을 기획·입안하며, 기존 제품의 판매 전략을 수립하는 일련의 과정을 연구(마케팅론, 소비자행동론, 마케팅커뮤니케이션관리, 마케팅조사, 마케팅특강)

● 인사·조직

개인과 조직 목표의 일치를 추구하며, 인력의 선발·고용·교육·승진·보상·유지활동을 연구(인적자원관리, 노사관계론, 전략적인적자원개발론, 조직행위론)

● 재무관리

기업의 합리적인 투자결정과 그에 따른 자본조달 및 운영과 관련 된 제이론과 기법에 관한 연구(재무관리, 금융투자의이해, 경영분석, 금융제도의이해)

● 회계학

기업과 관련된 재무정보를 인식·측정·기록·전달하는 과정을 연구(재무회계 원리, 중급재무회계, 원가회계, 관리회계, 세무회계, 회계학특강)

● 경영정보

기업의 경영진이나 관리자에게 각종 경영정보를 신속·정확히 전달하여 생산성과 수익성을 높이는 과정을 연구(IT와경영정보시스템, e-Business)

2) 경영학은 사회 시스템의 하위 시스템인 기업 시스템을 다루고 있습니다. 기업시스템은 경제, 기술, 사회 시스템으로서의 특징을 갖고 있으며, 이를 분석하는 데 기초가 되는 학문으로는 행동과학(조직행위론)과 경영과학(경영의사결정론)이 있습니다.

동시에 인접학문으로서 경제학, 사회학, 심리학, 정치학, 행정학, 산업공학 등 다양한 분야의 학문적 지식이 요구됩니다.

3. 졸업 후의 진로

경영학과 졸업 후 진로는 매우 다양합니다. 공인회계사(CPA), 세무사, 공인노무사, 금융전문가, 경영컨설턴트 및 전문경영인으로 활동하고 있습니다. 또한, 많은 학생들이 대학 졸업 후 계속적인 학습을 위해 대학원에 진학하여 전문가로서의 기반을 다지고 있습니다.

4. 경영학과 교과과정

학년·학기	교과구분	교과목명	학점	학년·학기	교과구분	교과목명	학점
1-1	교양	글쓰기	3	1-2	교양	인간과사회	3
	교양	컴퓨터의이해	3		교양	심리학에게묻다	3
	교양	세계의역사	3		교양	대학영어	3
	전공	경영학원론	3		전공	기초거시경제론	3
	전공	재무회계원리	3		전공	조직행위론	3
	전공	기초미시경제론	3		전공	IT와경영정보시스템	3
2-1	교양	세상읽기와논술	3	2-2	교양	취미와예술	3
	교양	세계의정치와경제	3		교양	생활속의경제	3
	교양	한국사의이해	3		교양	철학의이해	3
	전공	경영분석을위한기초통계	3		전공	원가회계	3
	전공	마케팅론	3		전공	중소기업창업론	3
	전공	인적자원관리	3		전공	경영의사결정론	3
3-1	전공	소비자행동론	3	3-2	교양	생활법률	3
	전공	중급재무회계	3		전공	마케팅조사	3
	전공	재무관리	3		전공	관리회계	3
	전공	전략적인적자원개발론	3		전공	물류관리	3
	전공	e-비즈니스	3		전공	금융투자의이해	3
	전공	생산관리	3		전공	주식회사법	3
4-1	교양	사회문제론	3	4-2	교양	이슈로보는오늘날의유럽	3
	전공	마케팅커뮤니케이션관리	3		전공	마케팅특강	3
	전공	경영분석	3		전공	경영전략론	3
	전공	국제경영학	3		전공	경영학특강	3
	전공	세무회계	3		전공	회계학특강	3
	전공	노사관계론	3		전공	금융제도의이해	3

※ 2학기 교과목은 학과의 사정에 따라 변경될 수 있으니 확인 바람

1. 개설목적

- 글로벌기업 취업, 소상공인 창업자, 기업 경영자, 기업 경영자에 필요한 역량 교육
- 국제 무역의 실무적 절차 및 과정의 교육
- 현장의 관리자 및 전문가로서의 이론 지식의 종합적 학습기회 제공

2. 학과 소개

무역학과는 수출입과 관련된 무역 실무 과정과 국제경제와 경영학의 핵심 영역을 학습하는 학과로서, 국제금융, 자산관리, 외환시장, 무역실무, 무역영어, 국제경영, 다국적기업, 국제 마케팅, 국제통상, 창업 등의 교과목을 동시에 이수하는 글로벌시대에 적합한 가장 현대적인 최첨단의 전공입니다.

특히, 기업인, 비즈니스 전문가, 무역과 창업에 관심을 가진 학생층 모두에게 심도있고 실무 중심의 지식을 제공하기 위해 글로벌 경영 환경에서 활용할 수 있는 외환금융, 시장조사, 협상, 계약, 법률, 외국어 등의 분야를 집중적으로 공부함으로써 미래지향적인 혁신과 창의적 발전의 기회를 제공합니다.

3. 교육내용

국제금융, 무역실무, 국제경영전략, 마케팅, 창업, 무역정책 및 통상, 재무 및 자산관리 등으로 구성되어 있습니다.

● 국제금융론

개방경제 하에서 금융적인 측면을 중점적으로 분석하는 국제경제학의 한 분야로서 국민소득, 이자율, 물가 등 주요 거시경제변수의 결정 이론, 국제수지 및 환율에 관한 이론, 거시경제정책의 효과 등 개방거시경제이론과 함께 국제통화체제와 국제금융시장을 공부합니다.

● 무역실무

무역활동의 전 과정을 통틀어, 계약단계에서 대금결제의 과정에 이르기 까지 이론적 내용과 더불어 실무적 차원에서 다루며, 무역실무의 전반적 내용에 대해 공부합니다. 이를 통해 실제 무역활동의 매 단계마다 이루어지는 필요한 사항을 통합적 차원의 측면에서 이해하면서 본 교과목에 대한 내용을 학습합니다.

● 국제경영학

국제경영학은 기업 경영 활동의 원동력이라고 할 수 있는 사람, 재화, 자본의 글로벌 관리에 대해 이해하는 것을 목표로 합니다. 이를 위해 글로벌 인적자원관리 기초와 사례 이해, 글로벌 자본 시장 이해, 주요 무역이론 이해, 한국 기업의 주요 교역 상대국인 미국, 독일, 프랑스에 대한 이해 등이 목차로 구성되어 있습니다.

● 글로벌스타트업

유망한 창업 아이템 선택 전략, 프랜차이즈 창업 실패 방지와 대응, 창업준비와 지원자금 마련하기, 글로벌 신흥부자 창업 성공사례 분석, 상호명(브랜드) 정하기, 가격관리 등 마케팅 전략, 소상공인 창업준비와 성공전략의 모든 것을 학습합니다.

● 글로벌자산관리

해외 금융시장과 주요 상품들의 기본을 이해하고 글로벌 투자 상품들을 이용한 투자 프로세스, 위험관리 및 투자 전략들을 학습한다. 특히 글로벌 자산배분, 스마트 베타, 헤지펀드, 매크로 투자, 책임투자 등 다양한 투자 전략들을 다룹니다.

3. 졸업 후의 진로

민간 및 공영기업체, 금융기관, 정부 각 부처, 일반 무역회사, 종합상사 등 취업
- 관세사, 경영지도사, 국제무역사, 원산지 관리사 등 무역관련 전문가
- 금융, 유통, 통신 등의 서비스 분야, 글로벌 투자와 자산관리 전문가
- 4차산업혁명 시대를 선도할 스마트 창업, 비즈니스 경영자
- 일반대학원과 특수대학원 진학

5. 무역학과 교과과정

학년·학기	교과구분	교과목명	학점	학년·학기	교과구분	교과목명	학점
1-1	교양	컴퓨터의이해	3	1-2	교양	인간과사회	3
	교양	세계의역사	3		교양	대학영어	3
	전공	무역학원론	3		전공	기초거시경제론	3
	전공	기초미시경제론	3		전공	국제경영의이해	3
	일선	경영학원론	3		전공	국제무역과협상	3
	일선	중국어1	3		일선	중국어2	3
2-1	교양	세계의정치와경제	3	2-2	교양	취미와예술	3
	교양	한국사의이해	3		교양	철학의이해	3
	전공	글로벌스마트비즈니스	3		전공	산업구조와경쟁	3
	전공	다국적기업론	3		전공	동아시아와통일한국경제	3
	전공	글로벌스타트업브랜딩	3		전공	글로벌뱅킹의이해	3
	일선	인적자원관리	3		전공	글로벌지역투자	3
3-1	전공	글로벌스타트업마케팅	3	3-2	교양	생활법률	3
	전공	전자무역론	3		전공	국제무역정책	3
	전공	무역실무	3		전공	국제광고론	3
	전공	국제경영학	3		전공	국제금융론	3
	일선	세계의음식·음식의세계	3		전공	무역영어	3
	일선	사회복지학개론	3		전공	국제경영전략	3
4-1	교양	생활과건강	3	4-2	교양	이슈로보는오늘날의유럽	3
	전공	글로벌비즈니스네트워킹	3		전공	무역법규	3
	전공	글로벌자산관리	3		전공	글로벌경제생태계	3
	전공	무역결제론	3		전공	국제물류론	3
	전공	해외시장조사론	3		전공	글로벌스타트업	3
	전공	글로벌프랜차이즈창업	3		일선	한국경제의이해	3

※ 2학기 교과목은 학과의 사정에 따라 변경될 수 있으니 확인 바람

미디어영상학과
Dept. of Media Arts & Sciences

https://mas.knou.ac.kr
Tel.(02)3668-4710
Fax.(02)2088-4319

1. 개설목적

- 커뮤니케이션과 미디어 현상에 대한 기초이론, 미디어비평, 디지털 모바일 커뮤니케이션, 그래픽, 방송프로그램의 기획 및 제작, 디지털 촬영 및 편집기술과 영화, 영상이론, 광고기획제작, 홍보 등 미디어영상과 관련된 이론 및 실무 분야의 체계적 교육 제공
- 디지털정보화시대에 필요한 전문가로서 언론인, PD, 광고기획자, 웹기획자, 영화 제작자, 미디어교육사 등 영상콘텐츠 분야의 인재 양성

2. 교육내용

● 미디어이론 분야

미디어와사회, 커뮤니케이션과인간, 소셜미디어, 시사미디어영어, 설득커뮤니케이션, 미디어교육, 아동.청소년과 미디어, 미디어심리학의이해, 사회변화와미디어트렌드, 영상문화콘텐츠산업론

● 저널리즘 분야

미디어비평, 저널리즘의 이해, 미디어혁신과뉴스스토리텔링, 사진의이해

● 방송 분야

1인미디어기획제작, 디지털영상편집, 영상제작입문, 방송기획제작의기초

● 광고 분야

통합마케팅커뮤니케이션, 현대광고와카피전략, 홍보론

● 멀티미디어 분야

뉴미디어기술과사이버사회, 그래픽커뮤니케이션, 멀티미디어기획제작, 게임·애니메이션·VR의 이해, 뉴미디어론

● 영화이론 분야

사진영상론, 대중영화의이해, 대중문화와영화비평, 영화산업과마케팅, 영화기획제작
- 미디어 이론, 방송, 광고, 저널리즘, 멀티미디어, 영화이론 분야의 31개 전공과목을 개설, 각 분야의 이론과 실무를 겸비하도록 합니다.
- 전국의 지역대학에 디지털촬영 및 편집장비를 갖추어 학생들의 직접 실습이 가능합니다.
- 이론과 실기 교과목이 구분되어 있어 선택적 수강이 가능합니다.

3. 실습교육

- 현재 전국 13개 지역대학과 2개 학습관(마산, 강릉)에서 실습실을 운영하고 있습니다.
- 디지털 영상 전문 인력 양성을 위해 영상제작아카데미, 촬영기술아카데미, VJ(비디오저널리스트), 디지털 사진(DSLR), 동영상 제작 기초, 방송작가, 광고 크리에이티브 워크숍 등의 전문 실습교육을 실시하고 있습니다. 현업에 종사하는 최고의 전문가를 강사로 초빙하여 20~50명을 정원으로 진행됩니다. 재학생들의 참여를 높이기 위해 교육은 주로 방학기간에 진행됩니다.

4. 졸업 후의 진로

- 미디어영상산업 관련 업계에 진출할 수 있습니다. 지상파 방송사, 케이블 및 위성방송사, 인터넷방송, 독립 프로덕션, 멀티미디어 소프트웨어 제작사, 편집회사, 광고·홍보회사, 영화제작사, 신문사, 출판사 등 제작 관련 분야로의 진출 기회가 열려 있습니다.
- 학생 개개인의 적성과 능력을 고려하여 특정 분야를 선택하고, 본인의 노력으로 그 분야에서 요구하는 기술이나 지식을 개발한다면 졸업 후 진로는 더욱 밝아집니다.
- 이외에도 동대학원의 영상문화콘텐츠학과 및 언론대학원, 영상대학원, 광고홍보대학원 등 다수의 학생들이 관련 전공 분야 대학원으로 진학하고 있습니다.

5. 미디어영상학과 교과과정

학년·학기	교과구분	교과목명	학점	학년·학기	교과구분	교과목명	학점
1-1	전공	영상제작입문	3	1-2	교양	인간과사회	3
	교양	컴퓨터의이해	3		교양	심리학에게묻다	3
	교양	세계의역사	3		교양	대학영어	3
	전공	미디어와사회	3		전공	커뮤니케이션과인간	3
	전공	사회변화와미디어트렌드	3		전공	대중영화의이해	3
	전공	사진의이해	3		전공	저널리즘의이해	3
2-1	교양	동서양고전의이해	3	2-2	교양	취미와예술	3
	교양	생명과환경	3		교양	철학의이해	3
	교양	한국사의이해	3		전공	아동·청소년과미디어	3
	전공	대중문화와영화비평	3		전공	사진영상론	3
	전공	뉴미디어기술과사이버사회	3		전공	설득커뮤니케이션	3
	일선	정보사회와디지털문화	3		전공	통합마케팅커뮤니케이션	3
3-1	전공	뉴미디어론	3	3-2	교양	생활법률	3
	전공	그래픽커뮤니케이션	3		전공	멀티미디어기획제작	3
	전공	현대광고와카피전략	3		전공	방송기획제작의기초	3
	교양	글쓰기	3		전공	영상문화콘텐츠산업론	3
	전공	1인미디어기획제작	3		전공	디지털영상편집	3
	일선	문화산업과문화기획	3		전공	미디어혁신과뉴스스토리텔링	3
4-1	교양	생활과건강	3	4-2	교양	이슈로보는오늘날의유럽	3
	전공	미디어비평	3		교양	성·사랑·사회	3
	전공	시사미디어영어	3		전공	홍보론	3
	전공	영화산업과마케팅	3		전공	소셜미디어	3
	전공	미디어교육	3		전공	미디어심리학의이해	3
	전공	게임·에니메이션·VR의이해	3		전공	영화기획제작	3

※ 2학기 교과목은 학과의 사정에 따라 변경될 수 있으니 확인 바람

관광학과
Dept. of Tourism Studies
https://tourism.knou.ac.kr
Tel.(02)3668-4460
Fax.(02)3675-0809

1. 개설목적

- 관광 전반에 걸친 기본적인 지식의 습득과 현장에서 필요한 실무수행능력 배양을 위한 학습기회 제공
- 국제사회와 지역사회에서 필요로 하는 관광분야의 미래지향적인 전문 인력 양성

2. 교육내용

1) 공통
- 관광학개론, 서비스매너, 현대인의여가생활, 여행영어, 여행일어, 관광행동론, 관광연구의 이해, 관광법규

2) 관광산업 분야
- 경영일반 : 관광경영론, 관광마케팅, 관광창업론
- 여행·항공 : 여행사실무, 항공예약발권1, 항공예약발권2
- 호텔·외식 : 호텔산업의이해, 외식산업의이해, 세계의음식·음식의세계
- 이벤트·컨벤션 : 이벤트 플래닝, 축제·이벤트관광, 컨벤션산업론

3) 관광개발 분야
- 관광개발론, 관광개발실무, 지역관광론

4) 관광해설 분야
- 한국문화자원의이해, 한국지리여행, 자연자원의이해, 관광과문화, 관광해설론, 한국문화와 유물유적

3. 졸업 후의 진로

1) 관광산업 분야
- 여행·항공 : 여행사, 항공사, 테마파크
- 호텔·외식 : 호텔, 외식업체
- 이벤트·컨벤션 : 이벤트업체, 국제회의업체, 컨벤션관련기구, 컨벤션시설관리업체

2) 관광개발 분야
- 관광개발업체, 컨설팅업체

3) 관광해설 분야
- 문화관광해설, 자연자원해설, 숲해설, 생태관광해설, 국내 여행 안내, 국외 여행 안내

4) 공공기관
- 문화체육관광부, 한국관광공사, 지방관광공사

5) 대학원 진학

4. 관광학과 교과과정

학년·학기	교과구분	교과목명	학점	학년·학기	교과구분	교과목명	학점
1-1	교양	글쓰기	3	1-2	교양	인간과사회	3
	교양	세계의역사	3		전공	한국문화자원의이해1	3
	전공	관광학개론	3		전공	현대인의여가생활	3
	전공	서비스매너	3		전공	관광경영론	3
	전공	한국지리여행	3		전공	여행영어1	3
	일선	숲과삶	3		일선	역사의 현장을 찾아서	3
2-1	교양	세상읽기와논술	3	2-2	교양	취미와예술	3
	교양	한국사의이해	3		교양	생활속의경제	3
	전공	관광마케팅	3		전공	호텔산업의이해	3
	전공	항공예약발권1	3		전공	관광과문화	3
	전공	관광법규	3		전공	한국문화자원의이해2	3
	전공	이벤트플래닝	3		전공	항공예약발권2	3
3-1	전공	축제·이벤트관광	3	3-2	교양	생활법률	3
	전공	여행영어2	3		전공	컨벤션산업론	3
	전공	관광개발론	3		전공	여행사실무	3
	전공	자연자원의이해	3		전공	외식산업의이해	3
	전공	관광행동론	3		전공	관광개발실무	3
	일선	사회복지학개론	3		일선	전통사회와생활문화	3
4-1	교양	생활과건강	3	4-2	교양	이슈로보는오늘날의유럽	3
	전공	세계의음식·음식의세계	3		전공	관광연구의이해	3
	전공	지역관광론	3		일선	레크리에이션활동지도	3
	전공	여행일어	3		전공	관광해설론	3
	일선	중국문화산책	3		전공	관광창업론	3
	일선	세계의도시와건축	3		전공	한국문화와유물유적	3

※ 2학기 교과목은 학과의 사정에 따라 변경될 수 있으니 확인 바람

5. 관련자격증 안내 : 학과사무실

명칭	내용	발급기관 (시험시행기관)	비고
관광통역안내사	국내를 여행하는 외국인에게 외국어를 사용하여 관광지 및 관광대상물을 설명하거나 여행을 안내하는 등의 여행 편의 제공	한국관광공사	-
국내여행안내사	국내를 여행하는 관광객에게 여행에 필요한 각종 서비스 제공	한국관광협회중앙회	-
국외여행인솔자	국외여행의 출발 준비부터 여행의 종료 시까지 여행에 관한 일체 업무 관장 및 지휘	한국여행업협회	-
호텔서비스사	고객 영접, 객실 안내, 음식 제공 등의 각종 서비스 제공	한국관광협회중앙회	-
호텔관리사	관광호텔의 객실 관리 및 가족호텔업의 경영	한국관광공사	-
호텔경영사	관광호텔업의 총괄관리 및 경영업무 담당	한국관광공사	-
컨벤션기획사	국제회의의 유치·기획·진행 등 제반 업무 운영 및 관리	한국산업인력공단	-
문화관광해설사	문화재 및 지역문화 등을 국내외 관광객에게 설명·이해시킴	지방자치단체	인증제도
숲해설사	휴양림, 국립공원 등의 방문객에게 숲과 자연 생태 등에 대해 설명하고, 산림휴양이나 자연 체험활동 등에 대해 지도	산림청	인증제도
항공예약발권 전문가	아시아나세이버에서 운영하는 항공 예약/발권 교육을 통해 국제선 예약, 항공요금정산, BSP 국제선 발권, 아시아나항공 국내선 예약 발권 등의 업무가 가능함. 특히, 본 학과에서는 아시아나세이버와의 산학협력을 통해 항공 예약발권 1·2 교과목을 운영하고 있으며, 이 교과목을 정규 수강한 관광학과 학생은 소정의 추가교육 및 시험을 통해 자격증을 취득할 수 있는 기회를 얻게 됨	아시아나세이버	자격증
국제의료관광 코디네이터	의료시장에서 외국인 환자의 구체적인 진료 서비스지원·관광 지원, 의료관광 마케팅, 의료관광 상담, 리스크 관리 및 행정 업무 등을 담당	한국산업인력공단	-

사회복지학과
Dept. of Social Welfare

https://socialwelfare.knou.ac.kr
Tel.(02)3668-4799
Fax.(02)2088-5523

1. 개설목적

- 인권 신장과 복지국가를 실현하는 민주시민 양성
- 더 나은 공동체를 지향하는 철학을 가진 전문가 양성

2. 교육내용

1) 공통
- 전문가 양성을 위한 사회복지사 자격증 과목 개설
- 민주시민과 자원봉사자를 위한 사회복지철학, 정책, 실천 관련 과목 개설

3. 졸업 후의 진로

- 공공부문(사회복지직공무원, 사회복지관련 공공기관 등)
- 민간부문(지역사회복지관, 장애인복지시설, 정신보건시설, 의료복지, 아동·청소년복지시설, 노인복지시설, 여성복지시설, 가족복지시설, 학교사회복지, 교정복지, 군사회복지, 기업 사회공헌, 국제기구, 사회적기업, 협동조합, 사회복지협의회 등 사회복지관련 직능단체)
- 자원봉사단체와 NGO단체 취업 및 활동

4. 사회복지학과 교과과정

(1-2학년 과정은 운영하지 않음)

학년·학기	교과구분	교과목명	학점	학년·학기	교과구분	교과목명	학점
3-1	전공	사회복지학개론	3	3-2	전공	사회복지정책론	3
	전공	산업복지론	3		전공	사회복지정의론	3
	전공	사회복지역사	3		전공	지역사회복지론	3
	전공	장애인복지론	3		전공	사회복지조사론	3
	전공	프로그램개발과평가	3		전공	사회복지실천론	3
	전공	사회복지와인권	3		전공	인간행동과사회환경	3
4-1	교양	사회복지법제와 실천	3	4-2	전공	사례관리론	3
	전공	사회복지현장실습	3		전공	사회복지현장실습	3
	전공	사회복지실천기술론	3		전공	노인복지론	3
	전공	사회복지행정론	3		전공	사회복지정치학	3
	전공	정신건강사회복지론	3		전공	사회복지시설과사회적경제	3
	전공	빈곤론	3		전공	사회복지쟁점세미나	3
	전공	학교사회복지론	3		전공	사회복지와문화다양성	3

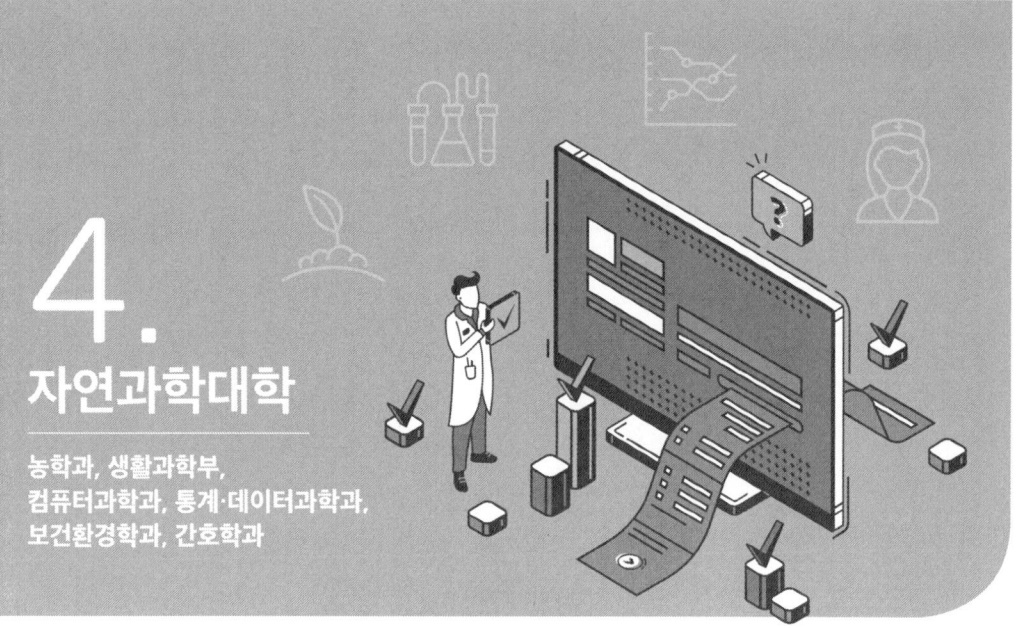

4. 자연과학대학

농학과, 생활과학부,
컴퓨터과학과, 통계·데이터과학과,
보건환경학과, 간호학과

농학과
Dept. of Agricultural Science

https://agri.knou.ac.kr
Tel.(02)3668-4630
Fax.(02)3673-2381

1. 개설목적

- 농업은 생명과 환경을 지켜주는 산업으로 인간은 자연 속에서 농업을 통하여 삶을 영위해 왔으며, 국가의 고유문화는 농업과 농촌을 바탕으로 형성되어 왔음. 또한 경제 발전도 농업이라는 바탕 없이는 불가능했으며 농업은 국가의 식량안보와도 직결됨
- 농학과는 농업의 전문지식과 첨단기술을 습득시켜 과학적이며 창조적인 농업지식인을 양성하고, 농업의 다원적 기능을 올바르게 이해하여 농촌을 사랑하고 농업인을 존경하는 마음을 가지도록 교육함
- 농학과는 자연에 대한 이해의 폭을 넓히고 나아가 도시인들의 귀농·귀촌에 대한 의지를 북돋아줌

2. 교육내용

교육내용은 농학을 이해하고 학습하는 데 필요한 기초 학문분야와 실제 농업 생산과 관계되는 전공 분야로 나뉩니다. 전공 분야는 다시 작물, 원예, 축산 및 농촌경제 분야로 나뉘며, 분야별 교육내용은 다음과 같습니다.

- **1) 기초 분야**　　생물과학, 농학원론, 농업생물화학, 생물통계학, 농업유전학, 숲과삶, 토양학, 식물분류학
- **2) 작물 분야**　　식용작물학1·2, 재배학원론, 자원식물학, 재배식물육종학, 환경친화형농업
- **3) 원예 분야**　　원예학, 원예작물학1·2, 생활원예, 시설원예학, 재배식물생리학, 식물의학
- **4) 축산 분야**　　축산학, 가축사양학1·2, 동물사료학, 가축영양학, 가축번식생리학, 동물유전과개량, 농축산환경학, 농축산식품이용학
- **5) 농촌경제 분야**　농업경영학

3. 졸업 후의 진로

졸업과 동시에 국내·외의 모든 대학원에 진학할 수 있으며, 국가에서 시행하는 농업직 공무원 시험, 그 중에서도 농촌진흥청과 산하 연구소, 농업기술원, 농업기술센터의 연구직 또는 지도직 공무원 시험에 응시할 수 있습니다. 또한 농업 관련 기업체로 종자회사, 사료회사, 농산물 가공회사 및 생명공학 관련 기업체에 취업이 가능합니다. 그리고 농촌에 대한 꿈을 키워 귀농할 수도 있습니다.

4. 취득가능 자격증

유기농업기사, 종자기사, 식물보호기사, 시설원예기사, 축산기사, 화훼장식기사, 산림치유지도사, 산림기사, 나무의사, 조경기사, 임업종묘기사, 임산가공기사, 농림토양평가관리기사, 생물분류(동물, 식물)기사, 버섯산업기사, 농작업안전보건기사, 농산물품질관리사, 가축인공수정사, 식육처리기능사, 원예치료사, 도시농업관리사

5. 농학과 교과과정

학년·학기	교과구분	교과목명	학점	학년·학기	교과구분	교과목명	학점
1-1	교양	글쓰기	3	1-2	교양	인간과과학	3
	교양	세계의역사	3		교양	인간과사회	3
	전공	원예학	3		교양	심리학에게묻다	3
	전공	농학원론	3		전공	축산학	3
	전공	숲과삶	3		전공	재배학원론	3
	일선	인터넷과 정보사회	3		전공	생물과학	3
2-1	교양	세상읽기와논술	3	2-2	교양	생활속의경제	3
	교양	동서양고전의이해	3		교양	취미와예술	3
	교양	한국사의이해	3		교양	철학의이해	3
	전공	농업유전학	3		전공	가축번식생리학	3
	전공	농업생물화학	3		전공	가축영양학	3
	전공	동물유전과개량	3		전공	재배식물생리학	3
3-1	전공	자원식물학	3	3-2	교양	인간과교육	3
	전공	원예작물학1	3		전공	생활원예	3
	전공	가축사양학1	3		전공	생물통계학	3
	전공	재배식물육종학	3		전공	식용작물학1	3
	전공	농축산환경학	3		전공	환경친화형농업	3
	전공	식물의학	3		전공	토양학	3
4-1	교양	생활과건강	3	4-2	교양	이슈로보는오늘날의유럽	3
	전공	시설원예학	3		전공	가축사양학2	3
	전공	동물사료학	3		전공	농축산식품이용학	3
	전공	식용작물학2	3		전공	식물분류학	3
	전공	원예작물학2	3		전공	현장실습(농학)	3
	전공	푸드마케팅	3		전공	농업경영학	3

※ 2학기 교과목은 학과의 사정에 따라 변경될 수 있으니 확인 바람

생활과학부
Division of Human Ecology

https://he.knou.ac.kr
Tel.(02)3668-4640
Fax.(02)2088-4306

1. 개설목적

- 아동·가족, 가족자원관리·소비자, 식품·영양·단체급식, 패션디자인·패션비즈니스·의류과학에 관련된 기초이론과 전문지식을 교육함으로써 각 영역에서 필요로 하는 전문인 양성을 목표로 함
- 1, 2학년에서는 생활과학부 각 영역의 개론 및 전공기초과목을 3, 4학년에서는 가정복지학, 식품영양학, 의류패션학의 세 전공으로 나누어 교육함으로써 각 영역에서 필요로 하는 전문가를 양성함

2. 교육내용

1, 2학년은 공통 교과과정으로 학습한 후, 3학년부터 전공별 심화학습에 집중하여 심도 있는 전공 관련 교과목을 학습합니다.

● 가정복지학 전공
개인-가족-지역사회의 맥락에서 삶의 질 향상을 위해 아동 및 가족학, 가족자원관리 및 소비자학에 대한 전문지식을 교육하며, 관련 분야의 전문 인력 양성 및 재교육에 필요한 체계적인 교육과정을 제공하고 있습니다.

● 식품영양학 전공
식생활의 과학화와 개인·단체 및 지역사회의 영양, 건강증진을 위한 전문 인력을 양성하며, 식품학, 영양학, 단체급식 분야에 대한 체계적인 지식을 제공하고 이를 응용하여 실무능력을 향상 시킬 수 있는 교육과정을 제공하고 있습니다.

● 의류패션학 전공
섬유 및 패션제품의 기획, 생산, 유통, 마케팅 및 판매에 이르는 다양한 분야에 대해 통합적 관점에서 전문적 지식 및 자질을 함양할 수 있는 체계적인 교육과정 제공과 첨단 패션 산업에서 요구되는 전문인을 양성하고 재교육을 제공하고 있습니다.

3. 졸업 후의 진로

생활과학부 졸업자는 가정복지학사, 식품영양학사, 의류패션학사 학위 취득 후 관련 분야 전문가로 진출하거나 대학원 진학이 가능합니다.

● 가정복지학 전공
건강가정지원센터 및 다문화가족지원센터, 어린이집, 아동·가족 및 소비자 업무 관련 복지기관 등

관련 자격증
가정복지사, 건강가정사, 가족생활교육사, 가족상담사, 소비자전문상담사,
공공가정관리사, 보육교사(일부 교과목 타학과 수강), 부부가족상담전문가2급 등

● 식품영양학 전공
보건소·급식관리지원센터·요양병원·학교·단체급식소 등의 영양사, 식품제조업 및 건강기능식품 회사의 상담영양사, 식품회사·사회복지시설·공익사회단체·외식업계 등 식품영양관련 종사자

관련 자격증
가정복지사, 영양사, 위생사, 식품(산업)기사, 조리산업기사 등

● 의류패션학 전공
의류 및 소재의 생산 및 유통·서비스 분야의 종사자, 패션코디네이터, 패션 및 메이크업 스타일리스트, 의상 및 텍스타일 디자이너, 모델리스트, 패터너, 한복디자이너 및 샵운영자, 패션MD 및 바이어, 섬유제품 판매 및 샵마스터, 패션저널리스트, 사회교육기관의 의생활 분야 교육담당자 등

관련 자격증
가정복지사, 기사(의류기사, 패션디자인산업기사, 패션머천다이징 산업기사,
양장산업기사, 한복산업기사, 컬러리스트기사, 컬러리스트산업기사 등),
기술사(의류기술사, 염색가공기술사 등), 샵마스터

4. 생활과학부 교과과정(전공분리 적용 전체 교과과정)

● 생활과학부

학년·학기	교과구분	교과목명	학점	학년·학기	교과구분	교과목명	학점
1-1	교양	글쓰기	3	1-2	교양	심리학에게묻다	3
	전공	영양과건강	3		전공	식생활과문화	3
	전공	가족자원관리학	3		전공	인간발달	3
	전공	패션·소비·문화	3		전공	패션관리와스타일링	3
	일선	인터넷과정보사회	3		일선	현대인의여가생활	3
	일선	경영학원론	3		일선	커뮤니케이션과인간	3
2-1	교양	생명과환경	3	2-2	교양	취미와예술	3
	교양	세계의정치와경제	3		교양	생활속의경제	3
	교양	한국사의이해	3		교양	세대와소통	3
	전공	인체생리학	3		전공	가계재무관리	3
	전공	가사노동·시간관리	3		전공	기초영양학	3
	전공	패션디자인	3		전공	의류소재의이해	3

● 가정복지학 전공

학년·학기	교과구분	교과목명	학점	학년·학기	교과구분	교과목명	학점
3-1	전공	가족발달	3	3-2	교양	생활법률	3
	전공	여가관리	3		전공	가족관계	3
	전공	가족과문화	3		전공	가정복지학연구법	3
	전공	영유아보육학	3		전공	소비자와소비생활	3
	전공	비영리기관운영관리	3		전공	지역사회복지론	3
	전공	아동안전관리	3		일선	인간행동과사회환경	3
4-1	전공	상담심리학	3	4-2	전공	노인복지론	3
	전공	유아발달	3		전공	가족상담및치료	3
	전공	가족복지론	3		전공	보육현장실습	3
	전공	가족생활교육	3		전공	유아교육과정	3
	전공	가족역동과상담	3		일선	놀이지도	3
	교양	사회문제론	3		일선	보건프로그램개발및평가	3

● 식품영양학 전공

학년·학기	교과구분	교과목명	학점	학년·학기	교과구분	교과목명	학점
3-1	전공	푸드마케팅	3	3-2	교양	생활법률	3
	전공	생애주기영양학	3		전공	조리원리	3
	전공	고급영양학	3		전공	임상영양학	3
	전공	식품학	3		전공	식품미생물학	3
	전공	생화학	3		전공	단체급식관리	3
	일선	인터넷생활윤리	3		전공	지역사회영양학	3
4-1	교양	생활과건강	3	4-2	교양	성·사랑·사회	3
	교양	사회문제론	3		전공	급식경영학	3
	전공	영양교육및상담	3		전공	영양판정	3
	전공	식사요법	3		전공	운동과영양	3
	전공	영양사현장실습	3		전공	영양사현장실습	3
	전공	조리과학	3		전공	식품위생학	3
	전공	식품가공및저장학	3		일선	보건프로그램개발및평가	3

● 의류패션학 전공

학년·학기	교과구분	교과목명	학점	학년·학기	교과구분	교과목명	학점
3-1	전공	패션마케팅	3	3-2	전공	디지털시대의패션리테일링	3
	전공	의복구성원리	3		전공	서양복식문화	3
	전공	테크니컬디자인	3		전공	한국복식문화	3
	전공	패션일러스트레이션	3		전공	색채와디자인	3
	전공	세탁과염색	3		전공	의복구성의실제	3
	일선	평생교육방법론	3		전공	디지털패션표현	3
4-1	교양	생활과건강	3	4-2	교양	성·사랑·사회	3
	전공	의복과건강	3		교양	이슈로보는유럽문화	3
	전공	패션창업	3		전공	한국의복구성	3
	전공	패션디자인활용	3		전공	글로벌패션비즈니스	3
	전공	의류패션학실습	3		전공	텍스타일기획과표현	3
	일선	문화산업과문화기획	3		일선	공연예술의이해와감상	3

컴퓨터과학과
Dept. of Computer Science

https://cs1.knou.ac.kr
Tel.(02)3668-4650
Fax.(02)3673-2384

1. 개설목적

- 현대 정보사회에 필요한 첨단 IT 기술 습득
- 컴퓨터과학의 이론 및 응용에 대한 학문적인 능력 배양
- 컴퓨터과학 분야의 경쟁력 있는 정보 기술 전문가 육성

2. 교육내용

● 프로그래밍 분야
- 컴퓨터에 널리 사용되는 언어를 습득하여 프로그램을 작성할 수 있는 능력 양성
- 관련과목 : C 프로그래밍, C++ 프로그래밍, Java 프로그래밍, 프로그래밍 언어론, 컴파일러구성, Visual C++ 프로그래밍, JSP 프로그래밍, HTML웹프로그래밍, HTML5

● 시스템 분야
- 컴퓨터 시스템에 관련된 하드웨어와 소프트웨어 교육
- 관련과목 : 컴퓨터의이해, 컴퓨터과학 개론, 운영체제, UNIX시스템, 정보통신망, 클라우드컴퓨팅

● 자료운영 분야
- 컴퓨터에서 처리되는 데이터의 기본 개념과 이를 효율적으로 처리하는 능력 배양
- 관련과목 : 자료구조, 소프트웨어 공학, 알고리즘, 데이터베이스시스템

- ● 하드웨어 분야
- 컴퓨터 시스템의 하드웨어 분야에 관련된 여러 장치들의 구성 방법 등에 대한 교육
- 관련과목 : 디지털논리회로, 컴퓨터구조

- ● 컴퓨터과학 응용 분야
- 컴퓨터과학을 여러 분야에 응용할 수 있는 능력을 교육
- 관련과목 : 인터넷과 정보사회, 컴퓨터그래픽스, 시뮬레이션, 인공지능, 멀티미디어 시스템, 유비쿼터스 컴퓨팅개론, 컴퓨터보안, 모바일앱프로그래밍

- ● 전산수학 분야
- 전산학의 이론적 배경을 뒷받침하기 위해 기초수학을 교육
- 관련과목 : 이산수학, 선형대수

3. 실습안내

컴퓨터과학과는 전국의 시·도 단위 13개 지역대학에 학생들의 실습을 지원하기 위한 시설을 설치 운영하고 있습니다. 이 시설을 사용하고자 하는 학생은 정해진 실습 시간에 맞춰 지역 대학에 나와 이용하면 됩니다. 또한 학생들은 각자 집이나 기타 장소에서 실습과제를 하여도 무방합니다.

4. 졸업 후의 진로

컴퓨터 과학 분야의 다양한 기관들이 진출 대상이 될 수 있습니다. 즉, 연구소, 관공서 및 국영기업체, 통신 및 서비스 업체, 금융기관, 기타 컴퓨터 소프트웨어 회사를 비롯한 전문업체 등에서 활약할 수 있으며, 현재 많은 졸업생들이 활발하게 활동 중 입니다.
또한 우리 대학의 특성상 자기의 학업 성취도를 높이기 위해 공부한 학생들의 경우는 가정 및 사회단체에서 봉사하는 데 자기의 능력을 발휘하기도 합니다.

5. 취득가능 자격증

정보처리기사, 정보보안기사, 정보통신기사, 리눅스마스터, 네트워크관리사, SQL 등 컴퓨터 관련 전문 공인 및 민간자격증.

5. 컴퓨터과학과 교과과정

학년·학기	교과구분	교과목명	학점	학년·학기	교과구분	교과목명	학점
1-1	교양	컴퓨터의이해	3	1-2	교양	심리학에게묻다	3
	전공	C프로그래밍	3		교양	대학영어	3
	전공	유비쿼터스컴퓨팅개론	3		전공	C++프로그래밍	3
	전공	인터넷과 정보사회	3		전공	멀티미디어시스템	3
	일선	사진의이해	3		전공	컴퓨터과학개론	3
	일선	데이터정보처리입문	3		일선	대중영화의이해	3
2-1	교양	생명과환경	3	2-2	교양	대학수학의이해	3
	교양	세상읽기와논술	3		교양	생활속의경제	3
	교양	한국사의이해	3		교양	철학의이해	3
	전공	Visual C++ 프로그래밍	3		전공	자료구조	3
	전공	이산수학	3		전공	선형대수	3
	전공	Java프로그래밍	3		전공	프로그래밍언어론	3
3-1	전공	운영체제	3	3-2	교양	생활법률	3
	전공	디지털논리회로	3		전공	UNIX시스템	3
	전공	데이터베이스시스템	3		전공	컴퓨터구조	3
	전공	알고리즘	3		전공	컴파일러구성	3
	전공	HTML웹프로그래밍	3		전공	시뮬레이션	3
	일선	그래픽커뮤니케이션	3		전공	JSP프로그래밍	3
4-1	교양	생활과건강	3	4-2	교양	성·사랑·사회	3
	전공	컴퓨터그래픽스	3		전공	HTML5	3
	전공	모바일앱프로그래밍	3		전공	인공지능	3
	전공	정보통신망	3		전공	클라우드컴퓨팅	3
	전공	컴퓨터보안	3		일선	경영전략론	3
	전공	소프트웨어공학	3		일선	빅데이터의이해	3

※ 2학기 교과목은 학과의 사정에 따라 변경될 수 있으니 확인 바람

통계·데이터과학과
Dept. of Statistics and Data Science
https://stat.knou.ac.kr
Tel.(02)3668-4690
Fax.(02)3673-2362

1. 개설목적

- 데이터 사회를 헤쳐나갈 수 있는 통계 및 데이터과학자를 양성합니다.
- 데이터를 조사, 분석하여 의사 결정할 수 있는 방법을 습득합니다.
- 데이터를 탐색하고 시각화하여 통찰을 얻을 수 있는 능력을 배양합니다.
- 데이터분석 프로그램을 작성할 능력을 배양합니다.

2. 교육내용

- 통계학, 확률, 통계이론, 데이터과학 일반
- 데이터 분석 프로그래밍 : R, Python, SPSS, SAS, Excel
- 데이터 수집, 탐색 및 시각화
- 데이터 모델링, 머신러닝, 데이터분석방법론, 데이터분석 응용

<전공 흐름도>

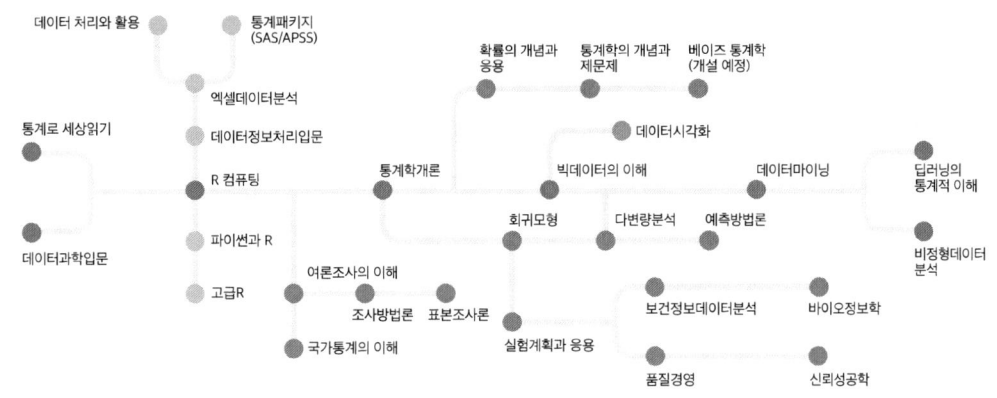

3. 졸업 후의 진로

데이터 관련 분야(마케팅, 금융, 조사, 품질경영, IT, 생명과학, 국가통계 등)에 진출합니다.

4. 통계·데이터과학과 교과과정

학년·학기	교과구분	교과목명	학점	학년·학기	교과구분	교과목명	학점
1-1	교양	글쓰기	3	1-2	교양	인간과과학	3
	교양	컴퓨터의이해	3		교양	대학영어	3
	교양	세계의역사	3		교양	심리학에게묻다	3
	전공	데이터정보처리입문	3		전공	통계로세상읽기	3
	전공	R컴퓨팅	3		전공	데이터과학입문	3
	일선	경영학원론	3		일선	재테크와금융투자	3
2-1	교양	한국사의이해	3	2-2	교양	철학의이해	3
	교양	세계의정치와경제	3		교양	대학수학의이해	3
	교양	세상읽기와논술	3		교양	생활속의경제	3
	전공	통계학개론	3		전공	확률의개념과응용	3
	전공	여론조사의이해	3		전공	파이썬과R	3
	전공	엑셀데이터분석	3		전공	국가통계의이해	3
3-1	전공	회귀모형	3	3-2	교양	생활법률	3
	전공	품질경영	3		전공	보건정보데이터분석	3
	전공	데이터시각화	3		전공	표본조사론	3
	전공	통계조사방법론	3		전공	실험계획과응용	3
	전공	통계패키지	3		전공	데이터처리와활용	3
	일선	인터넷과생활윤리	3		전공	통계학의개념과문제	3
4-1	교양	생활과건강	3	4-2	교양	이슈로보는오늘날의유럽	3
	전공	생산관리	3		전공	딥러닝의통계적이해	3
	전공	신뢰성공학	3		전공	비정형데이터분석	3
	전공	예측방법론	3		전공	바이오정보학	3
	전공	다변량분석	3		전공	빅데이터의이해	3
	전공	데이터마이닝	3		전공	고급R활용	3

※ 교과목은 학과의 사정에 따라 변경될 수 있으니 확인 바람

보건환경학과
Dept. of Environmental Health

https://env.knou.ac.kr
Tel.(02)3668-4700
Fax.(02)741-4701

1. 개설목적

- 환경과 인간의 공존을 지속 가능하게 하는 각종 지식, 기술 및 시스템 등을 학습하고 연구함
- 인간의 건강과 환경에 영향을 미치는 각종 환경오염의 원인을 분석하여 환경, 사람의 건강, 생태계의 균형 있는 관리 능력을 가진 인재를 양성함
- 환경오염을 예방하고 인간의 건강보호 및 증진시킬 수 있는 능력을 배양함

2. 교육내용

● 보건환경 기초 분야
보건환경을 학습하는 데 필요한 자연과학적인 기초 지식 학습

관련과목 : 환경보건학개론, 환경화학, 환경생화학, 환경미생물학

● 보건 관리 분야
인간의 건강을 유지 증진시키며, 건전한 삶을 영위하기 위한 보건학 분야 학습

관련과목 : 공중보건학, 보건교육, 보건행정, 보건프로그램개발및평가, 건강보험론, 의료사회복지론, 노인복지론, 보건의사소통, 보건의료경영학

● 생활 환경 관리 분야
생활환경의 위험요인 노출과 건강의 연관성을 규명하기 위한 지식과 기술을 학습

관련과목 : 환경보건역학, 보건영양, 보건통계학, 식품위생학, 실내공기오염관리

● 자연환경 관리 분야
물, 공기, 폐기물 오염을 예방·관리하여 인간과 생태계 보호를 위한 기술 학습
관련과목 : 대기오염관리, 수질관리, 상하수도관리, 수질시험법, 유해폐기물관리, 생활폐기물 관리, 토양지하수관리, 용수및하폐수처리

● 산업환경 관리 분야
작업환경과 근로자의 건강을 예방하기 위한 기술과 과학 학습
관련과목 : 산업보건학, 작업환경측정, 작업환경관리, 산업독성학, 산업안전

● 보건환경 정보 및 관리 분야
최신 보건환경 정보, 윤리 및 정책 등을 이해하고 가공하여 새로운 가치를 창출하는 분야 학습
관련과목 : 조사방법론, 환경과대체에너지

3. 졸업 후의 진로

● 취업
- 환경분야 : 환경직공무원, 환경기술인, 환경 오염방지 시설업체, 설계용역업체
- 산업보건분야 : 산업위생관리인, 고용노동부산하 노동행정기관, 산업보건관련 대학부설 연구소, 산업체 보건관리자
- 보건관리분야 : 보건직 공무원, 병원 보건관련 직종, 보건행정 및 정책관련 연구소

● 자격증/면허증 취득
- 환경관리분야(대기, 수질, 토양, 폐기물 분야 기사 등)
- 산업보건분야(산업위생, 산업안전, 인간공학 분야 기사, 환경위해관리기사 등)
- 보건의료분야(위생사, 보건교육사, 산림치유지도사, 사회조사분석사, 의료기기RA전문가 2급 등)
- 각 자격증별 응시 자격조건 충족시 시험응시 가능

● 대학원에 진학
- 일반대학원(환경 관련학과)
- 환경대학원(환경보건학과, 환경공학과, 토목환경공학과 등)
- 보건대학원(보건학과, 환경보건학과 등)
- 산업보건대학원(산업보건학과, 산업안전학과 등)

4. 보건환경학과 교과과정

학년·학기	교과구분	교과목명	학점	학년·학기	교과구분	교과목명	학점
1-1	교양	글쓰기	3	1-2	일선	커뮤니케이션과인간	3
	일선	인터넷과 정보사회	3		일선	인간발달	3
	일선	숲과 삶	3		교양	대학영어	3
	전공	환경보건학개론	3		전공	환경화학	3
	전공	보건영양	3		전공	보건행정	3
	전공	공중보건학	3		전공	환경과대체에너지	3
2-1	교양	생명과환경	3	2-2	전공	보건의사소통	3
	일선	사회복지학개론	3		교양	취미와예술	3
	교양	한국사의이해	3		교양	철학의이해	3
	전공	환경생화학	3		전공	의료사회복지론	3
	전공	수질관리	3		전공	산업보건학	3
	전공	생활폐기물관리	3		전공	실내공기오염관리	3
3-1	전공	건강보험론	3	3-2	교양	인간과교육	3
	전공	조사방법론	3		전공	환경미생물학	3
	전공	작업환경측정	3		전공	보건통계학	3
	전공	수질시험법	3		전공	상하수도관리	3
	전공	산업안전	3		전공	작업환경관리	3
	전공	대기오염관리	3		전공	보건의료경영학	3
4-1	교양	생활과건강	3	4-2	교양	성·사랑·사회	3
	전공	유해폐기물관리	3		전공	식품위생학	3
	전공	산업독성학	3		전공	용수 및 하폐수처리	3
	일선	정보사회와디지털문화	3		전공	보건프로그램개발및평가	3
	전공	환경보건역학	3		전공	노인복지론	3
	전공	보건교육	3		전공	토양지하수관리	3

※ 2학기 교과목은 학과의 사정에 따라 변경될 수 있으니 확인 바람

간호학과
Dept. of Nursing

https://nursing.knou.ac.kr
Tel.(02)3668-4709
Fax.(02)3673-4274

1. 개설목적

- 전문학사 (구 전문대학 간호과 졸업자)에게 학사과정의 기회를 제공
- 간호이론과 윤리를 바탕으로 전문직 간호사로서의 정체성 확립
- 비판적 사고를 통한 간호과정을 적용하여 과학적인 간호실무 능력향상
- 효율적인 의사소통 능력과 창의성 개발로 간호지도자 양성
- 실무중심의 간호연구 수행능력 함양

2. 교육내용

본 과정의 교육내용은 기초 전공과목, 분야별 세부전공 과목 및 일반선택과목으로 구성되어 있습니다.

● 기초전공과목
기초간호과학, 간호과정론, 고위험모아간호학, 지역사회간호학, 간호이론, 성인간호학, 청소년건강과간호, 노인간호학

● 분야별 세부전공과목
가족건강간호학, 간호연구, 정신건강과간호, 응급간호학, 고급간호연구, 재활간호학, 보건교육, 전략적간호관리, 간호지도자론, 간호학특론, 간호윤리와법

● 일반선택과목
글쓰기, 사회복지학개론, 생활과건강, 성·사랑·사회, 교육심리학

3. 졸업 후의 진로

본 학과를 졸업하면 학사학위가 수여되며 4년제 일반대학 졸업자와 동등한 학력을 인정받게 됩니다. 따라서 일반대학 졸업자와 동등한 자격으로 모든 직종에 취업할 수 있는 것은 물론, 대학원에 진학하여 석사, 박사학위를 취득할 수 있습니다. 또한 임상 실무를 담당하고 있는 현직 간호사들의 실무능력의 향상과 국가적인 보건의료 요구에 부응하는 직업인으로 성장할 수 있습니다.

4. 간호학과 교과과정

학년·학기	교과구분	교과목명	학점	학년·학기	교과구분	교과목명	학점
3-1	전공	기초간호과학	3	3-2	전공	고위험모아간호학	3
	전공	간호과정론	3		전공	간호이론	3
	전공	가족건강간호학	3		전공	지역사회간호학	3
	전공	간호연구	3		전공	응급간호학	3
	교양	글쓰기	3		전공	고급간호연구	3
	전공	정신건강과간호	3		일선	사회복지학개론	3
4-1	교양	생활과건강	3	4-2	교양	성·사랑·사회	3
	전공	성인간호학	3		전공	간호윤리와법	3
	전공	재활간호학	3		전공	간호지도자론	3
	전공	보건교육	3		전공	노인간호학	3
	전공	청소년건강과간호	3		전공	간호학특론	3
	전공	전략적간호관리	3		일선	교육심리학	3

※ 2학기 교과목은 학과의 사정에 따라 변경될 수 있으니 확인 바람

5. 교육과학대학

교육학과, 청소년교육과,
유아교육과, 문화교양학과,
생활체육지도과

교육학과
Dept. of Education

https://learn.knou.ac.kr
Tel.(02)3668-4660
Fax.(02)2088-4309

1. 개설목적

- 교육학 일반 및 평생교육에 대한 폭넓은 안목과 전문적 소양 함양
- 사회현상 전반에 대한 교육학적 해석능력과 주체적·비판적 사고 능력의 함양
- 부모·직장인·공동체 리더에게 필수적인 교육적 소통능력 배양
- 평생교육이념을 현장에서 실천할 수 있는 평생교육사 양성
- 평생학습 지도능력을 갖춘 교육 복지 전문가 양성

2. 교육내용

교육학과는 교육학 일반 및 평생교육에 대한 폭넓은 안목과 전문적 소양을 함양하는데 주력하고 있습니다. 구체적으로 교육과정은 교육학기초, 교육학심화, 평생교육이론, 평생교육실무, 성인상담의 관련과목으로 구성되어 있습니다.

분야	해당 교과목
교육학기초	교육의이해, 교육심리학, 교육사, 교육철학, 교육사회학 등
교육학심화	교육공학, 교육과정및평가, 문화와교육, 여성교육론 등
평생교육이론	평생교육론, 지역사회교육론, 생애발달과교육 등
평생교육실무	평생교육방법론, 평생교육프로그램개발, 평생교육경영론, 평생교육실무론 등
성인상담	상담심리학, 성인학습및상담론, 직업·진로설계, 가족교육론, 중독상담과교육, 장애인상담과교육 등

3. 졸업 후의 진로

교육학적 식견 및 소양을 토대로 교육학과 졸업생들은 평생교육 관련 분야의 단체·시설·기관에서 프로그램을 기획하고 진행하고 분석하고 평가하는 업무를 담당할 수 있으며, 대학원에서 특정 분야나 주제에 관한 심도있는 연구를 진행할 수 있습니다.

- 성인·여성·노인 교육 관련 분야의 단체·시설·기관에서 프로그램을 기획·진행·분석·평가하는 교육기획자
- 교육관련 국가자격증 취득 후 평생교육기관(도서관, 복지관, 평생교육원 등)의 평생교육사
- 일반기업체의 인사부서, 교육부서, 연수원, 인재개발원 등의 교육담당자
- 심리상담이나 특수교육 관련 기관의 전문가
- 평생교육 관련 컨설턴트
- 교육대학원, 사회복지대학원, 일반대학원 등에 진학

4. 교육학과 교과과정

학년·학기	교과구분	교과목명	학점	학년·학기	교과구분	교과목명	학점
1-1	교양	글쓰기	3	1-2	교양	인간과과학	3
	교양	세계의역사	3		교양	인간과사회	3
	전공	생애발달과교육	3		전공	교육철학	3
	전공	교육의이해	3		전공	인간행동과사회환경	3
	전공	평생교육론	3		전공	교육심리학	3
	일선	사회복지개론	3		전공	원격교육론	3
2-1	교양	세상읽기와 논술	3	2-2	교양	철학의이해	3
	교양	세계의정치와경제	3		교양	생활속의 경제	3
	교양	한국사의이해	3		전공	여성교육론	3
	전공	다문화교육론	3		전공	장애인상담과교육	3
	전공	상담심리학	3		전공	교육사회학	3
	전공	교육과정및평가	3		일선	사회복지정책론	3
3-1	전공	이상심리학	3	3-2	전공	평생교육실무론	3
	전공	평생교육방법론	3		일선	사회복지조사론	3
	전공	성인학습및상담론	3		전공	평생교육경영론	3
	전공	교육공학	3		전공	평생교육프로그램개발	3
	전공	노인교육론	3		전공	문화와교육	3
	일선	학교사회복지론	3		일선	집단상담의기초	3
4-1	교양	사회문제론	3	4-2	전공	교육사	3
	전공	자원봉사론	3		전공	심리검사및측정	3
	전공	평생교육실습	3		전공	평생교육실습	3
	전공	교육고전의이해	3		전공	교육고전의이해	3
	전공	직업·진로설계	3		전공	중독상담과교육	3
	전공	가족교육론	3		일선	노인복지론	3
	전공	지역사회교육론	3		일선	가족상담및치료	3

※ 본 교과과정은 학과의 교과목 편성 사정에 따라 변경될 수 있음

5. 평생교육사 2급 자격증 취득(2009학번 이후)

교육학과 학생은 재학 중 소정의 학점을 이수하면 졸업 시 평생교육사 2급 자격증을 취득할 수 있습니다.

- 자격증 취득조건
- 평생교육사 자격증 취득 관련 교과목 10과목 이상 이수(평생교육실습을 포함 한 필수 5과목 포함, 과목당 학점은 3학점)후 관련과목 성적 평균 80점 이상인 자
  ※ 성적평균 80점은 관련과목 10과목의 평균을 말하는 것으로 개별과목이 모두 80점이 넘지 않아도 관련과목 전체 평균이 80점 이상이면 가능
  ※ 필수교과목에는 4주(160시간) 간의 평생교육실습 교과목이 포함됩니다.
  ※ 평생교육사 자격증 취득과 관련한 자세한 사항은 방송대 교육학과 홈페이지(https://learn.knou.ac.kr)를 참조하시기 바랍니다.
  ※ 타학과 학생은 평생교육실습교과목 수강이 불가합니다.
- 평생교육실습시 학과에서 임명한 실습지도교수의 지도를 받게 됩니다.
- 평생교육실습은 자격증을 취득하고자 하는 학생에 한하여 신청을 하게되며, 4학년 1학기와 2학기 중 1회 실습신청과 수강신청을 하면 됩니다.
  ※ 실습신청은 수강신청 전에 실시되며, 실습신청 시기는 학교사정에 따라 유동적이므로, 학과 홈페이지 공지를 꼭 확인하여야 합니다.
- 평생교육실습 평가시 <평생교육실무론> 교과목을 이수완료한 경우 가산점이 주어집니다.
  ※ 자세한 사항은 학과 홈페이지(https://learn.knou.ac.kr) 평생교육사란 참조

【평생교육사 관련 교과목】

구 분	필수영역[5개 과목]	선택1영역[택1 이상]	선택2영역[택1 이상]
교과목명	평생교육론 평생교육방법론 평생교육경영론 평생교육프로그램개발 평생교육실습	청소년교육개론 시민교육론 여성교육론 성인학습및상담론 노인교육론	상담심리학 교육공학 원격교육론 지역사회교육론 교육사회학 직업·진로설계

6. 청소년상담사 시험 응시자격 취득

청소년기본법에 의거하여 교육학과는 상담관련분야 학과로 인정받아 졸업 후에 국가자격증 청소년상담사 3급에 응시할 수 있습니다.

- 자격검정 시행절차 : 원서접수 → 필기시험 → 서류심사 → 면접시험 → 자격연수
- 자격검정 주관기관 : 한국산업인력공단 (큐넷 : http://www.q-net.or.kr/site/sangdamsa)
- 자격검정 서류심사 및 자격연수기관
  - 한국청소년상담복지개발원(http://www.youthcounselor.or.kr)

청소년교육과
Dept. of Youth Education
https://yedu.knou.ac.kr
Tel.(02)3668-4400
Fax.(02)3673-1870

1. 개설목적

- 청소년의 바람직한 성장을 지원하는 청소년전문가를 양성합니다.
- 다양한 이론과 실천방안에 근거한 청소년 지도 및 상담 역량을 함양합니다.
- 청소년 자녀에 대한 부모의 전문적인 지도능력을 배양합니다.
- 청소년 진로, 학습, 생활, 인간관계 등에 대한 이론과 실제를 탐구합니다.

2. 교육내용

청소년교육과의 교육내용은 청소년교육 일반, 청소년활동·지도, 청소년상담·심리, 청소년보호·복지 관련 과목으로 구성되어 있습니다.

분야	해당 교과목
청소년교육 일반	청소년교육개론, 청소년인권과참여, 청소년문화, 인간관계론 등
청소년활동·지도	청소년학습이론과지도, 청소년지도방법론, 청소년활동론, 청소년리더십개발 등
청소년상담·심리	청소년심리, 청소년상담, 청소년진로지도및상담, 청소년과부모 등
청소년보호·복지	학교교육과청소년, 청소년복지론, 청소년문제, 청소년육성제도론 등

3. 졸업 후의 진로

- 청소년지도사 : 청소년센터(청소년 수련관, 수련원, 청소년 문화의 집 등)에서 청소년 활동, 지도와 관련된 업무를 수행
- 청소년상담사 : 청소년상담복지센터, 학교밖청소년지원센터, 교육복지센터, 학교 상담실 및 기타 상담기관 등에서 상담 관련 업무를 수행

- 청소년 학습·진로 지도 전문가 : 청소년방과후아카데미, 대안학교, 지역아동센터 등에서 청소년 학습 및 진로 지도
- 보호·복지 전문가 : 청소년의 고민과 문제해결에 도움을 줄 수 있는 보호·복지 전문가로서 청소년쉼터 등에서 활동
- 대학원 진학 : 청소년 관련 특정분야나 주제에 대한 심도 있는 연구

4. 청소년교육과 교과과정

학년·학기	교과구분	교과목명	학점	학년·학기	교과구분	교과목명	학점
1-1	전공	청소년교육개론	3	1-2	전공	인간행동과사회환경	3
	전공	학교교육과청소년	3		전공	시민교육론	3
	전공	발달심리	3		전공	청소년과부모	3
	전공	청소년리더십개발	3		교양	대학영어	3
	교양	글쓰기	3		교양	인간과교육	3
	일선	사회복지학개론	3		교양	심리학에게묻다	3
2-1	전공	청소년학습이론및지도	3	2-2	전공	청소년문화	3
	전공	사회적역할의이해	3		전공	사회복지실천론	3
	전공	청소년상담	3		전공	청소년심리	3
	교양	한국사의이해	3		교양	철학의이해	3
	교양	생명과환경	3		교양	취미와예술	3
	교양	세상읽기와논술	3		교양	생활속의경제	3
3-1	전공	직업세계와직업정보	3	3-2	전공	청소년프로그램개발및평가	3
	전공	청소년활동론	3		전공	청소년문제	3
	전공	청소년인성교육	3		전공	집단상담의기초	3
	전공	청소년복지론	3		전공	지역사회복지론	3
	전공	사회조사방법론	3		전공	청소년육성제도론	3
	전공	청소년지도방법론	3		교양	세대와소통	3
4-1	전공	청소년성교육과성상담	3	4-2	전공	청소년인권과참여	3
	전공	인터넷생활윤리	3		전공	심리검사및측정	3
	전공	청소년진로지도및상담	3		전공	가족상담및치료	3
	전공	레크리에이션활동지도	3		전공	레크리에이션활동지도	3
	전공	청소년교육실습	3		전공	청소년교육실습	3
	교양	사회문제론	3		전공	인간관계론	3
	일선	자원봉사론	3		교양	성·사랑·사회	3

* 4학년 레크리에이션활동지도와 청소년교육실습은 중복개설된 교과목임

5. 청소년지도사 필기시험 면제자격 취득

청소년기본법에 의거하여 청소년교육 전공자가 자격검정 관련과목을 모두 전공으로 이수한 경우 2급 청소년지도사 필기시험을 면제받을 수 있습니다. 청소년지도사 자격취득 및 자격증과 관련된 자세한 사항은 청소년교육과 홈페이지 및 자격증 관리를 주관하는 한국산업인력공단 (http://www.q-net.or.kr/site/jidosa)에서 확인 가능합니다.

6. 청소년상담사 시험 응시자격 취득

청소년기본법에 의거하여 청소년교육과는 상담관련분야 학과로 인정받아 졸업 후에 국가자격증 청소년상담사 3급에 응시할 수 있습니다.

- 자격검정 시행절차 : 필기 원서접수 → 필기시험 → 면접 원서접수 → 면접시험 → 자격연수
- 자격검정 주관기관 : 한국산업인력공단 (http://www.q-net.or.kr/site/sangdamsa)
- 자격검정 서류심사 및 자격연수기관 : 청소년상담사 (http://www.youthcounselor.or.kr)

7. 청소년교육실습

청소년교육실습은 청소년교육과 재학생들이 학교 강의와 교재를 통해 배운 지식과 기술을 현장에서 체험 및 실습하고, 청소년교육자로서 적성 및 흥미를 확인하고 추후 전문가로서 자질과 능력을 갖출 수 있도록 하기 위해 개설된 과목입니다. 청소년교육실습 과목을 수강하면 오리엔테이션, 멀티미디어강의, 현장실습을 수행하고, 청소년교육실습 결과보고서를 제출하여 평가를 받게 됩니다. 청소년교육실습에 관한 자세한 사항은 한국방송통신대학교 청소년교육과 홈페이지(https://yedu.knou.ac.kr)에서 확인 가능 합니다.

〈청소년교육실습 실습 과정〉

내용	오리엔테이션	현장실습	멀티미디어강의	계
시간	1회	72시간	3강(18시간)	90시간

유아교육과

Dept. of Early Childhood Education

https://ece.knou.ac.kr
Tel.(02)3668-4670
Fax.(02)3673-1872

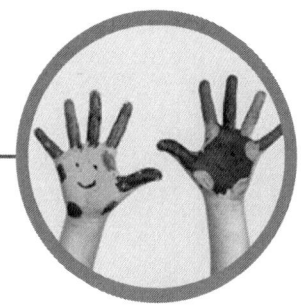

1. 개설목적

- 유치원교사, 보육교사 양성
- 영유아를 위한 프로그램 개발 전문가의 양성
- 유아교육 현장과 다양한 교류 기회 제공
- 유아교육에 대한 전문지식 및 교육방법의 실제 학습
- 유아교육 및 보육 기관 교직원들에게 재교육의 기회 제공
- 학사자격 취득을 통한 대학원 진학, 전공 관련 연구기관 취업 등의 진로 확대
- 부모 및 예비부모들의 올바른 교육관 형성

2. 교육내용(2021학년도 신·편입생 기준)

교과구분	교과목		
교양	세계의역사, 대학영어, 인간과사회, 생명과환경, 한국사의이해, 철학의이해, 취미와예술, 글쓰기, 사회문제론		
전공	유치원 정교사(2급) 자격증	보육교사(2급) 자격증	
			대면교과목
	유아교육론, 아동관찰및행동연구, 놀이지도, 아동미술, 유아발달, 유아교육과정, 유아수학교육, 영유아교사론, 유아언어교육, 유아과학교육, 유아음악교육, 유아사회교육, 유아동작교육, 부모교육, 유아건강교육, 유아교육기관운영관리, 아동복지, 교과교육론, 교과교재연구및지도법, 교과논리및논술, 정신건강론, 아동문학, 영유아프로그램개발과평가, 영아발달, 아동생활지도, 영유아교수방법론	유아교육론, 유아교육과정, 영아발달, 유아발달, 영유아교수방법론, 유아건강교육, 영유아프로그램개발과평가, 정신건강론, 인간행동과사회환경, 부모교육, 보육실습(6주 240시간)	영유아교사론, 아동복지, 놀이지도, 유아언어교육, 유아음악교육, 유아동작교육, 아동미술, 유아수학교육, 유아과학교육, 아동생활지도, 아동관찰및행동연구

2. 교육내용(2021학년도 신·편입생 기준)

교과 구분	교과목	
교직	교육철학및교육사, 교육과정, 교육평가, 교육공학, 교육심리학, 교육사회학, 특수교육학개론, 교직실무(2학점), 학교폭력예방및학생의이해(2학점), 학교현장실습(2학점), 교육봉사활동(2학점, 60시간)	해당 없음

3. 졸업 후의 진로

- 유치원 정교사(2급) 자격증취득 후 국·공립유치원 임용 고시 응시 가능
- 일반적으로 유치원과 어린이집, 유아교육 및 보육 관련기관 취업 가능
    - 국공립유치원 : 임용시험을 통해서 공립 단설 및 병설 유치원에 교사로 임용 가능
    - 사립유치원 : 관인 사립유치원에 교사로 임용 가능
    - 어린이집 : 법적으로 인가받은 어린이집에 교사로 임용 가능
- 대학원을 진학하여 유아교육 전공분야 심화 연구
- 육아종합지원센터장, 보육전문요원
- 평가인증관찰자
- 유아교육 관련 교육연구사

4. 유아교육과 교과과정

학년·학기	교과구분	교과목명	학점	학년·학기	교과구분	교과목명	학점
1-1	교양	세계의역사	3	1-2	교양	대학영어	3
	일선	사회복지개론	3		교양	인간과사회	3
	전공	유아발달	3		일선	인간행동과사회환경	3
	전공	유아교육론	3		전공	아동복지	3
	전공	아동관찰및행동연구	3		전공	놀이지도	3
	전공	영아발달	3		전공	아동미술	3
2-1	교양	생명과환경	3	2-2	교양	철학의이해	3
	교양	한국사의이해	3		교양	취미와예술	3
	일선	상담심리학	3		전공	영유아교수방법론	3
	전공	아동문학	3		전공	영유아교사론	3
	전공	아동생활지도	3		전공	유아수학교육	3
	전공	교육철학및교육사	3		전공	유아교육과정	3
					전공	학교폭력예방의 이론과 실제	2
3-1	교양	글쓰기	3	3-2	전공	교육사회학	3
	전공	교육공학	3		전공	교과교육론	3
	전공	유아과학교육	3		전공	유아사회교육	3
	전공	유아언어교육	3		전공	유아동작교육	3
	전공	유아음악교육	3		전공	교과교재연구및지도법	3
	전공	교과논리및논술	3		전공	교직실무	2
4-1	교양	사회문제론	3	4-2	전공	정신건강론	3
	일선	자원봉사론	3		전공	유아교육기관운영관리	3
	전공	교육과정	3		전공	영유아프로그램개발과평가	3
	전공	교육평가	3		전공	특수교육학개론	3
	전공	부모교육	3		전공	교육심리학	3
	전공	유아건강교육	3		전공	학교현장실습 (심리검사및측정)	2 (3)
	전공	보육실습(자원봉사론)	3(3)				
	전공	교육봉사활동	2		전공	교육봉사활동	2

※ 보육교사(2급 이상) 자격증 소지자 : 「보육실습」 대신 「자원봉사론」 과목으로 대체 이수
※ 유치원 정교사(2급 이상) 자격증 소지자 : 「학교현장실습」 대신 「심리검사및측정」 과목으로 대체 이수
※ 2021학년도 1학기에 한하여 「학교현장실습」 추가 개설

5. 유치원 정교사(2급) 자격증 취득 안내

(1) 유치원 정교사(2급) 자격증 취득 요건

(가) 대상
- 유아교육과 신입생 및 2학년 편입생 중 유치원 정교사(2급) 자격증 미소지자
- 유아교육과 3학년 편입생은 이미 유치원 정교사(2급) 자격증을 소지하고 있으므로 대상에서 제외

(나) 자격 요건 : 유아교육과 홈페이지(https://ece.knou.ac.kr) 필히 참고
   ※ 유치원 정교사(2급) 자격증 취득여부 조회방법
   - 학교홈페이지로그인→맞춤정보→학사정보→졸업→졸업자격증소요학점조회

구분 (입학년도별)	2018학년도 이후	2013~2017학년도	2009~2012학년도	2008학년도 이전
대상자	2018학년도 이후 1학년 신입생 및 재입학생 2018학년도 이후 2학년 편입생 2019학년도 이후 2학년 재입학생 2020학년도 이후 3학년 재입학생 2021학년도 이후 4학년 재입학생	2013학년도 이후 1학년 신입생 및 재입학생 2014학년도 이후 2학년 편입생 및 재입학생 2015학년도 이후 3학년 재입학생 2016학년도 이후 4학년 재입학생	2009학년도 이후 1학년 신입생 및 재입학생 2010학년도 이후 2학년 편입생 및 재입학생 2011학년도 이후 3학년 재입학생 2012학년도 이후 4학년 재입학생	2008학년도 이전 1학년 신입생 및 재입학생 2009학년도 이전 2학년 편입생 및 재입학생 2010학년도 이전 3학년 재입학생 2011학년도 이전 4학년 재입학생
	※ 재입학생인 경우 유치원 정교사 자격증 미소지자이어야 함			
전공과목	50학점 이상 -기본이수 21학점(7과목)이상 포함 -교과교육영역 9학점(3과목)포함		50학점 이상 - 기본이수 21학점(7과목) 이상 포함 - 교과교육영역 9학점 (3과목)포함	42학점 이상 - 기본이수 15학점 (5과목)이상 포함
교직과목	29학점 이상 -교직이론 18학점(6과목) -교직소양 7학점(3과목) -교육실습 4학점(2과목)		31학점 이상 -교직이론 21학점(7과목) -교직소양 6학점(2과목) -교육실습 4학점(2과목)	29학점 이상 -교직이론 21학점(7과목) -교과교육 6학점(2과목) - 교육실습 2학점(1과목) 이상
성적기준	교직과목 : 실점 평균 80점 이상 전공과목 : 실점 평균 75점 이상		졸업전체 실점 평균 성적 75/100점 이상(교직, 전공, 교양 모두 포함)	전공과목, 교직과목 실점 평균 성적 각각 80점 이상
교직적성 인성검사	적격판정(Pass) 2회 ※ 학기별 1회 이수 가능		적격판정(Pass) 1회 ※ 학기별 1회 이수 가능	
응급처치 및 심폐 소생술	2회 이수 ※ 직전학기 성적취득학점이 60학점 이상인 경우 학기별 1회 이수 가능			
무시험 검정	모든 학생은 졸업 시 인터넷으로 무시험 검정 신청 필수			

(다) 이수교과목

입학년도별 구분	2018학년도 이후 신·편입생 및 재입학생의 경우	
적용대상자	• 2018학년도 이후 1학년 신입생 및 재입학생 • 2018학년도 이후 2학년 편입생 • 2019학년도 이후 2학년 재입학생 • 2020학년도 이후 3학년 재입학생 • 2021학년도 이후 4학년 재입학생 ※ 재입학생인 경우 유치원 정교사 자격증 미소지자이어야 함	

구분	상세구분 (이수학점)	이수교과목
전공과목 (50학점 이상)	기본이수과목 (7과목 이상)	유아교육론, 아동관찰및행동연구, 놀이지도, 아동미술, 유아발달, 유아교육과정, 유아수학교육, 영유아교사론, 유아언어교육, 유아과학교육, 유아음악교육, 유아사회교육, 유아동작교육, 부모교육, 유아건강교육, 유아교육기관운영관리, 아동복지
	교과교육영역 (3과목 필수)	교과교육론, 교과교재연구및지도법, 교과논리및논술
	기타전공과목 (선택)	정신건강론, 아동문학, 영유아프로그램개발과평가, 영아발달, 아동생활지도, 영유아교수방법론
교직과목 (29학점 이상)	교직이론 (6과목 필수)	교육철학및교육사, 교육과정, 교육평가, 교육공학, 교육심리학, 교육사회학
	교직소양 (3과목 필수)	특수교육학개론, 교직실무(2학점), 학교폭력예방및학생의이해(2학점)
	교육실습 (2과목 필수)	학교현장실습(2학점), 교육봉사활동(2학점, 60시간)

입학년도별 구분	2013~2017학년도 신·편입생 및 재입학생의 경우	
적용대상자	• 2013학년도 이후 1학년 신입생 및 재입학생 • 2014학년도 이후 2학년 편입생 및 재입학생 • 2015학년도 이후 3학년 재입학생 • 2016학년도 이후 4학년 재입학생 ※ 재입학생인 경우 유치원 정교사 자격증 미소지자이어야 함	

구분	상세구분 (이수학점)	이수교과목
전공과목 (50학점 이상)	기본이수과목 (7과목 이상)	유아교육론, 아동관찰및행동연구, 놀이지도, 아동미술, 유아발달, 유아교육과정, 유아수학교육, 영유아교사론, 유아언어교육, 유아과학교육, 유아음악교육, 유아사회교육, 유아동작교육, 부모교육, 유아건강교육, 유아교육기관운영관리, 아동복지
	교과교육영역 (3과목 필수)	교과교육론, 교과교재연구및지도법, 세상읽기와논술* * 2018학년도부터는 "세상읽기와논술"이 미편성이므로 "교과논리및논술"로 이수해야 함
	기타전공과목 (선택)	정신건강론, 아동문학, 영유아프로그램개발과평가, 영아발달
교직과목 (29학점 이상)	교직이론 (6과목 필수)	교육철학및교육사, 교육과정, 교육평가, 교육공학, 교육심리학, 교육사회학, 아동생활지도* * 2018학년도부터는 "아동생활지도"는 교직과목으로 인정되지 않음
	교직소양 (3과목 필수)	특수교육학개론, 교직실무(2학점), 학교폭력예방및학생의이해(2학점)
	교육실습 (2과목 필수)	학교현장실습(2학점), 교육봉사활동(2학점, 60시간)

입학년도별 구분	2009~2012학년도 신·편입생 및 재입학생의 경우	
적용대상자	• 2009학년도 이후 1학년 신입생 및 재입학생 • 2010학년도 이후 2학년 편입생 및 재입학생 • 2011학년도 이후 3학년 재입학생 • 2012학년도 이후 4학년 재입학생 ※ 재입학생인 경우 유치원 정교사 자격증 미소지자이어야 함	

구분	상세구분 (이수학점)	이수교과목
전공과목 (50학점 이상)	기본이수과목 (7과목 이상)	유아교육론, 아동관찰및행동연구, 놀이지도, 아동미술, 유아발달, 유아교육과정, 유아수학교육, 유아언어교육, 유아과학교육, 유아음악교육, 유아사회교육, 유아동작교육, 부모교육, 유아건강교육, 유아교육기관운영관리, 아동복지
	교과교육영역 (3과목 필수)	교과교육론, 교과교재연구및지도법, 세상읽기와 논술
	기타전공과목 (선택)	정신건강론, 아동문학, 유아음악반주, 영유아프로그램개발과평가, 보육실습
교직과목 (31학점 이상)	교직이론 (7과목 필수)	교육철학및교육사, 교육과정, 교육평가, 교육공학, 교육심리학, 문화와교육(교육사회학), 아동생활지도
	교직소양 (2과목 필수)	영유아교사론, 특수교육학개론
	교육실습 (2과목 필수)	학교현장실습(2학점), 교육봉사활동(2학점, 60시간)

입학년도별 구분	2008학년도 이전 신·편입생 및 재입학생의 경우
적용대상자	• 2008학년도 이전 1학년 신입생 및 재입학생 • 2009학년도 이전 2학년 편입생 및 재입학생 • 2010학년도 이전 3학년 재입학생 • 2011학년도 이전 4학년 재입학생 ※ 재입학생인 경우 유치원 정교사 자격증 미소지자이어야 함

구분	상세구분 (이수학점)	이수교과목
전공과목 (42학점 이상)	기본이수과목 (5과목 이상)	유아발달, 놀이지도, 아동미술, 유아수학교육, 유아과학교육, 유아음악교육, 유아동작교육, 부모교육, 유아건강교육, 아동복지, 유아사회교육, 유아언어교육
	기타전공과목 (선택)	인지와창의성교육, 아동환경, 유아음악반주, 아동문학, 보육실습, 영유아프로그램개발과평가, 특수아교육학개론, 교육평가, 아동생활지도
전공성기초 교양과목		현대사회와아동, 정신건강론
교직과목 (29학점 이상)	교직이론 (7과목 필수)	유아교육론, 유아교육과정, 아동교육사, 유아교육기관운영관리, 문화와교육(교육사회학), 교육심리학, 교수학습이론과매체(교육공학)
	교과교육 (2과목 필수)	교과교재연구및지도법, 교과교육론
	교육실습	학교현장실습(2학점)

※ 교과목 변경 유의사항

구 분	교과목 코드	교과목명	변경년도
폐지 (미편성) 교과목	18352	교육평가(18352)	2010
	19254	아동환경	2010
	42151	현대사회와 아동	2010
	42303	인지와창의성교육	2011
	42302	교수학습이론과매체 (재이수시 교육공학으로 이수)	2011
	19208	유아음악반주	2014
	18568	문화와교육 (재이수시 교육사회학으로 이수)	2014
	43103	세상읽기와논술 (재이수시 아래 사항 참고)	2018
신설 교과목	41354	교육공학	2011
	18373	교육사회학	2014
	42309	교과논리및논술	2018

구 분	교과목 코드	변경 전 교과목명	변경 후 교과목명	변경년도	비고
명칭변경 교과목	19153	유아생활지도와상담	아동생활지도	2002	
	19161	유아미술지도/유아미술교육	아동미술	2006	
	18376	교육과심리	교육심리학	2000	
	19208	유아음악반주의이론과실제	유아음악반주	2002	폐지
	42303	인지이론	인지와창의성교육	2002	폐지
	19162	유아사회지도	유아사회교육	2002	
	42408	유아동작지도	유아동작교육	2002	
	19207	유치원운영관리/유아교육기관운영	유아교육기관운영관리	2011	
	42410	영유아프로그램/영유아교육프로그램	영유아프로그램개발과평가	2006	
	42101	놀이이론과실제	놀이지도	2006	
	42409	유아문학	아동문학	2010	
	19205	아동발달	유아발달	2014	
	42203	학교폭력의예방및대책/ 학교폭력예방의이론과실제	학교폭력예방및학생의이해	2017	
	42202	유아교육철학및교육사	교육철학및교육사	2018	
	19102	유아교육개론	유아교육론	2018	
	19152	아동건강지도/아동건강교육	유아건강교육	2018	
	19258	아동연구/유아연구및평가/유아교육평가	교육평가	2018	
	42152	정신건강	정신건강론	2018	
	19259	특수아지도/특수아교육	특수교육학개론	2018	
	19206	교육실습	학교현장실습	2018	

구분	교과목명 (학과/개설학년학기)	이수 학년도	상세내용
유치원 정교사 (2급) 자격증 취득 관련 교과구분 변경	아동생활지도 (유아교육과 / 2-1)	2017학년도 이전	교직 교과목으로 인정
		2018학년도 이후 (재이수 포함)	전공 교과목으로만 인정 (교직 교과목으로 인정되지 않음)
	세상읽기와논술 (유아교육과 / 3-1)	2017학년도 이전	교과교육 영역으로 인정
		2018학년도 이후 재이수일경우에만	전공 교과목으로 인정 (교과교육 영역으로 인정되지 않음)

- 폐지(미편성) 및 신설 교과목 관련 유의사항

  ※ 폐지 교과목을 기존에 이수한 학생이 신설 교과목을 새로 이수할 경우, 자격증 점수 산정 시 포함되므로 신중을 기하기 바람

  - 2011학년도부터 교직과목 중 「교수학습이론과매체」 폐지, 「교육공학」 신설
    · 「교수학습이론과매체」 교과목 재이수 방법 : 「교육공학」 대체이수
    · 「교수학습이론과매체」 교과목 기이수자는 「교육공학」을 이수할 필요 없음
      (만약 이수할 경우, 자격증 점수 산정 시 포함되므로 유의바람)
  - 2014학년도부터 교직과목 중 「문화와교육」폐지, 「교육사회학」 신설
    · 「문화와교육」 교과목 재이수 방법 : 교육학과에 개설되어 있는 「문화와교육」(3-1)으로 이수 가능 함
    · 「문화와교육」 교과목 미이수자 이수 방법 : 유아교육과에 개설된 「교육사회학」으로 이수해야 함
    · 「문화와교육」 교과목 기이수자는 「교육사회학」을 이수할 필요 없음
      (만약 이수할 경우, 자격증 점수 산정 시 포함되므로 유의바람)
  - 2018학년도부터 교직과목 중 「세상읽기와논술」 폐지, 「교과논리및논술」 신설
    · 「세상읽기와논술」 교과목 재이수 방법 : 타학과 교양으로 개설된 「세상읽기와논술」 이수
      (교양으로 재이수하여도 전공학점으로 인정) 단, 이 경우 「세상읽기와논술」 교과목이 전공
      (교과교육영역)으로 인정되지 않으므로 반드시 「교과논리및논술」을 추가로 이수해야함
      또한, "교원자격증취득여부조회"에서 교과교육영역이 4과목으로 보일 수 있으므로 유의바람
    · 「세상읽기와논술」 교과목 기이수자는 「교과논리및논술」을 이수할 필요 없음
    · 「세상읽기와논술」 교과목 미이수자 이수 방법 : 유아교육과에 개설된 「교과논리및논술」로 이수해야 함

  ※ 「세상읽기와논술」기이수자가 「교과논리및논술」을 추가로 이수할 경우 「교과논리및논술」이 교과교육 영역으로 인정되며, 「세상읽기와논술」은 일반적인 전공학점으로 인정되므로 유의하기 바람(만약 이수할 경우, 자격증 점수 산정 시 포함되므로 유의바람)

- 명칭변경 교과목 관련 안내사항 유의사항
  - 위 교과목은 「교과목 코드」가 같은 교과목이며, 기존 교과목명으로 이수한 학생의 경우 변경 후 교과목을 다시 이수할 필요가 없음
  - 2018학년도 이후 재이수 하는 경우 성적증명서 등에 변경된 교과목명으로 표기됨
- 유치원 정교사(2급) 자격증 취득 관련 교과구분 변경 유의사항
  - 「세상읽기와논술」은 2018학년도 이후 이수 및 재이수 할 경우 교과교육영역으로 인정되지 않으므로 반드시 「교과논리및논술」을 추가로 이수해야 함
  - 「아동생활지도」는 2018학년도 이후 이수 및 재이수 할 경우 교직 교과목으로 인정되지 않음

(라) 유치원 정교사(2급) 자격증 취득 관련 공통 적용사항

① 학교현장실습

구분	내용
신청자격	유아교육과 재학생으로 직전학기(계절학기 포함) 취득 학점이 90학점 이상인자 ※ 유치원 정교사(2급 이상) 자격증 소지자는 실습 불가
신청방법	1. 학과 공지사항을 확인하여 학교현장실습 신청방법과 각 지역대학의 신청서 접수 일정 확인(7월 중 공지) 2. 온라인으로 「학교현장실습」 수강신청 3. 학교현장실습 신청서를 작성 후 신청서 접수 기간 내에 소속지역대학에 제출해야 신청 완료됨 ※ 지역대학의 일정에 따라 실습 신청서 접수 후 수강신청을 할 수도 있으므로 7월 중 공지를 반드시 확인 ※ 실습 신청서 다운로드 경로 　방송대 홈페이지→대학생활→학생지원안내→학생서식 다운로드→실습→"학교현장실습 신청서"→학과 공지사항 확인 후 다운로드
실습시간	4주 20일(총 160시간 이상 / 1일 8시간)
기관선정	관인 유치원(시·군 교육청 인가를 받은 유치원) ※ 학교현장실습기관은 반드시 소속 지역대학의 관할 내에서 선정하여야 함 ※ 서울지역은 서울 전 지역과 경기도 일부지역 포함 ※ 재직기관에서의 실습 불가
지도교사 자격	유치원 정교사(2급 이상) 자격증 소지한 자 ※ 실습지로 배치된 학급의 담임교사만 가능, 원장 및 원감 불가능

※ 실습 규정 및 일정, 신청서 제출 등에 대한 안내는 매년 7월 중 학과 홈페이지 공지사항을 통해 공지될 예정

② 교육봉사활동

구분	내용
대상	• 2009학년도 이후 1학년 신입생 및 재입학생 • 2010학년도 이후 2학년 편입생 및 재입학생 • 2011학년도 이후 3학년 재입학생(유치원 정교사 자격증 미소지자) • 2012학년도 이후 4학년 재입학생(유치원 정교사 자격증 미소지자)
교육봉사활동 이수방법	1. 우리대학 홈페이지에서 교육봉사활동 온라인 신청 　※ 온라인 신청하는 경로 : 방송대 홈페이지→학사정보→수강→교육봉사활동신청 　※ 교육봉사활동 온라인 신청은 한 학기에 1회만 가능(10개월 이내로 기간 선정) 　　 단, 2개 기관에서 교육봉사 활동을 하는 경우 추가로 신청 가능 　※ 교육봉사활동 온라인 신청 제한 기간 : 성적 처리 기간 2. 1학기 또는 2학기에 개설된 「교육봉사활동」 교과목 수강 신청 　※ 교육봉사활동 학점을 인정받고자 하는 해당년도에 반드시 수강 신청을 하여야 함 　※ 학년에 상관없이 신청 가능하며, 수강신청 최대 이수 학점에 합산이 되지 않음 3. 수강 신청한 학기 중 교육봉사활동 서류제출 기한 내에 소속지역대학으로 서류 제출 　 - 학점인정신청서 및 출석관리부 1부 　 - 기관의 설립 또는 인가를 증빙할 수 있는 서류 사본(원본대조필) 　　 예 : 시설인가증, 설립인가증, 고유번호증, 사업자등록증 등 서류 중 택일 4. 지역대학에서 서류 검토 및 승인
봉사기간	재학기간 중 본인이 원하는 시기(휴학기간 중에는 불가) 총 60시간 이수 ※ 1일 최대 8시간 인정 ※ 8일 이상 교육봉사활동 실시 ※ 봉사일자가 연속되지 않아도 됨. 단, 온라인 신청한 기간 내에 봉사기간이 포함되어야 함
봉사 가능 기관	1. 병설유치원 및 단설유치원, 관인유치원(학교현장실습 실시 가능 유치원) 2. 특수학교(초등교육법 제2조에 의한 학교) 3. 초등돌봄교실(1~2학년 대상)　　 4. 어린이집
유의사항	1. 위의 4가지 종류에 해당하는 기관에서만 교육봉사활동 인정 2. 재직기관에서의 교육봉사활동은 인정되지 아니 함 3. 신청한 교육봉사활동 기관과 학생이 실제로 봉사활동을 한 기관이 다를 경우 학점 인정 불가 4. 관련 서류(기관의 설립 또는 인가를 증빙할 수 있는 서류)를 제출하지 못할 경우, 학점인정을 받을 수 없으므로 봉사활동 기관에 관련서류를 제출할 수 있는지 확인한 후 신청 바람 5. 교육봉사활동의 경우 「학교현장실습」과 다르게 타 지역에서의 교육봉사활동도 인정되므로, 교육봉사활동을 위해서 소속지역대학을 변경할 필요는 없음 6. 교육봉사활동 기관은 1개 기관에서 실시하는 것을 원칙으로 함 　 단, 부득이한 경우 2개 기관까지 가능하며 총 60시간 이상을 실시하면 됨 7. 교육봉사활동 실시 전 반드시 온라인 신청해야 함 8. 교육봉사활동 수강신청 한 당해학기의 서류제출기한 이내에 완료되어야 함 9. 2013학년도 이후부터 온라인 신청 전에 한 봉사활동은 전혀 인정하지 아니함 10. 교육봉사활동 면제 또는 대체 불가

※ 자세한 내용은 유아교육과 홈페이지(https://ece.knou.ac.kr) 참조

③ 교직적성 및 인성검사

구분	내용
배경 및 필요성	「교직적성 및 인성검사」는 '교원자격검정령' 및 교육부 지침에 따라 2013학년도부터 예비교원들의 교직적성과 교육자적 인성을 강화하기 위하여 재학생을 대상으로 실시하는 것으로 그 결과를 교사자격증 취득을 위한 무시험 검정 평가에 반영하도록 의무화하고 있음
대상	유아교육과 재학생 중 직전학기까지 성적취득학점이 총 72학점 이상인 자 ※ 유치원 정교사(2급 이상) 자격증 소지자(3학년 편입생 등)는 검사에 응시하지 아니함 ※ 등록과 관계없이 휴학생도 신청가능(제적된 경우 제외)
교육이수 기준	- 학기별 1회 이수 가능
신청 기간	검사 실시 1개월 전 유아교육과 홈페이지 학과광장 공지사항 확인 필수 - 1학기 : 4월 중, 2학기 : 9월 중 (변동가능성 있음)
신청 방법	방송대 홈페이지→맞춤정보→학사정보→졸업 →교직적성인성검사 신청/확인 메뉴에서 신청서 작성
검사일	매 학기 1회 실시 - 1학기 : 6월 중, 2학기 : 11월 중
검사장소	전국 지역대학 검사실
검사 시간	총 35분간
검사 형태	객관식 오프라인 검사(기말시험용 OMR 카드 작성)
당일 준비물	- 컴퓨터용 사인펜 - 학생증 또는 주민등록증, 운전면허증, 여권 등 공적 신분증
유의사항	1. 본 검사는 유아교육과 교사자격증 취득을 위한 검사임 　- 시험에 불합격하거나 미응시한 경우에는 2차 시험은 없으며, 졸업유보를 하여 다음 학기에 시행하는 「교직적성 및 인성검사」에 재응시 하여야 함 2. 검사시작 후 20분 이내에는 입실을 허용함. 단, 검사종료는 검사 시작 시간부터 35분 후에 종료함 3. 검사지 문항 수는 총 70문항이며, 검사대상자는 70문항을 모두 작성해야 함 (중복마킹 시 무효 점수로 처리함) 4. 전산으로 신청을 못한 자는 검사에 응시할 수 없음(당일 현장접수 불가)

④ 응급처치 및 심폐소생술

구분	내용
배경 및 필요성	교육부의 '교육 분야 안전 종합대책('14.11, 교육부)', '교육부 고시(유치원 및 초등·중등·특수학교 등의 교사자격 취득을 위한 세부기준) 제2015-73호'에 의거하여, 교원양성과정에서의 안전교육 강화를 위해 최근 개정된 '유치원 및 초등·중등·특수학교 등의 교사자격 취득을 위한 세부기준'의 개정사항에 따라 2016학년도 입학생 및 재학생 대상으로 "응급처치 및 심폐소생술"실습 이수가 의무화 되었으므로, 반드시 교육을 이수하여야 합니다.
대상	유아교육과 3학년 편입생(유치원 정교사 2급 자격증 기소지자)을 제외한 학생 ※ 등록과 관계없이 휴학생도 신청가능(제적된 경우 제외) ※ 자세한 요건은 학기별 공지되는 학과홈페이지 공지사항 참고
교육이수 기준	2회 이상 - 학기별 1회 이수
신청 기간	교육 실시 최소 1개월 전 유아교육과 홈페이지 학과광장 공지사항 확인 필수 - 1학기 : 3~4월 중, 2학기 : 9~10월 중 (변동가능성 있음)
신청 방법	방송대 홈페이지→맞춤정보→학사정보→졸업→응급처치및심폐소생술교육→교육신청및조회 메뉴에서 신청 ※ 타 지역 대학 교육 신청 가능 ※ 교육 신청 후 다른 교육일정으로 변경 불가
교육기간 및 장소	지역별로 상이(추후 학과 및 지역대학 홈페이지 공지)
교육시간	2~4시간(교육실시 기관별로 상이) ※ 교육 시작 20분경과 후 입실 불가, 교육 종료 후 퇴실 재 서명
교육방식	지역 소방서 및 보건소 등과 연계하여 실습 실시
당일 준비물	- 공적 신분증(학생증, 주민등록증, 운전면허증, 여권, 공무원증 등)
유의사항	1. 타 기관에서 받은 교육은 인정되지 않음 2. 입실, 퇴실 시 서명해야 함

(2) 유치원 정교사(2급) 자격증 신청 및 수령

(가) 유치원 정교사(2급) 자격증 신청(교원자격 무시험검정신청)

- 졸업대상자 중 유치원 정교사(2급) 자격증 취득 대상자는 '교원자격 무시험검정원서'를 제출해야 함

구분	내용
신청자격	유치원 정교사 2급 자격요건을 충족한 자 ※ 홈페이지 로그인(맞춤정보) → 학사정보 → 졸업 → 졸업자격증소요학점조회에서 "졸업 가능 여부" 및 "유치원 정교사(2급) 자격취득 여부"에 "가능"으로 보이는지 반드시 확인 ※ 졸업유보 신청자는 졸업할 시기에 교원자격 무시험 검정을 신청하여야 함.
신청방법	홈페이지 로그인(맞춤정보) → 나의정보 → 종합신청정보 → 졸업/자격증 → 교원자격 무시험검정원 신청
신청기간	졸업 전 (2월, 8월) ※ 학과 홈페이지에 1월, 7월에 공지 예정
유의사항	자격증 발급 대상자로서「교원자격 무시험 검정」을 신청하지 않을 경우 유치원 정교사(2급) 자격증을 발급 받을 수 없음.

- 문의 : 입학학적과 (☎ 02-3668-4197~8)

(나) 유치원 정교사(2급) 자격증 수령 안내

- 졸업식 당일 졸업식장에서 수령 가능(졸업식 이전에는 발급 및 수령 불가)
- 졸업식 이후에는 소속 지역대학에서 수령 가능(방문 또는 우편)

6. 보육교사 자격증(2급) 취득 안내

(1) 보육교사 자격증(2급) 취득 요건

(가) 대상

- 유아교육과 신입생 및 편입생 중 보육교사 자격증(2급)을 취득하고자 하는 자

(나) 자격기준 : 유아교육과 홈페이지(https://ece.knou.ac.kr) 참고

※ 재입학생의 경우 재입학한 연도를 기준으로 해당 연도의 법령을 따르게 됩니다.

입학년도별 구분	2017학년도 이후 신입생 및 재입학생			
적용대상자	• 2017학년도 이후 1학년 신입생 및 재입학생 ※ 재입학생인 경우 보육교사 자격증 미소지자이어야 함			
이수학점	17과목(51학점) 이상			
영 역	교 과 목			이수과목(학점)
교사인성	보육교사(인성)론★, 아동권리와 복지★			2과목(6학점)
보육지식과 기술	필수	보육학개론, 보육과정, 영유아발달, 영유아교수방법론, 놀이지도★, 언어지도★, 아동음악★(또는 아동동작★, 아동미술★), 아동수학지도★ (또는 아동과학지도★), 아동안전관리★(또는 아동생활지도★)		9과목 (27학점)
	선택	아동건강교육, 영유아사회정서지도, 아동문학교육, 아동상담론, 장애아지도, 특수아동이해, 어린이집운영관리, 보육정책론, 정신건강론, 아동간호학, 인간행동과사회환경, 아동영양학, 부모교육론, 가족복지론, 가족관계론, 지역사회복지론, 영유아보육프로그램개발과평가		4과목 (12학점) 이상
보육실무	아동관찰 및 행동연구★, 보육실습(6주 240시간)			2과목(6학점)
전 체	17과목(51학점) 이상			

※ 유의사항 : ★표시는 대면(출석수업) 교과목으로 보육교사자격증 취득하고자 하는 학생은 유치원 정교사(2급 이상) 자격증 소지 여부와 상관없이 2017학년도부터 반드시 8시간 이상 출석수업, 1회 이상 출석시험을 이수해야 함

※ 2021학년도 교과목 중간평가 유형 변경 안내 　　　　　　　　　　　　　　　　　　　　 * [대] 대면교과목

학년 학기	교과목명	당초	변경 후
3학년 1학기	[대]유아음악교육	출석수업	과제물
3학년 2학기	[대]유아동작교육		

※ 2021학년도 유아음악교육, 유아동작교육을 (재)이수하는 경우에는 대면교과목으로 인정받을 수 없음
- 유아음악교육, 유아동작교육, 아동미술 중 1과목은 반드시 **출석수업** 형태로 이수해야 함

입학년도별 구분	2014~2016학년도 신·편입생 및 재입학생	
적용대상자	• 2014~2016학년도 1학년 신입생 및 재입학생 • 2015~2017학년도 2학년 편입생 및 재입학생 • 2016~2018학년도 3학년 편입생 및 재입학생 • 2017~2019학년도 4학년 재입학생 ※ 재입학생인 경우 보육교사 자격증 미소지자이어야 함	
영 역	교 과 목	이수과목(학점)
보육필수	아동복지(론)★, 보육학개론, 영아발달, 유아발달, 보육과정, 보육교사론★	6과목(18학점) 필수
발달 및 지도	인간행동과사회환경, 아동관찰및행동연구★, 아동생활지도★, 아동상담(론), 특수아동이해, 장애아지도	1과목(3학점) 이상 선택
영유아교육	놀이지도★, 언어지도★, 아동문학, 아동음악★, 아동동작★, 아동미술, 아동수학지도★, 아동과학지도★, 영유아프로그램개발과평가, 영유아교수방법(론)	6과목(18학점) 이상 선택
건강·영양 및 안전	아동건강교육, 아동간호학, 아동안전관리★, 아동영양학, 정신건강(론)	2과목(6학점) 이상 선택
가족 및 지역사회 협력 등	부모교육(론), 가족복지(론), 가족관계(론), 지역사회복지(론), 보육정책(론), 어린이집운영과관리	1과목(3학점) 이상 선택
보육실습	보육실습(4주 160시간) ※ 2017년 이후 보육실습을 하는 경우 6주 240시간 이수해야함	1과목(3학점) 필수
전 체	17과목(51학점) 이상	

※ 유의사항 : ★표시는 대면(출석수업) 교과목으로 보육교사자격증 취득하고자 하는 학생은 유치원 정교사 (2급 이상) 자격증 소지 여부와 상관없이 2017학년도부터 반드시 8시간 이상 출석수업, 1회 이상 출석시험을 이수해야 함

※ 2021학년도 교과목 중간평가 유형 변경 안내   ★ [대] 대면교과목

학년 학기	교과목명	당초	변경 후
3학년 1학기	[대]유아음악교육	출석수업	과제물
3학년 2학기	[대]유아동작교육		

※ 2021학년도 유아음악교육, 유아동작교육을 (재)이수하는 경우에는 대면교과목으로 인정받을 수 없음
- 유아음악교육, 유아동작교육, 아동미술 중 1과목은 반드시 **출석수업** 형태로 이수해야 함

입학년도별 구분	2005~2013학년도 이전 신·편입생 및 재입학생	
적용대상자	• 2005~2013학년도 이전 1학년 신입생 및 재입학생 • 2006~2014학년도 이전 2학년 편입생 및 재입학생 • 2007~2015학년도 이전 3학년 편입생 및 재입학생 • 2008~2016학년도 이전 4학년 재입학생 ※ 재입학생인 경우 보육교사 자격증 미소지자이어야 함	
영 역	교 과 목	이수과목(학점)
보육기초	아동복지(론)★, 보육학개론, 아동발달(론), 보육과정	4과목(12학점) 필수
발달 및 지도	인간행동과사회환경, 아동관찰및행동연구★, 아동생활지도★, 아동상담(론), 특수아동지도	1과목(3학점) 이상 선택
영유아교육	놀이지도★, 언어지도★, 아동문학, 아동음악과동작★, 아동미술★, 아동수·과학지도★, 영유아프로그램개발과평가, 영유아교수방법(론)	3과목(9학점) 이상 선택
건강·영양 및 안전	아동건강교육, 아동간호학, 아동안전관리★, 아동영양학, 정신건강(론)	2과목(6학점) 이상 선택
가족 및 지역사회 협력 등	부모교육(론), 가족복지(론), 가족관계(론), 지역사회복지(론), 자원봉사(론), 보육정책(론), 보육교사(론)★, 어린이집운영과관리	1과목(3학점) 이상 선택
보육실습	보육실습(4주 160시간) ※ 2017년 이후 보육실습을 하는 경우 6주 240시간 이수해야함	1과목(2학점) 필수
전 체	12과목(35학점) 이상	

※ 유의사항 : ★표시는 대면(출석수업) 교과목으로 보육교사자격증 취득하고자 하는 학생은 유치원 정교사 (2급 이상) 자격증 소지 여부와 상관없이 2017학년도부터 반드시 8시간 이상 출석수업, 1회 이상 출석 시험을 이수해야 함

※ 2014년 3월 1일 이후에 보육교직원 국가자격증을 신청하는 사람은 현행기준을 갖추어야함

※ 2021학년도 교과목 중간평가 유형 변경 안내 *[대] 대면교과목

학년 학기	교과목명	당초	변경 후
3학년 1학기	[대]유아음악교육	출석수업	과제물
3학년 2학기	[대]유아동작교육		

※ 2021학년도 유아음악교육, 유아동작교육을 (재)이수하는 경우에는 대면교과목으로 인정받을 수 없음

- 유아음악교육, 유아동작교육, 아동미술 중 1과목은 반드시 **출석수업** 형태로 이수해야 함

(다) 이수교과목

※ 재입학생의 경우 재입학한 연도를 기준으로 해당 연도의 법령을 따르게 됩니다.

입학년도별 구분	2017학년도 이후 신입생 및 재입학생			
적용대상자	• 2017학년도 이후 1학년 신입생 및 재입학생 ※ 재입학생인 경우 보육교사 자격증 미소지자이어야 함			
영 역	법령		한국방송통신대학교	
	법령 교과목	이수과목 (학점)	방송대 개설 교과목	이수과목 (학점)
교사인성	보육교사(인성)론★	2과목 (6학점)	영유아교사론★	2과목 (6학점)
	아동권리와 복지★		아동복지★	
보육지식과 기술	필수: 보육학개론	9과목 (27학점)	유아교육론	10과목 (30학점)
	보육과정		유아교육과정	
	영유아발달		영아발달, 유아발달 ※ 두 과목 모두 반드시 이수해야 함	
	영유아교수방법론		영유아교수방법론	
	놀이지도★		놀이지도★	
	언어지도★		유아언어교육★	
	아동음악★ / 아동동작★ / 아동미술★ 중 택 1		유아음악교육★ / 유아동작교육★ / 아동미술★ 중 택 1	
	아동수학지도★ / 아동과학지도★ 중 택 1		유아수학교육★ / 유아과학교육★ 중 택 1	
	아동생활지도★		아동생활지도★	
	선택: 아동건강교육	4과목 (12학점) 이상	유아건강교육	4과목 (12학점) 이상
	영유아보육프로그램 개발과평가		영유아프로그램 개발과평가	
	정신건강론		정신건강론	
	인간행동과사회환경		인간행동과사회환경	
	부모교육론		부모교육	
보육실무	아동관찰 및 행동연구★	2과목 (6학점)	아동관찰및행동연구★	2과목 (6학점)
	보육실습(6주 240시간)		보육실습(6주 240시간)	
전 체	17과목(51학점) 이상			

※ 유의사항 : ★표시는 대면(출석수업) 교과목으로 보육교사자격증 취득하고자 하는 학생은 유치원 정교사(2급 이상) 자격증 소지 여부와 상관없이 2017학년도부터 반드시 8시간 이상 출석수업, 1회 이상 출석시험을 이수해야 함

※ 2021학년도 교과목 중간평가 유형 변경 안내   * [대] 대면교과목

학년 학기	교과목명	당초	변경 후
3학년 1학기	[대]유아음악교육	출석수업	과제물
3학년 2학기	[대]유아동작교육		

※ 2021학년도 유아음악교육, 유아동작교육을 (재)이수하는 경우에는 대면교과목으로 인정받을 수 없음

- 유아음악교육, 유아동작교육, 아동미술 중 1과목은 반드시 **출석수업** 형태로 이수해야 함

입학년도별 구분	2014~2016학년도 신·편입생 및 재입학생		
적용대상자	• 2014~2016학년도 1학년 신입생 및 재입학생 • 2015~2017학년도 2학년 편입생 및 재입학생 • 2016~2018학년도 3학년 편입생 및 재입학생 • 2017~2019학년도 4학년 재입학생 ※ 재입학생인 경우 보육교사 자격증 미소지자이어야 함		

영역	교과목		이수과목 (학점)
	법령 교과목	방송대 개설 교과목	
보육필수	아동복지(론)★	아동복지★	6과목 (18학점)
	보육학개론	유아교육개론	
	유아발달	유아발달	
	영아발달	영아발달	
	보육과정	유아교육과정	
	보육교사론★	영유아교사론★	
발달 및 지도	인간행동과사회환경 / 아동관찰및행동연구★ / 아동생활지도★ (중 택 1)	인간행동과사회환경 / 아동관찰및행동연구★ / 아동생활지도★ (중 택 1)	1과목 (27학점)
영유아교육	놀이지도★ / 언어지도★ / 아동문학 / 아동음악★ / 아동동작★ / 아동미술★ / 아동수학지도★ / 아동과학지도★ / 영유아프로그램개발과평가 (중 택 6)	놀이지도★ / 유아언어교육★ / 아동문학 / 유아음악교육★ / 유아동작교육★ / 아동미술★ / 유아수학교육★ / 유아과학교육★ / 영유아프로그램개발과평가 (중 택 6)	6과목 (18학점)
건강·영양 및 안전	아동건강교육	아동건강교육	2과목 (6학점)
	정신건강(론)	정신건강론	
가족 및 지역사회 협력 등	부모교육(론)	부모교육	1과목 (3학점)
보육실습	보육실습	보육실습 *2017년 이후 이수자 : 6주 240시간	1과목 (3학점)
전체	17과목(51학점) 이상		

※ 유의사항 : ★표시는 대면(출석수업) 교과목으로 보육교사자격증 취득하고자 하는 학생은 유치원 정교사 (2급 이상) 자격증 소지 여부와 상관없이 2017학년도부터 반드시 8시간 이상 출석수업, 1회 이상 출석 시험을 이수해야 함

※ 2021학년도 교과목 중간평가 유형 변경 안내   * [대] 대면교과목

학년 학기	교과목명	당초	변경 후
3학년 1학기	[대]유아음악교육	출석수업	과제물
3학년 2학기	[대]유아동작교육		

※ 2021학년도 유아음악교육, 유아동작교육을 (재)이수하는 경우에는 대면교과목으로 인정받을 수 없음

- 유아음악교육, 유아동작교육, 아동미술 중 1과목은 반드시 **출석수업** 형태로 이수해야 함

입학년도별 구분	2005~2013학년도 이전 신·편입생 및 재입학생		
적용대상자	• 2005~2013학년도 이전 1학년 신입생 및 재입학생 • 2006~2014학년도 이전 2학년 편입생 및 재입학생 • 2007~2015학년도 이전 3학년 편입생 및 재입학생 • 2008~2016학년도 이전 4학년 재입학생 ※ 재입학생인 경우 보육교사 자격증 미소지자이어야 함		

영역	교과목		이수과목 (학점)
	법령 교과목	방송대 개설 교과목	
보육필수	아동복지(론)★	아동복지★	4과목 (12학점)
	보육학개론	유아교육론	
	아동발달(론)	아동발달 ※ 아동발달 미이수 시 유아발달 이수 (유아발달이 아동발달과 동일 교과목임)	
	보육과정	유아교육과정	
발달 및 지도	인간행동과사회환경 〉 중 택 1	인간행동과사회환경 〉 중 택 1	1과목 (3학점)
	아동관찰및행동연구★	아동관찰및행동연구★	
	아동생활지도★	아동생활지도★	
영유아교육	놀이지도★ 〉 중 택 3	놀이지도★ 〉 중 택 3	3과목 (9학점)
	언어지도★	유아언어교육★	
	아동문학	아동문학	
	아동음악과동작★	유아음악교육★ 또는 유아동작교육★	
	아동미술★	아동미술★	
	아동수·과학지도★	유아수학교육★ 또는 유아과학교육★	
	영유아프로그램개발과평가	영유아프로그램개발과평가	
	영유아교수방법(론)	영유아교수방법(론)	
건강·영양 및 안전	아동건강교육	아동건강교육	2과목 (6학점)
	정신건강(론)	정신건강론	
가족 및 지역사회 협력 등	부모교육(론)	부모교육	1과목 (3학점)
	보육교사(론)★	영유아교사론★	
보육실습	보육실습	보육실습 *2017년 이후 이수자 : 6주 240시간	1과목 (3학점)
전 체	12과목(35학점) 이상		

※ 유의사항 : ★표시는 대면(출석수업) 교과목으로 보육교사자격증 취득하고자 하는 학생은 유치원 정교사 (2급 이상) 자격증 소지 여부와 상관없이 2017학년도부터 반드시 8시간 이상 출석수업, 1회 이상 출석 시험을 이수해야 함

※ 2021학년도 교과목 중간평가 유형 변경 안내 * [대] 대면교과목

학년 학기	교과목명	당초	변경 후
3학년 1학기	[대]유아음악교육	출석수업	과제물
3학년 2학기	[대]유아동작교육		

※ 2021학년도 유아음악교육, 유아동작교육을 (재)이수하는 경우에는 대면교과목으로 인정받을 수 없음
- 유아음악교육, 유아동작교육, 아동미술 중 1과목은 반드시 **출석수업** 형태로 이수해야 함

(라) 보육교사(2급) 자격증 취득 관련 공통 적용사항

① 보육실습

구분	내용
신청자격	유아교육과 재학생으로 직전학기(계절학기 포함) 취득 학점이 81학점 이상인자 ※ 보육교사(2급 이상) 자격증 소지자는 실습 불가
신청방법	1. 학과 공지사항을 확인하여 보육실습 신청방법과 각 지역대학의 신청서 접수 일정 확인(2월 중 공지) 2. 온라인으로 「보육실습」 수강신청 3. 보육실습 신청서를 작성 후 신청서 접수 기간 내에 소속지역대학에 제출해야 신청 완료됨 ※ 지역대학의 일정에 따라 실습 신청서 접수 후 수강신청을 할 수도 있으므로 2월 중 공지를 반드시 확인 ※ 실습 신청서 다운로드 경로 방송대 홈페이지→대학생활→학생지원안내→학생서식 다운로드→실습→"보육실습 신청서"→학과 공지사항 확인 후 다운로드
실습시간	1. 2012학년도까지의 실습자 : 4주 160시간(월~토) 2. 2013~2016학년도까지의 실습자 : 4주 160시간(월~금, 9~19시) 3. 2017학년도부터 실습자 : 6주 240시간(월~금, 9시~19시, 1일 8시간)
기관선정	1. 정원 15명 이상으로 평가인증을 유지하는 어린이집 2. 방과후과정을 운영하는 유치원
지도교사 자격	1. 지도교사가 반드시 보육교사 1급 또는 유치원 정교사 1급 소지자이어야 함 2. 지도교사가 기관의 원장일 경우 보육교사 1급 또는 유치원 정교사 1급 자격증을 함께 소지 해야 하며, 실제로 담임을 맡고 있어야 함

※ 실습 규정 및 일정, 신청서 제출 등에 대한 안내는 매년 2월 중 학과 홈페이지 공지사항을 통해 공지될 예정
※ 자격증과 관련된 내용은 주관기관 및 해당 부처의 법령에 따라 일부 변경될 수 있습니다.
※ 보육교사 자격증 발급기관 홈페이지(한국보육 진흥원, 보육인력국가 자격증)와 학과 홈페이지를 수시로 확인하시기 바랍니다.

② 대면교과목
- 2017년도부터 대면교과목 실시에 따라 '대면교과목 확인서'를 제출해야 함
- 영유아보육법 시행규칙 개정 제12조제1항[별표4](2016.8.1.시행)에 근거함
- 대면교과목은 반드시 8시간 이상 출석수업, 1회 이상 출석시험을 이수 해야 함

구분	내용
대상자	입학년도와 상관없이 2017학년도 이후에 대면교과목을 이수한 학생
실시방법	과목당 8시간 이상 출석수업, 1회 이상 출석 시험 실시
적용대상	9개 교과목 ※ 계절수업은 출석수업으로 진행되지 않기 때문에 2017학년도 이후 계절수업으로 대면교과목을 재이수하면 보육교사(2급) 자격증을 취득할 수 없습니다.

영역	교과목		방송대 개설교과목(학년 학기)	
교사인성	보육교사(인성론)		영유아교사론(2학년 2학기)	
	아동권리와 복지		아동복지(1학년 2학기)	
보육 지식과 기술	놀이지도		놀이지도(1학년 2학기)	
	언어지도		유아언어교육(3학년 1학기)	
	아동음악	택 1	유아음악교육(3학년 1학기)	택 1
	아동동작		유아동작교육(3학년 2학기)	
	아동미술		아동미술(1학년 2학기)	
	아동수학지도	택 1	유아수학교육(2학년 2학기)	택 1
	아동과학지도		유아과학교육(2학년 1학기)	
	아동안전관리	택 1	아동생활지도(2학년 1학기)	
	아동생활지도			
보육실습	아동관찰 및 행동연구		아동관찰및행동연구(1학년 1학기)	
	보육실습		보육실습(4학년 1학기)	

※ 2021학년도 교과목 중간평가 유형 변경 안내 * [대] 대면교과목

학년 학기	교과목명	당초	변경 후
3학년 1학기	[대]유아음악교육	출석수업	과제물
3학년 2학기	[대]유아동작교육		

※ 2021학년도 유아음악교육, 유아동작교육을 (재)이수하는 경우에는 대면교과목으로 인정받을 수 없음
- 유아음악교육, 유아동작교육, 아동미술 중 1과목은 반드시 **출석수업** 형태로 이수해야 함

(2) 보육교사 자격증 신청 및 수령 안내

(가) 보육교사(2급) 자격증 신청
- 자격증 발급기관 : 보육인력국가자격증(http://chrd.childcare.go.kr/)
  • 주소 : 서울특별시 용산구 청파로345, 주연빌딩 5층 한국보육진흥원
  • 문의전화 : ☎ 1661-5666 Fax. 02-6901-0240

(나) 보육교사(2급) 자격증 수령안내
- '보육인력국가자격증'에 보육교사 자격증 발급신청을 하고 우편으로 수령
  ※ 입학연도에 따른 자격증 취득 요건은 보육인력개발국(☎ 1661-5666)으로 문의해주시기 바랍니다.

(다) 보육교사(2급) 자격증 신청 방법

---

1. 보육교사 2급 자격증 취득 조건을 확인 후 이를 충족한다.

가. 입학 후 보육인력 국가자격증 또는 한국방송통신대학교 유아교육과 홈페이지에서 취득 조건을 확인한다.
  1) 보육인력 국가자격증 홈페이지 > 자격기준 및 제출서류 > 보육교사
  2) 한국방송통신대학교 유아교육과 > 보육교사 > 자격증 취득안내

나. 재학 중 보육교사 2급 취득과 관련하여 해당 교과목 및 학점을 이수한다.

2. 4학년 1학기에 개설되어 있는 보육실습 교과목을 이수한다.
   (직전학기 81학점이상 취득자 수강신청 가능)

가. 보육실습에 관한 기준을 확인 후 보육실습을 이수한다.
   1) 보육인력 국가자격증 홈페이지 > 자격기준 및 제출서류 > 보육교사 > 보육실습에서 확인

나. 1월 ~ 2월 사이에 공지되는 유아교육과 학과홈페이지 공지사항을 확인 후 보육실습 신청서를 소속지역대학에 제출한다.

다. 보육실습을 한다.

라. 실습 종료 후 제출서류를 확인하고 아래와 같이 서류를 제출 및 보관한다.

소속지역대학으로 서류제출	본인 보관
1. 보육실습일지 2. 보육실습 결과보고서 ※ 실습일지 반환일정에 꼭 찾아가기	유아교육과 홈페이지 > 보육교사 공지사항 > 9, 10, 11번 게시글 참조

3. 보육교사 2급 자격증 취득 조건을 확인 후 이를 충족한다.

가. 자격증 신청하고자 하는 경우

보육인력 국가자격증 홈페이지(http://chrd.childcare.go.kr/)를 통해 인터넷 신청 및 수수료 납부 후 제출서류를 한국보육진흥원으로 등기우편으로 발송하여야 합니다.

※ 제출 서류는 보육인력 국가자격증 홈페이지 또는 유아교육과 학과 홈페이지를 참조하여 주시기 바랍니다.

※ 서류 보내실 곳   서울특별시 용산구 청파로 345 주연빌딩 5층 (재)한국보육진흥원 보육인력개발국
                (우) 04303, ☎1661-5666, Fax: 02-6901-0240

나. 자격증 신청 절차

1 홈페이지 회원가입 및 로그인 ▶ 2 자격증 신청 (사진등록) ▶ 3 수수료 (10,000원) 결제 ▶ 4 구비서류 등기우편 발송 ▶ 5 신청진행현황 확인

※ 발급 업무 처리기간은 서류도착일로부터 약 14일 소요됩니다.
※ 자세한 자격기준 및 제출서류는 보육인력 국가자격증 홈페이지에서 확인하시기 바랍니다.
※ 더 궁금하신 사항이 있으신 경우, 보육인력 국가자격증 홈페이지 열린 광장 메뉴의 '자주하는 질문(FAQ)' 또는 '질의신청(게시판)'을 이용하시기 바랍니다.

문화교양학과
Dept. of Culture of Liberal Arts

https://bu45.knou.ac.kr
Tel.(02)3668-4540
Fax.(02)3673-2291

1. 개설목적

- 삶의 질을 높이려는 직장인, 생활인들의 요구에 적극 부응하는 평생교육의 장 마련
- 문화에 대한 이해를 통해 합리적 사고능력과 비판적 안목 신장
- 문화콘텐츠 분야의 기초지식 제공을 통한 문화 관련 분야로의 진출 지원

2. 교육내용

영 역	교과목(안)	비고
인문교양 입문 (5과목)	문화와교양 행복에이르는지혜 고전함께읽기 영화로생각하기 독서의즐거움	문화교양학에 대한 기본 이해 - 통합기초 동서양 행복론 - 윤리사상, 종교사상 통합기초 동서양, 한국고전 직접 읽어보기 영화 15편으로 다양한 문화, 역사, 사상 고찰 독서의 이론적 접근과 실제
문화탐구 (13과목)	세계의풍속과문화 인물로본문화 신화의세계 동서양문학고전산책 역사의현장을찾아서 전통사회와생활문화 근현대속의한국 유럽바로알기 근대화와동서양 제3세계의역사와문화	다원적 문화에 대한 폭넓은 이해 인물로 본 시대상, 사회상, 문화와 역사의 이해 그리스, 로마 신화에 대한 이해 동서양문학 고전작품을 통한 문화와 인간 이해 역사적 중요 사건과 현장 한국 사회사, 생활사 근현대 정치사, 경제사, 사회사, 문화사 유럽의 역사와 문화 서양 각국과 동아시아의 중국 및 일본의 근대화 과정 조망 동서남아시아, 아프리카, 남미 등 제3세계 연구

영역	교과목(안)	비고
문화탐구 (13과목)	동양철학산책 세계의종교 한국문화와유물유적	불가, 유가, 도가, 묵가, 법가 등 동양사상의 이해 세계의 종교에 대한 이해 우리 문화유적에 대한 이해, 현장 탐방
사회와 현실 (8과목)	대중문화의이해 열린사회와21세기 여성의삶과문화 세계의도시와건축 생명공학과인간의미래 생태적삶을찾아서 정보사회와디지털문화	대중문화에 대한 이론적 접근 21세기 열린 사회의 조건, 자유와 평등, NGO 여성학, 페미니즘, 성담론, 성과 사랑의 지적 이해 세계도시와 건축을 통해 본 문화, 과학, 역사 이해 과학기술의 특징과 문제, 과학사상, 과학문명 비판 생태주의, 생태적 삶, 공동체적 삶의 고찰과 모색 현대사회와 문화에 대한 실제적 이해
예술과 문화 (6과목)	문화산업과문화기획 음악의이해와감상 문화비평과미학 미술의이해와감상 예술경영과예술행정 공연예술의이해와감상	문화의 산업적 이해와 접근 동서양 음악의 기초적 이해와 감상 영화, 연극, 만화, 출판, 홍보 분야의 이론과 실제 동서양 미술의 기초적 이해와 감상 예술산업의 이론적 접근과 실제 공연예술의 기초적 이해 및 감상

3. 졸업 후의 진로

현재 직장에서의 자기계발은 물론 다음과 같은 다양한 진로를 새롭게 선택할 수 있습니다.

- 첨단 정보화시대 문화콘텐츠 개발 영역 전 분야 : 방송작가, 프로듀서, 문필가, 언론 및 여론 조사 분야, 만화작가
- 문화예술 및 스포츠계 : 문화평론, 공연예술 기획, 레크리에이션 지도자
- 출판 및 교육계 : 출판기획, 예체능 교사, 논리논술 교사, 광고업
- 기초인문과학 분야 대학원 진학 : 국내외 문학, 사학, 철학, 예술 관련 대학원 진학

4. 문화교양학과 교과과정

학년·학기	교과구분	교과목명	학점	학년·학기	교과구분	교과목명	학점
1-1	교양	글쓰기	3	1-2	교양	대학영어	3
	교양	세계의역사	3		교양	인간과사회	3
	전공	대중문화의이해	3		교양	인간과과학	3
	전공	문화와교양	3		전공	독서의즐거움	3
	전공	영화로생각하기	3		전공	역사의현장을찾아서	3
	전공	고전함께읽기	3		전공	미술의이해와감상	3
2-1	교양	한국사의이해	3	2-2	교양	철학의이해	3
	교양	세상읽기와논술	3		교양	취미와예술	3
	교양	세계의정치와경제	3		교양	생활속의경제	3
	교양	동서양고전의이해	3		전공	인물로본문화	3
	전공	유럽바로알기	3		전공	음악의 이해와 감상	3
	전공	세계의풍속과문화	3		일선	한국문화자원의이해2	3
3-1	전공	신화의세계	3	3-2	전공	근대화와동서양	3
	전공	생태적삶을찾아서	3		전공	전통사회와생활문화	3
	전공	예술경영과예술행정	3		전공	생명공학과인간의미래	3
	전공	동서양문학고전산책	3		전공	동양철학산책	3
	전공	문화산업과문화기획	3		전공	공연예술의이해와감상	3
	전공	여성의삶과문화	3		전공	열린사회와21세기	3
4-1	교양	사회문제론	3	4-2	교양	성·사랑·사회	3
	전공	행복에이르는지혜	3		교양	생활법률	3
	전공	세계의도시와건축	3		전공	한국문화와유물유적	3
	전공	근현대속의한국	3		전공	문화비평과미학	3
	전공	정보사회와디지털문화	3		전공	제3세계의역사와문화	3
	일선	세계의 음식·음식의세계	3		전공	세계의종교	3

※ 2학기 교과목은 학과의 사정에 따라 변경될 수 있으니 확인 바람

생활체육지도과
Dept. of Sports for All

https://sports.knou.ac.kr
Tel.(02)3668-4752
Fax.(02)743-3083

1. 개설목적

- 생활체육분야의 체계적인 전문지식과 실무능력을 갖춘 지도자 양성
- 헬스, 보건, 마케팅을 특성화한 스포츠건강관리 전문가 양성

2. 교육내용

생활체육지도과는 생활체육 이론 및 실기, 건강운동관리 역량과 현장에서 활용 가능한 생활체육 연계 분야의 지식 습득을 통하여 현장에서 요구하는 전문가에게 필요한 역량과 소양 함양에 주력하고 있습니다.

분야	해당교과목
생활체육 이론	생활체육개론, 여가레크리에이션, 한국체육사 등
생활체육 실습	구기운동(Ⅰ,Ⅱ), 실내스포츠(Ⅰ,Ⅱ) 레저(Ⅰ,Ⅱ)
생활체육 지도	스포츠사회학, 스포츠윤리철학, 스포츠교육학, 트레이닝방법론 등
건강운동관리	운동생리학, 스포츠심리학, 운동처방론, 운동상해 등
현장 응용	운동과건강, 스포츠마케팅론, 응급처치와 심폐소생술 등

3. 졸업 후의 진로

생활체육에 관한 폭넓은 지식 및 역량을 바탕으로 졸업 후 생활체육 분야 지도자, 건강관리 분야 종사자, 스포츠 업계종사자, 체육학 분야의 교육대학원 및 일반대학원 진학 등 다양한 진로를 모색할 수 있습니다.

- 생활체육 분야 지도자 : 생활스포츠지도사, 전문스포츠지도사, 유소년스포츠지도사, 노인스포츠지도사, 장애인스포츠지도사, 방과후 스포츠 강사 등
- 건강관리 분야 종사자 : 운동처방사, 전문운동지도사, 재활치료센터 및 스포츠의학센터 전문요원 등
- 스포츠 업계 종사자 : 스포츠 매니저먼트, 에이전시, 스포츠 관련 용품점 직원 등
- 대학원 진학 : 체육학 분야 교육대학원, 일반대학원

4. 생활체육지도과 교과과정

학년·학기	교과구분	교과목명	학점	학년·학기	교과구분	교과목명	학점
1-1	전공	생활체육개론	3	1-2	전공	한국체육사	3
	전공	운동과건강	3		전공	스포츠윤리철학	3
	전공	여가레크리에이션	3		전공	구기운동 I	3
	교양	글쓰기	3		교양	대학영어	3
	교양	세계의역사	3		교양	심리학에게묻다	3
	교양	생활과건강	3		교양	인간과사회	3
2-1	전공	스포츠사회학	3	2-2	전공	스포츠교육학	3
	전공	건강교육	3		전공	스포츠산업론	3
	전공	구기운동 II	3		전공	운동생리학	3
	교양	생명과환경	3		전공	레저 I	3
	교양	세계의정치와경제	3		교양	생활속의경제	3
	교양	세상읽기와논술	3		교양	철학의이해	3
					교양	취미와예술	3

학년·학기	교과구분	교과목명	학점	학년·학기	교과구분	교과목명	학점
3-1	전공	스포츠경영론	3	3-2	전공	스포츠마케팅론	3
	전공	스포츠심리학	3		전공	노인체육론	3
	전공	유아체육론	3		전공	운동역학	3
	전공	기능해부학	3		전공	운동처방론	3
	전공	실내스포츠 I	3		전공	실내스포츠 II	3
	교양	동서양고전의이해	3		교양	생활법률	3
4-1	전공	스포츠지도자론	3	4-2	전공	체육측정평가	3
	전공	스포츠시설론	3		전공	운동부하검사	3
	전공	트레이닝론	3		전공	운동상해	3
	전공	특수체육론	3		전공	응급처치와심폐소생술	3
	전공	병태생리학	3		교양	성,사랑,사회	3
	전공	레저 II	3		교양	이슈로보는오늘날의유럽	3
	교양	사회문제론	3				

5. 취득가능 자격증 현황 및 관련 전공교과목

● 자격증 현황

1급 생활스포츠지도사, 2급 생활스포츠지도사, 1급 전문스포츠지도사, 2급 전문스포츠지도사, 건강운동관리사, 스포츠경영관리사, 유소년스포츠지도사, 노인스포츠지도사, 1급 장애인스포츠지도사, 2급 장애인스포츠지도사

● 관련 전공교과목

생활체육지도과 전공교과목	관련 자격증
한국체육사, 스포츠윤리철학, 스포츠사회학, 스포츠교육학, 운동역학	2급 생활스포츠 지도사, 2급 전문스포츠지도사, 유소년스포츠지도사, 노인스포츠지도사, 2급 장애인스포츠지도사
건강교육	1급 생활스포츠지도사

생활체육지도과 전공교과목	관련 자격증
운동생리학, 스포츠심리학	2급 생활스포츠지도사, 2급 전문스포츠지도사, 건강운동관리사, 유소년스포츠지도사, 노인스포츠지도사, 2급 장애인스포츠지도사
스포츠산업론, 스포츠경영론, 스포츠마케팅론, 스포츠시설론	스포츠경영관리사
유아체육론	유소년스포츠지도사
기능해부학, 운동처방론, 병태생리학, 운동부하검사	건강운동관리사
노인체육론	노인스포츠지도사
트레이닝론, 체육측정평가	1급 생활스포츠지도사, 1급 전문스포츠지도사, 1급 장애인스포츠 지도사
특수체육론	2급 장애인스포츠지도사
운동상해	1급 생활스포츠지도사, 1급 전문스포츠지도사, 건강운동관리사, 1급 장애인스포츠지도사
구기운동Ⅰ, 구기운동Ⅱ, 실내스포츠Ⅰ, 실내스포츠Ⅱ, 레저Ⅰ, 레저Ⅱ	2급 생활스포츠지도사, 2급 전문스포츠지도사, 유소년스포츠 지도사, 노인스포츠지도사, 2급 장애인스포츠지도사

6. 프라임칼리지

1. 설립목적

프라임칼리지(Prime College)는 평생학습 시대를 맞아 국민의 생애주기 및 학습요구에 부합하는 맞춤형 교육을 지원하기 위한 방송대 내 교육조직으로서, 재직자의 전문역량 향상과 자기계발, 성인학습자를 위한 평생교육과정 지원

- **맞춤형 평생교육**: 중장년층의 자립 역량 강화, 사회 공헌 확대, 맞춤형 평생학습 제공
- **일·학습 병행 학습체제**: 고졸 재직자 고등교육 기회 제공, 현장실무 중심 전문 역량 강화
- **평생교육 허브과정**: 재직자 기초과정 운영, 다문화·북한이탈주민 지원과정 운영

2. 조직

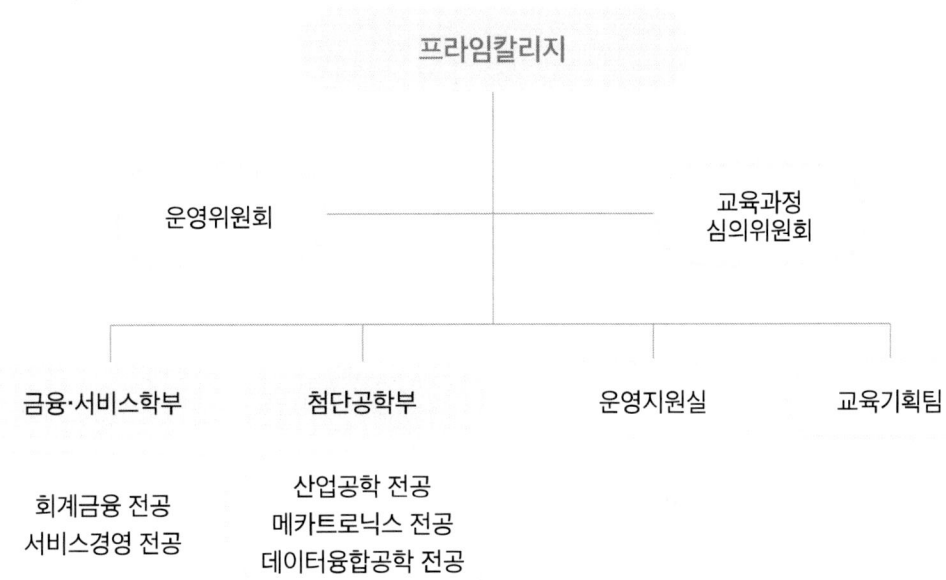

3. 학위과정

● 개설 학부 및 전공

학부	전공	교육과정
금융·서비스학부	서비스경영, 회계금융	전공기초, 회계재무트랙, 세무트랙, 금융트랙
첨단공학부	산업공학, 메카트로닉스 데이터융합공학	전공기초, 설계, 기계·전자·제어, 데이터융합교과

● 특징

• 재직자 친화형 학사시스템
  - 100% 온라인 스마트러닝 : 온라인 시험 실시, PC, 모바일로 언제 어디서나 학습 가능
  - 졸업학점 취득 유리 : 131학점만 취득하면 학사학위 취득
• 현장 중심형 교육과정
  - 방송대, 국내 유수대학 및 분야 최고의 현장전문가들이 협력하여 맞춤형 교육과정 제공
  - 실무중심의 교육과정, 전공트랙별 기초-심화 수준별 교과목 편성
• 파워풀한 학습지원
  - 교과목별 튜터링 : 교과목별 튜터가 학습지도, 토론/퀴즈/과제 등 활발한 온라인 교육활동
  - 첨단공학 가상실습실 구축 : 클라우드 컴퓨팅을 활용한 가상 실험실습 환경 제공

4. 평생교육과정

● 운영과정

프라임칼리지 평생교육과정(https://prime.knou.ac.kr/) 참조

● 특징

• 다양한 평생교육프로그램 운영
  - 전문자격, 인문교양, 문화예술, 창업, 귀농귀촌, 여가 준비 등 다양한 분야의 프로그램 운영
  - 온라인-오프라인 등 다양한 교육방식으로 최고의 강사가 질 높은 강의 제공
• 방송대 재학생을 위한 학점인정 교과목 운영
  - 학점인정 교과목을 이수한 경우 최대 12학점까지 방송대 졸업학점으로 인정
  - 연 4회 개설되며, 교육기간은 약 2개월 과정으로 운영
  - 수강신청, 강의, 평가 등이 온라인 방식으로 운영

7. 대학원

대학원

1. 개설목적

- 시·공간적 제약으로 대학원 교육을 받지 못한 이들에게 교육기회 제공
- 평생교육 차원에서의 대학원 교육 기회 확대
- 직장인의 전문교육 및 재교육 수요 증대에 부응
- 국내 원격대학원의 질 향상을 통한 국제 경쟁력 제고

2. 대학원 개요

1) 설치일자 : 2001. 9. 1.
2) 종류 : 특수대학원
3) 명칭 : 대학원
4) 설치과정 : 석사학위 과정(전문학위 수여)
5) 설치학과 : 문예창작콘텐츠학과, 실용영어학과, 실용중국어학과, 아프리카·불어권언어문화학과, 일본언어문화학과, 법학과, 행정학과, 영상문화콘텐츠학과, 사회복지학과, 농업생명과학과, 생활과학과, 정보과학과, 이러닝학과, 바이오정보·통계학과, 환경보건시스템학과, 간호학과, 평생교육학과, 청소년교육학과, 유아교육학과 (19개 학과)
6) 정원 : 830명
7) 수업 : 원격(인터넷) 교육 형태, 학기당 15주, 1주당 3시간 강의

※ 학습지도, 평가 등 수업에 관한 제반사항이 인터넷을 통하여 이루어지며 교수와 학생 중간에 '튜터'를 두어 원활한 수업진행을 위한 매개체 역할 수행

8) 교과과정 편성 및 운영 : 5학기제

9) 학점구성 : 1과목당 3학점

10) 졸업요건

전공교과목	논문 또는 논문대체 추가학점	자격시험
24학점(평균 B° 이상)	6학점	외국어시험 및 종합시험

3. 교육과정

대학원 홈페이지(https://grad.knou.ac.kr) 참조

4. 대학원 학과 사무실 연락처

학과명	전화번호	팩스번호
문예창작콘텐츠학과	02) 3668-4209	02) 2088-4307
실용영어학과	02) 3668-4445	02) 3673-2295
실용중국어학과	02) 3668-4781	02) 741-5703
아프리카·불어권언어문화학과	02) 3668-4361	02) 3673-0614
일본언어문화학과	02) 3668-4353	02) 742-7386
법학과	02) 3668-4590	02) 3673-2361
행정학과	02) 3668-4600	02) 3673-2363
영상문화콘텐츠학과	02) 3668-4722	02) 2088-4319
사회복지학과	02) 3668-4799	02) 2088-5523
농업생명과학과	02) 3668-4630	02) 3673-2381
생활과학과	02) 3668-4188	02) 2088-4306
정보과학과	02) 3668-4208	02) 3673-2384
이러닝학과	02) 3668-4730	02) 744-3544
바이오정보·통계학과	02) 3668-4690	02) 3673-2362
환경보건시스템학과	02) 3668-4365	02) 741-4701
간호학과	02) 3668-4743	02) 3673-4274
평생교육학과	02) 3668-4339	02) 2088-4309
청소년교육학과	02) 3668-4400	02) 3673-1870
유아교육학과	02) 3668-4338	02) 3673-1872

경영대학원

1. 개설목적

- 차별화된 온라인 강의 시스템을 통한 국립 대학교 유일의 온라인 경영전문대학원으로 온라인 경영학 석사과정의 교육 기회를 제공하고자 합니다.

2. 경영대학원 개요

1) 설치일자 : 2012. 8. 22.
2) 종류 : 특수대학원
3) 명칭 : 경영대학원
4) 설치과정 : 석사학위 과정(전문학위 수여)
5) 설치정원(150) : HR컨설팅전공, GM전공, 테크노경영전공, 마케팅전공, 경제정책전공, 국제무역전공, 회계금융전공
6) 수업 : 원격(인터넷) 교육 형태, 학기 당 15주, 1주 과목당 3시간
7) 수학연한 : 2년(4학기제)
8) 학점구성 및 졸업요건 : 학점구성 - 1과목당 3학점

3. 교육과정

경영대학원 홈페이지(https://mba.knou.ac.kr) 참조

4. 경영대학원 연락처

행정실 : ☎ 02-3668-4343, 4347~9, 조교실 : ☎ 02-3668-4772

III. 부속시설 및 부설기관

1	원격교육연구소		6	역사기록관
2	통합인문학연구소		7	교양교육원
3	중앙도서관		8	인재개발원
4	디지털미디어센터		9	국제협력단
5	종합교육연수원		10	산학협력단
			11	출판문화원

1 원격교육연구소

| 설립목적

국내 유일의 원격교육 전문 연구기관으로써 원격평생교육 분야의 학술연구를 선도적으로 수행하고, 대학발전정책수립의 'Think Tank'로서 방송대 교육혁신 및 원격고등교육의 질 향상에 기여

| 주요업무

현재 원격교육연구소는
① 대학발전 정책수립을 위한 정책과제 기획, 관리, 수행
② 대학교육 질관리를 위한 통계조사 및 교수·학습 지원
③ 원격평생교육 분야의 전문적인 학술사업
④ 정책개발 및 유관부서 업무지원 등 다양한 활동을 수행하고 있음

■ 정책과제

사업명	주요업무
정책과제 기획, 관리	정책과제 기획, 선정 및 관리 업무 총괄
정책과제 수행	대학회계 재원에 의한 정책과제 수행

■ 대학교육 질 관리

사업명		주요업무
통계조사	학생실태조사	신·편입생, 재학생, 대학원생 실태분석 및 요구조사
	강의평가 분석	매체강의, 교재, 홈페이지, 출석수업 평가분석 지원
	대학통계정보 제공	유용한 대학조사통계정보자료 발간
교수 학습 지원	교수역량개발	교수법 워크숍 개최, 최신 교수법 관련 자료 제공
	학습역량개발	우수학습사례 공모전 실시, 학습법 관련 웹진 발간

■ 원격·평생교육 학술사업

사업명		주요업무
전문학술지 발간		'평생학습사회' 연 4회 발행(KCI 등재지)
국제 학술 교류	e-ASEM 네트워크 사무국 운영	e-ASEM 네트워크 미팅 개최, 연구 및 학술사업 공동 추진
	학술자료 영문화	대학 및 연구소 발행 자료의 영문화

■ 정책개발지원

사업명	주요업무
중장기 대학발전 전략 추진 지원	대학발전 전략 수립 및 추진을 위한 업무지원
실무 부서 업무지원	대학발전과제 추진 관련 정책자문, 연구자료 제공, 실무부서 주관 TF팀 참여 등

| 조직도

```
                    원격교육연구소 소장
                         │
                      운영위원회
                         │
   ┌─────────────┬─────────────┬─────────────┐
원격교육발전연구부  교육공학연구부   교육평가부      행정실
```

- 원격교육발전연구부
  • 원격고등교육, 평생교육에 관한 기초연구
  • 대학발전을 위한 정책 개발 및 연구
  • 학술 행사 개최 등

- 교육공학연구부
  • 원격교육 교수학습 체제에 관한 연구
  • 교수학습 지원 업무
  • 학술지 발간

- 교육평가부
  • 대학교육 질 관리 평가 연구
  • 각종 대학 통계자료 분석보고서 발간
  • 국내·외 학술 교류 업무 등

- 행정실
  • 세무, 회계
  • 기타 행정적 지원 업무 등

| 학생 대상 서비스 안내

- 연구보고서, <평생학습사회> 학술지 원문, 원격평생교육 분야 학술정보, 원격학습법 등 다양한 정보를 홈페이지(http://ide.knou.ac.kr/)에서 활용 가능

- 원격학습법(Learning Tips) 웹진을 이메일로 제공(연4회)

- 우수 학습사례 공모전 개최(연4회)

  ※ 원격교육연구소는 대학교육 질 개선을 위해 신편입생 실태조사(3, 9월), 재학생실태조사 (10~11월) 등 각종 설문조사를 실시하오니 학생 여러분들의 많은 참여 바람

  ※ 주소 : 서울시 종로구 이화장길 81, 나눔관 5층 원격교육연구소(우 03087)
  홈페이지 : http://ide.knou.ac.kr/ 대표전화 : ☎ 02-3668-4310 / FAX : 070-4325-3088

2 통합인문학연구소

| 설립목적

통합인문학연구소는 인문학 안팎의 학제간 연구활동을 통해 인문학의 발전을 꾀하고, 이를 바탕으로 통합인문학 평생교육의 모델을 구축하기 위하여 설립되었다. 통합인문학연구소는 이를 위해 다양한 학술연구, 교육프로그램 개발 등의 활동을 전개하고 있다.

| 조직도

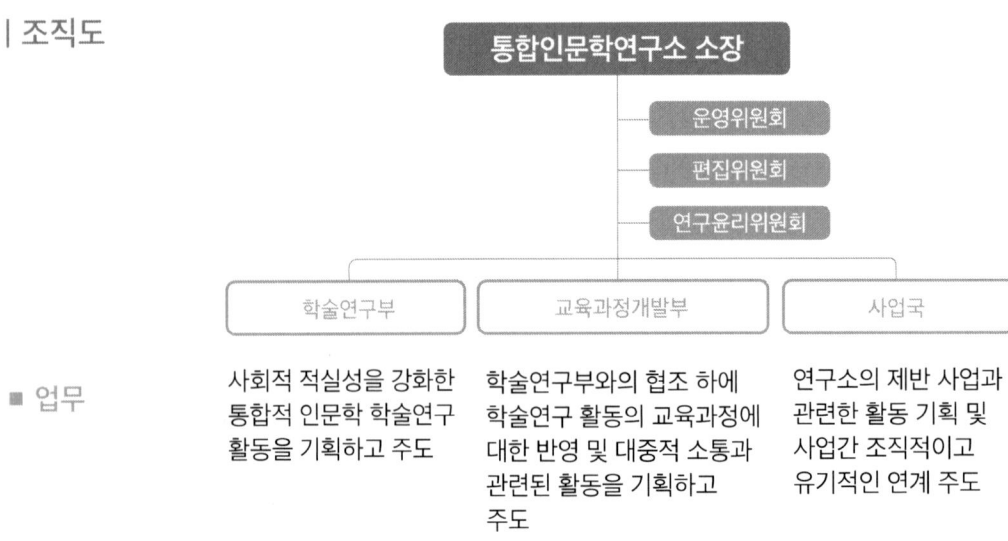

| 사업안내

- 학술연구활동 : 정기학술대회, 교수집담회, 공개강연회, 영화포럼, 연구프로젝트 개발 및 지원, 학습조직 지원, 연구자 관리 및 연구인력 네트워크 구축
- 교육과정개발 : 교육 및 학위과정 개발, 교육 콘텐츠 및 시스템 개발
- 기타 : 학술지『통합인문학연구』및 기타 간행물 발간, 연구결과물의 출간 및 제작

| 위치 및 연락처

- 위치 : 서울시 종로구 대학로 86(동숭동) https://ihc.knou.ac.kr
  한국방송통신대학교 본관 301호(통합인문학연구소)
- 전화번호 : ☎ 02-3668-4203
- FAX : 02-2088-4310

3 중앙도서관

| 개요

- 서울 본부 **중앙도서관**
  13개 지역대학 도서관
  31개 시·군학습관

- 교과목 관련 **참고도서**
  각 종 **학술정보**
  서비스 제공

- 서울 도서관 및 구립 대표
  도서관과의
  교류 협력 체결

- 서울 본부의 중앙도서관
- 13개 지역대학
  (3개 학습센터) 도서관
- 31개 시·군학습관에 도서실을
  설치하여 운영

- 교과목 관련 참고도서, 연구용 도서, 학술지, 학술DB, 전자도서 및 동영상 멀티미디어자료 등 연구와 학습에 필요한 각종 학술정보 서비스제공

- 서울도서관 및 구립대표도서관과의 교류협력 체결로 해당도서관의 방송대 전용서가내에서 과제물 도서 대출, 방송대 교재 및 연구 자료 열람 가능

| 자료현황

구분	도서(책)	전자도서(책)	학술지(종)	비도서(점)	학술DB(종)	비고
수량	911,485	202,401	6	11,473	29	

| 이용안내

- **이용자격**
  - 대학 및 대학원 재학생(프라임칼리지 학위과정 등록생 포함)
  - 교직원(명예교수 및 전임강사 포함)
  - 졸업생 멘토 및 튜터(Tutor)
  - 기타 중앙도서관장의 허가를 받은 자

■ 이용시간

• 현재 중앙도서관 개축을 위한 공사로, 열람실 및 자료실 방문 이용 불가
  ※ 대출 및 복사 : 중앙도서관 홈페이지에서 사전 신청 후, 창조관 1층에서 수령

수령 장소	평일	토요일	휴일	비고
창조관 1층 로비	09:00~18:00	미운영		국내서, 과제지정 참고 도서

■ 휴관일

• 개교기념일(3월9일), 졸업일, 1월1일, 설날연휴, 석가탄신일, 추석연휴, 기독탄신일
• 기타 중앙도서관장이 정한 임시 휴관일(휴관일 전에 별도 공지)

■ 출입 및 자료 이용

• 개축 공사 기간 중 중앙도서관 홈페이지 사전 신청자에 한해 자료 수령 및 반납 가능
  (방문 이용 불가, 수령 시 학생증 또는 공적신분증 지참 필수)

■ 자료검색

• 우리대학 중앙도서관 홈페이지(http://library.knou.ac.kr)접속 후 소장자료 및 전자자료 검색 메뉴 이용

  1) 소장자료 : 중앙도서관 홈페이지 → 검색창에 서명이나 저자명 입력 후 검색
  2) 전자자료
     • 국내·외 학술DB : 자료검색 → 통합메타검색 → 검색어 입력
     • 전자도서 : 자료검색 → 전자자료 → 전자도서 → 검색어 입력
     • 검색메뉴 종류 : 통합검색, 소장자료 검색, 전자자료(국내학술DB, 국외학술DB, 전자도서 등), 신착자료, 단행본, 연속간행물, 학위논문, 비도서, 방송대 발간자료

| 도서관 서비스

■ 도서대출

1) 대출 책수 및 기간

구분	대출 책수	기간	연장	비고
대학원생	10책	30일	1회에 한하여, 30일	※ 당해학기 등록생
대학생	5책	12일	1회에 한하여, 12일	※ 당해학기 등록생
기타	3책	7일	1회에 한하여, 7일	※ 중앙도서관장 허가를 받은 자

※ 연장대출은 예약도서 또는 연체중일 경우 불가

2) 대출 및 반납방법

- 대출 : 개축 공사 기간 동안 중앙도서관 홈페이지 신청 후 창조관 1층에서 수령
  (연구학습지원 → 학습자료 지원 → 대출/문헌복사 → 글쓰기)
- 반납 : 창조관 1층 무인 반납함, 등기우편, 택배 등

  ※ 우편, 택배의 대출 및 반납 비용은 이용자 부담

3) 대출자료 예약 : 원하는 자료가 대출인 경우 '예약' 버튼 클릭

4) 대출자료 연장 : 중앙도서관 홈페이지 접속 → My Library 대출/예약/연장 → 연장

  ※ 관외대출 서비스는 과제물기간 일시 중지(중앙도서관 홈페이지에 기간 공고)
  ※ 과제물 참고자료 중 일부와 사전류 등은 대출불가

5) 전자도서(E-Book) 대출

  ① 이용방법

  - PC : 중앙도서관 홈페이지(http://library.knou.ac.kr) 로그인 → 자료검색 → 전자자료 → 전자도서 → 국내전자도서 통합검색 바로가기 클릭 → 자료검색(자료 선택 후) → 대출하기 (내서재에서 읽기)
  - 모바일 : 앱스토어(ios), 플레이스토어(안드로이드)에서 "한국방송통신대학교 모바일 전자책도서관" 어플리케이션 설치 후 로그인 이용

    ※ PC에서 최초 1회 로그인 후 이용 가능

■ 문헌복사

1) 중앙 도서관 소장 자료

개축 공사 기간 동안 중앙도서관 홈페이지 신청 후 창조관 1층에서 수령
(연구학습지원 → 학습자료지원 → 대출/문헌복사 → 글쓰기)

2) 타 도서관 소장 자료
- KERIS : 중앙도서관 홈페이지 → RISS 사이트 접속 → 회원가입 → 자료검색 → 복사 및 대출 신청
- 타도서관 방문 : 중앙도서관 홈페이지 → 도서관 서비스 → 타도서관 이용협조의뢰서 발급 (직접 출력) → 신분증 지참 → 방문
  ※ 중앙도서관 방문 불필요, PC에서 직접 출력

■ 대출/문헌복사 이용료

1) 상호대차(RISS) 이용

발송방법	복사비(장당)	비고
보통우편	50	대출인 경우 택배 이용 비용은 후불이며, 이용자 부담
익일특급	50	
택배	50	

2) 도서관홈페이지 - 대출/문헌복사 이용 : 복사비(50원/장당)+발송비(택배, 등기)

■ 희망도서 신청

구입하기를 희망하는 도서자료 신청 서비스(중앙도서관 홈페이지 접속 → 희망도서 신청)

■ 국내·외 학술 DB 이용

1) 국내

KISS(한국학술정보), DBPia(누리미디어), Scholar(교보문고) 등에서 다양한 분야의 원문을 이용할 수 있으며, 로앤비 법률정보서비스 및 KSDC를 통해 판례, 법률정보 및 통계자료 분석을 포함한 다양한 정보를 이용할 수 있음

2) 국외

JSTOR, ScienceDirect 및 CAJ 등 해외 전자저널을 통해 철학, 사회과학, 교육, 법률, 역사 등 학술 전분야의 원문(색인, 초록 포함)을 이용할 수 있음

■ 전자학습 자료 이용(E-Learning)

구분	주제	자 료 명	내 용
1	취업	에듀윌	최신공무원(7급, 9급) 강좌
2	외국어	다락원	영어, 일본어, 중국어 등 어학 강좌
3		시나공토익	토익시험 대비 어학 강좌
4	자격증	아이티고IT	OA자격증, 그래픽, 프로그래밍 언어 등 IT실무 학습강좌
5	교양	모아진	200여 종의 전자잡지 열람 가능

※ 상기 전자자료 목록은 매년 구독상황에 따라 변경될 수 있음

■ 도서관 이용자 교육

1) 대상자 : 학부생, 대학원생, 교수, 연구원
2) 교육장소 : 중앙도서관 종합교육학습실 및 지역대학 전산실습실
3) 교육내용 및 신청방법

구분	신청시기	신청방법	내용
신·편입생 OT교육	신입생 OT기간	학과요청시 진행	도서관 소개 및 주요 서비스 안내
정기교육	과제물 작성기간 중 교육일정 공지	중앙도서관 홈페이지 로그인 → 도서관 이용자 교육 → 신청	- 과제물 작성을 위한 자료 검색 활용법 - 국내학술DB 및 RISS 상호대차 이용 안내 등
수시교육	학과 및 스터디 그룹별 필요시	- 그룹별 5명이상, 연중 수시 - 업무 담당자와 사전 협의 (☎ 02-3668-4385)	주제별학술DB 및 원하는 콘텐츠 제공

■ 석사학위논문 제출
- 파일제출 : dCollection(http://knou.dcollection.net) - 자료제출
- 인쇄본 제출 : 대학원 공고 참조

■ 시각장애학생 학습자료 제작 지원
- 대상자 : 시각 및 중증지체 장애인 중 서비스 희망자
  ※ 학기 별 대상자 사전 조사 후 제작 지원(문의 : 070-4648-1383~4)
- 기출문제 제공 : 시각장애학생의 학습 편의를 위해 기출문제 등의 학습자료를 대상자의 수요에 맞게 녹음 파일(mp3, CD) 또는 텍스트 파일로 제공(e메일 또는 우편 발송)
- 전자교재 제공 : 시각장애인용 파일로 변환된 전자 교재 제공(도서관 홈페이지에서 열람)

4 디지털미디어센터

소개

디지털미디어센터는 방송매체와 이러닝의 통합적 기획, 개발 및 운영으로 수준 높은 교육콘텐츠 제공과 학습서비스 개선을 위해 노력합니다.

주요업무

- 방송 강의 기획·개발 및 운영
  - 방송대 학부·대학원·프라임칼리 강의콘텐츠 제작
- 방송대 학습포탈 유노캠퍼스(U-KNOU Campus) 운영
  - 방송대 강의 전체를 학습포탈(https://ucampus.knou.ac.kr)을 통하여 제공
- 평생 교육 프로그램 기획·개발 및 운영
  - 방송대학TV : 인문·교양, 외국어 등 자기계발과 교양 함양을 위한 평생교육 프로그램과 고품격 다큐, 영화, 드라마 등 품격있는 문화 콘텐츠 제공
  - 이러닝 국제교류 : 한국의 문화, 역사 등을 외국어 콘텐츠로 개발하여 이러닝 국제교류 사이트(http://elic.knou.ac.kr)를 통해 제공
- 매체 동향분석·운영전략 수립
  - 방송과 통신의 융합에 따른 발전 동향을 분석하고 강의매체 운영전략 수립
- 강의 콘텐츠 품질관리
  - 우수콘텐츠 개발 및 확보를 위해 강의 콘텐츠 품질관리 실시
  - 전문가 콘텐츠 평가, 학습자 강의 모니터링, 방송대학TV 시청자위원회, 학습자 만족도 조사 등 실시
- 이러닝 연구개발
  - 이러닝의 효과적인 개발 및 운영을 위한 학습자 요구분석, 콘텐츠 모형 개발, 운영 전략 등 연구개발
- 양방향 원격영상강의 시스템 운영
  - 대학본부와 전국 13개 지역대학 및 5개 학습관을 전용 초고속통신망으로 연결, 실시간 질의 응답이 가능한 강의 시스템을 운영

- 콘텐츠 자산관리
  - 방송대학 매체강의를 비롯한 미디어 콘텐츠의 총괄적인 관리·운영
- 홈페이지 운영
  - 학습포털 유노캠퍼스(U-KNOU Campus) https://ucampus.knou.ac.kr
  - 방송대학TV https://oun.knou.ac.kr
  - 방송대, 방송대학TV 유튜브채널 https://www.youtube.com/user/knouchannel

| 방송대학TV

방송대학TV(OUN)는 국내 유일의 고등교육 전문채널로서, 평생학습사회를 지향하는 우리대학 설립 목표에 따라 양질의 교육프로그램을 보급하고 있습니다.

- 채널명 : 방송대학TV (OUN : Open University Network)
- 방송내용

재학생을 위한 강의 프로그램	정규 학위과정을 TV 매체에 적합한 과목 중심으로 제작, 방송하고 있습니다.
일반인을 위한 교양 프로그램	외국어교육, 경제와 경영, 인문학, 해외 우수 프로그램 등 일반인의 전문교양 함양을 위한 프로그램을 편성하고 있습니다.

- 시청방법

  케이블TV
  - 가입신청 : 해당지역 케이블TV 사업자에 신청(http://www.kcta.or.kr)
  - 채널번호 : 지역에 따라 다름

  위성방송(스카이라이프)
  - 가입신청 : https://www.skylife.co.kr
  - 채널번호 : 167번

  IPTV
  - 가입신청 : 각 IPTV 사업자
  - 채널번호 : KT Olleh TV 160번, LG U+ 242번, SK Btv 292번

방송대학TV - 이렇게 방송됩니다

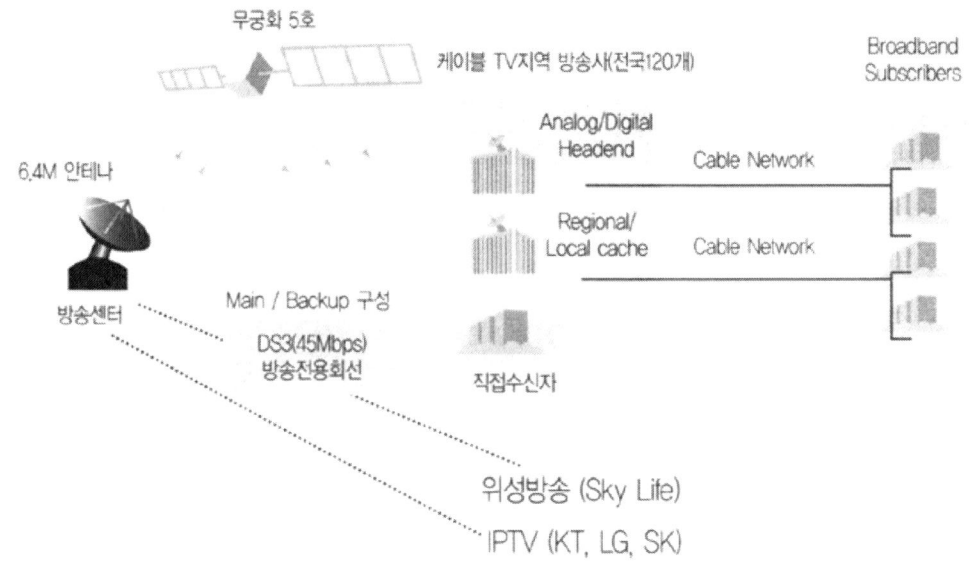

주요 시설

구분	실명	실수	기능
스튜디오	TV 제1 스튜디오	1	매체강의 녹음/녹화
	TV 제2 스튜디오	1	
	웹스튜디오	6	
	더빙실	1	
	믹싱실	1	성우 및 음향효과 믹싱
편집실	Craft NLE편집실	23	TV 프로그램 제작을 위한 다양한 편집 시설 프로그램 타이틀 or 이미지 제작
	하이브리드종합 편집실	2	
	컴퓨터그래픽실/CG	1	
기타	인제스트실	1	다양한 매체의 영상자료 변환
	원격영상강의실	2	출석수업, 계절수업용 양방향 원격영상강의 시스템

5 종합교육연수원

| 기능

- 지식정보화 시대에 부합하는 교원의 전문성과 능력개발
- 교육발전과 교원의 자아실현에 기여

| 조직

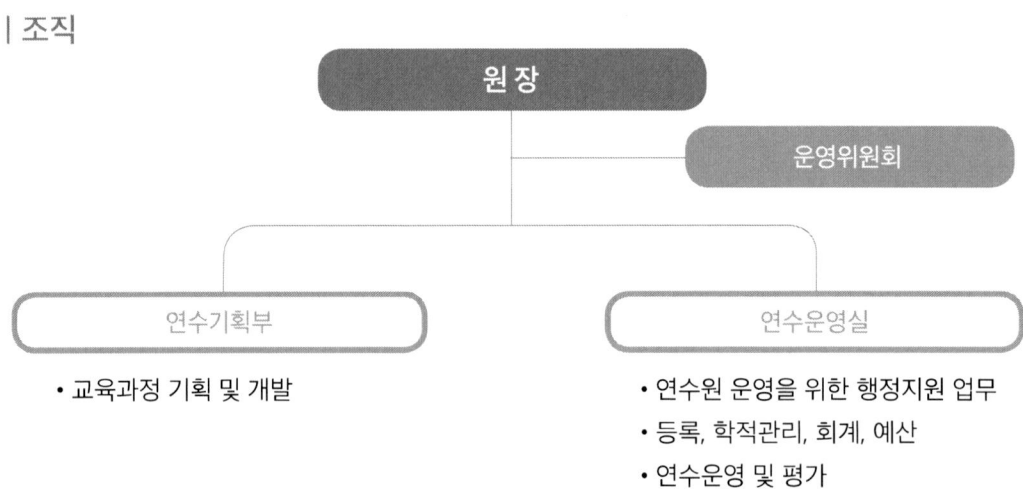

- 연수기획부
  - 교육과정 기획 및 개발
- 연수운영실
  - 연수원 운영을 위한 행정지원 업무
  - 등록, 학적관리, 회계, 예산
  - 연수운영 및 평가

| 프로그램 운영 개요

과정명	개강시기	교육목적	교육 기간	교육대상
교육연극 지도의 실제	1월/7월	교육연극을 통해 학생 지도를 위한 효과적인 방법론 제공	2개월	교원 및 교육 전문직

| 종합교육연수원 연락처

- 홈페이지 : http://citt.knou.ac.kr
- 수강신청 및 과정 운영 : ☎ 02-3668-4434
- FAX : 02-2088-4315~6

6 역사기록관

| 개설목적

역사기록관은 우리 대학과 관련된 기록물을 수집, 정리, 보존하여 이용할 수 있는 환경을 제공하고 있다. 역사기록을 통하여 우리 대학에 대한 이해를 높이고 자긍심을 고취하여, 우리 대학 역사의 영속성을 확보하는 역할을 한다.

| 기능

■ 대학 역사기록의 수집·보존 및 활용

우리 대학의 역사기록을 발굴·수집, 분류·기술, 정리, 보존하여 교수, 학생, 교직원, 동문 등 대학 구성원과 일반 국민에게 우리 대학의 역사와 미래상에 대한 콘텐츠를 체계적으로 제공

■ 행정기록 관리 및 활용

대학의 기능수행과 관련하여 생산된 기록물을 이관 받아 분류·보관 하며, 이를 데이터 베이스화 함으로써 이용의 편의를 도모하고, 아울러 법률에서 정한 자료는 국가기록원으로 이관

■ 전시실 및 홈페이지 운영

전시실과 홈페이지를 통한 온·오프라인 서비스를 제공하여 방송대의 역사를 한눈에 볼 수 있는 홍보관 역할

| 이용안내

1) 역사기록관 홈페이지 : http://archives.knou.ac.kr
2) 전시실 관람
    - 평일 : 10:00~17:00 • 3인 이상 예약제 실시(단, 3일 전 예약)
    - 토/일 및 공휴일 휴관
    - 장소 : 역사관 건물 1층(역사관 전시실)
3) 예약 및 문의처
    - 역사기록관 : ☎ 02-3668-4481~2
    - FAX : 02-2088-4305
    - 메일 : bu34@knou.ac.kr

7 교양교육원

업무

- 교양교육과정에 관한 발전계획 수립
- 교양교육과정의 운영에 관한 사항
- 교양교과목의 개설 및 폐지에 관한 사항
- 예비교육과정 개설·운영
- 기타 교양교육 일반에 관한 사항

담당교과목

■ 교양교과목 관리

취미와예술, 인간과언어, 이슈로보는오늘날의유럽, 대학수학의이해, 인간과사회, 생활속의경제, 심리학에게묻다, 세대와소통, 원격대학교육의 이해

■ '원격대학교육의이해' 수강(인터넷강의) 방법

홈페이지 → 로그인 → 나의 정보 → 수강과목 정보 → 학년도/학기 선택 → '원격대학교육의이해' 교과목 클릭

연락처

- 전화번호 : ☎ 02-3668-4398~9
- FAX : 02-2088-4313

8 인재개발원

| 개설목적

- 전략적 **인적자원 개발**
- **지속적인 학습 창의적인 사고**
- **조직 문화** 창출 및 **학습 조직** 구축

• 우리 대학 VISION 달성을 위한 전략적 인적자원 개발
• 지속적인 학습과 창의적인 사고로 대학문화를 선도하는 전문가 육성
• 건전한 조직문화 창출 및 학습 조직 구축

| 주요 업무

- 직원 교육훈련 기본계획 수립
- 직원 역량 강화 프로그램 개발·운영
- 직장교육 운영
- 사이버교육과정(사이버에듀 등)운영
- 자기주도적 교육훈련 프로그램 개발·운영
- 직무교육 및 글로벌 역량 강화과정 운영

| 연락처

- 전화번호 : ☎ 02-3668-4791
- FAX : 02-765-0112

9 국제협력단

부서 소개

국제협력단은 각종 국제기구를 통한 해외 교육지원 사업 참여, 정부 부처 주관 글로벌 연수 프로그램 실시, 해외 대학과의 국제 학술교류 및 교육 네트워크 강화 등 연구와 국제사업의 유기적 결합을 통한 원격고등교육 분야 글로벌 선도대학으로서의 위상 확립을 위해 전문화된 국제협력 사업을 추진하고 있습니다.

조직도

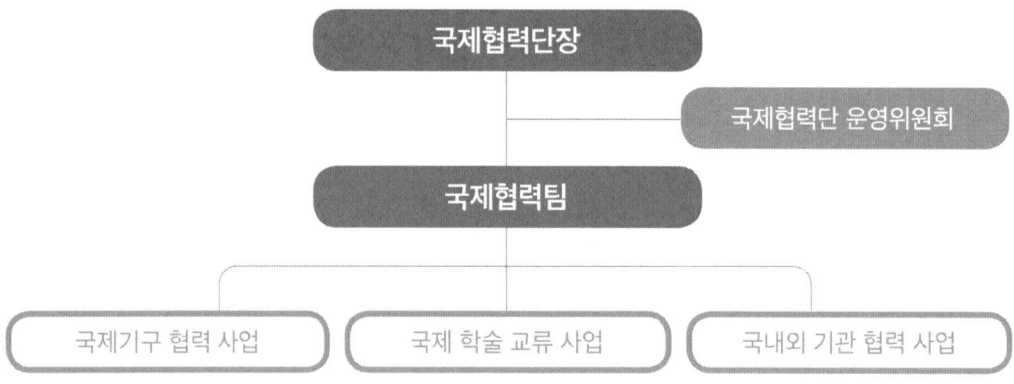

주요 추진 사업

- UNESCO UNITWIN 사업(저개발국 대상 교육지원사업 : 세계 44개 대학 참여)
- 한국국제협력단(KOICA) 주관 국별연수 실시
- AAOU, ICDE 등 원격교육 기관 주최 국제학술대회 참가
- 해외기관과의 MOU 체결(20개국, 28개 기관)

국제협력단 연락처

- E-mail : knouic@knou.ac.kr

10 산학협력단

| 설립목적

- 대학의 산학협력 **연구 활동의 증가**
- 산학협력 **지원 조직의 미비**
- 산학협력 **회계의 특수성 반영** 필요

| 법적성격 : 특수법인

- 대학의 지적재산권 취득 및 관리의 주체
- 산학협력계약의 주체
- 대학의 산학협력 관련 회계의 사용 및 관리 주체

| 주요업무

- 산학협력 계약의 체결과 그 이행
- 산학협력사업과 관련한 회계의 관리
- 지적재산권의 취득 및 관리에 관한 업무
- 대학의 시설 및 운영의 지원
- 기술의 이전 및 사업화 촉진에 관한 업무
- 그 밖에 산학협력과 관련한 사항으로서 대통령령으로 정하는 사항(령 제20조)

| 산학협력단 연락처

- 전화번호 : ☎ 02-3668-4751, 4861
- FAX : 02-766-2702

11 출판문화원 (press.knou.ac.kr)

| 주요연혁

1982년 6월 7일	출판등록(등록번호 1-491호)
7월 1일	한국방송통신대학교 출판부 창립
1983년 2월 25일	방송대 교과용 도서 발간 시작
1984년 2월 25일	녹음강의 오디오 카세트테이프 발간 시작
1992년 5월 1일	비영리 사단법인으로 설립·운영
2000년 9월 1일	출판부 홈페이지 서비스 시작
2001년 6월 25일	녹음강의 MP3-CD 발간 시작
2003년 9월	시각장애학생용 교재 개발·공급 시작
2004년 9월	독서감상문 공모 행사 개최 시작
2007년 7월 25일	보조교재 <워크북> 발간 시작
2010년 8월	출판부 직영서점 개소(서울지역대학 내)
2013년 5월	출판문화원으로 명칭 변경
2016년 9월	디지털 교재 서비스 시작
2019년 3월 4일	학보 <KNOU 위클리> 창간

| 주요업무

■ 우리 대학 교과서 및 부교재 출판·공급

방송대 학생들이 원격교육 환경 아래에서 효과적으로 학습할 수 있도록 많은 노력을 기울이고 있는 출판문화원은, 우리대학을 비롯한 전국 유명 대학 교수와 학계 권위자 1,000여 명이 집필한 700여 종의 대학교재를 발행하고 있습니다.

이와 함께 학술 연구를 지원하기 위한 전문 학술도서와 평생교육 강좌용 도서도 발행하고 있으며, 앞으로 전자책 등 뉴 미디어도 적극 개발·보급할 예정입니다.

■ 패밀리 브랜드를 통한 교양·학술도서 발행

2004년부터 교양도서 브랜드 '지식의 날개'를, 2006년부터는 대학교재 및 학술도서 브랜드 '에피스테메'를, 2008년부터는 교양문고 '아로리총서'를 선보이며 우리대학 학생의 학습 지원은 물론 "모두에게 지식을 We Deliver Knowledge for All"이라는 미션을 추구하고 있습니다. 지식·정보시대에 보다 높은 수준의 삶을 영위하는 데 필요한 교양 지식과 실용 정보의 보급을 목표로, 인문·사회·자연과학 전 분야에 걸쳐 우수 교양도서를 펴내기 위해 노력하고 있습니다.

※ 출판문화원 패밀리 브랜드 로고타이프

| 방송대 교재 브랜드   한국방송통신대학교출판문화원 KNOU PRESS

| 교양도서 브랜드   지식의날개

| 학술도서 브랜드   에피스테메

| 교양문고 시리즈 브랜드   아로리총서

| 유튜브 채널 브랜드

■ 방송대 학보 <KNOU위클리> 발간

<KNOU위클리>는 학습·교양·학술을 중심 키워드로 방송대 학생과 동문, 교직원을 연결하여 발전적인 방송대 공동체를 만들기 위해 노력하는 고등평생교육 주간신문입니다. 기사는 대학생활에 꼭 필요한 학습 및 진로 정보, 학사공고, 교양 및 문화 정보를 비롯하여, 현업에서 활약하는 학생 및 동문 이야기, 교육 관련 사회적 이슈 및 학계 동향분석 등으로 구성됩니다.

■ 유튜브 채널 『방출TV』 운영

출판문화원에서는 2019년 『방출TV』 유튜브 채널을 개국하였습니다. "방출"은 방송대학 출판문화원의 약어이기도 하지만, 방송대인에게 도움이 되는 지식, 정보, 비전을 방출하겠다는 의미이기도 합니다.

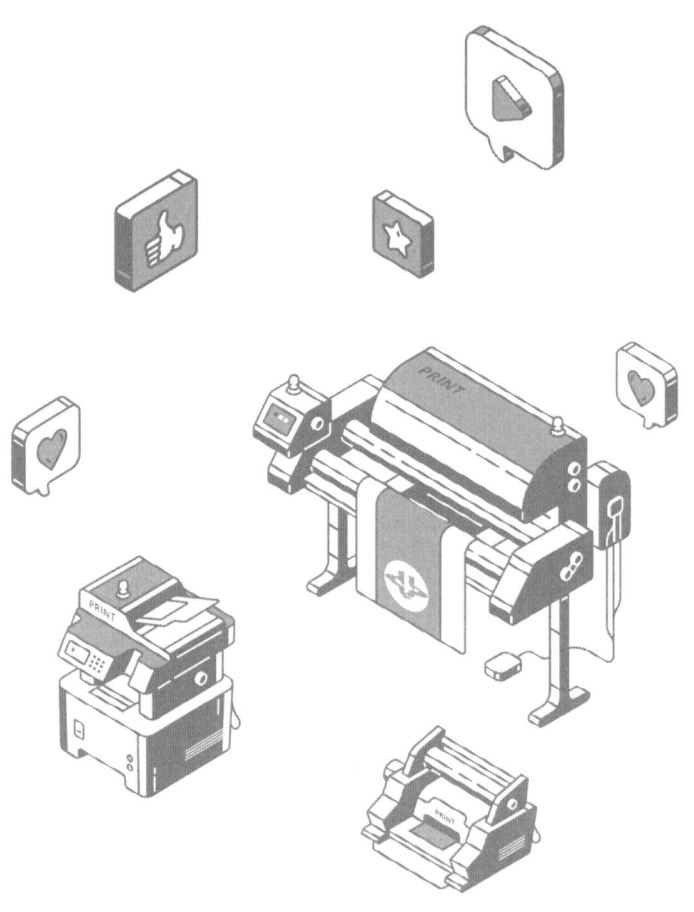

Ⅲ. 부속시설 및 부설기관

"내 인생을 바꾼 대학"

한국방송통신대학교

KNOU
KOREA NATIONAL OPEN UNIVERSITY

IV. 학생상담 사례모음

1	홈페이지 이용 방법	8	졸업 방법
2	수강신청(변경) 방법	9	재입학 방법
3	등록과 휴학	10	다른 학과로 편입
4	교재구입 방법	11	학생복지 혜택
5	수업 방법	12	진로·심리상담 서비스
6	U-KNOU 캠퍼스	13	신교육과정 및 복수전공
7	성적평가 방법	14	대학원 상담

1 홈페이지 이용 방법

ID등록 절차에 대하여

Q1 ID등록 방법 및 변경 가능한지 궁금합니다.

ID는 사용자 본인이 원하는 ID를 사용할 수 있으나 다른 사용자가 해당 ID를 먼저 사용하고 있으면 다른 ID로 등록해야 합니다. 일단 등록한 ID는 변경 및 삭제할 수 없습니다. (제적생, 졸업생인 경우에는 본인이 개인정보변경에서 삭제 가능) ID등록 방법 : 홈페이지 → 아이디등록 선택 → 사용자 구분 선택 → 생년월일 입력 → ID 및 개인정보 입력 → 로그인

비밀번호 찾기에 대하여

Q2 제 비밀번호를 모르겠어요. 확인할 수 있는 방법 좀 알려주세요.

① 홈페이지의 아이디/비밀번호 찾기 선택 → 비밀번호 찾기 → 이름, 아이디 입력 → 본인인증 방법선택(질의응답, 공인인증서/신용카드) → 주민등록번호 입력 → 화면에 임시비밀번호 발급 → 임시비밀번호로 로그인 한 후 비밀번호 관리에서 새로운 비밀번호로 변경 후 사용

② 본인인증 방법을 통한 임시비밀번호 발급에 실패한 경우 비밀번호 분실신고 선택 → 사용자유형, 성명, 학번, 연락가능전화번호, 임시비밀번호를 받을 메일주소 → 신분증(학생증, 주민등록증, 운전면허증) 이미지 입력 → 확인 선택 → 관리자 확인 후 임시비밀번호를 등록하신 메일주소로 전송 → 임시비밀번호를 이용하여 로그인 한 후 비밀번호 관리에서 비밀번호 변경 후 사용

※ 발급받은 임시비밀번호의 유효기간은 24시간입니다. 24시간이 지난 임시비밀번호는 사용할 수 없으므로 24시간이 지난 경우에는 새로운 임시비밀번호를 발급받아 로그인을 해야 합니다.

ID등록에 대하여

Q3 지난 학기에 컴퓨터과학과를 졸업하고 2014년 1학기에 법학과에 다시 학사 편입을 하였습니다. 개인학사정보에 로그인은 되는데 계속 컴퓨터과학과 학적만 조회됩니다. 법학과 학적을 조회하려면 어떻게 해야 하나요?

ID는 학적에 관계없이 대표ID 하나만 사용해야 합니다. 지난학기에 컴퓨터 과학과에 대한 아이디가 있는 경우 컴퓨터과학과 ID로 로그인 한 후 개인 정보관리 선택 → 사용자유형추가 선택 → 학생 선택(학생의 경우) → 2015년에 입학한 법학과 유형 선택 → 저장클릭 → 사용자 유형 추가완료 → 추가한 유형을 대표 유형으로 지정할 것인지 여부를 묻는 창이 나타나면 확인 클릭 → 다시 로그인하면 법학과 화면이 기본 화면으로 나오게 됩니다.

기출문제 출력에 대하여

Q4 기출문제를 다운로드 받아 인쇄를 했는데, A4용지에 옆부분이 인쇄되질 않았습니다. 어떻게 하면 잘리지 않게 인쇄할 수 있을까요?

한글 97의 경우 인쇄옵션(한글프로그램 상단 메뉴 중 파일 → 인쇄 → 인쇄 대화창에서 좌측하단 부분 확대/축소란)에서 가로, 세로 비율을 100%가 아닌 80% 정도의 비율로 변경하여 인쇄하면 A4에서도 깨끗하게 출력이 됩니다.

한글 2002 이상의 경우 인쇄옵션(한글프로그램 상단 메뉴 중 파일 → 인쇄 → 인쇄 대화창 하단 인쇄방식)에서 '공급용지에 맞추어', '공급 용지 : A4'로 설정을 변경 후 인쇄하면 됩니다.

※ 2011. 2학기 이후 한글 2002 이상에서만 출력 가능

학습자료 출력에 대하여

Q5 인터넷학습자료, 학보특강, 기출문제 등 학습관련자료 등 학교에서 제공하는 각종 파일 자료를 인터넷에서 다운받아 이용하고 싶은데 어떻게 해야 되는지 방법 좀 알려주세요.

학교에서 제공하는 각종 자료들은 한글(*.hwp), 워드(*.doc), 엑셀(*.xls), 파워포인트(*.ppt), PDF파일(*.pdf) 등이며 이런 자료들을 이용하기 위해서는 각각의 파일들을 열어볼 수 있는 프로그램들이 컴퓨터에 설치되어 있어야 합니다.

※ 학교 홈페이지 → 로그인 → 하단의 Quick Menu → 전체 프로그램 설치 → 관련 프로그램 다운로드 → 뷰어관련 → 필요한 Viewer 프로그램 다운로드 설치

2 수강신청 (변경) 방법

수강지정 교과목에 대하여

Q1 입학연도가 같은 학우는 수강과목도 동일하여야 할 것으로 생각되는데 조금씩 다른 것은 왜 그렇습니까?

우리대학에 입학하여 학년·학과별 수강지정교과목을 변경하지 않고 정상적으로 이수하였을때, 입학연도가 같은 학우의 경우 동일하게 지정됩니다. 그러나 수강교과목을 변경하거나, 하위학년 교과목을 이수하지 못한 경우 수강교과목은 이수한 교과목을 제외한 하위학년 교과목부터 차례로 지정되기 때문에 입학연도가 같은 학우라도 수강교과목이 달리 지정되게 됩니다.

※ 최종 이수학년 해당학기에 1과목(2~3학점)이상 성적 취득자는 다음상위학년 교과목으로 지정(단, 일부학과 예외)

수강지정 원칙에 대하여

Q2 작년에 중어중문학과 1학년을 이수하고 올해 2학년 교과목을 이수하여야 하는데 3학년 교과목이 지정되어 나왔습니다. 어떻게 된 것인지요?

1학년에 입학해서 1과목이라도 2학년으로 변경하여 이수한 학생은 모두 3학년으로 지정되었습니다. 지정된 교과목을 참고하여 수강신청기간에 본인이 원하는 학년 과목 또는 타학과 과목으로 변경하여 수강할 수 있습니다. 아울러, 수강지정 원칙은 소속학과 교과목 학년단위로 우선 지정하며 일부교과목별 수강지정은 교과구분별 졸업소요 학점이 충족되도록 입학학년부터 교과목 번호순으로 단계적으로 지정합니다.

수강변경 절차에 대하여

Q3 수강교과목 변경을 하려고 하는데 그 절차에 대하여 알려 주세요.

수강교과목 신청은 매 학기 수강신청기간에 학생 본인이 직접 홈페이지에 접속하여 신청해야 하고 수강지정교과목이 있는 경우라도 반드시 인터넷에서 수강신청하여야 합니다. 수강신청교과목이 없는 경우 등록이 불가하므로 수강안내문(학보 및 홈페이지 공지)을 숙지하시기 바랍니다.

홈페이지 로그인 → 나의정보 → 학사정보 → 수강 → 수강신청/변경 → 수강신청가능 교과목조회 → 수강교과목신청 → 수강신청완료확인 버튼 클릭

※ 예외적으로 신·편입생 첫학기는 수강지정교과목 변경을 원하지 않는 경우는 수강지정 교과목으로 자동신청 할 수 있음

수강신청 방법에 대하여

Q4 2000년 이전에 입학하여 현재 4학년입니다. 그런데 교육과정이 변경되어 현재 개설된 교과목 중에 제가 이수한 과목이 있습니다. 그러면 저에게는 무슨 과목이 지정되며 수강을 해야 하나요? 아니면 4학년 교과과정 그대로 수강해도 됩니까?

한번 학점취득한 교과목은 다시 지정되지 않습니다. 지금까지 학점취득한 교과목에 따라 지정 교과목이 달라지므로 학교홈페이지 학사정보에서 수강 지정된 교과목을 확인하여야 합니다. 4학년이라고해서 4학년 교과목을 수강해야 하는 것이 아니라 지정된 교과목을 참고하여 수강지정 교과목으로 수강 신청하거나 수강지정된 교과목을 취소하고 다른 교과목으로 수강하면 됩니다.

Q5 입학 당시 편입학으로 입학한 학생에 대한 편입학한 학년의 하위학년 교과목에 대한 수강신청은 가능한가요?

모든 학과 및 학년(하위학년 포함)에 개설된 교과목 수강신청 가능합니다.
※ 단, 타학과 교과목을 수강신청할 경우 "일반선택"으로 인정되며, 졸업소요학점에 합산됩니다.

Q6 교육과정 개편으로 통합(2과목 → 1과목)·분리(1과목 → 2과목)된 경우 이전 교과목에 대하여 성적 향상을 위하여 이수가 가능한지요?

통합·분리된 교과목은 구 교과과정의 교과목이 폐지된 교과목이므로 취득 성적 C⁺ 이하일 경우 동일 교과구분의 학점 미취득 교과목으로 대체이수할 수 있으나, 구 교육과정의 교과목을 모두 B 이상으로 이수한 경우 신교과과정의 교과목을 중복 이수할 수 없습니다.

신·편입생의 수강신청 가능학점에 대하여

Q7 신·편입생은 몇 학점까지 수강신청 가능한가요?

신·편입생 첫학기는 '원격대학교육의이해' 교과목(1학점)을 포함하여 19학점까지 수강신청 가능합니다. 첫학기를 제외하고는 원칙적으로 18학점까지 수강신청이 가능합니다.

타학과 교과목 수강 방법 및 절차에 대하여

Q8 타학과 교과목을 수강 신청하고자 합니다. 타학과 교과목 신청 절차는?

① 타학과 교과목 수강신청 허용인원
  • 지역별·학과별·학년별로 당해 학기 등록 예상인원을 감안하여 할당률 적용
② 타학과 교과목 신청 방법
  • 소속학과에 개설된 교과목만 학교에서 지정하기 때문에 타학과 교과목을 수강할 경우 수강신청기간 중에 인터넷으로 수강신청
  - 2개학과 이상의 교과목을 수강 신청할 경우 학과별로 개설학년이 서로 다른 교과목을 신청
  - 소속학과와 타학과에 동시 개설된 교과목은 수강 신청 불가

③ 타학과 교과목 수강신청 절차
- 로그인 → 학사정보 → 수강 → 수강신청/변경 순서로 클릭합니다.
- 수강신청가능교과목 정보화면에서 신청하고자 하는 학과/학년을 지정하고 조회를 클릭하면 선택한 학과에 당해 학기 수강 가능한 교과목이 제시됩니다.
- 수강하고자 하는 교과목의 신청버튼을 클릭하고, 확인을 클릭하면 수강신청한 교과목이 보입니다.

타학과 교과목 이수에 따른 교과구분별 인정에 대하여

Q9 타학과 교과목을 이수했을 경우 교과구분별 인정 여부는?

타학과에 개설된 '전공' 과목을 이수한 경우 「일반선택」 과목으로 인정됩니다.

모든 학년별(1, 2, 3, 4학년)로 타학과 수강신청이 가능한지?

Q10 재학생으로 소속학과 1, 2, 3, 4학년 과목을 모두 수강 신청할 경우 타학과 과목을 수강신청할 수 있는지?

기말시험 및 중간시험을 학년별로 실시하고 있어 2개학과 이상의 교과목을 수강 신청할 경우 학과별로 개설학년이 서로 다른 교과목을 신청하도록 하고 있습니다. 따라서 소속학과 1, 2, 3, 4학년 과목을 모두 수강 신청할 경우 타학과 과목은 수강 신청할 수 없습니다.

Q11 학점이 부족하여 7과목을 수강하고 싶은데 어떤 경우에 1과목을 추가 수강할 수 있나요?

한 학기 수강가능 학점은 18학점(6과목)입니다. 단, 다음과 같은 경우에는 1과목 추가 신청이 가능합니다.

① 직전학기에 전과목(6과목 이상)을 이수하고 F성적없이 평점평균이 3.5 이상인 자는 신규과목으로 1과목 추가 신청할 수 있습니다.

② 102학점 이상 취득한 자는 재이수 과목(C^+ 이하, F포함) 또는 대체이수(C^+~D) 교과목에한해서 추가 신청할 수 있습니다. (단, 2000학년도 이전 입학자는 신규 이수도 가능함)

※ 위 각 항이 중복될 경우 최대 수강가능 학점은 21학점입니다.

동일인정 교과목 재이수에 대하여

Q12 구 교과과정에서 C⁺ 이하인 교과목과 동일인정 교과목의 경우 재이수가 가능합니까? 성적표상에는 어떻게 표기되나요?

재이수가 가능하며 성적표상의 표기는 재이수한 교과목의 교과구분 및 성적으로 표기됩니다. (재이수한 교과목의 성적이 기 취득한 성적과 비교하여 동일하거나 높은 경우에만 인정됨)

※ 자격증관련 교과목은 재이수시 자격증관련 교과목에 포함되지 않을 수도 있으니 반드시 학과 홈페이지의 공지사항 확인하기 바람

3 등록과 휴학

아직 등록금 고지서가 오지 않았어요.

Q1 이번 학기에 등록을 하고 싶은데 등록금 고지서를 못받았습니다.
올해 1학기 등록을 하고 싶은데 등록금 고지서를 받으려면 어떻게 해야 하나요? 별도로 학교에 요청을 해야 하는지 아니면 가만히 있어도 집으로 고지서가 배달되는지 궁금합니다.

등록금 고지서는 우리대학 홈페이지에서 출력하여 사용해야 합니다.

① 우리대학은 '선수강 후등록'이므로 먼저 수강신청을 완료하여야 등록금 고지서를 받으실 수 있습니다.

② 수강신청을 완료하신 분은 등록기간 중에「학교홈페이지 → 학사정보 → 등록 → 등록대상자 조회 → 출력」또는 지역대학, 학습센터, 시군학습관에서 발급 받아 수납은행에 납부하면 됩니다.

③ 인터넷을 이용한 등록금 납부 : 우리 대학 등록금 수납은행(신한, 국민, 우체국)의 인터넷뱅킹에 가입되어 있는 경우에만 가능합니다.

※ 인터넷뱅킹 등록금 납부 방법 : 인터넷 접속(계좌개설 은행별) → 등록금과 교재 대금납부 → 출판문화원 홈페이지에서 교재 받을 주소 확인 → 교재수령

④ 가상계좌로 납부 : 개인별로 부여된 신한은행, 국민은행, 우체국 계좌 번호(가상계좌)로 전국 모든 금융기관에서 무통장 입금이 가능함. (해당 은행 이용시 수수료 없음, 타행 이용시 소액수수료 발생)

⑤ 카드납부 : 학교 홈페이지 → 학사정보 → 등록 → 등록대상자조회에 링크되어 있는 카드사를 선택하여 납부

※ 주소가 변경된 경우 조치 방법 : 학교 홈페이지 로그인 → 개인정보에서 주소변경 입력

등록 후 휴학한 경우 다음 학기 등록금 납부는?

Q2 2014년 1학기에 등록 후 개인사정에 의하여 휴학(수업일수 ½선 이내)하였습니다. 다음학기에 등록할 때 등록금은 얼마를 내야 하는지요?

2014년 1학기에 등록하고 휴학하였기 때문에 기납부한 등록금은 다음 학기(2014년 2학기)로 유보되어 있습니다. 따라서 2014년 2학기 등록고지서에는 「0원」으로 고지되며, 2014년 2학기에 등록을 원할 경우에는 수강신청을 하고 우리대학「홈페이지 → 등록 → 등록대상자 조회」에서 '등록신청' 버튼클릭 등록하거나, 또는 자율경비를 고지된 방법으로 납부하여야만 등록으로 인정됩니다.
(단, 홈페이지와 금융기관의 동시 등록 불가-반드시 한가지 방법 선택)

1학기에는 등록을 하지 않고, 2학기에 등록하고 싶은데.

Q3 저는 작년에 영어영문학과 1학년 1학기를 마치고, 1학년 2학기에 등록하였으나 개인사정으로 전혀 수강을 못 하였습니다. 그래서 올해 1학년 2학기부터 다시 시작 하려고 하는데, 어떻게 처리해야 하는지 알고 싶습니다.

최종 등록 후 연속 2개 학기는 등록을 하지 않아도 자동 휴학 처리됩니다. (제적 처리되지 않음) 올해 1학기 등록을 하지 않고, 2학기에 등록할 경우 2학기를 수강할 수 있습니다.

올해 입학한 학생도 첫학기에 등록을 안할 경우 자동 휴학이 됩니까?

Q4 올해 3학년에 편입했습니다. 그런데 사정이 생겨서 두 번째 학기부터 등록을 하고 싶은데, 이 경우 등록을 하지 않으면 자동 휴학 처리가 되는 것인지요?

입학이 허가된 자는 반드시 지정된 기일 내에 등록금을 납부하여야 하며, 등록 하지 않으면 입학 허가가 취소됩니다. 입학 후 첫 학기는 휴학할 수 없습니다.
※ 군복무, 장기요양, 가족간호, 임신·출산·육아, 해외근무는 휴학가능합니다.

논문제출만 남았는데 등록을 하여야 하나요?

Q5 미이수한 과목이 있어서 작년에 재수강해서 학점 이수를 했고 논문제출만 못해서 졸업이 늦어졌는데 등록을 해야 하는지 알고 싶습니다.

논문은 등록에 관계없이 제출할 수 있으며, 졸업소요학점 취득자는 논문이 통과되어 졸업이 가능할 때까지 제적 처리되지 않습니다.

자퇴 시 등록금 반환에 대하여

Q6 반환은 어느 곳에 신청하며, 반환 금액은 얼마나 되는 건가요?

자퇴 시 등록금 반환은 홈페이지 인터넷접수 또는 지역대학에 등기우편으로 자퇴신청을 하면서 함께 반환신청을 하시면 됩니다. 반환금액은 자퇴할 경우에는 자퇴일이 반환기준일이며, 휴학 후 자퇴할 경우에는 휴학일이 등록금 반환기준일입니다.

신청 방법에 대하여

Q7 반환 받으려면 지역대학에 꼭 가야만 합니까?

자퇴 시 반환신청은 인터넷 홈페이지에서 자퇴신청 시 직접 반환계좌를 입력 하거나, 지역대학에 등기우편으로 자퇴신청을 하실 때는 '등록금 반환신청서'와 '통장사본(본인명의)'을 함께 제출하여 신청하실 수 있습니다.

4 교재구입 방법

Q1. 교재구입은 어떻게 하나요?

① 등록금과 함께 수납은행에 교재대금을 납부하면 택배로 교재를 받을 수 있습니다. (택배비무료, p. 36 교재 구입안내 참조)

② 출판문화원 홈페이지나 교재 판매서점에서도 살 수 있습니다. 등록기간 중에 미처 교재대금을 납부하지 못했거나, 수강신청과목 중 일부만 구입하고자 할 경우에는 등록금납부시 교재대금을 납부하지 말고 출판문화원 홈페이지나 교재 판매 서점에서 직접 구입하면 됩니다.

Q2. 수강신청한 교과목 중 일부 교재만 구입하려고 하는데요?

교재대금을 은행에 납부하지 마시고, 출판문화원 홈페이지나 교재 판매서점에서 필요한 교재를 구입하시면 됩니다.

Q3. 교재대금을 납부했는데 교재가 오지 않네요?

교재대금을 수납은행에 납부한 경우에는 모두 택배로 배송되기 때문에 반드시 출판문화원 홈페이지에 교재를 받을 주소와 전화번호를 확인해야 합니다.

(출판문화원 홈페이지에 접속해서 첫 화면 중앙하단의 '배송지 주소 확인 또는 수강과목 수정' 메뉴 이용. '마이룸' → '내주문내역' → '교재대금 납부 조회 및 수정'으로 들어가도 됨. 대학의 학적사항에 등록된 기존 주소와 별개로 실제 배송받을 주소지 확인 필요)

Q4. 교재대금 납부기간을 놓쳤는데, 어떻게 구입할 수 있나요?

등록기간 중에만 교재대금 은행수납이 가능하며, 이 기간 중 교재대금을 납부하지 못한 학생은 출판문화원 홈페이지나 교재 판매서점에서 교재대금을 결제하고 교재를 구입할 수 있습니다.

Q5. 워크북은 무엇이며, 어떻게 구입할 수 있나요?

교과서와 함께 제공되는 워크북은 교과서 또는 강의를 보완하고 학습자료를 체계적으로 제공하기 위한 목적으로 개발한 교재입니다.

워크북에는 교과목의 특성에 따라 학습 포인트, 핵심내용 요약, 학습활동, 보충학습자료, 자기평가 연습문제 등이 들어 있어 학습에 많은 도움이 될 것입니다. 이 워크북만 따로 구입하는 것은 불가능하며, 워크북이 제공되는 교과목에 한해 본교재를 구입할 때 함께 받게 됩니다.

Q6. 교재대금고지서가 발행되지 않는데요?

수강신청 교과목의 교재대금 합계액이 40,000원 미만일 경우에는 교재대금 고지서가 발행되지 않으니, 이런 경우에는 출판문화원 홈페이지 또는 교재 판매서점을 통하여 별도로 구입하면 됩니다. 또한 교재대금 합계액이 40,000원 이상일지라도 수강신청 교과목 전체를 구입하지 않을 경우에는, 교재대금을 은행에 납부하지 않고 출판문화원 홈페이지나 교재 판매서점에서 직접 구입하는 것이 편리합니다.

Q7. 교재대금을 잘못 납부했습니다. 환불이 가능한가요?

잘못 납부한 교재대금은 출판문화원으로 신청하여 환불을 받을 수 있습니다. 환불 신청 시에는 출판문화원 홈페이지 환불신청란을 이용하고, 환불신청은 교재배송 전 즉 본인이 받을 주소를 등록하기 전까지만 가능합니다.

Q8. 수령한 교재를 반납하고 환불이 가능한가요?

교재 수령 후 15일 이내에 환불 신청이 가능합니다. 교재와 함께 받은 거래명세서 뒷면의 안내에 따라 반납하고 환불을 신청하면 됩니다.(자퇴, 휴학, 입학취소 및 수강과목 변경자 포함)

Q9 파본교재는 어떻게 교환하나요?

파본교재는 출판문화원 또는 전국 지정공급서점에서 즉시 교환해 드리고 있으니 편리한 방법으로 교환하기 바랍니다.

▶ 교환방법

- 출판문화원 교환 : 파본교재와 본인 인적사항을 출판문화원으로 송부하거나(문의 : 1644-1232), 출판문화원 홈페이지에 교환 신청('마이룸' → '교환/추가배송 신청 및 확인')
- 서점 교환 : 본인이 직접 파본교재를 가지고 방문해서 교환

※ 단, 학습메모로 인하여 파본교재의 회수가 곤란한 경우에는 사실 확인 후 교환해 드립니다.

5 수업 방법

타학과 교과목 출석수업 방법 및 시험응시 방법에 대하여

Q1 타학과 교과목 수강시 출석수업 및 시험응시 방법은?

1. 출석수업 방법 : 소속 지역대학에서 타학과 교과목에 해당되는 학과·학년의 출석수업기간 및 지정 시간에 수업 실시
2. 시험응시 방법
- 기말, 중간시험 : 타학과 교과목에 해당되는 학과·학년의 시험기간 및 지정시간에 시험응시
- 출석수업대체시험 : 타학과 교과목 수강 신청자도 소속학과 시험장소에 마련된 타학과 고사실에서 시험 응시

출석수업장소 변경에 대하여

Q2 출석수업 신청은 어떻게 하며, 출석수업을 타 지역대학에서 받을 수 있는지요?

출석수업 신청은 수강신청으로 대체하며, 수강신청과 동시에 출석수업 대상자가 됩니다. 소속지역 대학이 아닌 타지역대학에서도 출석수업을 받을 수 있습니다.

▶ 수강신청기간 중 : 인터넷으로 출석수업장소 변경 신청
- 홈페이지 → 학사정보 → 수업/시험 → 출석수업장소변경 → 변경할 교과목을 선택 → 하위 장소변경 목록에서 해당 변경 버튼으로 수정 처리

▶ 수강신청기간 이외 : 출석수업 시작 15일 전까지 수강할 지역대학으로 변경 신청
- 소정 양식에 의거 신청서를 작성하여 변경하고자 하는 지역대학에 출석수업 시작 15일 전까지 직접 방문, 우편 또는 FAX로 제출. (양식은 홈페이지로그인 후 '학생서식'에서 '출석수업장소변경신청서'를 다운받아 사용)

출석수업 수강유형 변경에 대하여

Q3 출석수업을 받지 않고 출석수업대체시험에 응시하고자 할 경우에는 어떻게 하여야 하나요?

출석수업을 받지 않고 출석수업대체시험에 응시하고자 할 경우에는 수강신청 기간 중에 홈페이지 → 학사정보 → 수업/시험 → 출석수업유형변경(출석/대체) → 과목과 유형 변경 → 수정 후 모니터 상단에 "수정이 잘 되었습니다."라는 메시지가 나타나면 정상적으로 처리되었으므로 출석수업대체시험을 응시할 수 있습니다.

단, 유아교육과의 전공과목과 교직과목은 학과를 불문하고 유치원 2급 정교사 이상의 자격증이 있어야 출석수업대체시험이 가능하며, 자격증이 없을 경우는 출석수업을 받아야 합니다.

※ 대체시험 변경 불가에 대한 자세한 내용은 학교홈페이지의 출석수업 시행 계획을 확인하시기 바랍니다.

6 U-KNOU 캠퍼스

공통

Q1. 제작중입니다 라고 나오는 강의는 왜 그런가요?

'제작중입니다' 라고 표시되는 강의는 신규제작 강의입니다.
신규제작 강의는 강의 제작기간 동안 1강부터 순차적으로 제작되어 업로드 됩니다.

Q2. 복수전공 강의는 어디서 볼 수 있나요?

원 소속학과 강의는 마이페이지 하단의 '소속학과 강의보기'를 통하여 1~4학년 강의를 모두 볼 수 있습니다. 복수전공 강의는 U-KNOU캠퍼스 상단에 조건검색 -> 주제별 검색에서 해당 전공 학과로 들어가시면 1~4학년 강의를 모두 보실 수 있습니다.

Q3. 마이페이지에 수강신청한 과목이 보이지 않습니다. (학적이 여러 개인 경우)

방송대 학생의 경우 학적이 여러 개인 학생은 대표유형이 설정되어 있습니다. 방송대 홈페이지에서 로그인 후 개인정보관리(비밀번호 입력)/개인정보변경/대표유형선택에서 현재 선택된 유형 외에 원하는 다른 유형을 선택하시면 변경되어 적용됩니다.

Q4 강의계획서는 어디에 있나요?

강의계획서는 별도메뉴로 제공하지 않습니다.

교과목 관련 내용은 U-KNOU캠퍼스 강의 홈페이지에 강의 소개와 강의 목차에서 확인이 가능합니다.

PC

Q5 U-KNOU캠퍼스 이용 시 PC 권장사양은?

- 하드웨어 환경

  화면해상도 : 1280 * 1024 이상, 네트워크 : 100Mbp 이상

- 소프트웨어 환경

  운영체제 : Win 8 이상, MAC Sierra 이상

  ※ Win XP, Win 7은 MS사의 지원 종료로 인해 지원하지 않습니다.

- 브라우저: Microsoft Edge, Chrome, Safari

  ※ Internet Explorer는 MS사의 지원 종료로 인해 지원하지 않습니다.

Q6 배속재생 시 음성이 이상하게 들립니다.

시스템 사양 문제로(PC, 모바일) 고화질에서 재생 시 음성을 원활하게 처리하지 못할 때 나타나는 현상입니다. 동영상 화면 옵션에서 '화질'을 저화질로 선택하고 배속기능을 사용하시면 음성이 좀 더 원활하게 들립니다. 또한 동영상 시작 후 1~2분 정도 후에 배속기능을 사용하시면 음성이 좀 더 원활하게 들립니다.

모바일

Q7 U-KNOU캠퍼스 이용 시 스마트폰 권장사양은?

○ Android (삼성, LG 등) : Android 7.0 이상
○ iOS (iPhone, iPad) : iOS 13 이상

유노캠퍼스 사용을 위한 최소사양은 다음과 같습니다.
○ Android (삼성, LG 등) : Android 6 이상
○ iOS (iPhone, iPad) : iOS 13 이상
※ 원활한 학습을 위해 스마트폰의 운영체제를 주기적으로 업데이트하시기 바랍니다.

Q8 강의를 수강하였는데 학습 완료가 되지 않습니다.

강의 수강 후 학습종료 버튼을 눌렀는지 확인해주십시오.

Q9 다운로드보관함 동영상이 오류로 열리지 않습니다.

안드로이드 스마트폰에서 '재생할 수 없는 동영상입니다'라고 뜨는 경우는 앱의 다운로드보관함을 통해서 파일을 삭제하지 않고 다른 경로로 동영상 파일이 삭제된 상태입니다. 다운로드 보관함에는 목록만 남아있고 동영상 파일은 존재하지 않기 때문에 생기는 문제입니다. 이런 경우 반드시 앱(APP)의 다운로드 보관함에 남아 있는 파일을 삭제한 후 다시 다운로드를 받으셔야 합니다.

Q10 다운로드가 오래 걸리거나 오류가 납니다.

대중교통이나 공용 네트워크 등 네트워크 상태가 좋지 않은 경우 다운로드 속도가 늦어지거나 오류가 생길 수 있습니다. 공용 와이파이 상태에서 데이터를 이용하시거나 네트워크 접속 상태가 좋은 환경에서 다운로드 받으시길 바랍니다. 다운로드 중 네트워크 환경이 바뀌면 (Wi-Fi→LTE 또는 LTE→Wi-Fi) 다운로드가 취소됩니다.

Q11 다운로드보관함 동영상 학습 시 데이터가 사용되나요?

다운로드 보관함에서 다운로드가 완료된 파일을 학습할 경우는 데이터 사용 없이 이용 가능 합니다

7 성적평가 방법

불가피한 사정(喪을 당했거나 병원에 입원, 출산 등…)으로 정해진 기간에 시험에 응시하지 못할 경우 대체할 수 있는 방법이 있는지?

Q1 저는 ○○과 ○학년 학생입니다. 기말시험을 앞두고 갑자기 교통사고를 당해 병원에 입원하였습니다. 중간시험은 응시하였고 기말시험만 남겨두고 있는데, 도저히 기말 시험 기간에 시험을 치를 수 없을 것 같습니다. 저 같은 경우 기말 시험을 대체할 수 있는 방법이 있는지요?

불가피한 사유(직계존속 사망, 입원, 출산, 각종사고)로 기말시험에 응시하지 못할 경우 지역 대학장의 승인을 받아 추가과제물시험에 응시할 수 있는 제도가 있습니다. 또한 일부 교과목의 경우 계절수업을 통하여 학점을 취득하는 방법이 있으니 활용하기 바랍니다.

소속 지역대학이 아닌 다른 지역대학에서 시험에 응시할 수 있는지?

Q2 경기지역대학 소속 ○○과 ○학년 학생입니다. 기말시험 기간에 갑자기 지방(부산)에 내려가야 할 일이 생겼습니다. 경기지역대학에 해당하는 시험장이 아닌 부산지역 시험장에서 시험을 볼 수 있는지요?

모든 시험은 시험 당일 해당 시험장 및 시험실에서 응시하여야 학점을 취득할 수 있습니다. 다만, 불가피한 사정이 있을 경우 지역대학장의 허가를 받아 다른 시험장 및 시험실에서 시험에 응시할 수 있습니다. 이 경우에는 응시하려고 하는 부산지역 대학에 문의하여 안내를 받기 바랍니다.

중간평가 및 기말평가에 응시하지 않은 경우

Q3 저는 2010년도에 ○○과 ○학년에 입학한 학생입니다. 입학하여 지금까지 한번도 응시하지 못하고 있습니다. 어떻게 지금이라도 다시 시작할 수 있는지 알고 싶습니다.

방송대학은 일반 대학과 달리 모든 과목을 F를 받아도 제적되지 않고, 재학 연한이 없으므로 졸업할 때까지 등록하고 학업을 계속할 수 있습니다. 이번 학기에 학점 취득을 하지 못하면 재이수하면 됩니다. 한 학기에 전과목을 이수하기 힘든 경우 2, 3과목씩 꾸준히 학점을 취득해 나가는 방법도 있을 것입니다. 단, 3개 학기 연속 등록을 하지 않을 경우 제적처리되므로 이점 유념하기 바랍니다.

시험을 봤는데 성적이 아직 안나왔어요.

Q4 △△지역대학 소속 ○○과 ○학년 학생입니다. 중간과제물시험 성적을 조회해 보니 1과목이 아직 성적이 나오지 않았습니다. 같이 시험 본 학생들은 모두 점수가 나왔다는데 저의 시험답안지만 채점이 누락되어 0점 처리되는 것은 아닌지요?

성적처리는 지역별로 다소 다른데 서울지역의 경우 과제물의 수량이 많습니다. 평가량이 많은 경우에는 한달 보름정도 소요됩니다. 채점이 된 과목은 성적 조회가 되나, 아직 채점중인 과목은 조회가 되지 않습니다. 상세한 원인을 알고 싶다면 본인이 시험을 응시한 지역대학에 문의를 하면 알 수 있습니다. 만일 채점이 누락되었을 경우 추후 성적이의신청기간에 이의 신청을 하면 정정할 수 있으니 해당 지역대학에 문의하기 바랍니다.

재이수시 성적처리는?

Q5 지난 1학년 2학기 성적이 나빠서 재이수하려고 하는데, 전에 성적이 D인 과목을 이번에 재이수하여 A가 나올 경우 성적증명서에는 어떻게 기록이 되는지요?

C^+ 이하 과목(F성적 포함)은 한 학기에 6과목까지는 재이수 신청하여 성적을 향상시킬 수 있습니다. 이 경우 더 좋은 성적으로 기재됩니다. 즉, 성적증명서에는 더 좋은 성적인 A로 기재됩니다. (학칙 제56조, 학업성적평가 처리규정 제11조)

일부과목 이수자 성적처리에 대하여

Q6 졸업유보 신청을 하고 몇 과목을 다시 수강하여 이번 8월에 졸업입니다. 성적을 확인해 보니 3학년때의 과목 '교수학습이론과매체'를 신청하였는데 과정이 바뀌었 는지 4학년 1학기로 나옵니다. 매학기 6과목씩 신청하여 들었는데 3학년 1학기는 5과목, 4학년 1학기는 7과목으로 성적이 산출되어 나오는 것이 맞는지요? 이렇게 되면 성적에 조금 차이가 생기는건 아닌지요?

성적은 교과목 개설 학년별로 표기가 됩니다. 즉 1학년 개설교과목이면 1학년 성적란에, 3학년 개설교과목이면 3학년 성적란에 표기되며, 교과과정이 개편되는 경우에는 이수 학년이 다르게 표기될 수 있으나 전체 성적에는 아무런 변동사항이 없습니다.

성적이의신청은 어떻게 하는지?

Q7 ○○과 ○학년 편입생입니다. 과제물 성적이 나왔는데, 제가 생각한 점수와는 너무나 큰 차이가 있습니다. 이런 경우 성적이의신청을 할 수 있는지요?

일단 평가 후 정당하게 부여된 성적은 정정할 수 없습니다. 다만, 성적표상의 기재 착오, 누락이 있는 경우에 한하여 성적이의 신청기간 내에(학보 및 홈페이지에 공지함) 소속지역대학에 가서 성적이의신청을 할 수 있습니다. 학생의 답안지 및 과제물 점수를 조회한 후 이상이 있을 경우에만 성적이의신청서에 인적사항과 신청내용을 정확히 기재한 후, 성적이의신청서를 접수하면 됩니다. 위에 안내한 바와 같이 처리과정에서 행정적으로 잘못된 부분이 아닌이상, 성적이의신청을 할 수 없습니다. (학업성적평가 처리규정 제7조)

8 졸업 방법

졸업소요학점에 대하여

Q1 저는 2007학번으로 교양41학점, 전공84학점, 일선9학점 등 총 134학점을 취득 하였으나 1학년 1학기 2과목과 4학년 2학기 3과목을 이수하지 못한 상태입니다. 총 취득학점이 140학점이면 졸업이 되는 것으로 알고 있는데 나머지 과목을 전부 이수하여야만 하는지 궁금합니다.

일반적으로 졸업기준 요건이 충족되면 나머지 과목을 이수하지 않아도 되며, 이수하지 못한 교과목은 성적표에 기재되지 않습니다.

▶ 졸업기준
- 졸업학력평가 : 졸업논문(졸업논문대체) 제출에 의한 심사 통과자
- 졸업소요학점 : p. 78~81참조

졸업증서 신청에 대하여

Q2 졸업생인데 졸업장을 수령하지 못하였습니다. 직접 가지 않고 우편으로 받을 수는 없습니까?

우편수령을 원할 경우에는 학과, 학번, 성명, 주소, 연락처를 기재한 신청서와 회신용 우표(등기우편 소요되는 금액의 우표)를 동봉하여 본인의 소속 지역 대학으로 신청하면 해당 주소로 졸업증서를 발송해 드립니다. (소속지역대학 전화상담 후 신청)

홈페이지 → 학적 → 졸업증서(상장, 자격증, 졸업증서) 수령증
※ 등기우편 시 서식 활용함

9 재입학 방법

제적되었던 학과를 다시 연장(재입학)하여 학업을 계속할 수 있는지?

Q1 저는 보건위생학과(현재는 보건환경학과)에 입학해서 교양 38학점과 전공 72학점을 취득하여 총 110학점이며, 논문은 통과되었습니다. 1999학년도 1학기 등록을 하고 그 이후 바빠서 등록을 못했었습니다. 학교에 문의해 보니 제적 처리되었다고 합니다. 그동안 이수한 학점이 아까운데 구제받을 수 있는 방법이 있습니까?

최종 등록 이후 2개 학기까지 등록하지 않으면 자동휴학 처리되고, 3개 학기째에 등록하지 않을 경우에는 제적 처리됩니다.

재입학은 제적된 학과로의 학적을 복원하는 것을 의미하며 매년 2회(매년 12월, 6월) 신청 가능합니다. 재입학 신청·접수는 별도의 서류제출 필요없이 인터넷으로만 신청이 가능하며, 그 신청 자격은 다음과 같습니다.

① 현재 개설되어 있는 학과의 학사과정에서 제적된 자 (단, 초등교육과는 학과 폐지로 불가)
② 과거에 재입학 사실이 없거나, 재입학 횟수가 1회인 자
③ 징계에 의하여 제적된 자는 제적일로부터 2년이 경과된 자

- [재입학이 허가된 학생은 재학 당시 학번(2000학년도부터 학번 체계가 변경되었음) 및 기 이수학점을 모두 인정합니다.]
  - 제적 여부 확인 : 학교홈페이지(https://www.knou.ac.kr) → ID등록 → 나의정보 → 나의학사 종합정보
  - 재입학 신청 방법 : 학교홈페이지(https://www.knou.ac.kr) → ID등록 → 나의정보 → 종합신청정보 → 학적 → 재입학 신청

※ 참고사항
- 타학과로의 재입학은 불가능합니다. 타학과에 입학을 원할 경우에는 신·편입생 모집 기간에 지원서를 접수하여 입학전형 절차를 거쳐야 합니다.
- 재입학은 정원의 여석 범위 내에서 가능하며 학사과정(5년제 또는 4년제) 제적자만 신청할 수 있습니다. (단, 초등교육과는 학과 폐지로 불가)
- 교원 및 의료인의 양성과 관련되는 유아교육과 및 간호학과는 모집단위별 입학정원의 범위에서 재입학을 허가하므로 1학기 재입학에서는 제외, 2학기는 여석이 있는지 확인 후 신청

10 다른 학과로 편입

영어영문학과 학생이 국어국문학과로 편입이 가능한지?

Q1 현재 총취득학점 58학점을 이수한 영어영문학과 학생입니다. 2019학년도에 국어 국문학과로 전과하고 싶은데 가능한가요?

먼저, 우리 대학교는 전과제도가 없음을 알려드립니다. 다만, 타학과로 학과를 변경하고자 할 경우에는 소정의 학점을 이수한 후 편입생 모집기간에 입학 지원서를 접수하여 입학전형 절차를 거쳐야 합니다. 그 편입 자격 요건은 아래와 같습니다.

※ 한국방송통신대학교 학사과정 재적생(72~80학번까지의 전문대학 과정은 제외)으로서 우리대학 성적으로 편입학할 경우

▶ **2학년 편입 지원자격 요건**
- 신입생(1학년)으로 입학 후 2학년에 재편입하고자 할 경우
  - 2009학번 이전 : 2018학년도 2학기까지 33학점 이상을 취득하여야 지원 가능합니다.
  - 2010학번 이후 : 2018학년도 2학기까지 35학점 이상을 취득하여야 지원 가능합니다.
- 2·3년 편입생으로 입학 후 2학년에 재편입하고자 할 경우
  - 우리대학에서 18학점 이상을 취득하여야 지원 가능합니다.

▶ **3학년 편입 지원자격 요건**
- 신입생으로 입학한 후 3학년에 재편입하고자 할 경우
  - 2009학번 이전 : 2018학년도 2학기까지 69학점 이상을 취득하여야 지원 가능합니다.
  - 2010학번 이후 : 2018학년도 2학기까지 70학점 이상을 취득하여야 지원 가능합니다.
- 2학년 편입생으로 입학한 후 3학년에 재편입하고자 할 경우
  - 우리대학에서 36학점 이상을 취득하여야 지원 가능합니다.
- 3학년 편입생으로 입학 후 3학년에 재편입하고자 할 경우
  - 우리대학에서 18학점 이상을 취득하여야 지원 가능합니다.

유아교육과 3학년 편입 자격은?

Q2 전문대학 졸업 후 2011학년도에 한국방송통신대학교 2학년에 편입하여 총 취득 학점이 70학점이며, 현재 보육교사로 재직 중에 있습니다. 유아교육과 3학년으로 편입하고 싶은데 자격이 되는지요?

유아교육과 3학년 편입은 유치원 정교사 자격증 소지자만 지원이 가능합니다.
유치원 정교사 자격증 미소지자는 3학년 편입이 불가능하므로 2학년으로 편입학해야 합니다.

다른 학과 입학으로 학적이 2개가 되는데…

Q3 현재 1학년 학생입니다. 올해 1학년 과정을 이수하고 내년에 다시 다른 학과 2학년으로 편입을 하려고 합니다. 그러면 학적이 2개가 되는데, 어떻게 해야 되는지요? 그리고 최근 2년간 신·편입학 지원자 현황을 알고 싶습니다.

우리 대학교 재적생이 다른 학과에 지원하여 합격한 후 등록할 경우에는 기존 학적(구 학적)은 학교에서 자동으로 제적 처리합니다.
신·편입학 지원자 현황은 홈페이지 상단메뉴 → 입학안내 → 입학자료실에 자세히 공지되어 있습니다.

11 학생복지 혜택

장학 혜택에 대하여

Q1 2020학년 1학기에 3학년 6과목과 1학년 1과목을 수강신청했는데 1학년 것은 시험을 보지 않았고 3학년 6과목만 평점 3.3을 받았습니다. 그러면 장학생이 되지 못하는 건가요? 7과목을 모두 이수한 경우에만 장학생이 되는 것인가요?

초과 이수자는 7과목을 이수하고 동 평점평균이 상위 5% 이내이어야 전액 장학생이 됩니다.

휴학에 따른 장학혜택에 대하여

Q2 국어국문학과 1학년인데요, 2학기때 수업료 면제가 된다고 하더군요. 2학기 등록을 안 하고 3개 학기를 쉬려고 하는데 다음해에 등록할 때도 수업료 면제가 가능한가요?

장학금 수혜학기에 등록을 한 후 휴학원을 제출하셔야 수업료 면제 장학 혜택이 유보가 됩니다. 즉, 장학생의 등록금은 등록 후 휴학생과 동일하게 처리합니다.

학생회 임원 장학혜택에 대하여

Q3 1학기에 ○○지역대학 ○○학과 학생회장으로 활동하였는데, 2학기에 학생회 임원 장학금을 받으려면 어떤 자격이 필요한가요?

학생회 임원으로 활동하였을 경우 다음 학기에 학비감면을 받을 수 있습니다. 직전 학기 4과목이상 이수하고, F학점을 제외한 평점평균이 2.0 이상 되어야 합니다. 감면 대상과 감면내역(장학금)은 별도기준으로 정하고 있습니다. 또한 학생회 임원장 학금은 학생회비를 납부하지 않은 경우에는 지급대상에서 제외되므로 등록기간 중에 반드시 학생회비는 납부하여야 합니다.

재입학에 따른 국가유공자 학비감면 혜택에 대하여

Q4 1997년에 3학년에 편입하여 4학년 2학기까지 마쳤고 한 과목 성적이 나오지 않은 채 미등록으로 제적이 되어 이번 2011학년도 1학기에 재입학 허가를 받았습니다. 친정아버님이 국가무공수훈자이신데 결혼한 딸도 수혜가 가능하다고 하여 문의 드립니다. 재입학자도 해당이 되나요?

국가유공자 자녀는 출가한 딸도 보훈 혜택을 받습니다. 그리고 재입학생은 최종 학기의 성적이 전과목 수강신청하고 F학점을 포함한 백분율 점수가 70점 이상 되어야 혜택을 받을 수 있습니다.

사회봉사활동 학점인정에 대하여

Q5 사회봉사활동으로는 몇 학점까지 이수 할 수 있나요?

학기 당 1학점 씩 재학 중 최고 2학점까지 취득할 수 있습니다.
(홈페이지 → 대학생활 → 학생지원안내 → 사회봉사활동 → 봉사활동 학점인정 참조)

Q6 사회봉사과목은 최대 수강신청 학점에 포함이 되나요?

사회봉사과목은 최대 수강신청 학점에 영향을 받지 않고 별도로 수강신청 할 수 있으며, 전체학점에는 포함하나 평점평균에는 영향을 미치지 않습니다. 다만, 등록금 차등납부 시에는 사회봉사과목도 1과목으로 인정받습니다.

미등록자 사회봉사활동 학점신청에 대하여

Q7 미등록자가 학기 말에 봉사활동 학점신청이 가능한지 궁금합니다.

미등록자는 봉사활동 학점을 신청 할 수 없습니다.

학자금대출 신청에 대하여

Q8 한국장학재단 학자금대출은 어떻게 신청하나요?

홈페이지에 공지된 대출신청기간에 한국장학재단(http://www.kosaf.go.kr)에 회원가입하여 신청하면 됩니다. 자세한 사항은 한국장학재단 홈페이지 공지 및 대출절차 등을 참고하기 바랍니다.

군입영 시기에 대하여

Q9 군입영 시기를 정하려고 하는데 어떻게 하면 됩니까?

재학생 입영원서를 제출하면 접수순으로 반영되고, 단 입영희망 시기가 일정 시기에 집중되었을 때에는 원하는 시기에 입영하지 못하는 경우가 있습니다.

입영 희망시기 변경에 대하여

Q10 재학생 입영 희망시기를 변경하려면?

재학생 입영 희망시기 변경은 1회에 한하여 출원이 가능하며 입영 통지된 사람은 입영 시기를 변경할 수 없습니다. 단, 재학생 입영 희망시기 변경원을 출원한 사람은 재학생 입영원을 취소할 수 없으므로 신중히 생각하여 출원하기 바랍니다.

졸업포상제도에 대하여

Q11 졸업포상제도에 대해 알고 싶습니다.

졸업대상자 중 학업성적(평점평균)이 학과 별 상위 15퍼센트 이내 이면서 3.0 이상인 자에게 포상합니다.

장애학생 학습자료 제공에 대하여

Q12 시각장애인 학습자료 신청 및 발송에 대하여 알고 싶습니다.

시각장애인 및 복합장애인 학습편의를 제공하기 위하여 인쇄 매체로 제작되어 있는 각종 시험자료, 학보특강, 비출석수업 온라인강좌, 기출문제 등 학습자료를 오디오 테이프로 제작하여 무료로 지원하고 있습니다.

장애학생 도우미에 대하여

Q13 장애학생 도우미에 대하여 문의하고 싶습니다.

본교 재학 중인 장애학생에게 평상시 학생활동에 도움을 주거나 각종 시험대필, 대독 등 교육활동을 보조하는 도우미입니다.

장애학생 장학 혜택에 대하여

Q14 재학 중인 장애학생을 위한 장학혜택이 있나요?

장애학생에게 지급되는 장학금으로는 교내 학생후생복지 장학금이 있습니다. 학기별로 별도의 세부기준을 정하여 운영하고 있습니다.
자세한 사항은 추후 공지사항(학보 또는 홈페이지)을 참고하기 바랍니다.
특히 학생후생복지장학은 학기별 신청에 따라 감면됨으로 신청 시기에 유의하기 바랍니다.

12 진로·심리상담 서비스

Q1 심리상담 서비스를 통해 어떤 도움을 받을 수 있나요?

심리상담실 홈페이지(http://counseling.knou.ac.kr)에 들어가시면 온라인 자가 진단 검사(학습문제진단, 학습스타일, 우울검사, 적성검사)를 통해 자신의 학습 및 적성, 그리고 우울정도를 점검해볼 수 있습니다. 자료실에는 웹기반 학습방법 및 전략 프로그램, 진로 진단 및 설계에 관한 프로그램, 정서·대인관계·성 관련자료 등이 마련되어 있습니다. 좀 더 개별적인 상담을 원하면 이메일상담(공개, 비공개 선택 가능), 전화(☎ 02-3668-4490)상담, 대면상담(서울지역대학)을 받으면 됩니다.

Q2 이메일상담 서비스를 받으려면 어떻게 해야 하나요?

방송대 심리상담실 홈페이지(http://counseling.knou.ac.kr) → 온라인 상담 클릭

- 상담내용 작성(공개, 비공개 선택)
- 상담내용을 작성하면, 개인 이메일로 답변이 전달됨
- '비공개'는 제목만 명시되고 다른 사람이 상담내용을 볼 수 없고, '공개'는 제목을 클릭하면 다른 사람이 상담내용과 답변내용을 볼 수 있음

Q3. 진로상담 서비스를 받으려면 어떻게 해야 하나요?

- 온라인 진로상담 : 진로경력개발 홈페이지 (https://faculty.knou.ac.kr/~career) 채용 및 교육 훈련정보, 경력개발특강 다시보기 제공
- 오프라인 진로상담 : 서울지역대학 3층 312호 전화예약(☎ 02-3668-4490) 후 심리검사(진로 및 성격) 실시 후 1:1 진로상담 제공

Q4. 집단상담 및 워크숍 신청은 어떻게 하나요?

학습전략, 진로계획, 부모교육, 의사소통 등의 다양한 주제로 정기적으로 오프라인 집단상담 및 워크숍 프로그램을 마련하고 있습니다. (3, 5, 7, 9월에 실시)

- 학보 혹은 심리상담실 홈페이지 공지사항코너 확인
- 심리상담실 홈페이지 → 오프라인 상담신청 → 집단상담 신청/워크숍 및 특강 신청을 클릭
- 신청서를 작성하면 참석가능 여부를 이메일로 알려드림

13 신교육과정 및 복수전공

신교육과정 주요내용에 대하여

Q1. 2010학년도 이후 신교육과정 개편으로 크게 달라진 내용은 무엇입니까?

급변하는 사회변화에 맞추어 교육과정의 유연성 제고 및 다양한 전공 학습의 기회를 제공하기 위하여 교양 학점(30학점에서 24학점)을 조정하고 전공교과목 개설을 확대하였으며 또한 2012학년도부터 복수전공과 연계전공을 운영하고 있습니다.

Q2 신·편입생 대상으로 입학 첫 학기에 1학점 교과목 개설하는 「원격대학교육의 이해」는 반드시 이수를 해야 하나요?

「원격대학교육의 이해」 교과목은 신·편입생을 대상으로 1, 2, 3학년 1, 2학기에 모든 학과에 공통으로 개설되어 대학생활을 좀 더 성공적으로 지낼 수 있도록 대학소개 및 원격학습방법 등을 이해할 수 있는 교과목입니다. 이 교과목은 반드시 이수해야 하는 교과목은 아니며, 해당 강의를 모두 수강하고 연습문제를 완료하면 학점을 취득하게 됩니다.

복수전공 및 연계전공 적용대상에 대하여

Q3 2012학년도부터 복수/연계전공을 운영한다고 하는데 2010학년도 신입생도 복수/연계 전공을 신청할 수 있나요?

2010학년도 신입생이 복수전공은 신청할 수 있으나, 연계전공은 2011학년~2017학년도 신입생(편입생 제외)부로 입학하여야 신청할 수 있습니다.

복수전공과 연계전공의 차이점에 대하여

Q4 복수전공과 연계전공의 차이점이 무엇인가요?

복수전공은 소속 학과 전공과 별도로 소속 학과 외 전공을 이수하도록 운영하는 것이고, 연계전공은 몇몇 학과가 연대하여 전공을 구성·운영하는 것을 말합니다.

- 복수전공(학과)/연계전공(사회복지) 비교표

구 분	복수전공	연계전공
시행시기	2012학년도 부터	2012학년도 부터
적용대상	신·편입생	2011~2017학년도 입학신입생 (편입생 제외)으로 연계 전공 참여학과 소속 학생
운영학과	아래 학과를 제외한 전 학과 사회복지학과, 농학과, 생활과학부(가정복지학 전공, 식품영양학 전공, 의류패션학전공), 간호학과, 교육학과, 청소년교육과, 유아교육과 ※ 상기학과 학생들은 복수전공 운영학과 복수전공 이수는 가능함. (p.67 참조)	• 주관학과 : 사회복지학과 • 참여학과 : 행정학과, 법학과, 생활과학부 (가정복지학 전공), 보건환경학과, 교육학과, 청소년교육과, 유아교육과
신청자격	신입생은 36학점 이상 2학년 편입생은 45학점 이상 3학년 편입생은 81학점 이상 - 공통요건 : 총 평점평균 3.5 이상	신청 전 최종등록학기 전 과목을 이수하고 취득학점이 36학점 이상 81학점 이하인 자로서 총평점평균이 3.0 이상인 자
신청가능 횟수 및 취소	• 1회 신청 • 1회 취소(학기별)	• 1회 신청 (미승인자 : 1회에 한해 추가신청 기회부여) • 1회 취소 (학기별)
선발방법	신청자격을 갖춘 복수전공 이수 신청자 전원	신청자격을 갖춘 연계전공 신청자 중 선발 정원의 범위 내에서 성적순으로 선발
학기당 수강신청 학점	• 제1, 제2 전공 합하여 18학점까지 • 기타 일반 수강신청 원칙과 동일	• 주전공, 연계전공 합하여 18학점까지 • 기타 일반 수강신청 원칙과 동일
학위수여	복수전공학과 및 복수전공명 부기	연계전공명(사회복지) 및 연계전공학위명(사회복지학사) 부기

※ 2017학년도 신·편입생부터 생활과학부(의류패션전공)은 복수전공 제외학과에 포함

복수전공학과 신청 범위에 대하여

Q5 2011학년도 유아교육과 신입생이 국어국문학과와 법학과에서 복수전공을 이수 하고 싶을 경우 어떻게 신청해야 하나요?

복수전공은 제1전공(유아교육과)을 포함하여 제2전공까지만 신청하여 이수할 수 있습니다. 따라서, 국어국문학과 또는 법학과 중 1개학과를 결정하여 복수전공 이수를 신청하셔야 합니다. 신청 방법은 자격요건이 충족된 자로서 등록 후 학사정보시스템을 이용하여 신청하며, 복수전공 이수 시기는 신청한 학기가 속한 다음 학기부터입니다.

복수전공 이수자의 전공이수에 대하여

Q6 복수전공 이수중에 있는 학생입니다. 제가 소속한 학과 전공과 복수전공 소속 학과 전공이 함께 개설될 경우, 복수전공 소속 학과 전공을 이수할 수 있나요?

이 경우, 소속 학과 전공만 이수할 수 있습니다.

복수전공 졸업요건 미달자의 졸업 방법에 대하여

Q7 프랑스언어문화학과에서 복수전공 이수중인 영어영문학과 4학년 학생일 경우, 주전공인 영어영문학과에서 졸업소요학점이 충족되고 논문도 모두 합격 하였습니다. 그러나 140학점중 프랑스언어문화학과 복수전공에서 30학점을 이수하고 대학원 진학으로 인해 졸업을 희망합니다. 어떻게 하면 졸업을 할 수 있는지요?

복수전공 취소신청을 학교에서 공지한 기간 내에 학사정보시스템을 통하여 신청 하시면, 영어영문학과 해당 학위를 받고 졸업할 수 있습니다.

※ 복수전공 이수자가 제1전공 학과의 졸업 요건을 전부 취득하였어도 제2전공 학과의 졸업 요건을 취득하지 못하였을 경우에는 제1전공 졸업을 불허함. 다만, 학교에서 공지한기간 내에 복수전공 취소신청을 할 경우에는 제1전공으로 졸업할 수 있음

14 대학원 상담

대학원 수업에 대하여

Q1 수업방식은 어떤 방식으로 이루어지나요?

대학원의 모든 수업은 온라인(인터넷)으로 이루어져 있습니다. 다만, 학기당 1~2회 정도의 오프라인 세미나 및 워크숍 등을 통하여 수업을 보충하고 있으며 각 과목마다 강의 담당교수와 튜터가 있어 궁금한 점을 즉시 답변해 주고 있습니다.

대학원 학위취득에 관하여

Q2 졸업에 필요한 요건은 어떻게 되나요?

학위를 취득하기 위해서는 전공 24학점 취득후 논문 작성을 하거나 논문대체 학점(6학점)을 이수하여 졸업할 수 있으며, 이수학점의 평점평균은 B⁰(평점3.0) 이상이어야 하고, 외국어시험과 종합시험에 합격하여야 합니다.

대학원 지원시 학부전공이 다른 경우에 대하여

Q3 대학원 지원시 학부전공이 다른 경우에 대하여

대학원은 전공이 달라도 지원이 가능합니다. 다만, 유아교육학과는 유치원 정교사 자격증, 간호학과는 간호사 면허증을 소지한 분에 한해서 입학이 허용됩니다.

타 대학원 박사과정 지원에 대하여

Q4 대학원을 졸업하면 타 대학원 박사과정에 지원이 가능한가요?

대학원은 일반대학원과 마찬가지로 고등교육법에 의해 학위를 인정받으므로 타 대학원 박사과정 입학 자격에 전혀 문제가 없습니다.

대학원 신입생 모집에 대하여

Q5 신입생 모집은 언제 하나요?

우리대학원 원서접수는 매년 10월 중순부터 10월 말까지입니다. 단, 결원이 발생한 학과에 한하여 5월중 가을학기 신입생을 모집합니다.

한국방송통신대학교
2021학년도 1학기 대학생활 길라잡이

인쇄·발행　2021. 1.
발행인　　 류수노
발행처　　 한국방송통신대학교
기획·제작　한국방송통신대학교 학생처

2024년 모집요강

한국방송통신대학교
PRIME COLLEGE

국립대 100% 온라인 학사학위 과정

2024학년도 2학기
신·편입생 모집요강

2024.6.10.(월) ~ 2024.7.9.(화)

국립 한국방송통신대학교
프라임칼리지

국립대 100% 온라인 학사학위 과정

프라임칼리지를 선택할 수밖에 없는
KEY POINT 7

- ☑ **일과 학습 병행을 위한 최적의 스마트러닝 시스템**
  강의에서 평가까지 온라인으로, PC·모바일을 이용하여 언제 어디서나 원하는 학습을 할 수 있는 최적의 스마트러닝 시스템 제공

- ☑ **재직자 맞춤형 지원 시스템**
  재직자, 취업준비생, 경력단절여성 등 누구나 지원 가능, 신·편입생에게 입학 첫 학기 20% 장학금 혜택, 졸업학점 131학점, 출석수업·출석시험 없이 학사학위취득 가능

- ☑ **고교 졸업 후 바로 입학 가능**
  신입학 재직자 특별전형의 경우 3년의 근무 경력 증빙없이 입학가능, 타 대학 재직자 특별전형(3년 경력 입증 필요)보다 유리

- ☑ **국내 최고의 교수진**
  국립 방송대는 물론 국내 명문 대학의 교수진과 분야 최고의 현장 전문가들이 협력하여 실무중심형 교육과정 제공

- ☑ **학생 밀착형 교육시스템**
  교과목별 교수-학생-튜터에 의한 개별 학생 맞춤형·밀착형 교육 지원 서비스

- ☑ **다양한 캠퍼스 라이프 경험**
  신·편입생 오리엔테이션, 중앙도서관 및 전국 13개 지역대학 시설(도서관, 정보화실) 이용, 독서콘테스트, 모의주식 투자대회, 전공별 세미나 등

- ☑ **막강 파워, 91만 방송대 동문 네트워크**
  졸업생 82만 명, 재학생 9만 명, 5급 이상 공무원 출신 1위 대학, 국가인재 DB 4위, 사회 각계각층의 막강 동문파워를 가진 대학

CONTENTS

2024학년도 2학기
신·편입생 모집요강

[PART 01] 학부 및 전공안내 ··· 04

[PART 02] 전형개요 ·· 09
1. 전형일정 ·· 10
2. 모집인원 ·· 11
3. 합격자 발표 및 등록 ··· 12

[PART 03] 신입생 모집 ·· 13
1. 모집단위별 모집인원 ··· 13
2. 지원자격 ·· 13
3. 제출서류 ·· 14
4. 전형방법 ·· 15

[PART 04] 편입생 모집 ·· 16
1. 모집단위별 모집인원 ··· 16
2. 지원자격 ·· 16
3. 제출서류 ·· 18
4. 전형방법 ·· 19
5. 편입생 인정학점 ··· 19

[PART 05] 외국인 또는 외국학교 출신자 ··· 20
1. 신입생(외국인 또는 외국학교 출신자) ··· 20
2. 편입생(외국인 또는 외국학교 출신자) ··· 22
3. 전형방법 ·· 24

[PART 06] 지원자 유의사항 ·· 25

[PART 07] 장학제도 및 후생복지 ··· 27

[PART 08] 참고자료 ·· 29
1. 입학지원서 서식 및 작성방법 ·· 29
2. 성적군별 성적 적용 및 산출방법 ·· 31

[PART 09] 각종서식 ·· 33

PART 01 학부 및 전공안내
융합경영학부(회계금융 전공/마케팅·애널리틱스 전공)

회계금융 전공 | 전공문의전화 : 02-3668-4442

회계금융 전공은 경영학에 대한 총괄적 이해와 더불어 회계, 세무 및 재무·금융 영역에 대한 전문지식과 문제해결 능력을 배양함으로써 기업의 중요한 경영의사결정을 수행할 수 있는 인재를 양성하는 데 목표를 두고 있습니다.

회계금융 전공 교육과정은 경영의 각 영역에 대한 기본적인 지식 함양을 위해 경영학의 기본적 교과과정을 우선 제공하고, 회계 및 재무부서 또는 금융권 종사자에게 필요한 역량을 함양 및 강화할 수 있도록 교과과정을 회계트랙, 세무트랙, 재무·금융트랙으로 세분화하여 제공합니다. 세부 분야별로 개설된 전문적이고 실용적인 교과과정은 실무능력을 향상시킬 뿐 아니라 각종 자격증 취득을 목표로 하는 학생들에게도 실질적 도움을 주고자 합니다.

취득학위
경영학사

이수과목

구분	과목
경영학일반	경영학원론, 사회적책임과ESG, 마케팅론, 생산운영관리, 조직행위론, 4차산업시대의경영전략, 국제경영학, 스타트업앙트레프레너십
전공기초 및 경제학	경제학원론, 경영수리와통계, 상법기초, 회계원리, 디지털경제의이해
회계트랙	기업과재무정보, 관리회계원리, 원가회계, 중급회계1, 2, 금융상품회계, 고급회계, 재무회계세미나, 재무제표분석, 회계정보시스템, 회계사례연구, 금융산업의이해와회계, 회계감사와기업지배구조, M&A와기업가치평가
세무트랙	세법개론, 법인세법, 부가가치세법, 전산세무회계
재무·금융 트랙	실용금융, 재무의이해, 투자의이해, 글로벌자산관리, 기업재무특강, 개인금융, 데이터기반투자공학입문

관련 자격증

구분	자격증
회계 및 세무관련	공인회계사, 세무사, AICPA, IFRS관리사, 재경관리사, 전산세무, 전산회계 등
재무 및 금융관련	CFA(국제재무분석사), 재무위험관리사(국제/국내 FRM), 금융투자분석사, 투자자산운용사, 증권/펀드/파생상품 투자상담사, 자산관리사(은행FP), 국제재무설계사(AFPK, CFP), 경영지도사 등

※ 회계금융 전공에서는 전공 관련 자격증 취득에 도움을 주는 커리큘럼을 제공하고 관련된 학습설계와 진로상담을 하고 있습니다.
  단, 자격증은 학생 본인이 준비하고 취득하셔야 합니다.

관련 진로
- 기업, 금융기관 및 공공기관 등의 회계/세무/재무 관련 분야 취업, 이직, 승진
- 세무회계법인 및 컨설팅회사 취업, 창업
- 회계/세무/재무 관련 대학원 진학

마케팅 · 애널리틱스 전공 | 전공문의전화 : 02-3668-4442

마케팅 · 애널리틱스 전공은 4차 산업혁명 시대의 급격한 경영환경 변화에 발맞추어 경영데이터 분석과 활용 부문 전문 인력 및 마케팅 전문 인력을 양성하는 데 목적을 둡니다. 학부 단위에서는 국내 어느 경영대학에서도 찾아보기 힘든 전문화되고 세분화된, 다양한 마케팅 및 애널리틱스 관련 교과과정을 제공합니다. 경영학의 세부 영역에 대한 기초 지식의 함양을 도모하는 동시에 마케팅 영역에서 전문화된 세부 교과목들을 제공하여 집중 교육합니다. 더불어 마케팅 현장에서 점점 중요해지는 역량인 데이터의 분석 및 활용 방법을 교육하고, 고객 및 기업 내부 의사결정에 적용하는 능력으로 연결시켜 기업가적 역량을 키울 수 있는 풍성한 교과목을 제공합니다. 향후 마케팅뿐만 아니라 경영 데이터를 분석하고 활용하는 세부 영역의 확대를 계획하고 있습니다.

취득학위
경영학사

이수과목

전공기초·일반경영학	경영학원론, 경제학원론, 디지털경제의이해, 회계원리, 재무회계, 관리회계원리, 기업과재무정보, 재무의이해, 조직행위론, 전략적인적자원관리, 생산운영관리, MIS, 국제경영학, 실용금융, 글로벌자산관리
마케팅 과정	마케팅론, 소비자행동론, 마케팅커뮤니케이션, 유통관리, 서비스마케팅, 고객경험관리, 뉴미디어와브랜드관리, 인적판매와영업관리
애널리틱스 과정	경영수리와통계, 파이썬, 데이터베이스의이해와활용, 기업경쟁모형의이해, AI와빅데이터경영입문, 인터넷기반의e-비즈니스, 마케팅조사론, 고객애널리틱스, 질적데이터와텍스트마이닝기반디자인씽킹
기업가 과정	플랫폼경제&비즈니스, 상법기초, 세법개론, 4차산업시대의경영전략, 사회적책임과ESG, 리더십, 스타트업앙트레프레너십, 호스피탈리티경영

관련 자격증

애널리틱스 관련	마케팅빅데이터관리사, 정보기술자격(ITQ), 사회조사분석사, 빅데이터분석기사, SMAT(서비스경영자격), 경영정보시각화능력
유통·물류 관련	유통관리사, 물류관리사, 가맹거래사
전자상거래 관련	전자상거래운용사, 전자상거래관리사
소비자 관련	소비자전문상담사, 텔레마케팅관리사, CS리더스관리사

※ 마케팅·애널리틱스 전공에서는 전공 관련 자격증 취득에 도움을 주는 커리큘럼을 제공하고 관련된 학습설계와 진로상담을 하고 있습니다.
단, 자격증은 학생 본인이 준비하여 취득하셔야 합니다.

관련 진로
- 기업, 일반 조직 및 공공기관 등의 마케팅·고객관리 전문 분야로 취업, 이직, 승진 : 전략·혁신, 상품기획, 브랜드 관리, 광고 기획·제작, 웹콘텐츠기획·디지털마케팅, PR·기업홍보, 영업·CS·상담, 유통·물류관리, 수요예측·재고관리 등
- 경영데이터 분석 및 활용 분야로 진출
- 마케팅·빅데이터분석 관련 대학원 진학

PART 01 학부 및 전공안내

첨단공학부(산업공학 전공/ 메카트로닉스 전공/ AI 전공)

산업공학 전공 | 전공문의전화 : 02-3668-4443

산업공학 전공은 산업 전반의 경제 상황과 기업의 경영 환경, 주어진 자원(사람, 설비, 재료, 방법, 정보, 자금 등)을 활용하여 최적화된 경영시스템(생산, 품질, IT, 혁신 등의 융합 시스템)을 균형적으로 설계하고 효율적으로 운영하는 방법을 연구하는 종합적인 학문입니다. 또한 공학과 경영학을 접목하여 공학적 지식과 비즈니스를 이해하고, 기업이 경쟁력 우위를 확보할 수 있도록 기술사업화 촉진 및 기업혁신 역량 제고에 기여할 수 있는 기술경영 전문 인력 양성을 목표로 하고 있습니다.

취득학위
공학사

이수과목

전공기초	통계학개론, 파이썬, 대학수학, JAVA프로그래밍기초 등
기술경영기획	기술경영, 경제성공학, 기술혁신의 경제학 등
생산품질관리	과학적관리, 생산관리, 품질관리, 신뢰성공학 등
데이터분석기법	데이터베이스의 이해와 활용, 데이터마이닝의 이해와 응용 등

관련 자격증

생산관리	품질경영기사, 공인생산재고관리사(CPIM) 등
인간공학	인간공학기사, 산업안전기사 등
물류·유통관리	물류관리사, 유통관리사 등
정보기술	정보처리기사, 사무자동화산업기사 등

※ 산업공학 전공에서는 전공 관련 자격증 취득에 도움을 주는 커리큘럼을 제공하고 관련된 학습설계와 진로상담을 하고 있습니다.
  단, 자격증은 학생 본인이 준비하고 취득하셔야 합니다.

관련 진로
- 제조업·유통계열·금융·정보통신 업체 및 연구소 취업
- 정보시스템 및 시스템통합(System Integration) 업체 취업
- 생산 계획 및 관리 분야/ 제품개발 및 기획 분야/ 품질관리 분야 취업
- 프로젝트관리 부서의 관리자
- ICT 및 융합기술 관련 비즈니스 컨설턴트
- 대학원 진학

메카트로닉스 전공
전공문의전화 : 02-3668-4443

메카트로닉스 전공은 기계공학과 전자전기공학의 합성어로 기반이 되는 기계 시스템을 설계하고 제작하며 동시에 이를 원하는대로 제어하거나 자동화를 구축하는 방법을 다루는 학문으로 첨단 산업분야의 핵심을 이루고 있습니다. 여기에 최근 주목받는 인공지능 기술을 융합하여 스스로 판단하여 지능적으로 가능하도록 하는 학문이기도 합니다. 이를 달성하기 위해 메카트로닉스 전공에서는 기계공학의 동역학, 설계, 제어와 더불어 전자전기공학의 회로, 자동화, 마이크로프로세서, 그리고 융합을 위한 인공지능 및 최적화 등을 다루는 커리큘럼을 제공합니다. 이를 통해 국가와 산업이 요구하는 소양을 갖춘 메카트로닉스 공학인을 양성하는 것을 목표로 합니다.

취득학위
공학사

이수과목

전공기초	대학기초수학, 일반물리, 대학수학, 공업수학, 메카트로닉스개론 등
기계	공업역학, 동역학, 시스템기구학, 구동장치와제어, 제어공학, 정밀구동, 시스템제어계측, 생산자동화시스템, 지능형자동차, 로보틱스 등
전자	전자/전기회로, 디지털논리회로의이해, 마이크로프로세서, 센서와신호처리, 임베디드시스템, 디지털영상처리 등
설계	메카요소설계, 기계제도/그래픽스, CAD, 공학시뮬레이션, 창의공학설계, CAD/CAM 등
융합	인공지능시스템, 광공학, 소프트웨어공학 등

관련 자격증

자동차	그린전동자동차기사, 자동차정비기사, 자동차정비산업기사 등
전기	전기기사, 전기공사기사, 전기공사산업기사 등
전자	전자기사, 임베디드기사 등
기계제작	기계설계기사, 기계설계산업기사, 일반기계기사, 정밀측정산업기사 등
기계장비 설비·설치	생산자동화산업기사, 메카트로닉스기사, 기계정비산업기사 등

※ 메카트로닉스 전공에서는 전공 관련 자격증 취득에 도움을 주는 커리큘럼을 제공하고 관련된 학습설계와 진로상담을 하고 있습니다.
단, 자격증은 학생 본인이 준비하고 취득하셔야 합니다.

관련 진로
- 공장자동화, 자동차, 의료기기 업체 및 연구소
- 로봇, 인공지능 접목의 메카트로닉스 시스템 업체 및 연구소
- 컴퓨터지원설계·제작(CAD/CAM) 업체 및 연구소
- 센서 및 계측기 등 제어분야 업체 및 연구소
- 대학원 진학

AI 전공 | 전공문의전화 : 02-3668-4443

AI 전공에서 학습하는 내용은 크게 '데이터 분석', '머신러닝', '데이터 공학'으로 이루어져 있습니다. '데이터 분석'은 주어진 데이터를 해석하여 질문에 대한 답을 얻어내고 가치를 만들 수 있는 개선을 이끌어 내는 것, '머신러닝'은 컴퓨터에 데이터를 학습시켜 새로운 데이터에 대해 예측을 할 수 있는 모델을 만드는 것, 그리고 '데이터 공학'은 데이터 분석과 머신러닝을 위한 데이터를 가공하고 저장하기 위한 기술과 머신러닝의 결과로 생성된 모델을 서비스로 만들기 위해 필요한 기술들을 각각 다룹니다. AI 전공은 AI 기술을 적용하고 있는 다양한 분야의 기업들에 필요한 데이터 분석가, 머신러닝 엔지니어, 데이터 엔지니어들을 양성하는 것을 목표로 합니다.

취득학위
공학사

이수과목

전공기초	파이썬, R 컴퓨팅, 통계학개론, 대학수학, 데이터 처리를 위한 이산수학, 확률의 이해, 선형대수, 알고리즘과 자료구조
데이터 분석	파이썬과 R을 이용한 데이터 분석, 데이터시각화, 회귀분석, 회귀분석 응용, 인과관계추론
AI	인공지능 시스템, 머신러닝, 머신러닝 응용, 딥러닝, 최적화, 고급 최적화, 강화학습
AI 활용	시각인공지능입문, 컴퓨터 비전, 자연언어처리, 금융 AI의 이해, 머신러닝 사례 연구, 딥러닝 사례 연구, AI와 빅데이터 경영 입문
데이터 공학	데이터베이스의 이해와 활용, 소프트웨어 개발 방법론, 클라우드 컴퓨팅, 빅데이터의 이해와 활용, 데이터 공학

관련 자격증

머신러닝	데이터 분석 전문가, 텐서플로우 개발자 자격증
데이터 공학	데이터 아키텍처 전문가, 정보처리기사

※ AI 전공에서는 전공 관련 자격증 취득에 도움을 주는 커리큘럼을 제공하고 관련된 학습설계와 진로상담을 하고 있습니다.
  단, 자격증은 학생 본인이 준비하고 취득하셔야 합니다.

관련 진로
- 머신러닝 또는 데이터 관련 기술을 활용하는 기업으로의 취업
- 대학원 진학
- 창업

PART 02 전형개요

입학절차 안내
본교 홈페이지(https://smart.knou.ac.kr) '입학안내' 참조

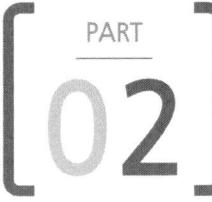

 희망학부(전공) 및 지원전형 선택
- 본교 홈페이지 '학부 전공 안내'를 참고하여 희망 학부(전공) 선택
- 지원자격을 확인하고, 자신에게 맞는 전형 선택

 입학지원서 작성 및 전형료 납부
- 본교 홈페이지 '입학안내 - 입학신청'에서 지원서 작성
- 편입생(2, 3학년)의 경우 전공 선택
  - 융합경영학부 : 회계금융, 마케팅·애널리틱스
  - 첨단공학부 : 산업공학, 메카트로닉스, AI
- 전형료 15,000원을
  신용카드, 실시간 계좌이체, 휴대폰 결제 중 선택하여 납부

 부속서류 제출 (등기우편 또는 방문)
- 원서접수 기간 내 등기우편 발송 또는 방문제출
  우)03087 서울 종로구 이화장길 81 (동숭동) 한국방송통신대학교
  열린관 402호 프라임칼리지 운영지원실 입학담당자 앞

 합격자 발표
- 본교 홈페이지 '입학안내 - 입학신청'에서 합격자 조회

1 전형일정

구분		일정	비고
정시모집	지원서 작성 및 전형료 납부	2024. 6. 10.(월) 09:00 ~ 2024. 7. 9.(화) 20:00	※ PC 및 모바일 ※ 전형료를 결제한 후에는 지원서 접수가 마감되어 반환되지 않음
	부속 서류제출	(등기우편) 2024. 6. 10.(월) 09:00 ~ 2024. 7. 9.(화)까지 도착분에 한함 (방문제출) 2024. 6. 10.(월) ~ 2024. 7. 9.(화) 09:00 ~ 18:00 (단, 7. 9.(화)은 20:00까지) ※ 토요일, 공휴일 제외	<부속서류 제출처> (03087) 서울 종로구 이화장길 81(동숭동) 한국방송통신대학교 열린관 402호 프라임칼리지 입학담당자
	합격자발표	2024. 7. 19.(금)	※ 홈페이지 발표
	신·편입생 수강(장학)신청	2024. 7. 19.(금) ~ 7. 23.(화)	
	신·편입생 등록금 납부	2024. 7. 29.(월) ~ 8. 1.(목)	
예비합격자	발표	2024. 8. 19.(월)	※ 홈페이지 발표
	신·편입생 등록금 납부	2024. 8. 19.(월) ~ 8. 21.(수)	

※ 수강신청 및 등록금 납부 일정은 학교 운영 사정에 따라 변경될 수 있음

2 모집인원

【 정시모집 】

■ 신입학

(단위 : 명)

모집단위 (학부)	전공	계	특별전형(정원 내)	일반전형
			재직자	
융합경영학부	- 회계금융 - 마케팅·애널리틱스	726	508	218
첨단공학부	- 산업공학 - 메카트로닉스 - AI	1062	743	319
계	계	1,788	1,251	537

■ 편입학

(단위 : 명)

모집단위 (학부)	전공	2학년		3학년		
		계	일반전형	계	정원 외 특별전형	일반전형
					학사학위 취득자	
융합경영학부	- 회계금융 - 마케팅·애널리틱스	656	656	725	137	588
첨단공학부	- 산업공학 - 메카트로닉스 - AI	981	981	935	168	767
계	계	1,637	1,637	1,660	305	1,355

3 합격자 발표 및 등록

【 합격자 발표 】

일시	장소	비고
• 정시 : 2024. 7. 19.(금) 09:00~	프라임칼리지 홈페이지 (https://smart.knou.ac.kr)	

【 수강신청 및 등록 】 (기간은 학사일정에 따라 변동가능. 홈페이지 공지 참조)

차수	수강신청 기간	등록금 납부기간	수강신청 및 등록금 납부방법
1차	2024. 7. 19.(금)~7. 23.(화)	2024. 7. 29.(월)~8. 1.(목)	프라임칼리지홈페이지(https://smart.knou.ac.kr) - [학사정보시스템] - [수강 및 등록] 메뉴에서 가능

※ 선 수강신청, 후 등록금 납부제로 수강신청을 하지 않을 경우 등록금을 납부할 수 없어 "합격 취소" 처리 됨

【 등록금 】 (2024학년도 기준)

구분	과목수	등록금 (수업료)	비고
전과목	6과목 이상	1,107,000원	입학 첫학기 20% 입학장학 혜택 실 납부금 88만원 내외

※ 보다 자세한 장학 자격기준 등은 <P. 27 장학제도 및 후생복지> 참조

■ 합격 후 절차 안내

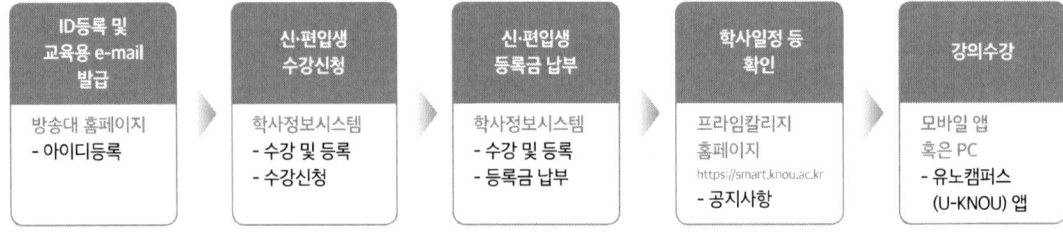

신입생 모집

1. 모집단위별 모집인원

(단위 : 명)

모집단위(학부)	전공	전형유형		모집인원
융합경영학부	- 회계금융 - 마케팅·애널리틱스	일반전형		218
		특별전형(정원 내)	재직자	508
		소 계		726
첨단공학부	- 산업공학 - 메카트로닉스 - AI	일반전형		319
		특별전형(정원 내)	재직자	743
		소 계		1,062
합 계				1,788

※ 세부전공은 2학년부터 적용
 - 융합경영학부(2개 전공) : 회계금융 전공, 마케팅·애널리틱스 전공
 - 첨단공학부(3개 전공) : 산업공학 전공, 메카트로닉스 전공, AI 전공
※ 특별전형(정원 내) 모집인원이 미달되는 경우에는 일반전형 지원자로 충원

2. 지원자격

가. 공통(일반·특별전형)

- 고등학교를 졸업한 자
- 법령에 따라 이와 같은 수준 이상의 학력이 있다고 인정된 자
  - 고등학교졸업학력 검정고시 합격자, 외국고등학교 졸업자(P. 20 참조)

나. 특별전형 유형별 지원자격

⇨ 특별전형 지원자는 아래의 지원 자격을 반드시 충족하여야 지원이 가능함

전형유형	모집 단위	지원자격
재직자	모든 학부	재직자(재직기간 무관)

< 산업체 적용범위 >

- 국가·지방자치단체 및 공공단체(소속 직원의 경우)
- 4대 보험 중 1개 이상 가입 사업체(창업·자영업자 포함)
- 4대 보험 미가입 사업체 : 다음 재직증빙서류 제출 가능한 경우(P.15 참조)

3 제출서류

가. 공통(일반·특별전형) ※ 모든 서류는 최근 3개월 이내 발급된 것으로 제출하여야 함

구분		제출서류
학력 증빙 서류	고등학교 졸업자	• 학교생활기록부 1부 • 성적산출 불가자 : 성적산출불가확인서 및 학업계획서 각 1부
	고등학교 졸업학력 검정고시 합격자	• 성적증명서 1부
	북한이탈주민	• 북한이탈주민등록확인서 1부(시·군·구 발행) • 고등학교 졸업 학력증명서 1부(시·도교육청 발행) • 학업계획서 1부

※ 모든 서류는 반드시 원본을 제출하여야 하며 반환하지 않음
※ 입학지원서 및 입학지원자격심사신청원의 기재내용을 제출된 서류로 확인
※ 외국어(영문제외)로 작성된 서류는 한글번역공증 필요

< 고등학교 졸업자 및 검정고시 합격자 증명서 발급방법 안내 >

① FAX 민원
 • 고교 졸업자 : 초·중·고등학교 행정실, 주민자치센터(3시간 정도 소요)
 • 검정고시 합격자 : 초·중·고등학교 행정실, 주민자치센터(3시간 정도 소요)

② 온라인 발급 민원(공인인증서 확인 필요)

구분	발급가능 기준
고등학교 졸업증명서	1982년 이후 졸업자부터 발급
고등학교 학교생활기록부	2003년 이후 졸업자부터 발급
검정고시 성적 증명서	1983년 이후 합격자부터 발급

 • 정부민원 포털 민원24 홈페이지(https://www.gov.kr) → 졸업증명서 및 생활기록부 온라인 신청
 • 나이스 대국민서비스 홈페이지(https://www.neis.go.kr) → 홈에듀 민원서비스 → 해당지역 교육청 선택 → 온라인 발급 민원

③ 무인 민원발급(지하철역, 주민자치센터, 구청)
 • 고등학교 졸업증명서 : 1982년 이후 졸업자부터 발급
 • 고등학교 성적증명서 : 2003년 2월 졸업자부터 발급(서울시기준)

나. 특별전형

⇨ 공통(일반·특별전형) 서류 외 아래의 서류를 반드시 제출하여야 특별전형에 지원이 가능함

전형유형	제출서류

재직자	<재직증빙서류>
	• 4대 사회보험 가입내역 확인서 1부(근로자용)
	  ※ 2024.6.10.이후 발행본
	  ※ 접수마감일 기준 4대사회보험 자격취득 상태인 경우 지원 가능
	  ※ 4대 사회보험 가입내역 확인서는 [https://www.4insure.or.kr]에서 발급 가능
	• 4대 사회보험 미가입 사업체 근로자
	  ※ 최근 3개월 이내 발급한 원본으로 제출하여야 함
	    - 4대 사회보험 가입대상 사업체가 아닌 1차 산업 종사자
	      : 국가·지방자치단체가 발급하는 공적증명서 제출(농지원부등본, 축산업허가증 등)
	    - 영세개인사업자 : 사업자등록증명원 제출
	    - 4대 사회보험가입내역 확인서를 제출할 수 없는 특수형태근로종사자(보험설계사, 택배기사, 학습지교사 등 14개 직종)
	      : 특수형태근로종사자입직확인서 등 공적증명서 제출
	    - 외국소재 기업 : 재직증명서(번역 공증 및 영사 확인 필요)

4 전형방법

가. 기본원칙

- 고등학교 또는 법령에 따라 이와 같은 수준의 학업성적으로 '성적군별 성적순'으로 선발하는 것을 원칙으로 함
- 성적산출 불가자는 '학업계획서 심사순'으로 선발함
- 군별 동점자 기준에서 선발이 불가할 시 전형위원회에서 별도 심의하여 선발함
- 합격자가 지정한 등록 기간에 등록하지 않을 경우에는 '성적군별 예비합격자 순위'에 따라 충원함
  ※ '성적군별 성적적용 및 산출방법'은 '08. 참고자료'(p.31) 확인

나. 전형 기준

- 학년별 모집단위별(학부)로 전형하되, 전형유형과 적용방법에 따라 합격자를 선발함
- 선행 순서에서 불합격된 자는 다음 순위의 전형유형별 대상에 순차적으로 적용함

PART 04. 편입생 모집

1. 모집단위별 모집인원

학부	전공	전형유형	모집인원	
			2학년	3학년
융합경영학부	- 회계금융 - 마케팅·애널리틱스	일반전형	656	588
		특별전형(정원 외)	해당없음	137
		소 계	656	725
첨단공학부	- 산업공학 - 메카트로닉스 - AI	일반전형	981	767
		특별전형(정원 외)	해당없음	168
		소 계	981	935
합 계			1,637	1,660

※ 2학년 특별전형 없이 일반전형만 모집함

< 전공 신청안내 >
- 2, 3학년 편입생의 경우 지원서 작성 시 전공 선택

2. 지원자격

가. 공통(일반·특별전형)

모집학년	지원자격
2학년	1. 대학(전문대학 포함) 졸업(예정)자 또는 법령에 따라 이와 같은 수준 이상의 학력이 있다고 인정되는 자 ※ 전문대학 졸업예정자는 2024학년도 1학기까지의 성적이 포함된 전학년 성적으로만 지원 가능 2. 4년제 대학에서 1학년(2개 학기)이상의 교육과정을 수료한 자 3. 상급 학위과정에의 입학 학력이 인정되는 학교로 교육부장관의 지정을 받은 각종 학교(4년제 대학)에서 1학년(2개 학기) 이상의 교육과정을 수료한 자 4. 독학에 의한 학사학위를 취득(예정)한 자

모집학년	지원자격
2학년	5. 「학점인정 등에 관한 법률」 및 「평생교육법」에 의한 학점취득자 • 전문학사학위과정 이수중인 자 : 전문학사학위를 취득(예정)한 자 • 학사학위과정 이수중인 자 : 35학점 이상 취득한 자 　※ 이수한 학과 및 전공에 관계없이 지원할 수 있음 　※ 한국방송통신대학교 학사과정 재적생으로서 한국방송통신대학교 성적으로 편입학 할 경우(72~80학번까지의 전문대학과정은 제외) 　　- 방송대 1학년에 입학 후 2학년으로 편입학하고자 하는 자 　　　☞ 2024학년도 1학기까지 30학점 이상 취득 　　- 방송대 2학년 또는 3학년에 편입학 후 2학년으로 재 편입학하고자 하는 자 　　　☞ 2024학년도 1학기까지 15학점 이상 취득 　※ 한국방송통신대학교 프라임칼리지 학사과정 재적생으로서 프라임칼리지 성적으로 편입학 할 경우 　　- 프라임칼리지 1학년에 입학 후 2학년으로 편입학하고자 하는 자 　　　☞ 2024학년도 1학기까지 33학점 이상 취득 　　- 프라임칼리지 2학년 또는 3학년에 편입학 후 2학년으로 재 편입학하고자 하는 자 　　　☞ 2024학년도 1학기까지 18학점 이상 취득
3학년	1. 대학(전문대학 포함) 졸업(예정)자 또는 법령에 따라 이와 같은 수준 이상의 학력이 있다고 인정되는 자 　※ 전문대학 졸업예정자는 2024학년도 1학기까지의 성적이 포함된 전학년 성적으로만 지원 가능 2. 4년제 대학에서 2학년(4개 학기)이상의 교육과정을 수료한 자 3. 상급 학위과정에의 입학 학력이 인정되는 학교로 교육부장관의 지정을 받은 각종 학교(4년제 대학)에서 2학년(4개 학기) 이상의 교육과정을 수료한 자 4. 독학에 의한 학사학위를 취득(예정)한 자 5. 「학점인정 등에 관한 법률」 및 「평생교육법」에 의한 학점취득자 • 전문학사학위과정 이수중인 자 : 전문학사학위를 취득(예정)한 자 　※ 전문학사학위과정 이수 중인자는 반드시 전문학사 학위취득(예정) 증명서를 제출하여야 함 • 학사학위과정 이수중인 자 : 70학점 이상 취득한 자 　※ 이수한 학과 및 전공에 관계없이 지원할 수 있음 　※ 한국방송통신대학교 학사과정 재적생으로서 한국방송통신대학교 성적으로 편입학 할 경우(72~80학번까지의 전문대학과정은 제외) 　　- 방송대 1학년에 입학 후 3학년으로 편입학하고자 하는 자 　　　☞ 2024학년도 1학기까지 63학점 이상 취득 　　- 방송대 2학년에 편입학 후 3학년으로 재 편입학하고자 하는 자 　　　☞ 2024학년도 1학기까지 33학점 이상 취득 　　- 방송대 3학년에 편입학 후 3학년으로 재 편입학하고자 하는 자 　　　☞ 2024학년도 1학기까지 15학점 이상 취득 　※ 한국방송통신대학교 프라임칼리지 학사과정 재적생으로서 프라임칼리지 성적으로 편입학 할 경우 　　- 프라임칼리지 1학년에 입학 후 3학년으로 편입학하고자 하는 자 　　　☞ 2024학년도 1학기까지 66학점 이상 취득 　　- 프라임칼리지 2학년에 편입학 후 3학년으로 재 편입학하고자 하는 자 　　　☞ 2024학년도 1학기까지 33학점 이상 취득 　　- 프라임칼리지 3학년에 편입학 후 3학년으로 재 편입학하고자 하는 자 　　　☞ 2024학년도 1학기까지 18학점 이상 취득

나. 특별전형

⇨ 특별전형 지원자는 아래의 지원 자격을 반드시 충족하여야 지원이 가능함

전형유형	지원자격
학사학위취득자	학사학위 취득(예정)자

3 제출서류

가. 공통 (일반·특별전형) ※ 모든 서류는 최근 3개월 이내 발급된 것으로 제출하여야 함

구분		제출서류
학력 증빙 서류	4년제 대학(교) 및 전문대학 출신자	• 성적증명서 1부(최근 3개월 이내 발급) 　※ 학사학위소지자 : 성적증명서에 학위등록 번호가 없을 경우, 졸업증명서 반드시 추가 제출 　- 4년제 대학 및 각종 학교 수료자 : 수료증명서 반드시 추가제출 　- 2024년 8월 전문대학 졸업예정자 : 출신학교의 2024.1학기 성적이 포함된 성적증명서를 　　반드시 제출 　- 성적증명서 이중발급 대학 출신자는 원 성적대로 발급된 성적증명서를 제출하여야 함. 　　(학력조회 결과 상이한 경우 입학 허가가 취소될 수 있음.)
	학점은행제 학사학위과정 학점취득자	• 성적증명서 1부 • 학점인정증명서 1부
	학점은행제 학사학위 또는 전문학사학위 취득자	• 성적증명서 1부 • 학위(수여예정)증명서 1부
	독학사 학위취득자	
	북한이탈주민	• 학업계획서 1부 • 북한이탈주민등록 확인서(시·군·구 발행) 1부 • 학력인정 통보 공문(교육부장관 발행) 사본 1부 　※ 서류제출 시 원본 제시

※ 성적(졸업)증명서 제출 면제자
　① 한국방송통신대학교 학사과정 이수자(72~80학번까지의 전문대학과정은 제외)
　② 한국방송통신대학교 프라임칼리지 학사과정 이수자

나. 특별전형
⇨ 공통(일반·특별전형) 서류 외 아래의 서류를 반드시 제출하여야 특별전형 지원이 가능함

전형유형	제출서류
학사학위 취득자	• 졸업(예정) 증명서 1부 　※ 단, 성적증명서(공통서류)에 학위등록번호가 기재된 경우 별도로 졸업증명서를 제출하지 않아도 됨

4 전형방법

가. 기본원칙
- 대학(교) 전 학년 종합성적 또는 법령에 따라 이와 같은 수준의 학업성적으로 '성적군별 성적순'으로 선발하는 것을 원칙으로 함
- 성적산출 불가자는 '학업계획서 심사순'으로 선발함
- 군별 동점자 기준에서 선발이 불가할 시 전형위원회에서 별도 심의하여 선발함
- 합격자가 지정한 등록 기간에 등록하지 않을 경우에는 '성적군별 예비합격자 순위'에 따라 충원함
  ※ '성적군별 성적적용 및 산출방법'은 '08. 참고자료'(p.31) 확인

나. 전형 기준
- 학년별 모집단위별(학부)로 전형하되, 전형유형과 적용방법에 따라 합격자를 선발함
- 선행 순서에서 불합격된 자는 다음 순위의 전형유형별 대상에 순차적으로 적용함

5 편입생 인정학점

⇨ 출신대학(교)에서 취득한 교과목별 성적은 인정하지 아니하고, 학칙 제137조(학점별 학년구분)에 의거 우리 대학 교과과정의 학년별 학점 수를 기준으로 학점만 인정함(교과목별로는 인정하지 않음)

< 편입학 학년별 학점인정 기준표 >

구분	교양과목	전공선택	계
2학년(모든 학부)	18	15	33
3학년(모든 학부)	36	30	66

PART 05 — 외국인 또는 외국학교 출신자

1 신입생 (외국인·외국학교)

【 지원자격 】

전형유형	자격요건
일반전형	• 외국에서 12년 이상의 학교 교육과정을 수료한 자 • 교육부 장관이 고등학교 교육과정에 상응하다고 인정하는 교육과정 전부를 수료한 자
정원 내 특별전형 (재직자)	• 외국에서 12년 이상의 학교 교육과정을 수료한 자 중 재직자 • 교육부 장관이 고등학교 교육과정에 상응하다고 인정하는 교육과정 전부를 수료한 자 중 재직자 [재직자 적용범위] - 국가·지방자치단체 및 공공단체(소속 직원의 경우) - 4대 보험 중 1개 이상 가입 사업체(창업·자영업자 포함) - 4대 보험 미가입 사업체 : 재직증빙서류* 제출 가능한 경우 * 신입학 특별전형 제출서류 참조(P.15)

< 외국의 고등학교 학력 요건 >

• 외국에서 12년 이상의 학교 교육과정을 수료한 자 (단, 다음의 경우도 예외적으로 인정)
  - 학제가 다른 2개 학교 이상에서 12년 이상의 초·중·고 교육과정을 이수한 자가 전입/편입과정에서 학제 차이로 불가피하게 총 재학기간이 누락되거나 중복된 경우 1학기(6개월) 이내에서 예외적으로 인정
  - 해당국의 교육관계 법령 등에 의한 학제 상 월반(전입·편입 시 월반은 미 인정) 또는 조기 졸업제도가 허용된 경우 초·중·고 12년 과정 중 월반 또는 조기 졸업으로 인하여 부족하게 된 경우
• 교육부 장관이 다음과 같이 고등학교 교육과정에 상응하다고 인정하는 교육과정 전부를 수료한 자
  - 1개 국가의 초·중·고 전 교육과정을 이수한 경우(학년제와 상관없이 마지막 3년을 고등학교 과정으로 인정)
  - 2개 국가 이상에서 초·중·고 교육과정을 아래와 같이 이수한 경우

최종 이수 학제	인정여부와 인정조건
10학년제 이하	미인정
11학년제	초·중·고 교육과정의 마지막 3년을 해당국에서 이수해야만 고등학교 과정으로 인정 단, 2개국 이상에서 11년 이상의 초·중·고 교육과정을 이수해야 함(월반, 조기졸업 미인정)
12학년제	2개국 이상에서 12년 이상의 초·중·고 교육과정을 이수해야 함
13학년제 이상	10~12학년 또는 11~13학년을 해당국에서 이수한 경우 고등학교 과정으로 인정

※ 단, 초·중·고 교육과정이 12년 미만인 국가에서 고등학교를 졸업한 학생이 12년에서 부족한 기간만큼 해당국 대학에서 이수한 과정(기간)을 고등학교 과정이수로 인정함(대학과정 이수를 확인할 수 있는 증명서 추가제출)
  - 동일 학년(학기) 중복 수료로 인한 수학기간은 인정하지 않음
  - 외국검정고시, 홈스쿨링, 사이버학습 등 학력인정방법은 미인정

【 제출서류 】

가. 공통(일반·특별전형)

※ 대한민국 국적으로서 국내소재 외국학교 출신자는 학력인정이 안 됨. 다만, 「경제자유구역 및 제주국제자유도시의 외국교육기관 설립·운영에 관한 특별법(약칭 : 외국교육기관법)」 제11조 및 같은법 시행령 제9조 등에 해당하는 학교 출신자는 예외적으로 학력을 인정함
※ 모든 서류는 반드시 원본을 제출하여야 하며 반환하지 않음
※ 입학지원서 및 입학지원자격심사신청원의 기재내용을 제출된 서류로 확인
※ 외국어(영문제외)로 작성된 서류는 한글번역공증 필요

유형별	초·중등학교	제출서류
한국인 (외국인) 외국학교 출신자	12년이상 학제 국가에서 이수	① 학업계획서 1부 ② 고교 졸업증명서(한글번역공증) 1부 　※ 13년 이상 학제국가에서 12년 이상 수료한 경우에는 수료증명서 추가 제출 　　 (단, 유치원, 어학연수가 포함된 경우 해당기간 제외) ③ 고교 성적증명서(한글번역) 1부 ④ 학력(교육기관)인정확인서(한글번역공증) 1부 ⑤ 입학지원자격심사신청원 1부 ⑥ 외국인은 거소신고증 또는 외국인등록증 사본 1부 (서류제출 시 원본 제시)
	12년미만 학제 국가와 혼합이수 ※ 최종학력이 12년 미만 학제 국가 출신자로서 외국(한국포함)과 초·중등교육과정을 혼합이수한 자	① 학업계획서 1부 ② 고교 졸업증명서(한글번역공증) 1부 　※ 12년 미만의 부족 연한 대학 수료증명서(한글번역공증) 1부 　※ 대학 수료증명서 발급이 불가할 경우에는 　　㉮ 졸업소요 학점이 기재되어 있는 성적증명서(한글번역공증)와 　　㉯ 졸업소요 학점이 기록된 학칙 등(한글번역공증)을 반드시 제출 ③ 초·중·고등학교 성적증명서(한글번역) 1부 ④ 학력(교육기관)인정확인서(한글번역공증) 1부 ⑤ 입학지원자격심사신청원 1부 ⑥ 외국인은 거소신고증 또는 외국인등록증 사본 1부 (서류제출 시 원본 제시)
	12년미만 학제 1개 국가에서 초·중·고교 전 교육과정 이수	① 학업계획서 각 1부 ② 초·중·고교 졸업증명서(한글번역공증) 1부 ③ 고등학교 성적증명서(한글번역) 각 1부 ④ 학력(교육기관)인정확인서(한글번역공증) 1부 ⑤ 입학지원자격심사신청원 1부 ⑥ 외국인은 거소신고증 또는 외국인등록증 사본 1부 (서류제출 시 원본 제시)
외국인으로서 한국학교 출신자		① 학교생활기록부 1부　※ 단, 성적산출 불가 시 학업계획서 제출 ② 거소신고증 또는 외국인등록증 사본 1부 (서류제출 시 원본 제시)

< 12년 미만 학제 국가현황 >

- 10학제 : 필리핀[1], 미얀마
- 11학제 : 몽골[2], 우즈베키스탄[3], 카자흐스탄[4], 아제르바이잔, 키르키즈스탄, 터키

[1] 2012학년 2학기부터 12학제 변경
[2] 2008. 9월부터 12학제 변경
[3] 2006년 이후 단계적으로 11학제에서 12학제로 변경하여 2008. 9월부터 12학제 전면 시행
[4] 일반계 11학제, 기술계 12학제

나. 특별전형

○ 일반 신입학 특별전형 제출서류(P.15)와 동일

2 편입생 (외국인·외국학교)

【 지원자격 】
- 외국의 대학(전문대학) 졸업(예정)자
- 외국의 4년제 대학에서 1학년(2개학기) 이상(2학년 편입) 또는 2학년(4개학기)이상(3학년 편입)의 교육과정을 수료한 자

【 제출서류 】
※ 대한민국 국적으로서 국내소재 외국학교 출신자는 학력인정이 안 됨. 다만, 「경제자유구역 및 제주국제자유도시의 외국교육기관 설립·운영에 관한 특별법(약칭 : 외국교육기관법)」제11조 및 같은법 시행령 제9조 등에 해당하는 학교 출신자는 예외적으로 학력을 인정함
※ 모든 서류는 반드시 원본을 제출하여야 하며 반환하지 않음
※ 입학지원서 및 입학지원자격심사신청원의 기재내용을 제출된 서류로 확인
※ 외국어(영문제외)로 작성된 서류는 한글번역공증 필요

구분	초·중등학교	제출서류
4년제 대학 재학·제적	12년 이상 학제 국가에서 이수	① 학업계획서 각 1부 ② 4년제 대학교 수료증명서(2학년 편입 : 1학년(2개학기)이상수료, 3학년 편입 : 2학년(4개학기)이상수료)(한글번역공증) 각 1부 ※ 단, 수료증명서에 졸업소요학점이 없을 경우에는 학칙 등을 반드시 제출(한글번역공증) ※ 대학 수료증명서 발급이 불가할 경우에는 　㉮ 졸업소요 학점이 기재되어 있는 성적증명서(한글번역공증)와 　㉯ 졸업소요 학점이 기록된 학칙 등(한글번역공증)을 반드시 제출 ③ 대학교 성적증명서(한글번역) 각 1부 ④ 학력(교육기관)인정확인서(한글번역공증) 각 1부 ⑤ 입학 지원자격 심사 신청원 1부 ⑥ 외국인은 거소신고증 또는 외국인등록증 사본 1부(서류제출 시 원본 제시)
	12년 미만 학제 국가와 혼합이수 ※ 최종학력이 12년 미만 학제 국가 출신자로서 외국(한국포함)과 초·중등교육과정을 혼합이수한 자	① 학업계획서 각 1부 ② 4년제 대학교 수료증명서(2학년 편입 : 1학년(2개학기)이상수료, 3학년편입 : 2학년(4개학기)이상수료)(한글번역공증) 각 1부 ※ 초·중등 12년미만 학제국가와 혼합 이수 경우 편입지원 학년은 12년 미만의 부족연한을 제외하여 산정 ※ 단, 수료증명서에 졸업소요학점이 없을 경우에는 학칙 등을 반드시 제출(한글번역공증) ※ 대학 수료증명서 발급이 불가할 경우에는 　㉮ 졸업소요 학점이 기재되어 있는 성적증명서(한글번역공증)와 　㉯ 졸업소요 학점이 기록된 학칙 등(한글번역공증)을 반드시 제출 ③ 대학교 성적증명서(한글번역) 각 1부 ④ 학력(교육기관)인정확인서(한글번역공증) 각 1부 ⑤ 고교 졸업증명서(한글번역공증) 각 1부 ⑥ 초·중·고등학교 성적증명서(한글번역) 각 1부 ⑦ 입학지원자격심사신청원 1부 ⑧ 외국인은 거소신고증 또는 외국인등록증 사본 1부(서류제출 시 원본 제시)

구분	초·중등학교	제출서류
4년제 대학 재학·제적	12년 미만 학제 1개 국가에서 초·중·고교 전 교육과정 이수	① 학업계획서 각 1부 ② 4년제 대학교 수료증명서(2학년 편입 : 1학년(2개학기)이상수료, 3학년 편입 : 2학년(4개학기)이상수료)(한글번역공증) 각 1부 ※ 단, 수료증명서에 졸업소요학점이 없을 경우에는 학칙 등을 반드시 제출(한글번역공증) ※ 대학 수료증명서 발급이 불가할 경우에는 ㉮ 졸업소요 학점이 기재되어 있는 성적증명서(한글번역공증)와 ㉯ 졸업소요 학점이 기록된 학칙 등(한글번역공증)을 반드시 제출 ③ 대학교 성적증명서(한글번역) 각 1부 ④ 학력(교육기관)인정확인서(한글번역공증) 각 1부 ⑤ 초·중·고교 졸업증명서(한글번역공증) 각 1부 ⑥ 고등학교 성적증명서(한글번역) 각 1부 ⑦ 입학지원자격심사신청원 1부 ⑧ 외국인은 거소신고증 또는 외국인등록증 사본 1부(서류제출 시 원본 제시)
대학(전문대학) 졸업		① 학업계획서 각 1부 ② 대학교 졸업증명서(한글번역공증) 각 1부 ③ 대학교 성적증명서(한글번역) 각 1부 ④ 학력(교육기관)인정확인서(한글번역공증) 각 1부 ⑤ 입학 지원자격 심사 신청원 1부 ⑥ 외국인은 거소신고증 또는 외국인등록증 사본 1부(서류제출 시 원본 제시)
외국인으로서 한국학교 출신자		① 대학교 성적증명서, 졸업증명서 또는 4년제 대학 수료증명서 각 1부(2학년 편입 : 1학년이상 수료, 3학년 편입 : 2학년이상 수료) ※ 성적산출불가자는 학업계획서 제출 ② 외국인은 거소신고증 또는 외국인등록증 사본 1부(서류제출 시 원본 제시)

※ 외국 대학의 재학·제적생(미졸업자)로서 수료증명서 발급이 불가능하거나 수료증명서에 수료학년이 명시되어 있지 않은 경우, 출신학교의 졸업소요학점을 수업연한으로 나누어 기준학점* 이상 취득자를 해당 학년 수료로 인정하여 선발함
 * 2학년은 졸업소요학점의 1/수업연한, 3학년은 졸업소요학점의 2/수업연한
  (예) 졸업학점이 140학점이고 수업연한이 4년인 경우, 35학점 이상 취득시 1학년 수료, 70학점 이상 취득 시 2학년 수료로 인정

※ 졸업증명서 또는 졸업(학위)증서로 대체가능 단, 졸업증서 원본 제시 후 원본 대조 확인

<주의> 전문대학(전문학사/준학사 과정) 출신자는 해당되지 않음

3 전형방법

○ 일반 신·편입학 전형방법과 동일

> **< 학력(교육기관)인정확인서 발급기관 안내 >**
>
> 학력(교육기관)인정 확인서는 해당국 교육부(청), 해당국 주재 한국 대(영)사관, 주한 해당국 대(영)사관 등 정규 교육기관 여부에 대한 확인이 가능한 공공기관*으로부터 발급받아야 하며, 미제출시 지원 불가
> * 학교장이 발급한 학력(교육기관)인정 확인서는 인정하지 않음

국가	발급기관명	전화번호와 위치	비고
중국	• 해당 지역의 교육청 또는 교육국에서 학교인정 확인서 발급		
	• CHSI(www.chsi.com.cn)에서 학력증명서 발급		
	• CDGDC(www.cdgdc.edu.cn)에서 학력증명서 발급		
	• 서울공자아카데미(www.cis.or.kr)에서 학력인증보고서 발급	• 02)554-2688 • 서울 강남구 테헤란로5길24(역삼동)	• 서류제출 후 2~3개월 정도 (공휴일제외) • 비용 : 50,000원~120,000원 정도(1부 기준)
미국	• 대학교(고등교육인증기관) http://ope.ed.gov/dapip/#/home		※ 홈페이지에서 학교 검색 → 결과물 출력
	• 고등학교(국가교육통계센터) http://nces.ed.gov/globallocator/		
일본	• 단기(2, 3년제) 대학과 4년제 대학 : 주 대한민국 일본국 대사관 영사부 증명담당 ※ 인장증명서 발급(주 대한민국 일본국 대사관) : 일본 대사관에서 출신학교장 직인 사실 여부 확인 후 발급 ※ 전문학교 출신자는 지원할 수 없음(단, 대사관에서 학력인정에 대한 의견서 발급되는 경우 제외)	• 02)739-7400 • 서울 종로구 종로1길 42(수송동 146-1) 이마빌딩7층	• 당일 확인이 가능할 경우 : 30~40분정도 • 당일 확인이 안될 경우 : 일본으로 조회를 거쳐 7일정도 • 비용 : 20,000원 정도(1부 기준)
호주	• 주한 호주 대사관 교육부 교육기관확인서 발급 ※ 우편으로만 신청 가능	• 02)2003-0100,0102 • 종로구 종로1가 교보빌딩 19층	• 10일 정도 • 비용 : 없음
스페인	• 스페인 대사관 교육부	☎ 34-91-353-2000 • 스페인 현지 한국대사관	
영국	• 주한 영국문화원에서 학교인가확인서 발급 ※ 온라인으로만 신청 가능	• 02)3702-0600 • 서울 중구 서소문로 11길 19 2층	
몽골	• 주한 몽골대사관 영사과	• 02)798-3464 • 서울 용산구 독서당로95	• 당일 발급 • 비용 : 없음
베트남	※ ①, ②, ③ 순으로 진행 ① 【베트남 외교통상부】 졸업과 성적증명서 한글번역문 공증본에 사실여부 확인 받아 ② 【주 베트남 한국대사관 영사국】 졸업과 성적증명서에 영사 확인을 받은 후		• 20일 정도 • 80,000원 정도
	③ 【주한 베트남 대사관】 학력(교육기관)인정확인서를 발급 받음	• 02)734-7948 • 서울시 종로구 종로5길 58 석탄회관 5층	• 1일~3일 정도 • 80,000원 정도
필리핀	• 고등학교 : https://ebeis.deped.gov.ph/beis/reports_info/masterlist	2012년 2학기 이후 졸업자 해당	
말레이시아	• 대학교 : https://www2.mqa.gov.my/mqr/		
뉴질랜드	• http://www.nzqa.govt.nz/providers/index.do		
캐나다	• 대학교(연방정부 홈페이지 학교 검색) http://www.canada.ca/en → Immigration and citizenship → Study → Find a school(designate learning institution)		※ 홈페이지에서 학교 검색 → 결과물 출력 ※ 바로가기 URL 입학공지 확인
	• 고등학교(주(州)별 교육부 홈페이지 학교 검색) - 온타리오 : https://www.app.edu.gov.on.ca/eng/sift/indexSec.asp - 온타리오 사립학교 : http://www.edu.gov.on.ca/eng/general/elemsec/privsch/#list - 브리티시컬럼비아 : http://www.bced.gov.bc.ca/apps/imcl/imclWeb/Home.do?city=Home.do - 캘거리 : https://cbe.ab.ca/schools/find-a-school/Pages/default.aspx - 알버타 : https://education.alberta.ca/alberta-education/school-authority-index/everyone/alberta-schools/?cat=Private School		

PART 06 지원자 유의사항

1 지원범위

○ 1개 학부(전공), 1개 학년만 입학할 수 있으며 한국방송통신대학교 학사과정에 지원할 경우 프라임칼리지 학사과정에 지원은 할 수 있으나 이중 등록은 불가능합니다.
※ 한국방송통신대학교 학사과정과 프라임칼리지 학사과정 중 1개만 등록하여 입학 가능

2 전형료 환불

○ 지원서 접수를 마감(지원서 작성 후 전형료 결제)한 후에는 접수를 취소할 수 없으며, 전형료를 환불받을 수 없으므로 결제 전 신중히 결정하시기 바랍니다. 다만 지원자 귀책이 아닌 본교의 과실, 천재지변, 기타 사고 등의 사유(「고등교육법시행령」제42조의3 제2항에 따른 사유)로 전형에 응시할 수 없는 경우에는 전형료의 일부 혹은 전액을 환불받을 수 있습니다.
단, 지원자의 변심은 전형료 환불사유가 되지 않으므로 결제 전 신중히 결정하시기 바랍니다.

○ 「고등교육법」제34조의4 제5항 및 「고등교육법시행령」 제42조의3에 따라 입학전형 관련 수입·지출에 잔액이 발생한 경우, 납부한 입학 전형료에 비례하여 반환합니다.

3 제출서류

○ 4대 사회보험가입내역 확인서(2024.6.10.이후 발행본)를 제외한 추가 제출서류는 반드시 3개월 이내에 발급된 원본으로 제출하여야 하며, 대학에서 지정한 접수처로 제출 기한 내에 도착하지 않을 경우에는 입학전형에서 제외됩니다.

○ 등기우편을 이용하는 경우에는 제출기한 내에 접수처에 도착되도록 제출하여야 하며, 우편 사고에 대하여 우리 대학교에서 책임지지 않습니다.

○ 제출된 서류는 반환하지 않습니다.

4 입학지원서 기재내용 상이자 및 지원 자격 미달자의 경우

- 입학지원서는 학교생활기록부, 성적증명서, 졸업증명서 등에 의거 정확하게 기재하고, 기재 내용이 사실과 달라 발생한 불이익은 지원자의 책임입니다.

- 입학지원서 인터넷 작성·제출 시 출신학교의 학교생활기록부, 성적증명서, 졸업증명서 등 제출된 서류에 기재된 인적사항(성명, 주민등록번호)과 다를 경우에는 변경된 인적사항으로 작성·제출하고, 주민등록초본을 제출하여야 합니다.

- 성적증명서 이중발급 대학 출신자는 원 성석대로 발급된 성적증명서를 제출하여야 합니다. (학력조회 결과 제출한 성적과 다를 경우 입학허가가 취소될 수 있음)

- 입학을 허가 받아 재학 중인 자라도 본교에서 출신학교에 학·경력 조회 결과 입학 지원서 및 제출서류에 기재된 내용이 사실과 다르거나, 지원 자격에 미달(학력 미인정, 성적 미달 등)되는 경우에는 입학허가가 취소됩니다.

- 부정한 방법으로 합격 또는 입학한 사실이 발견될 경우 입학전후를 막론하고 합격 또는 입학을 취소하고 납부한 등록금은 반환되지 않으며, 입학이 취소된 날로부터 3년간 본교에 입학을 할 수 없습니다. 또한, 성적위변조 등 부정한 행위 시 형사처벌을 받을 수 있습니다.

5 프라임칼리지 학사과정(한국방송통신대학교 학사과정 포함) 재적생(재학, 휴학)의 경우

- 한국방송통신대학교의 학생은 본교의 1개 학과(부)에 한정하여 학적을 가질 수 있습니다.
  ※ 방송대-프라임칼리지 간 이중 학적 불가

- 한국방송통신대학교 프라임칼리지(한국방송통신대학교 학사과정 포함)에 학적을 보유하고 있는 자가 2024학년도 2학기 프라임칼리지 신·편입학 모집에 지원하여 합격 후 등록할 경우, 기존 보유한 학적(한국방송통신대학교 학사과정 포함)은 제적처리되므로 유의하시기 바랍니다.

6 수강신청 및 등록

- 지정된 기간에 수강신청(편입생에 한함) 및 등록금을 납부하지 않을 경우 "합격 취소" 처리됩니다.

7 기타사항

- 입학성적은 공개하지 않습니다. 본 모집요강에 명시되지 않은 사항은 한국방송통신대학교 프라임칼리지에서 별도로 정하는 기준에 따르며, 필요 시 추가 서류를 요구할 수 있습니다.

- 신·편입생 입학 후 당해 학년도 첫 학기 휴학을 할 수 없습니다. (단, 장기요양·가족간호·병역·출산·육아 등의 이유로 인한 휴학은 가능)

PART 07 장학제도 및 후생복지

1 장학제도 ※ 학교 사정에 따라 변경될 수 있음

구분	장학금 종류			지급 기준 및 대상	
교내	학비감면	입학장학	재직자	• 1학년 특별전형 입학자(※ 재직자) • 입학 후 첫 1년(연속 2개 학기)	신입생
			일반	• 1학년 일반전형 입학자 • 2학년·3학년 편입생 • 입학 후 첫 1년(연속 2개 학기) 단, 입학 첫 학기 전과목(6과목) 이수하고 평점평균 3.0이상일 경우 두 번째 학기 적용	신·편입생
		연속등록 장학		• 4개 학기 연속 등록자(※ 등록 후 휴학 학기 미포함)	재학생
		성적우수 장학	A	• 직전학기 전과목 이수(18~21학점) • 평점평균 학과별 그룹별 상위 5%이내인 자	재학생
			B	• 직전학기 전과목 이수(18~21학점) • 평점평균 학과별 그룹별 5%초과 15%이내인 자	재학생
			C	• 직전학기 전과목 이수(18~21학점) • 평점평균 학과 그룹별 상위 15%초과 50%이내인 자	재학생
		교육보호장학		국가유공자 및 북한이탈주민으로서 신·편입학하는 첫 학기는 성적과 관계없이 면제(2학기부터는 소정의 자격 기준 해당자만 지급)	재학생 신·편입생
		기초생활수급장학		기초생활수급자 중 소정의 자격기준 해당자로서, 신·편입학하는 첫 학기는 성적과 관계없이 면제(2학기부터는 소정의 자격기준 해당자만 지급)	재학생 신·편입생

		장애인장학		• 장애인복지법 상 중증(1~3급), 직전 학기 9학점 이상 이수
				  ※ 성적 관계없음
				• 장애인복지법 상 경증(4~6급), 직전 학기 9학점 이상 이수
				  ※ 평점평균 1.6 이상(F학점 포함). 단, 신·편입학하는 첫 학기는 성적 관계없이 면제
					재학생
					신·편입생

		MOU장학		• MOU 체결 산업체 재직자 : 재직시 신입생 8개학기, 편입생 6~4개학기 가능 • MOU 체결 고등학교 졸업(예정)자 : 2011년 2월 이후 졸업자로, 특별전형 신입생에 한함	재학생 신·편입생
		스마트후진학1		마이스터고 및 특성화고 졸업(예정)자로 학교장 추천을 받은 내신 상위 30% 이내(고교 졸업 후 1년 이내에 입학자로 신입학 첫학기에 한함)	신입생
		스마트후진학2		「한국방송통신대학교 프라임칼리지 평생교육허브과정」의 재직자 기초과정 총 30시간 이상 수료자(신·편입학하는 첫 학기에 한함)	신·편입생
		prime가족장학		• 가족(부부, 부모자녀, 형제자매)이 함께 프라임칼리지에 재학 중인 자 • 신편입생 입학 시 또는 재학 중 1회에 한함	재학생 신·편입생

구분	장학금 종류	지급 기준 및 대상	
교외 (별도 공지)	현금장학	재입학장학	방송대(학부, 프라임칼리지, 대학원) 졸업생 중 신·편입학한 자 (신·편입학하는 첫 학기에 한함) ※ 입시지원서의 '추천인 성명/학번'에 방송대 졸업 학번을 기재한 경우에 한함	신·편입생
		추천장학1	프라임칼리지 학위과정에 신·편입생을 3명 이상 추천한 재학생 (신·편입학하는 첫 학기에 한함) ※ 입시지원서의 '추천인 성명/학번'에 추천인의 성명/학번을 기재한 경우에 한함	재학생
		추천장학2	방송대(학부, 프라임칼리지, 대학원) 재학생, 졸업생 추천으로 입학한 신·편입생 (신·편입학하는 첫학기에 한함) ※ 입시지원서의 '추천인 성명/학번'에 추천인의 성명/학번을 기재한 경우에 한함	신·편입생
		글로벌장학	귀화자 및 외국인(신·편입학하는 첫학기에 한함)	신·편입생
		국가장학금 (I 유형)	소득분위 0~8분위로서, 성적기준 충족자(신·편입학 첫 학기는 성적에 관계없음) ※ 한국장학재단의 선발기준에 따름	재학생 신·편입생
		국가장학금 (II 유형)	고졸 후학습자(희망사다리 II 유형) ※ 한국장학재단의 선발기준에 따름	

※ 장학 신청 안내
① 교내 장학신청
  - 홈페이지 공지 확인 후 학사정보시스템에서 신청
  - 신청기간 : 2024. 7. 19.(금) ~ 7. 23.(화) ※ 학교 운영 사정에 따라 변경될 수 있음
② 교외장학 신청 안내
  - 홈페이지 공지 확인 후 학사정보시스템에서 신청
  - 신청기간 : 학기 중 별도 공지
③ 국가 장학 신청 안내
  - 한국장학재단(www.kosaf.go.kr)에서 신청
  - 신청기간 : 홈페이지에서 확인(전화 : 1599-2000)

2 후생복지

○ 병역 연기 혜택
  - 2024학년도 신·편입생 중 현역입영 대상자는 24세까지 병역연기 가능
  - 신·편입생은 병역 연기원 제출 없이 대학에서 학적보유자 명부를 일괄 작성하여 9월 말까지 병무청에 송부하여 자동 연기 처리
  - 재학 중 입영을 희망하는 학생은 본인의 희망시기를 적어 재학생 입영희망원을 해당 지방병무청 민원실에 제출하면 입영 가능

○ 국제학생증 발급
  - 국제학생증 발급 후 해외여행 시 항공권 예약 및 교통패스 구매, 숙소 예약 시 할인 등 다양한 혜택

○ 교육메일 계정 제공(등록생, 휴학생, 졸업생) 단, 제적생은 이용중지

○ 구글앱스(Google Apps)의 기능 이용가능
  - 이 서비스는 구글에서 제공하는 서비스이므로, 구글의 정책에 따라 서비스 내용이 변경될 수 있습니다.

○ 전국 13개 지역대학 오프라인 도서관 및 전자도서관
  - 서울 대학로 중앙도서관 외 13개 지역대학 오프라인 도서관 이용
  - 방송대 중앙도서관 전자도서관 이용가능

PART 08 참고자료

1 입학지원서 서식 및 작성방법

【 입학지원서 서식 】

입학지원서 작성/수정

■ 지원 순서 : 1.지원서 작성, 2.전형료 결제, 3. 서류 제출

*지원학부	선택 ▼	*지원유형	선택 ▼	*신청전공 (편입학만 해당)	선택 ▼
*국적	선택 ▼	*성명		*주민등록번호	
*수강지역	선택 ▼	*성명(영문)		성명(한자)	
*주소	🔍				
*이메일		*휴대전화		전화번호	
*출신학교	선택 ▼				
*출신학과	선택 ▼			*졸업구분	선택 ▼
*입학년도		*졸업년도		*병역사항	선택 ▼
학적부와 현재 성명이 다릅니까?		☐ 예 ☐ 아니오		학적부 성명	
학적부와 현재 주민등록번호가 다릅니까?		☐ 예 ☐ 아니오		학적부 주민등록번호	
*직업군		*직장명		직위명	
*취업일자		*직장주소	🔍		
성적입력				성적증명방법	
추천인 성명		추천인 학번			

지원서 작성 완료

【 인터넷 입학지원서 작성 요령 】

항목명	수정가능 여부	작성요령
개인정보 수집 및 이용에 대한 동의 절차(최초1회)를 거침		
성명	X	띄어쓰기 허용하지 않음
주민등록번호	X	주민등록번호 입력
- 이미 작성된 지원서를 수정하거나 합격자조회도 위 항목으로 조회함		
지원학부	◎	1인이 1개 학부만 선택할 수 있음
지원유형	◎	신입/편입 선택 후 일반/특별전형 선택
신청전공	◎	편입학 지원자만 신청전공 선택
국적	X	해당국가가 없는 경우 '기타' 선택
수강지역	○	거주지와 상관없이 시설이용이 용이한 지역대학 소재지 선택
성명(영문)	○	여권에 있는 영문명 기재
주소(우편물수령)	○	도로명 주소로 우편번호 검색 후 상세주소 추가 입력
이메일	○	이메일주소 입력
휴대전화번호	○	010-9999-9999(본인 연락처가 아닌 경우 대학입학 관련 각종 안내 및 공지사항 누락으로 인한 불이익은 본인의 귀책사유임)
출신학교	△	- 학교명으로 검색하여 선택하되, 같은 학교명은 소재지 참조 - 고등학교졸업학력검정고시는 고졸검정고시로 검색하여 선택 - 편입학 지원 시 출신학과 및 졸업구분 추가 선택
입학년도	△	해당연도 기재(검정고시 출신자 제외)
졸업년도	△	해당연도 기재(검정고시의 경우 합격년도)
병역사항	○	해당사항 선택
직업군	△	제시된 직업 중 선택
직장명	△	직장명 입력
취업일자	△	재직하고 있는 사업장의 취업일자를 기재(4대보험의 자격취득일자와 동일) ※ 자영업자(개인사업자, 보험설계사 등)는 사업자등록증을 취득한 일자 입력
직장주소	△	재직하고 있는 사업장의 주소를 기재 ※ 영업자나 개인사업자인 경우, 사업자등록증에 있는 소재지 주소 입력 * 신입학 특별전형만 작성
성적입력	△	- 신입생 : 출신학교와 졸업연도에 따라 화면에 해당사항 입력 • 1996년도 이전 고교 졸업자 : 전 학년 계열석차 입력 • 1997~2016년도 고교 졸업자 : 입력사항 없음 • 검정고시출신 : 평균점수 입력 - 편입생 : 평점평균 입력
추천인성명/학번	○	추천인 입력 ※ 추천인은 한국방송통신대학교(프라임칼리지 포함) 재학, 휴학, 졸업생 해당
부속서류 제출장소		(우)03087 서울 종로구 이화장길 81 (동숭동) 한국방송통신대학교 열린관 402호 프라임칼리지 운영지원실

※ 지원서 접수는 3단계(지원서 작성 → 전형료결제 → 부속서류 제출)로 이루어짐
※ 지원서 기재내용은 제출서류와 일치되어야 하며, 착오기재로 인한 불이익은 지원자 책임임
※ 지원사항 수정 가능 여부
    X : 최초 등록('지원서작성완료' 버튼 클릭) 후 수정 불가
        * 수정 필요 시 전형료 결제 전까지 '지원서 삭제' 클릭 후 작성중인 화면을 닫고, 지원서 작성 새로 시작
    ◎ : 전형료 결제 전까지 수정 가능 / △ : 서류제출 전까지 수정 가능
※ 전형료 결제 후에는 '지원서 삭제' 불가

2 성적군별 성적 적용 및 산출방법

【 신입학 】
가. 성적 적용

학년	군별	적용대상	성적적용
1학년 신입생	1군	• 1996. 12월 이전 졸업자	• 전 학년 계열석차 → 3학년 2학기 학급석차 → 3학년 학년석차 → 3학년 2학기 학년석차 → 3학년 학급석차 순으로 적용
			※ 전 학년 성적이 없는 자(취업에 따른 고등학교「2+1체제」 해당자) • 2학년 2학기 학급석차 → 2학년 학년석차 순으로 적용
		• 성적표기가 2개 이상의 성적군 해당자	• 전 학년 성적 → 3학년 2학기 성적 → 3학년 학년성적 순으로 적용
		<동점자 처리기준> • 동점발생 시 성적적용 순서대로 선발 • 위 기준으로 불가할 시 2학년 → 1학년 성적 순으로 적용	
	2군	• 1997.1월 이후~2007년 졸업자	• 전 학년 교과목 성취도 점수 적용
			※ 전 학년 성적이 없는 자(취업에 따른 고등학교「2+1체제」 해당자) • 2학년 2학기 학급석차 → 2학년 학년석차 순으로 적용
		• 성적표기가 2개 이상의 성적군 해당자	• 전 학년 성적 → 3학년 2학기 성적 → 3학년 학년성적 순으로 적용
		<동점자 처리기준> • 3학년 → 2학년 → 1학년 성적 순으로 적용	
	3군	• 2008. 1월 이후 졸업(예정)자	• 전 학년 교과목 석차등급 점수 적용
			※ 전 학년 성적이 없는 자(취업에 따른 고등학교「2+1체제」 해당자) • 2학년 2학기 성적 → 2학년 학년성적 순으로 적용
		• 2015. 2월 이후 특성화고와 마이스터고 졸업(예정)자	• 성취평가제(A,B,C,D,E)를 석차 9등급으로 환산(전문교과)하여 적용
			※ 전 학년 성적이 없는 자(취업에 따른 고등학교「2+1체제」 해당자) • 2학년 2학기 성적 → 2학년 학년성적 순으로 적용
		• 성적표기가 2개 이상의 성적군 해당자	• 전 학년 성적 → 3학년 2학기 성적 → 3학년 학년성적 순으로 적용
		<동점자 처리기준> • 3학년 → 2학년 → 1학년 성적 순으로 적용	
	4군	• 고등학교졸업학력검정고시 합격자	• 고등학교졸업학력검정고시 성적
		<동점자 처리기준> • 국어 → 수학 → 영어 성적 순으로 적용	
	5군	• 성적 산출 불가자	• 학업계획서 심사 순

※ 취업에 따른 고등학교「2+1체제」 해당자의 경우 3학년은 취업, 실습 등으로 학교 성적이 없음

나. 성적 산출
○ 성적산출 시 해당 군별로 소수점 9째 자리에서 반올림하여 8째 자리까지 산출하는 것을 원칙으로 함
○ 고등학교 성적은 한 학기에 환산할 교과목이 7과목 이하일 경우, 해당 학기의 성적은 환산하지 않고 제외하고, 8과목부터 환산함
○ 석차등급 또는 성취도에 '이수'로 표기되어있는 과목은 제외함

별표 1. 성취도 환산 점수표

성취도	수	우	미	양	가	비고
환산점수	5	4	3	2	1	성취도에 이수, 미이수로 표시된 교과목은 산출에서 제외됨

별표 2. 석차등급 환산점수표

석차 등급	1	2	3	4	5	6	7	8	9	비고
환산점수	9	8	7	6	5	4	3	2	1	학업성적이 9등급으로 제공됨

별표 3. 석차등급 조견표

Z점수	정규분포확률값	백분위	석차백분율	석차등급
3.00	0.9987	0.0013	0.13	1
~				
1.75	0.9599	0.0401	4.01	2
~				
1.22	0.8888	0.1112	11.12	3
~				
0.73	0.7673	0.2327	23.27	4
~				
0.00	0.5000	0.5000	50.00	5
~				
-0.26	0.3974	0.6026	60.26	6
~				
-0.74	0.2296	0.7704	77.04	7
~				
-1.23	0.1093	0.8907	89.07	8
~				
-3.00	0.0013	0.9987	99.87	9

【 편입학 】

가. 성적 적용

학년	군별	적용대상	성적적용
2, 3학년 편입생	1군	대학(교)과 독학사 출신자	• 평점 ※ ① 실점은 출신학교에서 평점으로 환산하여 제출 ② 평점은 소수점 4째 자리까지 입력하고, 그 외는 버림
		<동점자 처리기준> • 대학(교) : 백분위점수 → 총취득학점 → 연장자 순으로 적용 • 독학사 : 백분위점수 → 총점 → 연장자 순으로 적용	
	2군	한국방송통신대학교 졸업자	• 평점 ※ 지원서에 성적기재 (단, 프라임칼리지 학사학위 과정 재적생은 성적기재 및 성적증명서 제출 생략)
		<동점자 처리기준> • 백분위점수 → 총취득학점 → 연장자 순으로 적용	
	3군	「학점인정 등에 관한 법률」과 「평생교육법」에 의한 학점(학사학위, 전문학사학위) 취득자	• 실점 ※ 단, 학점은 취득하였으나, 성적이 없는(0점) 자는 4군(성적산출 불가)으로 전형하되, 접수담당자가 지원서의 '성적산출 불가 확인'란에 확인 서명
		<동점자 처리기준> • 총취득학점 → 연장자 순으로 적용	
	4군	성적산출 불가자	• 학업계획서 심사 순

나. 성적 산출

◦ 성적산출 시 해당 군별로 소수점 9째 자리에서 반올림하여 8째 자리까지 산출하는 것을 원칙으로 함

각종서식

※ 프라임칼리지 학사학위과정 홈페이지(https://smart.knou.ac.kr) 「입학안내 - 입학관련서식」 게시판에서 다운로드 받으실수 있습니다

1 성적 산출 불가 확인서 서식

NO. _____

석차(전학년 종합성적) 산출 불가 확인서

성   명 :
생 년 월 일 :
학   번 :
학   과 :
학위명 및 등록번호 :
입   학   일 :
졸업(수료)일 :

위 사람은 우리학교 교육과정을 이수하여 졸업(수료)한 자로서 석차(전학년 종합성적) 산출이 불가능하여 석차(전학년 종합성적)를 발급해 드릴 수 없어 동 확인서에 붙임과 같이 학교생활기록부(학적부) 사본을 첨부해 드립니다.

붙임 학교생활기록부(학적부) 1부

20   년   월   일

학   교 (총 · 학) 장

2 학업계획서 서식

학 업 계 획 서

점수	순위

- 작성대상자 : 성적산출불가자(성적산출불가확인서 제출자)
- 학업계획서는 다음과 같은 사항을 포함하여 작성하시기 바랍니다
※ 한글, MS워드 워드프로그램을 이용하여 작성 후 출력 → 부속서류제출 시 제출하여야 함

① 자기소개 - 자기소개와 이력, 경력을 기술 (250자 내외)

② 지원동기 - 학교와 학과를 선택하게 된 이유 (250자 내외)

③ 학업계획 - 입학 후 계획 (500자 내외)

20   년   월   일

학부(학과) :   학년 :   지원서번호 :
지원자 :   (서명)

3 학력(교육과정) 인정 확인서 서식

〈국문〉

학력(교육과정)인정 확인서

○ 학 교 명 :

○ 학교 주소 :

　위 학교는 _____(국가)에서 인정하는 정규학교로서 대한민국의 (고등학교, 전문대학, 2년제 대학, 4년제 대학)에 준하는 학력(교육과정)이 인정되는 학교임을 확인합니다.

20 . . .

확인기관   직인(서명)

확인기관 주소 :

연락전화 번호 :

한국방송통신대학교 총장 귀하

〈영문〉

Confirmation of Accreditation

To : Korea National Open University, Seoul, Korea

This is to certify that _____ is a bona fide institution that has the power to award a (high school, college, university) diploma / degree. The above mentioned institution is considered an accredited institution.

Important notice: This note confirms the status of accreditation for the institution, but does not certify attendance at or graduation from the institution.

This note of confirmation is confirmed by _____

_____

Date_____

Address_____

Contact number_____

〈중국어〉

学历学位(教育课程)认证证明书

○ 学校名称 :
○ 学校地址 :

此学校是在中华人民共和国认证的正规学校，因此证明该学校符合与大韩民国批准的(① 高中学校、②2-3年制的专科、③本科大学、④其他高等学校)学历.

20 . . .

证明机关　　　　　　印(签名)

机关地址 :
联系电话 :

敬致　韩国放送通信大学校长

〈일본어〉

証第　　-　　号

証 明 書

別添 書類의 印章은　<u>大学学長（高等学校長）</u>의 印章임을 証明함.

<u>서울,　　年　　月　　日</u>

<u>　　　　　　　　　</u> 서명
大韓民國 日本國大使館
（手數料　　　원）

4 외국학교 출신자 입학 지원자격 심사 신청원

1. 지원 자격

일반전형	신입생	① 초·중등 12년 이상 학제 국가		산입생	④ 외국에서 초·중등 전 교육과정 이수한 재외국민 및 외국인(12년 미만 학제 포함)	
		② 초·중등 12년 미만 학제 국가				
		③ 외국인으로서 한국학교 출신			부모 모두 외국인	⑤ 12년 이상 학제 국가	
	편입생	전문대학 및 4년제 대학 졸업				⑥ 12년 미만 학제 국가	
		4년제 대학 수료	초·중등 12년 이상		편입생	외국인으로서 한국학교 출신	
			초·중등 12년 미만				

※ 해당란 우측 빈 칸에 ○표 하십시오.(제출서류는 외국학교 출신 지원자 참고사항 참조)
※ 초·중등 12년 미만 학제 출신자로서 혼합이수(해당국과 외국)한 경우에는 대학과정에서 보충해야 함

2. 지원자 인적사항

지원 학년				지원학과		
성 명	원어		한글	현재국적	재학 시 국적	성별
생년월일			외국인등록번호		체류자격	
국내 연락처	주소	집 또는 직장		핸드폰	E-mail	

3. 학력 기재란(초등학교, 중학교, 고등학교, 전문대학, 대학교)

학교명	재학기간		학교소재지		
	기간	재학년수	국가명	소재지	연락처 및 홈페이지주소
①	. . . ~ . . .	년 개월			☎ http://
②	. . . ~ . . .	년 개월			☎ http://
③	. . . ~ . . .	년 개월			☎ http://
④	. . . ~ . . .	년 개월			☎ http://
⑤	. . . ~ . . .	년 개월			☎ http://

학교명	국내학교에 해당하는 학년, 학기																									
	학년▶	1		2		3		4		5		6		7		8		9		10		11		12		13	
	학기▶	1	2	1	2	1	2	1	2	1	2	1	2	1	2	1	2	1	2	1	2	1	2	1	2	1	2
①																											
②																											
③																											
④																											
⑤																											

4. 한국어 능력 평가(자기진단)

말하기	듣기	쓰기	독해	종합
상( ), 중( ), 하( )	상( ), 중( ), 하( )	상( ), 중( ), 하( )	상( ), 중( ), 하( )	상( ), 중( ), 하( )

20 . . .   신청자 성명(지원자와 관계 :   ) _____ (인)

상기 내용은 사실과 다름이 없으며, ____학년도 프라임칼리지 신·편입학 지원 자격 심사를 신청합니다.

한국방송통신대학교 총장 귀하

2024학년도 2학기
신·편입생 모집요강

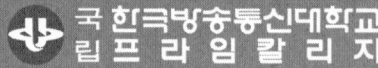
국립한국방송통신대학교 프라임칼리지

⑨03087 서울특별시 종로구 이화장길 81(동숭동) 열린관 402호 프라임칼리지
입학상담 ☎ 1661-3090
전공상담 관련 문의 ☎ 융합경영학부 02)3668-4442 ☎ 첨단공학부 02)3668-4443

3 2025년 모집요강

한국방송통신대학교 2025학년도 1학기

대학생활 길라잡이

새로움을 시작하다

해외용

KNOU

국립 한국방송통신대학교
Korea National Open University

한국방송통신대학교 2025학년도 1학기

대학생활 길라잡이
(해외거주학생용)

이 자료는 해외에 거주하는 학생 여러분이 본교 학업 수행을 잘 할 수 있도록 도움을 드리기 위한 자료입니다.
해외거주학생에 해당하는 필수적인 내용으로만 구성하였으니, 전체적인 학사운영 제도가 궁금하신 분은 "대학생활 길라잡이(국내거주학생용)"을 참고하시기 바랍니다.

CONTENTS | 목차

	005	입학 환영사
	006	한국방송통신대학교 2024학년도 학사력

I. 대학생활

010	1. 우리 방송대는 어떠한 대학인가요?
010	1-1. 대학의 비전과 교명과 심볼, 교가 등
012	1-2. 대학의 조직과 전경
016	2. 입학하면 수업을 받기 전에 무엇을 먼저 해야 하나요?
016	2-1. 인터넷 ID 등록과 학생 e-mail 신청
026	2-2. 학교와 소속 지역대학 및 학과의 홈페이지 검색
026	2-3. 오리엔테이션(OT, 안내교육)과 입학식 참여
026	2-4. 수강신청과 등록
027	3. 수강신청은 어떻게 하나요?
027	3-1. 수강신청 일정
027	3-2 수강교과목 지정
027	3-3. 수강신청 및 지정 기준
029	3-4. 수강신청 방법
030	4. 등록금의 납부는 어떻게 해야 하나요?
033	5. 교재는 어떻게 구입하나요?
034	6. 학기는 언제 시작되며 수업은 어떻게 받나요?
034	6-1. 학기 개시와 수업연한
034	6-2. 출석수업
035	6-3. 방송강의(U-KNOU캠퍼스)
045	7. 시험의 유형과 응시방법은 어떠한가요?
045	7-1. 형성평가
045	7-2. 중간평가(출석수업평가, 출석수업대체시험, 중간과제물)
046	7-3. 기말평가(과제물)
046	8. 성적평가는 어떻게 하나요?
047	9. 학점은 어떻게 얻을 수 있나요?
047	9-1. 편입생 학점 인정
047	9-2. 프라임칼리지 학점 인정

048	10. 학점을 잘 받으려면 어떻게 해야 하나요?
048	11. 학업을 위한 도움은 어떻게 받을 수 있나요?
048	11-1. 학과의 조교와 교수의 학습상담
048	11-2. 튜터(Tutor) 제도
049	11-3. 멘토링(Mentoring) 제도
049	11-4. 학습동아리(스터디)
050	12. 장학금을 받으려면 어떻게 해야 하나요?
050	12-1. 국가장학금
051	12-2. 저소득계층을 위한 교내장학금
051	12-3. 장애학생을 위한 교내장학금
052	12-4. 방송대에 다시 입학한 학생을 위한 재학업 교내장학금
052	12-5. 교육보호자(국가유공자와 북한이탈주민)를 위한 교내장학금
053	13. 전공분리(일부 학과만 해당)는 무엇인가요?
053	13-1. 복수전공
054	13-2. 전공분리
055	14. 학업과 일,가정,병역의 양립을 지원하는 제도와 시설이 있나요?
055	14-1. 특별휴학제도
056	15. 학생통합서비스센터는 어떠한 서비스를 제공하나요?
056	15-1. 학사상담
056	15-2. 진로·심리 상담 및 교육
057	15-3. 건강상담 및 교육
057	15-4. 각종 증명서, 모바일학생증, 국제학생증 발급
058	16. 알아두면 좋을 학생지원제도는 무엇인가요?
058	16-1. 학자금 대출과 복지제도 등 안내
059	17. 휴학과 재입학을 하려면 어떻게 해야 하나요?
060	18. 징계와 제적은 어떠한 경우에 당하게 되나요?
061	19. 졸업을 하려면 어떻게 해야 하나요?
061	19-1. 졸업에 필요한 학점과 요건
061	19-2. 졸업논문작성과 졸업논문대체인정(문화교양학과만 해당)
062	19-3. 특별한 졸업의 요건(복수/연계전공자 졸업, 조기졸업, 명예졸업)
063	19-4. 졸업유보제도
064	20. 졸업할 때 자격증을 받으려면 어떻게 해야 하나요?
064	21. 졸업 후에도 방송대에서 계속 공부할 수 있나요?
064	21-1. 다른 학과 또는 프라임칼리지 편입학
065	21-2. 대학원과 경영대학원
066	[별첨] 1. 대학본부 행정부서 전화번호
067	2. 학과별 전화번호

Ⅱ. 교과과정

070	국어국문학과
071	영어영문학과
072	중어중문학과
073	프랑스언어문화학과
074	일본학과
075	법학과
076	행정학과
077	경제학과
078	경영학과
079	무역학과
080	미디어영상학과
081	도시콘텐츠·관광학과
082	농학과
083	생활과학부
085	컴퓨터과학과
086	통계·데이터과학과
087	보건환경안전학과
088	간호학과
089	교육학과
090	청소년교육복지상담학과
091	문화교양학과
092	생활체육지도과

Ⅲ. 학생상담 사례모음

096	1. 홈페이지 이용 방법
097	2. 수강신청(변경) 방법
102	3. 등록과 휴학
105	4. 교재구입 방법
107	5. 수업 방법
108	6. U-KNOU 캠퍼스
110	7. 성적평가 방법
112	8. 졸업 방법
113	9. 재입학 방법
115	10. 다른 학과로 편입
116	11. 학생복지 혜택
118	12. 진로·심리상담 서비스
119	13. 대학원 상담

입학 환영사

국립 한국방송통신대학교의 새로운 가족이 되신 해외 학생 여러분! 입학을 진심으로 축하드립니다.

1972년에 개교한 이래 52년간 79만 명의 동문을 배출하여 대한민국의 유일한 국립 원격대학으로서 역할을 담당해 온 우리 대학은, 2024학년도부터 대한민국을 넘어 세계 각국에 거주하는 여러분에게 원격 고등교육 서비스를 제공하게 되었습니다.

이 자료는 세계 각국에서 한국방송통신대학의 학생이 되어 원격으로 학업을 수행하게 되신 "해외거주학생"을 위해 별도로 제작된 대학생활 안내 자료입니다. 우리 대학만의 특별한 학사 제도와 강의 방식, 학과 등에 대한 자세한 정보를 담고 있습니다. 이 자료가 성공적인 대학생활과 학업성취와 졸업에 많은 도움이 되길 기대합니다.

내일을 위한 투자를 아끼지 않는 세계 시민과 동포 여러분! 여러분의 열정과 용기에 힘찬 박수를 보내며 여러분 모두의 소중한 꿈을 실현하도록 최선을 다하겠습니다. 감사합니다.

한국방송통신대학교 총장 고 성 환

한국방송통신대학교
2025학년도 학사력

1 January
기간	내용
24/09/02(월)~01/21(화)	2024. 전기 졸업유보 신청
01/02(목)~01/02(목)	2025. 시무식
01/03(금)~01/09(목)	2024. 2차 연계·복수 전공 취소 신청
01/05(일)~01/05(일)	2024. 동계 계절수업시험
01/06(월)~01/10(금)	2025. 1학기 시간제등록생 입학지원서 접수 및 수강신청
01/16(목)~01/21(화)	2025. 1학기 재학생 수강신청
01/22(수)~01/22(수)	2025. 1학기 시간제등록생 합격자 발표
01/23(목)~01/27(월)	2025. 1학기 시간제등록생 등록
01/23(목)~01/27(월)	2025. 1학기 신·편입생 등록
01/23(목)~01/23(목)	2025. 1학기 신·편입생 합격자 발표
01/23(목)~01/27(월)	2025. 1학기 신·편입생 수강신청
01/31(금)~02/04(화)	2025. 1학기 재학생 등록

2 February
기간	내용
02/17(월)~06/15(일)	2025. 1학기 형성평가
02/25(화)~02/25(화)	2025년도 전기 학위수여식

3 March
기간	내용
03/01(토)~03/01(토)	2025학년도 입학식
03/01(토)~05/25(일)	2025. 1학기 출석수업
03/02(일)~06/15(일)	2025. 1학기 학습기간
03/04(화)~07/22(화)	2024. 후기 졸업유보 신청
03/04(화)~03/10(월)	2025. 1학기 마이크로전공 신청
03/04(화)~03/13(목)	2025. 1학기 졸업논문 계획서 접수
03/09(일)~03/09(일)	개교기념일
03/11(화)~03/24(월)	2025. 2학기 생활과학부 전공배정 신청
03/17(월)~03/21(금)	2025. 1학기 졸업논문대체 접수

4 April
기간	내용
04/04(금)~04/04(금)	2025. 1학기 졸업논문대체 합격자 발표
04/04(금)~04/14(월)	2025. 1학기 중간과제물 접수(정시)

5 May
기간	내용
05/01(목)~05/07(수)	2025. 하계 계절수업 수강신청
05/02(금)~05/09(금)	2025. 1학기 졸업논문 접수
05/08(목)~05/14(수)	2025. 2학기 복수전공 신청
05/09(금)~05/14(수)	2025. 하계 계절수업 등록
05/30(금)~07/01(화)	2025. 2학기 재입학 신청
05/31(토)~06/01(일)	2025. 1학기 출석수업대체시험

6 June
기간	내용
06/06(금)~06/08(일)	2025. 1학기 기말시험
06/09(월)~07/08(화)	2025. 2학기 신·편입생 입학지원서 접수
06/13(금)~06/15(일)	2025. 1학기 기말시험
06/16(월)~07/06(일)	2025. 하계 계절수업 강의
06/24(화)~06/30(월)	2025. 1차 연계·복수·마이크로 전공 취소 신청
06/27(금)~06/27(금)	2025. 1학기 졸업논문 합격자 발표

7 July
기간	내용
07/06(일)~07/06(일)	2025. 하계 계절수업 시험
07/09(수)~07/15(화)	2025. 2학기 시간제등록생 입학지원서 접수 및 수강신청
07/17(목)~07/22(화)	2025. 2학기 재학생 수강신청
07/25(금)~07/25(금)	2025. 2학기 시간제등록생 합격자 발표
07/28(월)~07/31(목)	2025. 2학기 재학생 등록
07/28(월)~07/31(목)	2025. 2학기 시간제등록생 등록
07/28(월)~07/31(목)	2025. 2학기 신·편입생 등록
07/28(월)~07/28(월)	2025. 2학기 신·편입생 합격자 발표
07/28(월)~07/31(목)	2025. 2학기 신·편입생 수강신청

8 August
08/18(월)~12/14(일)	2025. 2학기 학습기간
08/18(월)~12/14(일)	2025. 2학기 형성평가
08/27(수)~08/27(수)	2025년도 후기 학위수여식

9 September
09/01(월)~09/05(금)	2025. 2학기 마이크로전공 신청
09/01(월)~01/20(화)	2025. 전기 졸업유보 신청
09/01(월)~11/23(일)	2025. 2학기 출석수업
09/02(화)~09/11(목)	2025. 2학기 졸업논문 계획서 접수
09/09(화)~09/22(월)	2026. 1학기 생활과학부 전공배정 신청
09/22(월)~09/26(금)	2025. 2학기 졸업논문대체 접수

10 October
10/01(수)~10/14(화)	2025. 2학기 중간과제물 접수(정시)
10/10(금)~10/10(금)	2025. 2학기 졸업논문대체 합격자 발표
10/10(금)~10/14(화)	2025. 동계 계절수업 수강신청
10/17(금)~10/22(수)	2025. 동계 계절수업 등록
10/28(화)~11/03(월)	2026. 1학기 복수전공 신청
10/31(금)~11/07(금)	2025. 2학기 졸업논문 접수

11 November
11/24(월)~12/30(화)	2026. 1학기 재입학 신청
11/29(토)~11/30(일)	2025. 2학기 출석수업대체시험

12 December
12/03(수)~01/05(월)	2026. 1학기 신·편입생 입학지원서 접수
12/05(금)~12/07(일)	2025. 2학기 기말시험
12/12(금)~12/14(일)	2025. 2학기 기말시험
12/15(월)~01/04(일)	2025. 동계 계절수업 강의
12/26(금)~12/26(금)	2025. 2학기 졸업논문 합격자 발표
12/31(수)~12/31(수)	2025. 종무식

2026년

1 January
01/02(금)~01/02(금)	2026. 시무식
01/04(일)~01/04(일)	2025. 동계 계절수업 시험
01/05(월)~01/09(금)	2025. 2차 연계·복수·마이크로 전공 취소 신청
01/06(화)~01/12(월)	2026. 1학기 시간제등록생 입학지원서 접수 및 수강신청
01/15(목)~01/20(화)	2026. 1학기 재학생 수강신청
01/22(목)~01/22(목)	2026. 1학기 시간제등록생 합격자 발표
01/23(금)~01/28(수)	2026. 1학기 시간제등록생 등록
01/23(금)~01/28(수)	2026. 1학기 신·편입생 등록
01/23(금)~01/23(금)	2026. 1학기 신·편입생 합격자 발표
01/29(목)~02/03(화)	2026. 1학기 재학생 등록

2 February
02/25(수)~02/25(수)	2026년도 전기 학위수여식

※ 상기 일정은 사정에 따라 변경될 수 있음

I. 대학생활

1. 우리 방송대는 어떠한 대학인가요?
2. 입학하면 수업을 받기 전에 무엇을 먼저 해야 하나요?
3. 수강신청은 어떻게 하나요?
4. 등록금의 납부는 어떻게 해야 하나요?
5. 교재는 어떻게 구입하나요?
6. 학기는 언제 시작되며 수업은 어떻게 받나요?
7. 시험의 유형과 응시방법은 어떠한가요?
8. 성적평가는 어떻게 하나요?
9. 학점은 어떻게 얻을 수 있나요?
10. 학점을 잘 받으려면 어떻게 해야 하나요?
11. 학업을 위한 도움은 어떻게 받을 수 있나요?
12. 장학금을 받으려면 어떻게 해야 하나요?
13. 전공분리(일부 학과만 해당)는 무엇인가요?
14. 학업과 일,가정,병역의 양립을 지원하는 제도와 시설이 있나요?
15. 학생통합서비스센터는 어떠한 서비스를 제공하나요?
16. 알아두면 좋을 학생지원제도는 무엇인가요?
17. 휴학과 재입학을 하려면 어떻게 해야 하나요?
18. 징계와 제적은 어떠한 경우에 당하게 되나요?
19. 졸업을 하려면 어떻게 해야 하나요?
20. 졸업할 때 자격증을 받으려면 어떻게 해야 하나요?
21. 졸업 후에도 방송대에서 계속 공부할 수 있나요?

1
우리 방송대는 어떠한 대학인가요?

1-1. 대학의 비전과 교명과 심볼, 교가 등

■ 비전과 핵심가치

■ 교명과 약칭
① 교명 : '한국방송통신대학교' (약칭 : '방송대')
② 영문 명칭 : Korea National Open University (약칭 : KNOU)

■ 대학의 위치와 우편 주소, 홈페이지, 대표전화
① 대학본부의 위치와 우편주소 : (03087) 서울시 종로구 대학로 86(동숭동)
② 학교의 홈페이지 : https://www.knou.ac.kr
③ 대학본부 행정부서 및 학과 연락처 : 별첨 1, 2
④ 대표 안내전화 : ☎ 1577-9995

정장

약장

■ 심볼마크
우리 대학의 심볼마크는 "열린 학습사회를 선도하는 세계 속의 첨단 원격대학"의 이념과 미래상을 표상합니다.
우주공간에 떠 있는 타원의 형태는 통신위성을 뜻하며 21세기 정보 통신시대의 첨단 원격교육을 펼쳐가는 첨단대학을 의미합니다.
청색 원은 세계를 뜻하며 O(Open) 자형 타원과 열려진 U(University) 자형은 항상 개방되어 있는 열린 대학을 의미합니다.
열린 U자의 L(Love)과 J(Justice)의 조형은 사랑과 정의로 남과 북 그리고 온겨레가 하나 되는 민족대학임을 지향하는 것을 의미합니다.

■ 개교기념일 : 3월 9일

■ 교가
우리 대학의 교가는 유명한 가곡 [그리운 금강산]을 작곡한 최영섭 선생님이 작곡하였고 작사자는 '방송대학'으로 표기되어 있습니다.
입학식, 오리엔테이션을 비롯해 다양한 학교 행사에서 교가를 부르는 경우가 많습니다. 그러므로 (학교 홈페이지 → 홍보관 → 대학 상징 → 교가)를 클릭하면 악보와 교가 음원 mp3가 있으니 가사를 음미하며 연습해 보세요.

1-2. 대학의 조직과 전경

- 우리 대학은 총장, 부총장, 대학본부, 교육조직, 중앙도서관 및 부속시설 등 법인과 기타시설로 조직되어 있습니다.

대학본부에는 교무처, 학생처, 기획처, 사무국, 교육정보화본부가 있습니다.

부서	조직
교무처	교무과/학사운영과
학생처	학생과/입학과/학생통합서비스센터
기획처	전략기획과/대외협력홍보과
사무국	총무과/재무과/시설과
교육정보화본부	교육정보화과

대학은 4개의 단과대학과 그 소속의 24개 학과, 프라임칼리지로 조직되어 있습니다.

단과대학	소속 학과·전공
인문과학대학	국어국문학과/영어영문학과/중어중문학과/프랑스언어문화학과/일본학과
사회과학대학	법학과/행정학과/경제학과/경영학과/무역학과/미디어영상학과/도시콘텐츠·관광학과/사회복지학과(2018학년도 신설)
자연과학대학	농학과/생활과학부(가정복지상담학전공, 식품영양학전공, 의류패션학전공)/컴퓨터과학과/통계·데이터과학과/보건환경안전학과/간호학과
교육과학대학	교육학과/청소년교육복지상담학과/유아교육과/문화교양학과/생활체육지도과(2020년 신설)

※ 사회복지학과, 생활과학부 식품영양학 전공, 유아교육과는 해외거주학생으로 입학 및 재학 불가

특별교육조직	소속·전공
프라임칼리지	융합경영학부(회계금융전공, 마케팅·애널리틱스전공)/첨단공학부(산업공학전공, 메카트로닉스전공, AI전공)

대학본부

대학원에는 19개의 학과가 있고, 경영대학원에는 7개의 전공이 있습니다.

대학원	소속 학과·전공
대학원	문예창작콘텐츠학과, 실용영어학과, 실용중국어학과, 아프리카·불어권 언어문화학과, 일본언어문화학과, 법학과, 행정학과, 영상문화콘텐츠학과, 농업생명과학과(농학, 동물 자원), 생활과학과(생활과학, 가정복지상담학, 식품영양학, 의류패션학), 정보과학과, 에듀테크학과, 통계·데이터과학과(바이오통계학, 통계과학), 환경보건시스템학과, 간호학과, 평생교육학과, 청소년교육학과, 유아교육학과, 사회복지학과(2020년 신설)
경영대학원	OBHR전공/GM전공/DS전공/마케팅전공/회계금융/경제정책전공/국제무역전공

- 교육기본시설에는 중앙도서관이 있습니다.
- 부속시설에는 디지털미디어센터(방송대학TV), 교양교육원, 역사기록관, 국제협력단 등이 있습니다.
- 연구시설에는 미래원격교육연구원과 통합인문학연구소가 있습니다.
- 그외 산학협력단, 발전기금재단, 출판문화원 등이 있습니다.

| 중앙도서관 | 역사관 |

우리대학에는 다음과 같이 13개의 지역대학이 있습니다. 지역대학에서는 관할 구역 내 학생의 출석수업과 시험 등을 관리하며, 해외거주학생은 서울지역대학에서 관리합니다.

지역대학명	소재지
서울	서울특별시
부산	부산광역시
대구·경북	대구광역시
인천	인천광역시
광주·전남	광주광역시
대전·충남	대전광역시
울산	울산광역시
경기	경기도
강원	강원도
충북	충청북도
전북	전라북도
경남	경상남도
제주	제주도

서울 지역대학(성수)

부산 지역대학

대구·경북 지역대학

인천 지역대학

광주·전남 지역대학

대전·충남 지역대학

울산 지역대학

경기 지역대학

강원 지역대학

충북 지역대학

전북 지역대학

경남 지역대학

제주 지역대학

2
입학하면 수업을 받기 전에 무엇을 먼저 해야 하나요?

2-1. 인터넷 ID 등록과 학생 e-mail 신청

- 우리 대학은 원격교육기관이므로 학생이 ID(아이디)와 학생 e-mail(이메일)을 가져야 학교 홈페이지에서 수업일정, 성적 등 자신의 학사정보를 포함하여 학업과 대학생활에 필요한 각종 자료와 정보를 받을 수 있습니다.

ID등록 방법

1 ID 등록은 학적 정보가 생성되고 입학 합격자 발표가 난 후에 할 수 있습니다. ID는 5~15 자로 영문 소문자·숫자 사용, 비밀번호는 영문자·숫자·특수문자 조합으로 9~15자로 만드는데 영문자는 대소문자를 구분합니다.

2 학교 홈페이지 초기화면의 로그인 영역에서 [아이디 등록]을 누른 후 사용자 구분에서 '학부생'을 선택하고 기본 인적사항(이름, 생년월일, 성별, 학번 등)을 입력합니다. 그 후 개인정보의 수집, 이용, 제공 등에 동의하고 [확인]을 클릭하면 등록할 수 있습니다.

3 등록한 ID는 변경할 수 없으니 ID 결정 시 신중하여야 합니다. 비밀번호 변경은 [로그인 → 맞춤정보 → '비밀번호관리']에서 변경할 수 있습니다.

4 학번, ID와 비밀번호는 본인이 잘 관리하여야 하고 잊어버렸다면 찾기 서비스를 이용할 수 있습니다. 이를 위해 다음 화면에서 나오는 개인정보를 미리 등록할 필요가 있습니다. 비밀번호를 잊어버린 경우에 '비밀번호 분실신고'를 클릭하면 임시 비밀번호를 발급받을 수 있는데 발급 받은 후 24시간 이내에 로그인하고 비밀번호 변경을 해야 합니다.

5 사용자 유형을 여러 개 보유하고 있더라도 ID는 하나로 씁니다.

6 시간제 등록 및 신·편입으로 인한 사용자 유형 추가는 시스템에서 일괄 처리합니다.

e-mail 생성 ① 학교 e-mail 생성을 위해 개인정보 동의서에 동의한 다음 KNOU 이메일 주소와 비밀번호 설정을 하는 것이 필요합니다.
② 이메일 생성이 완료되면 "축하합니다"라는 메시지가 뜨고 로그인하면 학교가 메일로 제공하는 각종 정보를 이메일로 받을 수 있습니다.

방송대 교육용(구글) 이메일 신청

신청절차

https://www.knou.ac.kr

방송대 포털 사이트(https://www.knou.ac.kr)에서 로그인 후, 맞춤정보에서 메일 신청하시면 됩니다.

※ 홈페이지에서 로그인은 우리대학의 구성원 여부를 확인하기 위한 절차입니다.

※ 맞춤정보

로그인 클릭

ID 및 비밀번호 입력

맞춤정보 클릭

1) 맞춤정보에서 메일신청 ● • 최초 로그인 후 맞춤정보에서 **[메일신청] 버튼 클릭**

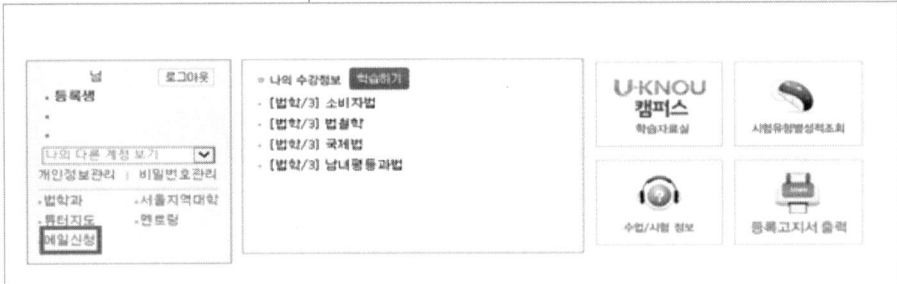

2) 이메일 생성 페이지에서
   각 항목 입력

① 개인정보 동의 항목 체크
   - 체크하지 않으면 메일 생성 불가
② 메일계정은 본인
   ID@knou.ac.kr로 자동 설정
③ 사용자의 성을 입력
   - 학생 이메일에 표시되는 성
④ 사용자의 이름을 입력
   - 학생 이메일에 표시되는 이름
⑤ 이메일 비밀번호 설정
⑥ 이메일 비밀번호 확인
⑦ 이메일 생성 버튼 클릭

3) 이메일 생성 여부 재확인 • **[확인] 버튼 클릭** - 이메일 생성 여부 재확인

4) 이메일 생성 완료

① 학생 이메일 생성과 동시에 기존 학생 수신용 메일이 업데이트되므로, 메일 미수신에 따른 여러 문제를 해결 하기 위해서 재확인을 수행함
② [확인] 버튼 클릭
- 반드시 [확인]버튼을 클릭하여야 로그인 시 [메일신청]에서 [메일]로 변경 됨

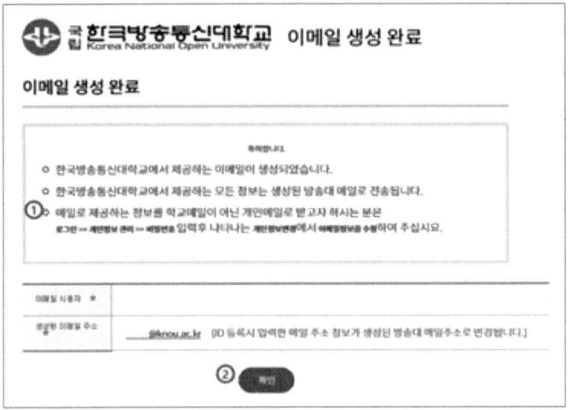

5) 이메일 사용

- **[메일] 버튼 클릭**
 - [메일] 버튼을 클릭하면 클라우드 시스템으로 넘어감

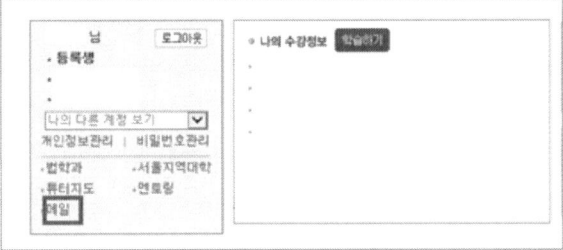

6) 이메일 사용

- **[메일 주소 입력]**
 - ID@knou.ac.kr
 - [다음] 버튼

7) 비밀번호 입력

- **[비밀번호 입력]**
  - 비밀번호 입력
  [로그인]버튼

※ 교육메일은 방송대 아이디를 이용하여 아이디@knou.ac.kr로 생성이 됩니다.
교육메일 생성 시 학내시스템 개인정보 중 메일주소가 '교육메일' 주소로 자동 변경 됩니다.
방송대 홈페이지가 아닌, 직접 구글 홈페이지인 www.gmail.com에서 아이디와 패스워드로 로그인 할 수 있습니다.
이 서비스는 구글에서 제공하는 서비스이므로, 구글의 정책에 따라 서비스 내용이 변경될 수 있습니다.

교육용(구글) 이메일 이용 제한 및 삭제 관련

본 서비스는 교육용 목적으로 제공되는 서비스로서 그 용도와 목적에 따라 서비스 제공내용(데이터 사용 가능량 등)이 제한되며, 서비스 제공내용이 변경될 수 있습니다. 본 서비스에 대하여는 본 대학 포털시스템 운영지침이 적용되며, 위 지침 및 서비스 제공자의 운영정책 변경 등 사정에 따라 제공 데이터 용량이 변경되거나, 이용 제한 또는 삭제 사유가 존재하는 경우 이용에 대한 제한, 삭제 조치가 행해질 수 있음을 유의하시기 바랍니다. 이용 제한 및 삭제의 요건과 절차는 아래와 같습니다.

이용 제한 사유 및 절차

- 사유
  - 사용자별 저장용량 한도를 초과한 경우
  - 스팸 발송, 해킹, 비밀번호 유출이 의심되는 이상 활동 감지, 음란물 또는 지적재산권 침해 소지가 있는 파일 저장 및 송수신이 의심되는 계정
  - 대학 대표 홈페이지 ID가 없거나, 1년 이상 미 로그인 상태인 경우
  - 제적생인 경우

- 절차
  - 이용 제한 조치 4주일 전까지 해당 이용자에게 이메일, 문자메시지 등을 통해 제한 조치에 관한 안내 및 고지 후 이용 제한

삭제 사유 및 절차

- 사유
  - 이용 제한 6개월 경과인 경우
  - 본인이 삭제 요청을 한 경우
    (포털시스템 내 [교육메일삭제신청] 화면에서 본인이 직접 신청)
    (홈페이지 로그인-나의정보-좌측하단-교육메일관리-교육메일삭제신청)

- 절차
  - 삭제 조치 3개월 전까지 해당 이용자에게 이메일, 문자메시지 등을 통해 삭제에 관한 안내 및 고지 후 교육용(구글) 이메일 계정 삭제
    (단, 본인이 삭제 요청을 한 경우, 담당자 확인 후 이메일 계정 삭제)

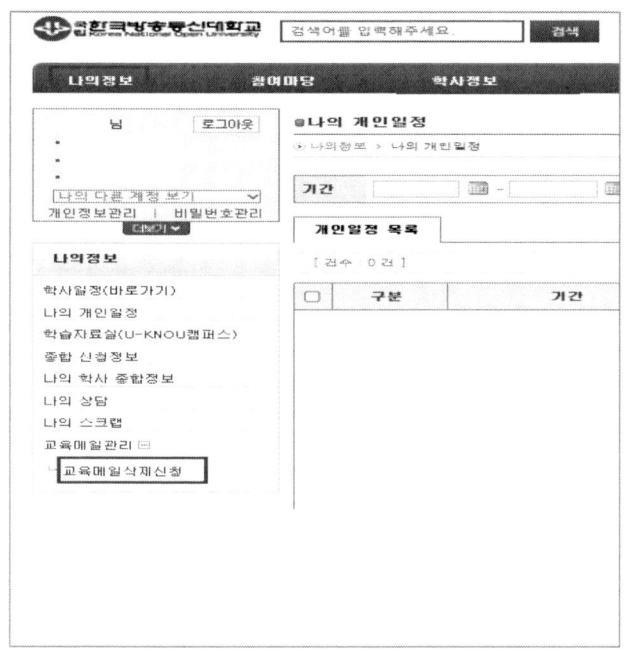

1) 나의정보에서 이메일 삭제신청

- 로그인 후 나의정보에서 [교육메일삭제신청] 버튼 클릭

2) 교육메일 삭제신청 페이지에서 각 항목 입력

① 교육메일 삭제 동의 항목 체크
② 삭제 사유를 간단하게 작성
③ 신청 버튼 클릭

3) 교육메일 삭제 여부 재확인

- [확인] 버튼 클릭 - 삭제 여부 재확인

2-2. 학교와 소속 지역대학 및 학과의 홈페이지 검색

- 우리 대학은 원격교육기관의 특성상 수강신청, 등록, 수업, 시험, 학사운영, 학생 서비스, 각종 행사 등 학업과 대학생활에 필요한 각종 자료와 정보를 학교 홈페이지에 게시합니다. 그러므로 입학 후 학교 홈페이지, 소속 지역대학과 학과의 홈페이지를 살펴보고 자신에게 필요한 정보를 파악하는 것이 필요합니다. 홈페이지에 게시된 정보에 관하여 의문이 들거나 궁금한 사항이 있으면 언제든지 대학본부와 소속 지역대학에 있는 학생서비스센터에 메일 또는 선화로 문의해 주시기 바랍니다.
- 해외거주학생은 서울지역대학에 소속됩니다.
- 해외거주학생으로 입학한 후에도 국내로 지역대학변경이 가능하며, 국내 학생으로 입학한 후에도 해외거주학생으로 지역대학 변경이 가능합니다.
- 단, 국내-해외간 지역대학변경은 학기 단위로 가능하며, 국내 학생으로 입학한 학생이 해외지역대학으로 변경한 경우에는 매 학기 거주지 증빙을 해야 합니다.

2-3. 오리엔테이션(OT, 안내교육)과 입학식 참여

- 우리 대학은 입학생이 학업과 등록, 대학생활에 필요한 안내를 하여 학교에 적응을 잘할 수 있도록 오리엔테이션(OT)을 실시합니다. OT는 학과가 주관하며 국내의 지역대학에서 개최됩니다.
- OT에 참석하지 못하는 학생을 위하여 소속학과 홈페이지 또는 유튜브 등에 OT 자료를 게시하는 사례가 있으니 해외거주학생들은 참고하시기 바랍니다.

2-4. 수강신청과 등록

- 우리 대학에서 학업과 대학생활을 하려면 수강신청과 등록을 반드시 해야 합니다. 수강신청과 등록은 입학을 결단한 각오를 실천하고 방송대의 좋은 특성을 체험하며 "방송대 학우"가 되는 첫걸음입니다.

3
수강신청은 어떻게 하나요?

수강신청의 일정과 방법에 대하여 매 학기 「수강신청 안내」를 학교 홈페이지에 공지합니다. 해외 거주 학생의 경우 수강이 제한되는 과목이 있으니 학교 홈페이지뿐 아니라 반드시 소속 학과의 홈페이지 「수강신청 안내」를 확인하여 수강 신청하셔야 합니다.

3-1. 수강신청 일정

신·편입생	1차	2025. 1. 23.(목) 9:30~1. 27.(월) 18:00
재학생		입학학과의 수강신청 및 변경 : 2025. 1. 16.(목) 9:30~18:00
		타학과와 입학학과의 수강신청 및 변경 : 2025. 1. 17.(금)~1. 21.(화) 18:00

※ 수강신청의 변경과 취소도 할 수 있으나 지정된 기한 내에 하여야 합니다.

3-2. 수강교과목 지정

- 학생들의 수강신청 부담을 줄여주고 효율적인 수강지도를 위해 수강지정 기준에 따라 수강교과목을 지정하고 있으나 반드시 지정된 교과목을 수강하여야 하는 것은 아니며 수강신청 기간에 수강신청 가능 학점 범위 내에서 추가 또는 변경할 수 있습니다.

■ 지정기준학점

신·편입 첫 학기	신입생(1학년) : 4과목(12학점) + 원격대학교육의이해(1학점) 편입생(2,3학년) : 5과목(15학점) + 원격대학교육의이해(1학점)
두 번째 학기부터 (재학생,휴학생,재입학생)	6과목(18학점) 이내 지정 ※ 단, 복학생 및 재입학생은 '원격대학교육의이해'를 포함하여 19학점 이내

3-3. 수강신청 및 지정 기준

■ 원칙
- 소속 학과의 교과과정에 의거 학년 순서대로 학기당 18학점까지 신청 가능

■ 예외
- 당해학기 신·편입생, 재입학생, 복학생의 입학 첫 학기 : 19학점까지 신청가능
  ※ 18학점(기준학점) + 1학점('원격대학교육의 이해' 교과목)

- 3학점 초과이수 대상자 : 학기당 21학점까지 가능
  ｜직전 학기에 1학점 교과목을 제외한 전 과목을 이수하고, 성적 평균평점이 3.5이상인 자
  ※ 전과목 이수 : 신입생 4과목 이상, 편입생 5과목 이상, 재학생·복학생·재입학생 6과목 이상 수강 신청하여 모두 이수(원격대학교육의이해·사회봉사활동·교육봉사활동은 제외) *7과목 수강자는 7과목이 전과목임
  ｜취득학점이 93학점 이상인 자로서 다음 각 호에 해당하는 경우
  · 재이수 교과목 또는 대체이수 교과목을 이수하고자 하는 자
  · 2000학년도 이전 입학하거나, 취득한 전체성적 교과목 중 폐지 교과목이 존재하는 자는 재수강·대체이수와 무관하게 개설된 모든 교과목 중에서 이수 가능

■ 타학과 전공교과목 신청
- 일반적으로 타 학과에 개설된 전공 교과목을 수강신청 할 수 있으나(입학 제한 학과 및 일부 과목은 수강 제한), 타학과 수강신청인원은 지역별·학과별(전공별)·학년별로 등록예상 인원의 20~40%를 선착순으로 마감
  ※ 타 학과 수강 불가 과목: 사회복지학과, 생활과학부 식품영양학, 유아교육과, 생활체육지도과 개설 전공과목 및 일부 학과 개설교과목(학기마다 학사공지 참고)
- 입학(본인)학과 교과목이 타 학과에 중복되어 개설된 경우, 입학(본인)학과 교과목만 수강 가능
- 타학과에 개설된 '전공' 교과목을 이수하면 '일반선택'으로 인정

■ 프라임칼리지 교과목 수강신청
- 단과대학 소속 학생이 프라임칼리지의 평생교육과정에 개설된 학점 교과목을 수강하면 12학점까지 졸업에 필요한 학점으로 인정받을 수 있음
- 평생교육과정 운영은 연간 3~4회 운영되며 대부분의 교과목은 100% 온라인으로 수강 가능
- 단, 해외에서 수강 및 시험을 위해 네트워크 환경 및 시차 등 고려 필수

■ 교과목 재이수
- 이미 성적을 취득한 교과목에 대하여 성적향상 또는 학점취득을 원하는 경우에는 "교과목 재이수" 신청이 가능하며 재이수한 과목 성적이 기존에 비해 동일하거나 높은 경우에는 기존 과목의 성적과 학점이 삭제되고, 재이수한 과목의 성적과 학점이 인정
  · A^+ ~ D^0 성적의 교과목 : 성적 향상만 가능, 학점 취득 불가
  · F성적의 교과목 : 학점취득 및 성적 향상 가능

■ 교과목 대체이수
- 취득 성적이 A^+ ~ D^0 인 폐지교과목의 성적 향상 또는 취득성적이 F인 폐지교과목의 학점 취득 및 성적 향상을 하고자 하는 경우, 폐지된 교과목과 동일한 교과 구분의 미수강한 교과목으로 대체이수 가능

3-4. 수강신청 방법

■ 수강신청/변경/취소

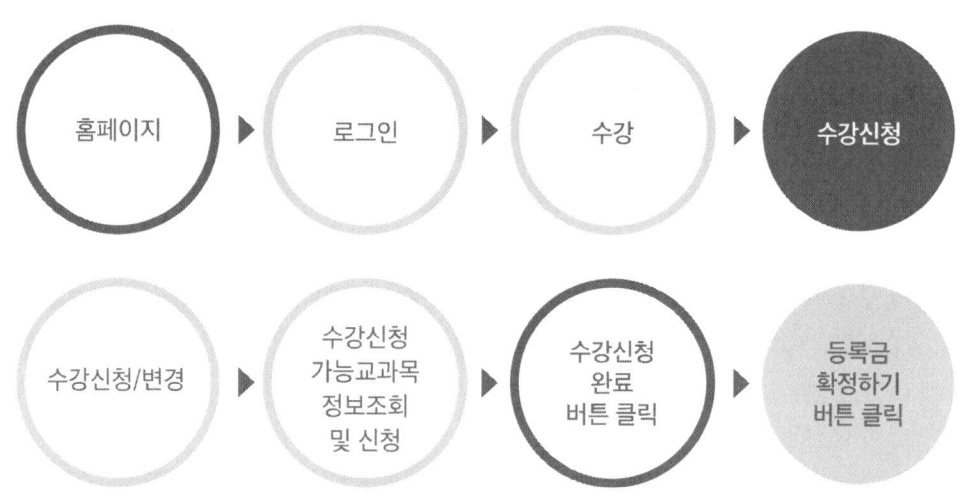

구 분	수강신청 방법		
수강지정교과목 수강신청	홈페이지 ↓ 로그인 ↓ 수강 ↓ 수강신청 ↓ 수강신청/변경	지정된 교과목 자동으로 보여짐	**(재학생)** 반드시 "수강신청완료" 버튼을 클릭하여야 수강 신청 완료됨 **(신·편입생)** 별도 수강신청을 하지 않아도 지정교과목으로 자동 수강신청되나, 지정교과목을 변경할 경우에만 별도 수강신청 필요 ※ 신편입생은 "수강신청 완료" 버튼 없음
수강교과목 취소		취소할 교과목 옆 "삭제" 클릭 → 교과목 취소	
수강교과목 변경신청		수강신청 과목/원하지 않는 교과목 옆 "삭제" 클릭 → "과목추가" 클릭 → 교과목 선택 → 선택완료	
타학과(타전공) 교과목 수강신청		수강신청 과목/원하지 않는 교과목 옆 "삭제" 클릭 → 과목검색 → 수강할 교과목 선택 → 선택완료	
수강신청 완료 후 교과목 취소 및 추가 신청 (타학과 포함) ※ 수강신청 기간에만 가능		수강신청 변경 → 수강신청 과목/원하지 않는 교과목 옆 "삭제" 클릭 → 과목검색 → 수강할 교과목 선택 → 선택완료	

4
등록금의 납부는 어떻게 해야 하나요?

입학이 허가되면 등록금 고지서를 받게 됩니다. 수강신청을 완료한 후 등록금을 납부해야 합니다.

- 등록금 납부 의무의 근거와 시한 : 「한국방송통신대학교 학칙(이하 "학칙")」 제 47조(등록)에 따라 입학이 허가된 학생은 지정된 기일까지 등록금을 납부해야 합니다. 정당한 사유 없이 등록기간 내에 등록하지 아니하면 입학허가가 취소되는 것이 원칙입니다.

■ 2025학년 1학기 등록금 납부 일정

구분	기간
신·편입생	2025. 1. 23.(목) ~ 1. 27.(월)
재적생(재학생, 복학생), 재입학생	2025. 1. 31.(금) ~ 2. 4.(화)

※ 상기일정은 학사사정에 따라 변동 가능

■ 등록금 납부액
(2024학년도 금액이므로, 추후 등록 관련 공지를 반드시 확인 바람)

(단위:원)

계열	학과	수업료
계열 I	국어국문, 영어영문, 중어중문, 프랑스언어문화, 일본, 법, 행정, 경제, 경영, 무역, 도시콘텐츠·관광, 문화교양	343,800
계열 II	미디어영상, 농학, 생활과학, 컴퓨터과학, 통계·데이터과학, 보건환경안전, 간호, 교육, 청소년교육복지상담	365,800
계열 III	생활체육지도	378,800

차등 납부자 등록금

(단위:원)

수강신청 학점기준	수업료			
	기준	계열 I	계열 II	계열 III
10학점 이상	수업료 전액	343,800	365,800	378,800
7~9학점	수업료의 1/2 해당액	171,900	182,900	189,400
4~6학점	수업료의 1/3 해당액	114,590	121,930	126,260
1~3학점	수업료의 1/6 해당액	57,290	60,960	63,130

※ 차등 납부자 적용 기준
 1. 수업연한 경과자(1학년 입학생은 8번 초과 등록, 2학년 편입생은 6번 초과 등록, 3학년 편입생은 4번 초과 등록한 자)로서 수강신청 학점이 9학점 이하인 자
 2. 장애학생으로서 수강신청 학점이 9학점 이하인 자

■ 등록금 납부절차

재적생(재학생, 복학생) 및 재입학생의 경우

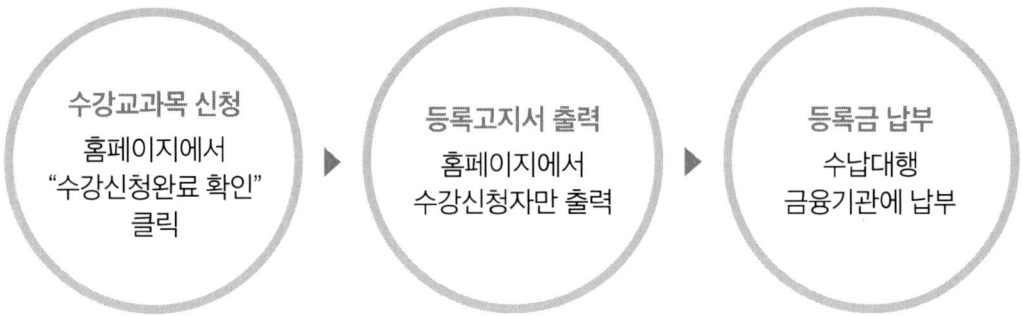

신·편입생의 경우(첫 학기만 해당)

※ 등록결과 조회방법
 1. 등록금 납입 다음날(금·토·일요일 납입 시 월요일)에 학교 학사정보 시스템 로그인 → 등록 → 등록금조회/납부 화면에서 확인할 수 있습니다.

등록금 고지서 발급

우리 대학은 '선수강신청 후등록제' 실시로 먼저 수강신청을 한 후 등록기간에 [학교 학사정보시스템 로그인 → 등록 → 등록금조회/납부 → 등록금 고지서 출력]을 클릭하여 출력할 수 있습니다. 등록금 고지서를 출력할 수 없는 학생은 각 지역대학, 학습센터, 시·군학습관을 방문하여 발급받을 수 있습니다.

금융기관 납부

등록금 수납 은행은 국민은행, 신한은행, 우체국입니다. 납부 방법은 계좌 납부, 창구 납부, 카드 납부, 은행 홈페이지(공과금)납부를 통해 할 수 있습니다.

가상계좌 납부	가상계좌는 학생 개인별로 부여되는 임시계좌번호로 등록금을 납부하면 등록완료 됩니다. 입금 횟수는 1회만 가능하므로, 발전후원금의 납입을 원하는 경우 등록금과 합한 총 금액을 입금하여야 합니다.
창구 납부	국민은행, 신한은행, 우체국에 방문하여 등록금 고지서로 납부할 수 있습니다.
신용카드에 의한 납부	「삼성카드」와 「KB국민카드」로 등록금을 납부할 수 있습니다. [학교 학사정보 시스템 로그인 → 등록 → 등록금조회/납부 → 카드사 링크 화면]에서 납부할 수 있습니다.
은행 홈페이지 납부	[수납은행 공인인증서 로그인 → 공과금 → 대학등록금 납부]에서 납부할 수 있습니다

■ **0원 등록 대상자의 등록 방법**

국가유공자 또는 등록금을 납부하고 휴학하면서 등록금을 유보한 학생이 복학하는 경우에는 등록금액이 '0원'이더라도 반드시 등록기간 내에 등록처리를 하여야 합니다. 등록은 [학교 학사정보 시스템 로그인 → 등록 → 등록금조회/납부]화면에서 "0원 납부" 버튼을 클릭한 후 등록금 납부내역 화면에서 반드시 등록결과를 확인하셔야 합니다.

■ 등록금 반환

전액 반환 등록한 후 입학허가가 취소되거나 입학을 포기한 자, 학기 개시일 이전 자퇴자(휴학자), 중복 등록자 등은 납부한 등록금을 전액 반환받을 수 있습니다.

일부 반환 학기 개시일 후 90일 이전 자퇴자(휴학자), 휴학했다가 자퇴한 자, 차등납부대상자가 등록금 납부 후 휴학했다가 복학시 수강과목 수의 변경으로 납부한 등록금을 일부 반환받을 수 있습니다.

반환계좌 반환계좌는 한국의 국내 은행 계좌만 가능합니다.

5
교재는 어떻게 구입하나요?

- 강의는 제한된 시간에 요점 위주로 이루어지는 경우가 많습니다. 교재는 우리 대학 교수님을 비롯한 각 분야의 전문가들이 집필하고 우리 대학의 출판문화원에서 발간하는 교육자료로서 기본교재와 자율적 학습을 돕기 위해 연습문제 풀이가 포함된 워크북 등의 보조교재로 구성 되어 있습니다.(보조교재는 별매하지 않고 본교재와 묶음으로 공급합니다.) 학생들이 강의 내용을 보다 정확하게, 심층적으로 학습하고 학점을 잘 받으려면 교재를 숙독하는 것이 필요합니다.
- 해외거주학생은 교재대금을 은행에 납부하지 마시고 출판문화원 홈페이지(http://press.knou.ac.kr)에 접속하여 별도로 교재를 구입 하시기 바랍니다.
  ① 카테고리의 방송대교재 → 학과/학년을 선택하여 해당 과목들을 확인체크하여 장바구니에 담기 또는 우측 상단〔통합검색〕에서 필요한 과목명을 검색하여 개별 과목을 확인하면서 장바구니 담기
  ② 주문결제 화면에서 배송지 구분을 해외로 체크하고 주소를 영문으로 정확하게 기입
  ③ 배송비가 국가별로 차등 부과되며, 결제 완료되면 이후 우체국등기(EMS)로 발송

6
학기는 언제 시작되며 수업은 어떻게 받나요?

6-1. 학기 개시와 수업연한

- 학칙 제27조(학년도·학기)에 따라 학년도는 3월 1일부터 다음 해 2월 마지막 날까지로 합니다. 학기는 매 학년도 2개 학기로 하되, 1학기는 3월 1일부터 8월 마지막 날, 2학기는 9월 1일부터 다음 해 2월 마지막 날로 합니다. 다만, 2학기 수업은 2주를 초과하지 아니한 범위에서 학기 전에 시작할 수 있습니다.
- 방학은 여름방학, 겨울방학이 있는데 방학기간이란 기말고사 이후 다음 학기 시작 전을 말합니다.
- 학칙 제28조(수업연한)에 따라 수업연한은 4년으로 하여 1학년, 2학년, 3학년, 4학년으로 구분하지만, 재학연한은 두지 않습니다.

6-2. 출석수업

① 출석수업이란 매체강의를 통한 원격교육방법의 한계를 극복하고 교수와 학생, 학생 상호간의 교류를 활성화하기 위해 교수진들이 학생들과 직접 만나 면대면 강의를 하는 교육방식을 말합니다.
 ※ 코로나-19 지역사회 감염 확산을 방지하기 위하여 2021. 2학기부터 비대면(실시간 화상수업)을 도입하였고 현재 대면(오프라인) 및 비대면수업(온라인)을 병행 운영

② 모든 교과목이 출석수업 대상은 아니며 학과에서 지정한 교과목 중에서 한 학기에 학년별 3과목 이내 과목의 출석수업을 받게 됩니다.(단, 유아교육과는 교원자격증 관련으로 일부 학년 4과목 운영)

③ 출석수업은 과목별로 대면(오프라인) 출석수업과 비대면(온라인) 출석수업 과목이 있지만, 해외거주학생은 비대면(온라인) 출석수업 과목만 출석수업이 가능하며, 대면(오프라인) 출석수업 과목은 과제물로 일괄 지정됩니다.

④ 출석수업은 교과목마다 3시간(일부 실험실습교과목 6시간)으로 진행하며 대개 학기당 1~2일에 걸쳐서 실시됩니다. 교과목별 세부일정은 [학교 홈페이지 또는 모바일앱 로그인 → 출석수업 → 일정-장소 조회] 또는 각 지역대학 홈페이지에 게시됩니다. 개인별 세부시간표는 [학교 홈페이지 또는 모바일앱 → 수강목록 → 해당교과목을 선택] 하시면 조회할 수 있습니다.
 ※ 수업시간(교시)은 수업일 일주일 전후로 확인 가능

⑤ 비대면 출석수업에 참석하지 못하는 학생들은 유형변경 신청기간내에 출석대체과제물을 신청하여 출석수업 대신 온라인과제물 대체할 수 있습니다. 신청은 [학교 홈페이지 또는 모바일앱 로그인 → 출석수업 → 유형 변경]을 클릭하면 됩니다.

⑥ 출석수업 대체과제물은 출석수업 유형변경 신청기간(매 학기 별도 공지) 내에 신청하여야 하며, 신청하지 않은 경우 응시할 수 없습니다. 유형변경 신청기간 이후 진행되는 출석수업에 편성되신 경우, 출석수업 참여 가능 여부를 사전에 확인하여 반드시 유형변경 신청 기간 내 신청하시기를 바랍니다. (신청 기간 이후 편성 수업에 출석하지 않은 경우 대체수단이 없으며, 출석수업 평가 배점 전체(30점) 취득 불가)

6-3. 방송강의(U-KNOU캠퍼스)

- 방송강의는 기본적으로 재학생만 수강 가능합니다. 단, 전 교과목의 1강을 열람할 수 있는 수강신청 기간에는 휴학생도 강의 열람이 가능합니다.

■ 강의보기 : U-KNOU캠퍼스(유노캠퍼스)

방송대의 모든 강의는 방송대 학습 포털 U-KNOU캠퍼스(https://ucampus.knou.ac.kr)에서 제공되며 학생들은 직장 또는 가정에서 언제·어디서나 강의를 학습할 수 있습니다.

(1) PC 이용방법

① 학습하기

1. 홈페이지에 로그인 후 유노캠퍼스 바로가기를 클릭하여 U-KNOU캠퍼스 마이페이지로 이동합니다.

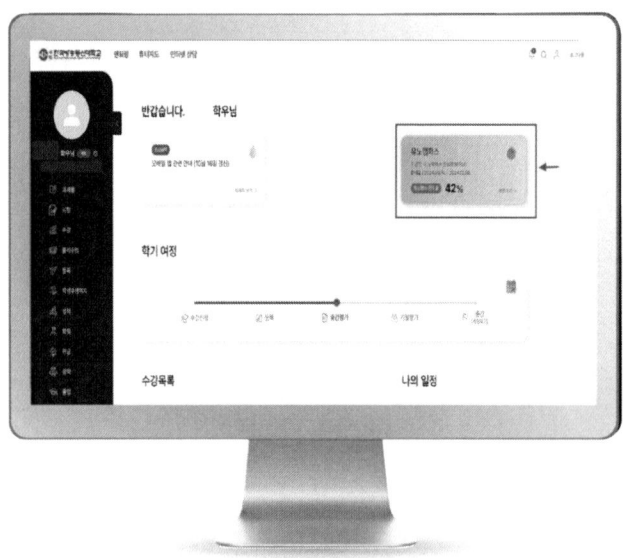

2. 마이페이지에서는 본인의 진도율, 총 학습시간, 수강강의 등이 표시되며 수강강의 목록에서 학습하고자 하는 강의를 클릭하면 강의 주차가 하단에 표시됩니다.

3. 강의 주차목록에서 학습하고자 하는 주차의 [강의보기] 버튼을 클릭하면 학습이 시작됩니다.

4. 학습하기 창에서는 학습개요, 학습목표, 강의영상, 연습문제, 정리하기, 과목상담 등의 학습요소를 제공합니다.(제공되는 학습 요소는 과목 특성에 따라 다릅니다.)
   학습을 마친 후 [학습종료] 버튼을 클릭하여 학습창을 닫습니다.

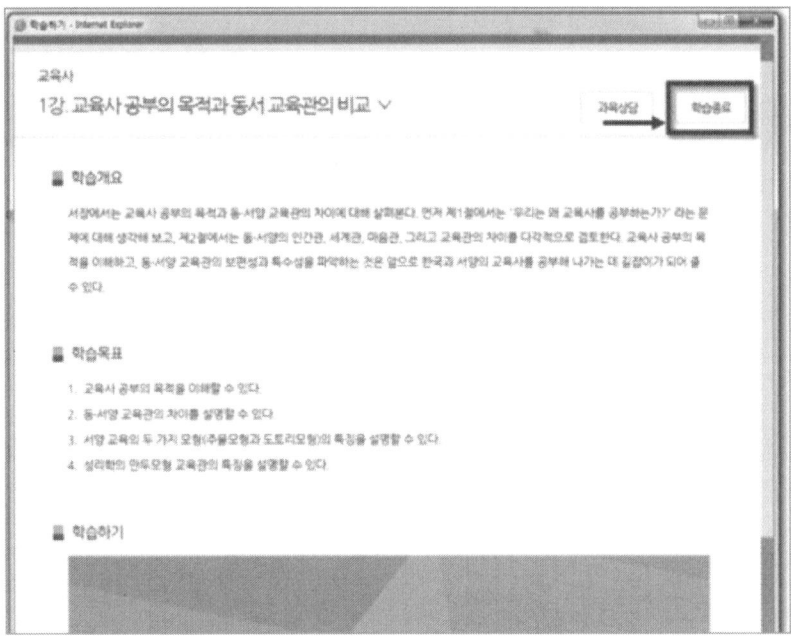

5. 학습영상 완료(전체시간의 50% 이상 시청), 연습문제 완료 시 표시가 되며 진도율이 반영됩니다.

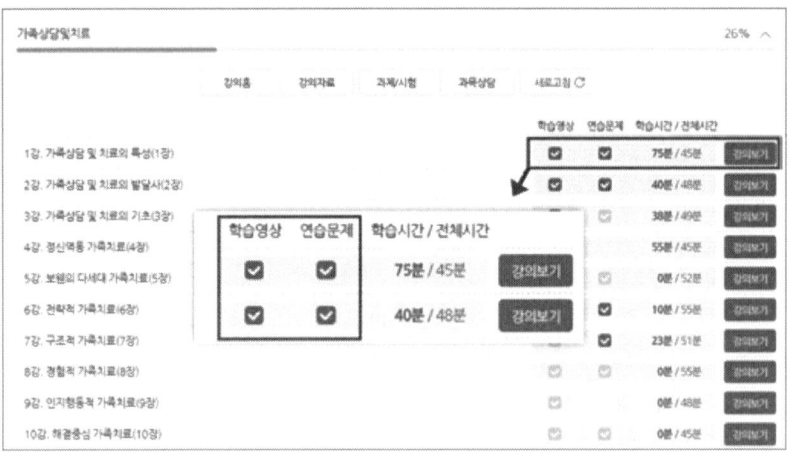

② 강의 오디오 파일(MP3) 다운로드 하기
   1. 마이페이지에서 [MP3 다운로드] 버튼을 클릭 후 원하는 강의명을 클릭하여 다운로드를 시작합니다.

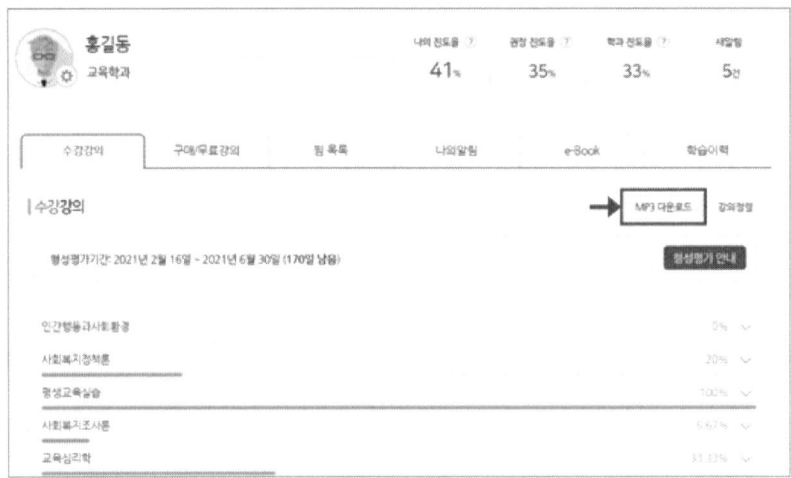

※ 강의 음성 파일(MP3) 다운로드 서비스는 수강 교과목(재학생)만 제공합니다.
※ 동영상 다운로드는 모바일에서만 가능합니다.

③ 강의자료실 이용하기

1. '마이페이지'에서 원하는 과목을 클릭한 후 상단의 [강의자료] 버튼을 클릭하여 [강의자료실]로 이동합니다.

2. 강의자료실에서 원하는 자료유형을 선택하여 자료를 찾습니다.

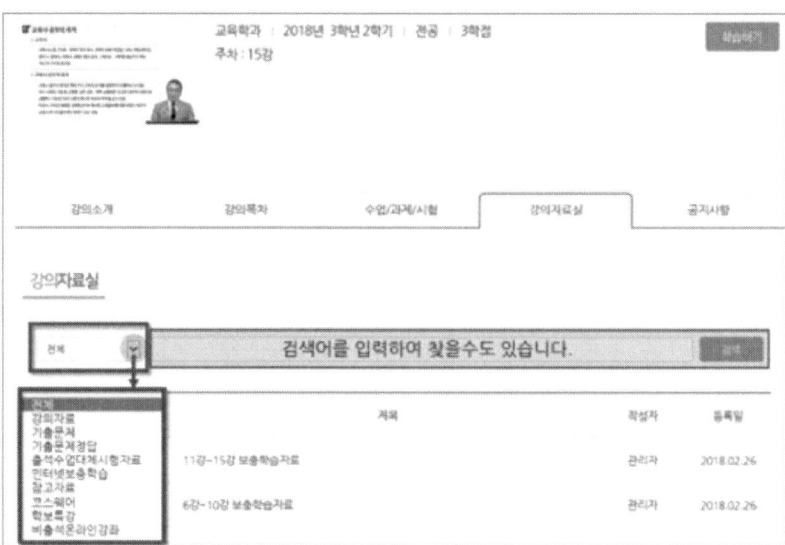

(2) 모바일 이용방법

① 사용환경

1. U-KNOU캠퍼스는 학교 아이디와 비밀번호로 로그인 하실 수 있습니다.
- 권장사양

Android (삼성, LG 등)	Android 9.0 이상(최소사양 7.0 이상)
iOS (iPhone, iPad)	iOS 13 이상

※ 권장사양 이하의 경우 APP 다운로드 및 설치가 되지 않음
  브라우저를 이용하여 https://ucampus.knou.ac.kr로 접속

② 앱(APP) 설치하기

1. 앱(APP) 설치를 위해 플레이스토어 앱을 실행하세요.(애플의 경우 앱스토어)

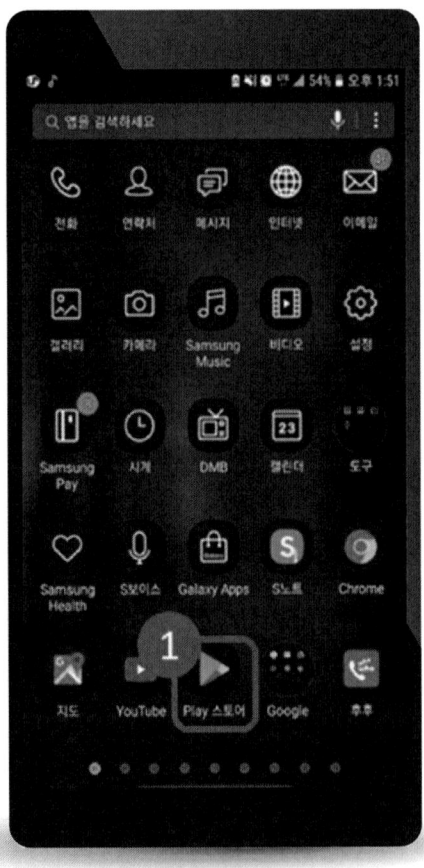

2. '유노캠퍼스', 'uknou', '유노' 등으로 검색하세요.

3. 검색 결과에서 U-KNOU캠퍼스를 선택하신 후 '설치' 버튼을 눌러 설치를 진행하세요.

   ※ 스마트폰 또는 태블릿의 웹 브라우저 주소창에 https://ucampus.knou.ac.kr을 입력하여 앱 설치 없이 사용하실 수도 있습니다.

③ 학습하기

1. 앱에서 로그인 하면 마이페이지로 이동됩니다.
   수강강의 중 학습을 원하는 과목명을 누르면 주차목록이 열립니다.

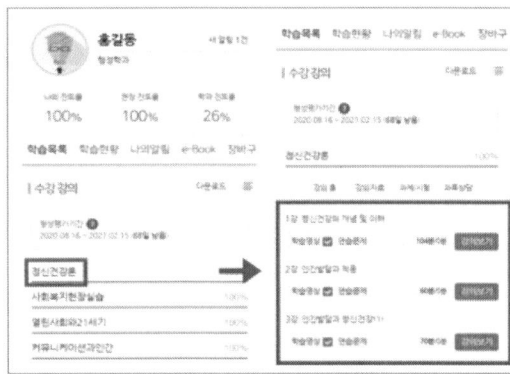

2. 강의 주차목록에서 학습하고자 하는 주차의 [강의보기] 버튼을 선택하여 학습창을 연 후 학습을 시작합니다.

3. 학습창에서는 학습개요, 학습목표, 강의영상, 연습문제, 정리하기, 과목상담 등의 학습요소를 제공합니다.
(제공되는 학습 요소는 과목 특성에 따라 다릅니다.) 학습을 마친 후 [학습종료] 버튼을 눌러 학습창을 닫습니다.

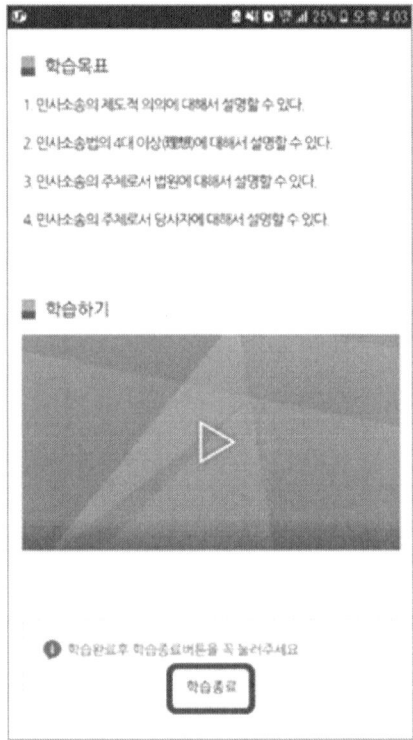

④ 강의 다운로드하기

1. 마이페이지에서 [다운로드] 버튼을 선택하면 '다운로드보관함'으로 이동됩니다.

2. '다운로드보관함'에서 수강중인 강의의 모든 목록을 확인할 수 있으며 전체 또는 개별 강의를 다운로드 할 수 있습니다.

   ※ 강의 다운로드는 APP에서만 하실 수 있습니다.
   ※ 다운로드 중에는 재생이 되지 않습니다.
   ※ 다운로드한 파일은 다른 기기에서 재생되지 않습니다.
   ※ 저장공간 변경(내장/외장 메모리)은 하단 메뉴( ) > '다운로드설정'에서 할 수 있습니다..

⑤ 강의자료 다운로드하기

1. 마이페이지 수강강의 목록에서 과목명을 선택하세요.

2. 강의자료 버튼을 선택하여 강의자료실로 이동하세요.

3. 원하는 자료 유형을 선택하여 보실 수 있습니다.

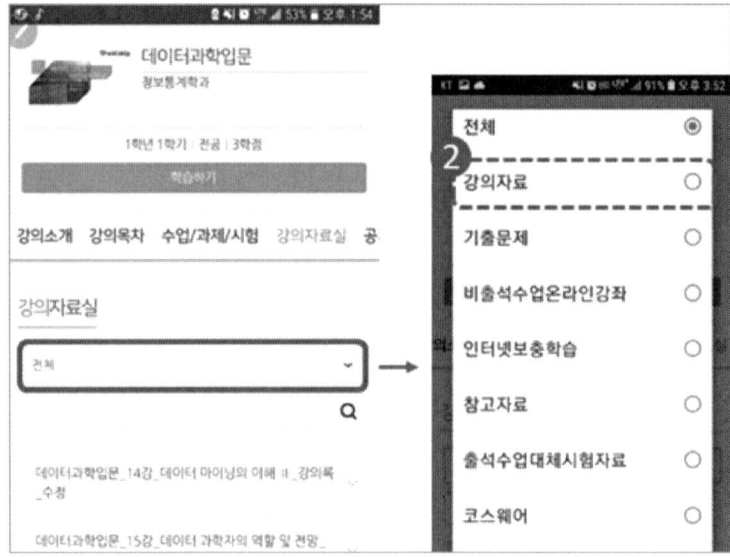

7
시험의 유형과 응시방법은 어떠한가요?

7-1. 형성평가
① 형성평가는 20점 만점으로 형성평가 운영 기간중에 학습진도율 및 학습활동(연습문제)을 평가하여 성적으로 반영
* 단, 실습, 교육봉사 활동, 원격대학교육의 이해 제외
② 형성평가 "평가기준" : 차시별 기준 및 과목별 기준 모두 충족 시 평가 완료
　(차시별 기준) 50%이상 학습 시 완료(방송강의 15강 중 1차시별 기준)
※ 학습활동(연습문제) 배점과목은 모든 연습문제 풀이
　(과목별 기준) 75%이상(15강 기준 12강 이상) 학습 시 완료
* 1일 학습제한 : 과목별 7차시까지 학습진도율 인정 가능, 8차시부터는 학습만 가능
③ 학습방법 : PC, 모바일 및 모바일 다운로드에서 학습 가능
　- 다운로드는 모바일 APP(앱)에서 가능(※ PC 다운로드 기능은 제공하지 않음)

7-2. 중간평가(출석수업평가, 출석수업대체시험, 중간과제물)
· 중간평가 유형에는 출석수업평가, 출석수업대체시험, 과제물 제출이 있는데 교과목별로 다르게 지정되어 있으니 자신에 해당하는 시험유형을 파악하고 응시해야 합니다. 중간평가는 30점 만점으로 평가합니다. 시험의 일정과 장소는 학교 홈페이지와 지역대학, 학보(KNOU위클리)에 미리 공지합니다.

■ 출석수업평가
출석수업평가는 지역대학별 별도 평가기간내에 실시됩니다. 평가는 교과목에 따라 수업과 연계한 맞춤형평가*를 실시합니다. 출석 수업은 3시간** 중 일부 시간이라도 결석하면 평가에 응시할 수 없으니 출석체크를 한 교수(강사) 또는 지역 대학 출석수업 담당 조교께 응시가능 여부를 확인할 필요가 있습니다.
* 맞춤형평가 : 퀴즈, 발표/수업참여도, 리포트, 오픈북테스트 등
** 출석수업 시간이 6시간 이상인 교과목은 2시간까지 결석 시 평가 및 성적 취득 가능

■ 출석수업대체과제물
출석수업대체과제물은, 교과목의 경우, 과제물의 공고 내용에 따라 사전에 작성하여 별도의 제출기간 내에 과제물을 제출하여야 합니다.

■ 중간과제물 제출

과제물 평가대상 교과목을 수강신청한 학생은 과제물을 공고 내용에 따라 사전에 작성하여 지정된 기한 내에 반드시 온라인으로 제출해야 합니다. 제출방법은 [신규학사정보 및 모바일앱 접속 → 과제물 → 과제제출 → 중간과제물 온라인 제출]을 클릭하여 하면 됩니다.

7-3. 기말평가(과제물)

① 기말평가는 50점 만점으로, 해외거주학생의 경우 일괄 온라인과제물로 시행합니다.
② 과제물의 공고 내용에 따라 사전에 작성하여 별도의 제출기간 내에 과제물을 제출해야 합니다.

8
성적평가는 어떻게 하나요?

- 우리대학의 성적평가는 일반적으로 형성평가 20%, 중간평가 30%, 기말평가 50%로 이루어집니다. 이 중 기말평가는 객관식시험 또는 과제물로 실시되며, 중간평가는 출석수업과목의 경우는 출석 수업평가 또는 출석수업대체과제물로, 비출석수업과목은 과제물 평가로 실시됩니다.

과목	성적산출
출석수업 과목	형성평가(20점) + 출석수업평가 또는 대체시험(과제물) 성적(30점) + 기말평가(50점)
비출석수업 과목	형성평가(20점) + 과제물 성적(30점) + 기말평가(50점)

- 우리대학 학업성적의 등급은 9등급으로 구분되어지며, 평점은 4.5를 만점으로 각 등급 간에 0.5점의 차등을 두고 있습니다. 등급은 그 과목의 전반에 대한 이해와 기능 습득 정도에 따라 A(우수), B(양호), C(보통), D(보통이하)로 구분하고, 각각을 '+', 'O'의 2단계로 구분하고 있습니다.

등급	A^+	A^O	B^+	B^O	C^+	C^O	D^+	D^O	F
평점	4.5	4.0	3.5	3.0	2.5	2.0	1.5	1.0	0
실점	100~95	94~90	89~85	84~80	79~75	74~70	69~65	64~60	59 이하

- 평점(평균)은 '교과목별합계(취득학점×평점)'을 '취득학점계'로 나눈 값으로 표시합니다. 이때 소수점 이하 둘째자리에서 반올림 합니다.

예시	모두 3학점짜리 5과목을 신청하여 A과목 98점, B과목 58점, C과목 86점, D과목 62점, E과목 78점을 취득한 경우에 평점평균은? 평점평균 = (3×4.5)+(3×0)+(3×3.5)+(3×1.0)+(3×2.5)/(3+0+3+3+3) 　　　　= (13.5+0+10.5+3.0+7.5) / 12 　　　　= 34.5 / 12 = 2.875 → 2.9(소수점 이하 둘째 자리에서 반올림)

학점은 어떻게 얻을 수 있나요?

9-1. 편입생 학점 인정

- 교과목별 성적은 인정하지 아니하고 학점만 인정하며, 학점은 교양과목, 전공과목, 일반선택 과목의 교과구분에 따라 인정합니다.(학생선발 등에 관한 규정 제8조)

< 편입생 학점인정 기준표 >

학년	학과 \ 교과구분	교양과목	전공과목	일반선택	학점합계
2	전학과	15	15	-	30
3	전학과	33	30	-	63

9-2. 프라임칼리지 학점 인정

- 프라임칼리지는 우리 대학에서 4개의 단과대학과 별개로 운영되는 교육조직으로서 학사학위 과정과 평생교육과정을 개설하고 있습니다. 단과대학 소속의 학생이 재학 기간 중 프라임 칼리지 평생교육과정에 개설된 학점 인정 교과목을 이수한 후 졸업 사정 전에 학점 인정 신청을 하면 교과목단위로 12학점까지 인정받을 수 있습니다.
  수강과 시험 응시를 위하여 프라임칼리지에 문의하신 후(전화번호 : p.66) 신청하시기 바랍니다.

10
학점을 잘 받으려면 어떻게 해야 하나요?

- 직장에 다니거나 생업에 종사하는 등의 이유로 학업에 전념할 수 없는 사정이 있는 경우에는 수강신청과목 수를 줄이는 등으로 자신의 형편에 맞는 학업계획을 세울 필요가 있습니다.
- 해외거주학생의 경우에는 대부분의 평가가 과제물로 시행되므로 과제물 작성 시간을 고려하여 미리미리 작성하여야 합니다.
- 학보(KNOU위클리) 홈페이지와 미래원격교육원 홈페이지를 방문하시면 과제물 작성 팁 등을 얻을 수 있습니다.

11
학업을 위한 도움은 어떻게 받을 수 있나요?

11-1. 학과의 조교와 교수의 학습상담

- 소속학과의 학업에 관한 문의는 학과의 조교선생님께 전화나 메일로 하면 도움을 받을 수 있습니다. 교수님들께는 교수 홈페이지의 상담게시판을 통해 문의하는 것이 좋습니다.

11-2. 튜터(Tutor) 제도

- 튜터제도란 원격대학에서 일어날 수 있는 학습자의 고립감을 해소하고 학교적응 및 학업지원을 돕기 위하여 석사 또는 박사학위를 가진 전문 튜터들이 튜터운영 교과목을 수강하는 신입생 및 2,3학년 편입생을 대상으로 운영하고 있는 학습지원 프로그램입니다. (입학 첫 학기에 한함)

  ① **학과 튜터** | 튜터지도사이트를 이용하여 학습지도(전공과목 학습방법, 과제물 작성법 등) 및 학습상담을 실시하며 학기당 1~2회 면대면 오프라인 또는 온라인 강의를 진행합니다.
  ※ 튜터지도사이트 접속방법 : [학사정보 시스템 - 튜터지도]

  ② **사이버 튜터** | 「원격대학교육의이해」 교과목을 수강하는 학생을 대상으로 학습지도 관리를 합니다. 구체적으로는 주요 학사일정 및 과목 공지사항 관리, 「원격대학교육의이해」와 관련된 질의 응답 및 상담실시, 매주 학습진도를 점검하여 학습참여 격려메일 발송, 각종 학습자료를 제공합니다.

11-3. 멘토링(Mentoring) 제도

- 멘토링(Mentoring)이란 학업과 대학생활의 경험과 지식이 풍부한 선배 학생들과 교직원들이 자신의 학습경험과 노하우를 바탕으로 도움이 필요한 재학생들에게 온라인과 오프라인 공간을 통해 학업 생활에 관한 안내와 도움을 제공하는 학습자 지원 프로그램을 말합니다.

- ■ 멘토(Mentor) 　학업생활에 관한 지도·조언을 제공하는 자로서 졸업생 또는 재학생, 교직원(직원,조교,연구원) 중에서 선발됩니다. 학생멘토의 자격기준은 우리대학에서 전전학기까지 18학점 이상 취득하고, 평점 평균 2.0 이상이며, 성희롱·성폭력 예방교육을 이수하셔야 합니다.

- ■ 멘티(Mentee) 　학업생활에 관한 지도·조언을 필요로 하는 자로서 해당연도 신·편입생(재입학생 포함)과 재학생 누구나 신청할 수 있습니다.

- ■ 멘토와 멘티의 신청 　멘토 또는 멘티가 되고자 하는 사람은 매학기별로 멘토링 웹사이트(https://mentor.knou.ac.kr)에서 신청하면 됩니다.

- ■ 멘토링의 방법 　온라인 활동은 멘토링 홈페이지를 통하여 이야기방, 1:1 상담방, 자료실 등을 통해 의견이나 자료를 교환하고 이메일, 쪽지, SMS 보내기 등을 합니다. 오프라인 활동은 직접 만남, 전화통화를 하는 것입니다.

- ■ 멘토에 대한 학교의 지원
  ① 수강신청 기간에 멘토와 사회봉사활동 학점신청을 하고, 1명 이상의 멘토에게 멘토링 활동을 하여, 활동실적이 일정 요건 이상이면 사회봉사활동학점을 인정합니다.
  ② 멘토에 대한 SMS(단문메세지)이용료를 지원합니다.
  ③ 멘토 실천계획서를 작성하고 활동포인트 5,000점 이상을 취득하면 모바일 쿠폰을 지급합니다.

11-4. 학습동아리(스터디)

- 우리 대학에는 학과마다 학생들이 자치적으로 만든 학습동아리(스터디모임)들이 다양하게 있습니다. 스터디 모임은 원격대학 신·편입생들이 혼자 학습함으로써 겪게 되는 어려움을 학우들과 함께 학습함으로써 많이 해소해 주고 학교생활에 빨리 적응하는 데 도움을 주고 있습니다. 우리 대학은 스터디 모임을 활성화하기 위해 지원금을 지급하고 우수 스터디 경진대회 등을 개최하고 있습니다. 오리엔테이션과 입학식에 오면 스터디 모임들의 안내를 받을 수 있습니다. [학교 홈페이지 → 대학생활 → 학생활동 →스터디/동아리]을 클릭하면 상세한 정보를 볼 수 있습니다.

12
장학금을 받으려면 어떻게 해야 하나요?

- 장학금의 유형에는 한국장학재단이 지급하는 국가장학금, 우리 대학의 재정으로 지급하는 교내 장학금, 외부기탁자 등이 지급하는 교외 장학금이 있으며 장학금의 종류는 다양합니다. 선발기준과 신청방법, 신청기한은 매학기 계획에 따라 변경될 수 있으니 반드시 학교 홈페이지의 공지를 살펴보고 적극 신청하시길 바랍니다.
- 장학금 수혜자는 해당 학기에 등록을 하여야 학비 감면 혜택을 받을 수 있습니다. 전액 수혜자 또한 고지서상 '0원'이라도 등록을 하여야 합니다.(등록기간 중 학교 홈페이지 로그인 → 학사정보 → Myknou → 등록 → 등록금 조회/납부)
- 미등록 휴학을 하려는 경우에도 해당 학기 장학생 신청 기간에 미리 신청하여야 하며, 해당 학기 등록 후 휴학하여야 합니다.(복학하는 학기에 교내장학금 별도 신청 불가능, 국가 장학금은 신청 가능)

12-1. 국가장학금

- 신·편입생과 재입학생은 첫 학기에는 성적 기준을 적용받지 않으니 국가장학금을 한국장학재단에 신청해 보시길 바랍니다. 국가장학금은 한국장학재단이 정한 소득기준 0~8분위에 해당되면 누구나 신청할 수 있습니다. 다만, 재학생의 경우 직전학기 12학점 이상 이수, 백분위 환산점수 80점 이상(F학점 포함 평점 평균 2.6)의 성적을 획득하여야 합니다. 국가장학금과 관련된 자세한 사항은 한국장학재단 홈페이지를 참고하시기 바랍니다.

※ 단, 대한민국 국적을 소지하고 국내 대학에 재학 중인 학생만 가능하며, 재외국민의 경우 국외 소득·재산 신고 절차에 따라 국외 소득 재산을 신고한 자만 지원 가능합니다.

종류	구분	지급내역	지급대상	신청시기	비고
국가 장학금	1유형	• 소득기준 0~8분위 : 등록금전액	• **신편입생, 재입학생은 첫 학기 성적기준 미적용** • 재학생은 최종학기 성적이 12학점 이상 이수, 백분위 환산점수 80점 이상(기초 수급자/차상위 계층은 백분위 70점 이상) • 장애학생은 성적 기준 미적용 • 소득1~3분위는 C학점경고제(70점이상~80점 미만인 경우 경고 후 2회까지 수혜가능)	별도 공고 기간	
	다자녀	• 소득기준 0~8분위 : 등록금전액	• **신편입생, 재입학생은 첫학기 성적기준 미적용** • 재학생의 성적기준은 1유형과 동일 • 소득8분위 이하, 다자녀가구 대학생으로 성적 기준 충족자(미혼에 한함) ※ 다자녀가구(자녀3명이상)의 모든 자녀에게 지원 ※ 사망자녀는 자녀 수 합산에 불가하나, 신청일 기준 만 1년 이내 사망한 경우 추가증빙서류 필요		

종류	구분	지급내역	지급대상	신청시기	비고
고졸후 학습자		• 중소중견: 등록금전액 • 대기업비영리: 등록금반액	• **신편입생은 첫 학기 성적기준 미적용** • 재학생은 최종학기 성적이 백분위 70점 이상 • 최종학력이 고졸이며, 재직요건을 충족한 자 • 재직기간 2년 이상, 재단이 인정하는 기업체 • 계속장학생(기선발된 장학생은 매학기 신청을 생략함)* * 단, 지원학기마다 필수요건(성적, 수혜횟수 8회, 학적, 재직 기업규모, 의무재직 이행 등) 충족 필요 • 기타 자세한 사항은 장학재단 공지사항 참고		

※ 국가장학금과 관련된 자세한 사항은 한국장학재단 홈페이지를 참고하시기 바랍니다.
• 한국 장학 재단 (www.kosaf.go.kr)에서 신청
• 관련 문의 : 1599- 2000
※ 국가장학금과 교내장학금에 중복으로 선발된 경우「장학금관리지침」제10조(선발 우선순위)에 따라 국가장학금으로 우선 선발

12-2. 저소득계층을 위한 교내장학금

장학금 종류		지급대상	감면액	제출서류	비고
나눔	기초생활 수급자	• 신편입생, 재입학생은 첫 학기 성적 기준 미적용 ※ 재학생은 직전학기 9학점 이상이수 ※ 평점평균 2.0 이상(F학점 제외)	수업료 95%	• 학비감면 신청서 • 수급자증명서	고지서 감면
나눔	차상위 계층		수업료 90%	• 학비감면 신청서 • 차상위계층 관련서류	고지서 감면
학생후생복지 (아동시설 퇴소자)		• 아동복지법에 의한 아동양육(생활)시설 퇴소자 ※ 12학점 이상 이수 ※ 평점평균 2.0 이상(F학점 제외)	수업료 85%	• 학비감면 신청서 • 아동시설퇴소 증명서	

12-3. 장애학생을 위한 교내장학금

장학금 종류		지급대상	감면액	제출서류	비고
학생 후생복지 (첨단 곰두리)	중증	• 장애인복지법상 장애 정도가 심한 장애인으로 등록된 자 • 9학점 이상 이수(F학점 제외)	수업료 85%	• 학비감면 신청서 • 장애인 복지카드 사본 또는 장애인 증명서	고지서 감면
	경증	• 장애인복지법상 장애 정도가 심하지 않은 장애인으로 등록된 자 • 9학점 이상 이수(F학점 제외) • 평점평균 1.6 이상(F학점 제외)			

12-4. 방송대에 다시 입학한 학생을 위한 재학업 교내장학금

장학금 종류		지급대상	감면액	제출서류	신청시기	비고
재학업	방송대 출신	• 방송대 학사과정 졸업 후 입학한 신·편입생 ※ 1인 1회 한함	수업료 26,800원	-	자동 선발	고지서 감면

12-5. 교육보호자(국가유공자와 북한이탈주민)를 위한 교내장학금

장학금 종류	지급대상	감면액	제출서류	시기 신청	비고
국가 유공자 교육 보호	• 국가유공자 등 본인 및 사망유족의 배우자 ※ 성적에 관계 없이 면제 ※ 수혜횟수 제한 없음	수업료 전액	• 학비감면 신청서 • 교육지원대상자 증명서(보훈청 발급)	별도 공지	고지서 감면
	• 국가유공자의 (손)자녀 중 대학수업료 등 면제대상자 증명서 발급가능자 ※ 신·편입생 : 첫 학기만 성적에 관계 없이 면제 ※ 재학생 : 평점평균 1.6 이상(F학점 포함) ※ 재입학생 : 최종학기 성적 적용 　(성적기준 : 재학생 성적기준 동일) ※ 수혜횟수 : 정규학기 8회 제한 　(타 대학 수혜 횟수 포함) ※ 손자녀는 독립유공자만 해당		• 학비감면 신청서 • 대학수업료등 면제대상자 증명서 (보훈청 발급)		
북한 이탈자 교육 보호	• 북한이탈주민 ※ 성적에 관계없이 면제 ※ 최초 입학 기준 6년 범위 내에서 8회 제한 　(타대학 수혜 횟수 포함) ※ 국내 4년제 대학이상 졸업자 제외		• 학비감면 신청서 • 교육지원대상자 증명서(통일부장관 또는 지자체 발행)		

13

복수전공·전공분리
(일부 학과만 해당)는 무엇인가요?

13-1. 복수전공

- 복수전공이란 제1전공 이외의 전공교과목을 이수하여 졸업할 때 복수의 학위를 취득할 수 있는 제도를 말합니다.

- 복수전공을 이수할 수 없는 자
  - 연계전공 승인자, 졸업유보자, 복수전공을 이수중인 자

구분	2013학년도 이전 신·편입생	2014학년도 이후 신·편입생	2017학년도 이후 신·편입생
대상학과	전학과	전학과	전학과
제외 학과	사회복지학과 생활과학부(식품영양학전공), 간호학과, 교육학과, 청소년교육복지상담학과, 유아교육과, 생활체육지도과	사회복지학과 농학과, 생활과학부(가정복지상담학 전공, 식품영양학 전공), 간호학과, 교육학과, 청소년교육복지상담학과, 유아교육과, 생활체육지도과	사회복지학과 농학과, 생활과학부(가정복지상담학 전공, 식품영양학 전공, 의류패션학 전공), 간호학과, 교육학과, 청소년교육복지상담학과, 유아교육과, 생활체육지도과

※ 복수전공 제외학과 학생들은 다른 학과에 대하여 복수전공을 이수할 수 있음
  (예시 ①) 유아교육과 학생: 국어국문학과 복수전공 가능, 사회복지학과 복수전공 불가
  (예시 ②) 국어국문학과 학생: 경영학과 복수전공 가능, 유아교육과 복수전공 불가

- 복수전공 신청자격은 신청 학기 등록생으로서 1학년 신입생은 30학점 이상, 2학년 편입생은 42학점 이상(인정학점 포함), 3학년 편입생은 75학점(인정학점 포함) 이상을 취득한 자입니다.(원격교육의 이해, 사회봉사활동, 교육봉사활동으로 취득한 학점은 제외됩니다.)

- 복수전공은 제1전공을 포함하여 제2전공까지만 허용하고 복수전공 이수 중에 다른 복수전공으로 변경할 수 없습니다. 생활과학부의 각 전공 간에는 복수전공을 이수할 수 없습니다.

- 복수전공 신청은 [학교홈페이지 로그인 → 신규학사정보 → MyKNOU학사 → 재로그인 → 전공 → 복수전공 신청/취소 → 해당 복수전공선택 '신청' 클릭 → 신청상태에서 '신청' 확인가능] [앱 로그인 → 메뉴 → 전공 → 복수전공 신청/취소 → 해당 복수전공선택 '신청' 클릭 → 신청상태에서 '신청' 확인 가능]

- 복수전공 신청은 재학 중 1회만 신청할 수 있습니다. 복수전공을 승인 받은 후 취소할 경우에는 다시 신청할 수 없습니다.

13-2. 전공분리

전공분리를 실시하는 학과는 생활과학부입니다.

• 생활과학부

① 생활과학부에는 가정복지상담학 전공, 식품영양학 전공, 의류패션학 전공이 있으며 1, 2학년에는 공통 개설교과목을 운영하고 3, 4학년에는 전공에 따라 교과과정을 분리 운영합니다.
  (단, 식품영양학 전공은 전공선택 불가함)

② 생활과학부 전공분리 신청 대상은 다음과 같은 신청 학기의 등록생으로서 신청요건을 갖춘 자입니다.

신청대상	신청요건	비고
• 2004학년도 이후 신입생(1군)	33학점 이상 취득	- 전공분리 신청 필수자 (학점취득자) - 전공을 배정받아야 졸업 가능 - 전공분리 신청 후 다음 학기부터 적용
• 2005학년도 이후 2학년 편입생(2군)	39학점(인정학점 포함)이상 취득	※ 주의사항 신청요건 학점을 취득한 후에는 반드시 전공분리 신청을 하여야 다음 학기 수강신청 시 수강제한이 없음.

③ 2003학년도 이전 입학자(3군)는 전공분리 신청 불가자로 전공 배정없이 졸업하고, 연계전공 이수를 승인받은 생활과학부 학생은 가정복지상담학 전공으로 자동 배정됩니다.

④ 생활과학부의 전공분리 신청방법은 [학사정보 시스템 - 전공 - 생활 - 전공분리]에서 원하는 전공신청을 선택하면 됩니다.

⑤ 생활과학부 전공분리 신청은 제1전공, 제2전공으로 신청할 수 있으며, 신청 순위에 따라 전공을 배정합니다. 전공분리 신청 시 한번 배정받은 전공은 변경 및 취소가 불가하니, 생활과학부에서 충분한 상담을 받은 후 전공을 선택하시기 바랍니다.

⑥ 전공배정 받기 전에 기 이수한 교과목은 전공배정 받은 이후의 교과과정 교과목의 교양과목, 전공과목, 일반선택과목의 교과구분을 그대로 적용합니다. 다만, 전공배정 받은 이후의 교과과정에 전공배정 받기 전에 미리 이수한 교과목이 없는 경우에는 교과구분을 일반선택 과목으로 합니다.

※ 교육과(2009학년도 전의 학과명)
  2011학년도까지 학과(전공)을 배정받지 못한 교육과 학생은 2012학년도부터 교육학과로 배정 조치됨.

14

학업과 일, 가정, 병역의 양립을 지원하는 제도와 시설이 있나요?

14-1. 특별휴학제도

- 우리 대학은 학생의 학업과 병역·일·가정의 양립을 지원하기 위하여, 학생이 입영 또는 복무, 장기요양, 직계존비속·배우자·배우자의 직계존속의 간호, 만 8세 이하(취학 중인 경우에는 초등학교 2학년 이하)의 자녀 양육 또는 여학생의 임신 또는 출산 그 밖에 이에 준하는 사유로 총장이 인정하는 경우의 어느 하나에 해당하고 증빙서류를 제출 하는 경우에는 특별휴학으로 처리합니다. 휴학기간은 연속하여 6개 학기범위 내로 하되, 특별휴학 사유별로 「학적사무처리규정」에서 정한 바에 따릅니다.

15

학생통합서비스센터는 어떠한 서비스를 제공하나요?

- 학생처 소속의 학생통합서비스센터는 학생들에게 학업과 대학생활에 관한 다양한 상담과 건강교육의 실시, 학생증 발급 등의 서비스를 제공합니다.

15-1. 학사상담

- 학사(입학, 수강, 등록, 시험, 장학, 학적, 졸업 등)에 관하여 상담을 합니다.
- 상담방법

    ① 전화상담 : ☎ 1577-9995 → 1번 → 1번
    ② 인터넷학습 등 문제해결(원격지원 포함) : ☎ 1577-9995 → 1번 → 2번
    ③ 챗봇상담 : 학교홈페이지 → 우측 챗봇상담 아이콘 클릭
    ④ 인터넷상담 : 학교홈페이지 → 로그인 → 인터넷 상담(오른쪽 상단)

    ※ 전화 상담은 한국 표준시 기준 평일 09시부터 18시까지 이용 가능하고, 챗봇상담은 실시간으로 답변되며, 인터넷상담은 답변까지 1일~2일 정도 소요됩니다

15-2. 진로·심리 상담 및 교육

- 진로심리상담실은 학생들의 학업 및 대학생활 적응을 지원하기 위해 심리상담 홈페이지 (http://counseling.knou.ac.kr)와 진로경력개발 홈페이지 (http://career.knou.ac.kr)를 운영하고 있습니다.
- 학교 홈페이지에서 [대학생활→학생지원→학생서비스센터→진로심리상담]을 클릭하면 심리상담 홈페이지 혹은, 진로경력개발 홈페이지로 연결되며, 학생들은 위 홈페이지를 통하여 온라인 자가진단검사, 이메일상담 등을 이용할 수 있습니다. 해외거주학생은 전화상담, 오프라인상담 등 일부 서비스 이용이 제한되며, 워크숍 및 특강 등의 교육은 온라인으로 진행되는 경우에 한하여 신청가능합니다.

15-3. 건강상담 및 교육

- 건강상담실은 건강 교육프로그램 및 기초적인 건강상담, 건강정보 알리미 서비스를 제공합니다.

구분		종류	이용방법
건강상담 교육서비스	온라인	건강교육프로그램 (학교홈페이지 공지사항을 통해 안내)	학교홈페이지 로그인-나의정보 - 건강상담실 - 나의보건관리 - 보건프로그램 신청
		건강정보자료 안내	학교홈페이지 로그인-나의 정보 - 건강상담실 - 건강정보알리미, 건강상담 질의게시판
		온라인 건강상담실(비공개)	

15-4. 각종 증명서, 모바일학생증, 국제학생증 발급

각종 증명서, 모바일학생증, 국제학생증 발급서비스를 제공합니다.

① 각종 증명서 발급 방법은 아래와 같습니다.

- 인터넷 신청
  - 홈페이지(www.knou.ac.kr) 로그인 → 맞춤정보 → 화면 하단 QUICK MENU >>
    → 인터넷 증명 발급 → 증명서 발급 탭 클릭 → 인터넷 증명발급 바로가기
    → <대상선택> 화면에서 '대상구분, 학과(전공)' 선택 → 프로그램 설치 *테스트출력을 이용하여 자동 설치
    → <다음> → <증명서 종류 및 발급매수 선택> → <다음> → <직접출력, 이메일, 우편> 중 선택
    → <신청>

    * 프로그램설치가 어려울 경우: 1577-9995 → 1 → 2 (원격지원 요청)

  - 직접출력: <신청> → <발급받기>
  - 이메일: <이메일> 주소 확인 후 → <신청>
    * 위/변조 차원에서 JPG, PDF와 같은 파일로의 변환 및 저장하는 서비스는 제공되지 않고, 링크주소가 발송됨.
  - 우편: 연락처, 주소, 배송방법, 결제수단(신용카드, 휴대폰), 결제금액(배송료) 선택 후 → <결제>
    * 우체국 익일특급(해외: EMS) 발송요금
    ※ 정부24(www.gov.kr) → "검색어" 입력 → <검색> → <신청>
    * 온라인 신청 후 행정기관(주민센터 등) 방문수령

- 수령방법
  - 우편수령: 학생증 문자메시지를 받은 후 학생증 우편수령 신청서와 등기우편료에 해당하는 우표를 동봉하여 수령 지역대학에 문의 후 등기발송 요청
    ※ 학생증 우편수령 신청서: 홈페이지 → 대학생활 → 학습지원 → 학생서식 다운로드 → 학생증 관련

② 모바일 학생증: 도서관 이용 및 교내 시험 신분증으로 활용
- 모바일 앱 다운로드 "한국방송통신대학교 모바일학생증" → 로그인 → 개인정보동의
  → 사진등록 *사진만 업로드 ※ 2025.1학기부터 카드학생증 발급 중단

③ 국제학생증(ISIC): 유네스코에서 인증한 학생신분증(International Student identity Card)을 말함.
- 신청 및 수령방법: 홈페이지(www.knou.ac.kr) 로그인 → 맞춤정보 → 화면 하단 QUICK MENU >>
  → 학생증 발급 → 국제학생증(ISIC) 신청 → [국제학생증 신청 바로가기]
  → 온라인 신청서 작성 → 가까운 하나은행 방문(신분확인, 계좌개설 및 카드수령)
- 발급비용: 최초발급(무료) ※ 한국국제학생교류회 홈페이지(www.isic.co.kr) 참조

16
알아두면 좋을 학생지원제도는 무엇인가요?

16-1. 학자금 대출과 복지제도 등 안내
- 우리 대학은 한국장학재단이 실시하는 학자금 대출[농어촌출신 대학생 학자금융자, 취업 후 상환 학자금 대출, 일반 상환 학자금 대출]에 관하여 학교 홈페이지에서 안내하고 있습니다. 학자금 대출이 필요한 경우 한국장학재단에 신청기한을 지켜 신청하길 바랍니다. 그 밖에 학생의 복지증진을 위한 다양한 정보와 제도에 관한 안내도 합니다.

17
휴학과 재입학을 하려면 어떻게 해야 하나요?

휴학과 재입학 등의 학적은 「학칙」과 「학적사무처리규정」에 따라 허용됩니다.
(☞ 상세한 내용은 「학적사무처리규정」과 학교홈페이지의 학사공지 참조)

■ 휴학(일반휴학, 미등록휴학, 특별휴학)

① 일반휴학 학생이 등록한 후 휴학하고자 할 때에는 해당 학기 수업이 개시된 후 2분의 1이 경과하기 이전에 휴학원을 제출하여 총장의 승인을 받아야 합니다.

※ 2018년 3월부터는 조기 중도탈락을 방지하고 학업을 계속할 수 있도록 하기 위해 첫 학기에는 휴학이 허용되지 않습니다.

② 미등록 휴학 등록기간 내에 등록하지 않으면 미등록 휴학으로 처리되는데 휴학 기간은 연속하여 2개 학기를 초과할 수 없으며, 휴학처리된 학생은 수강기간에 수강 신청을 하고 등록기간 중에 등록하면 복학됩니다.

③ 특별휴학(☞ 14-1. 학업과 일, 가정, 병역의 양립을 지원하는 제도)

■ 재입학

재입학이란 학사학위과정에서 자퇴 또는 제적된 당시의 학과로 다시 입학하는 것을 말합니다. 재입학은 학과 정원에서 여석이 있는 경우에 두 차례에 한정하여 허가됩니다. 지원자가 정원의 여석을 초과할 경우 취득학점이 많은 자 순으로 선발합니다. 재입학하고자 하는 학생은 학사정보시스템을 이용하여 신청을 하여야 합니다. 신청방법은 [학교 홈페이지 로그인] → 신규학사정보 → MyKNOU 학사 → 재로그인 → 학적 → 개인정보처 및 신청정보 확인 후 재입학 신청 → 신청상태에서 '신청'을 확인하시면 됩니다.(모바일(앱) '메뉴'에서도 신청 가능)

※ 징계를 받아 제적된 학생의 재입학은 제적된 날로부터 2년을 경과하여야 하고 소속 학과장과 지역대학장, 학생지도위원회 및 단과대학 교수회의 심의를 거쳐 허가여부가 결정됩니다. 재입학한 학생의 학점은 이미 이수한 학점을 통산하여 인정됩니다

18 징계와 제적은 어떠한 경우에 당하게 되나요?

■ 징계

총장은 학칙 제83조(징계)에 따라 학생이 학칙을 위반하거나 학생의 본분에 어긋난 행위를 하였을 때에는 징계할 수 있습니다.

학칙은 제78조(학생의 의무)에서 "① 학생은 학칙 등 제 규정을 준수하여야 한다. ② 학생은 수업·연구 등 본교의 기본 기능수행에 방해가 되는 개인 또는 집단적 행위와 교육목적에 위배되는 활동을 할 수 없다."라고 규정하고 있습니다.

「학생징계에 관한 규정」은 징계대상자를 ① 시험부정 행위자, ② 학생활동에 관한 학칙 및 제규정 위반자, ③ 학생신분을 이용하여 부당한 상행위, 이권개입, 금품수수 및 알선 등을 하여 학내 질서를 문란케 한 자로 구분하고 행위내용에 따라 징계양정을 다르게 정하고 있습니다.

징계의 종류는 근신·유기정학의 경징계와 무기정학·제명의 중징계로 구분합니다. 징계를 당하지 않도록 유의하시길 바랍니다.(☞ 상세한 내용은 「학생징계에 관한 규정」 참조)

■ 제적

학생은 학칙 제52조(제적)에 따라 ① 징계에 따라 제명된 경우, ② 정당한 사유 없이 연속해서 3개 학기를 등록하지 아니한 경우, ③ 원에 의하여 자퇴한 경우에는 제적당하게 됩니다.

19
졸업을 하려면 어떻게 해야 하나요?

19-1. 졸업에 필요한 학점과 요건

- 졸업을 하려면 수업연한(등록횟수)을 충족해야 하고 졸업소요학점을 취득해야 합니다. 다만, 19-2에서 게시하는 바와 같이 일부 학과에서는 졸업학력평가(졸업논문 또는 졸업논문대체 인정)도 합격해야 졸업이 됩니다.

① 수업연한은 1학년 신입생으로 입학한 경우는 8학기 이상 등록, 2학년 편입생으로 입학한 경우는 6학기 이상 등록, 3학년 편입생으로 입학한 경우는 4학기 이상 등록해야 합니다.

② 졸업소요학점은 총 130학점이며, 그 중 교양과목은 24학점 이상을 취득해야 하고, 전공과목도 최소 취득학점을 취득해야 합니다. 세부 기준은 다음과 같이 2009학년도 이전 신·편입생으로 입학한 경우와 2010학년도 이후 신·편입생으로 입학한 경우에 차이가 있습니다.

구분		2009학년도 이전 신편입생 입학	2010학년도 이후 신편입생 입학
교양과목		24점 학점 이상	24학점 이상
전공과목	신입생	51학점 이상 (유아교육과 : 54학점 이상)	51학점 이상 (유아교육과 : 55학점 이상)
	2학년 편입생	51학점 이상 (유아교육과 : 54학점 이상)	60학점 이상 (유아교육과 : 64학점 이상)
	3학년 편입생	63학점 이상	69학점 이상
총 취득학점 130학점 이상			

19-2. 졸업논문작성과 졸업논문대체인정(문화교양학과만 해당)

- 현재 문화교양학과는 수업연한(등록횟수) 충족, 졸업소요학점 취득 외에 졸업학력평가(논문 또는 논문대체)에 합격을 해야 졸업을 할 수 있습니다.
- 졸업학력평가 대상자는 해당 학과 재적생(재학생 및 휴학생)으로 직전 학기까지 78학점 이상 취득한 자입니다.
- 졸업학력평가(논문 또는 논문대체)는 학기별로 1회 실시합니다.

■ 졸업학력평가(논문)

졸업학력평가(논문)은 논문계획서 제출을 먼저 하고 후에 논문을 제출하는 순서로 진행됩니다. 논문계획서 및 논문은 학사시스템을 통해 제출합니다. 각 학기별로 논문계획서 제출은 3월 초(1학기), 9월 초(2학기)에 하며, 논문은 5월(1학기), 11월(2학기)에 제출하게 됩니다. 학과 교수님이 지도교수 및 심사위원이 되며, 심사위원의 평가로 합격/불합격을 판정합니다.

■ 졸업학력평가(논문대체)

졸업학력평가(논문대체)는 학과가 정한 논문을 대체하는 인정 요건을 충족한 경우 졸업학력평가에 합격한 것으로 인정해 주는 제도입니다.
졸업학력평가(논문대체) 신청은 각 학기별로 3월(1학기) 및 9월(2학기)에 시행됩니다. 정해진 기간 중에 학사시스템을 통해 신청을 하고, 동일한 기간에 이를 증빙할 수 있는 증빙서류를 문화교양학과에 등기우편으로 제출하여야 합니다. 논문대체는 학과의 심사로 합격/불합격을 판정합니다.

19-3. 특별한 졸업의 요건(복수/연계전공자 졸업, 조기졸업, 명예졸업)

■ 복수전공자의 졸업요건

2010학년도 이후 입학한 신·편입생이 복수전공을 선택한 경우에 제1전공(주전공)과 제2전공(복수전공)학과의 졸업요건을 모두 충족하여야 졸업할 수 있습니다. 다만, 학교에서 공지한 기간 내에 학사정보시스템에서 복수전공을 취소하면 소속학과의 졸업이 가능합니다. 복수전공의 졸업요건을 충족한 경우에는 졸업증서에 복수전공 소속 학과와 전공명이 병기됩니다.

구분	제 1 전공			제 2 전공(복수전공)	
	전공(A)	교양(B)	졸업학력평가(C)	전공(D)	졸업학력평가(E)
신입생	51학점 이상 (유아교육과 : 55학점 이상)	24학점 이상	합격	51학점 이상	합격
2학년 편입생	60학점 이상 (유아교육과 : 64학점 이상)	24학점 이상	합격	51학점 이상	합격
3학년 편입생	69학점 이상	24학점 이상	합격	51학점 이상	합격

- 공통 : A~E의 요건을 모두 충족하고 총 취득학점 130학점 이상
- 졸업학력평가(C, E)의 합격은 졸업논문(졸업논문대체 포함)부과 학과만 해당

■ 조기졸업 요건

조기졸업이란 학사학위과정에서 6학기 또는 7학기를 이수하고, 졸업요건을 갖춘 경우에 학사학위를 수여하는 것을 말합니다. 대상은 1학년 신입생(편입생은 제외)으로 입학한 학생이 되며 졸업에 필요한 이수학점(총 130학점)을 조기에 취득하여 졸업요건을 충족하고, 이수한 전교과목의 성적 평점평균이 4.0 이상 취득하면 조기졸업을 할 수 있습니다. 조기졸업 요건을 충족하였음에도 조기졸업을 원하지 않는 경우에는 졸업유보를 신청하여야 합니다.

■ 명예졸업

「명예졸업 규정」에 따라 학생이 재학 중 학업에 정진하여 타 학생의 귀감이 되고 졸업소요학점의 4분의 3 이상을 취득한 후 사망하거나 그 밖에 총장이 인정하는 경우에는 본인, 그의 가족 또는 친지 등의 신청을 받아 학·처장회의의 심사를 거쳐 명예졸업자로 확정되면 명예졸업증서를 받을 수 있습니다.

19-4. 졸업유보제도

- 졸업유보란 졸업요건을 충족한 학생이 성적 향상 또는 자격증 취득을 위해 일정기간 졸업을 미루는 것을 말합니다. 졸업유보는 학기단위로 연속하여 4개 학기까지 신청할 수 있으며, 졸업 유보 기간 중 수강하고자 하는 교과목이 개설된 학기에 등록할 수 있습니다. 졸업유보를 신청한 학생은 졸업유보 기간이 끝나는 학기에 졸업하게 됩니다.

20
졸업할 때 자격증을 받으려면 어떻게 해야 하나요?

- 우리 대학에서 자격증을 획득하는 방법에는 자격증 획득에 필요한 교육과정(또는 교과목)을 이수하면 특별한 시험 없이 자격증을 받을 수 있는 경우와 교육과정을 이수한 후 국가 등의 시험실시기관에서 실시하는 시험에 합격하여야 자격증을 받는 경우가 있습니다.(☞ 상세한 내용은 해당 학과의 홈페이지 참조)
- 자격증 획득에 필요한 교육과정(또는 교과목)을 이수하면 특별한 시험 없이 자격증을 받을 수 있는 경우에는 생활과학부의 건강가정사 자격증, 교육학과의 평생교육사 자격증 등이 있습니다.
- 해외거주학생의 경우 국가자격증인 평생교육사, 청소년지도사, 청소년상담사 자격 취득이 제한될 수도 있습니다. 이와 관련하여 자격증 발급 가능 대상자에 해당하는지에 대해서는 국가자격증 발급기관(평생교육원, 산업인력공단 등)에 반드시 확인하시기 바랍니다.

21
졸업 후에도 방송대에서 계속 공부할 수 있나요?

21-1. 다른 학과 또는 프라임칼리지 편입학

- 우리 대학을 졸업하고 다른 학과 또는 프라임칼리지 2,3학년에 편입하여 학업을 계속할 수 있습니다. 이 경우 1회에 한하여 재입학 장학금을 받을 수 있습니다.

■ 프라임칼리지

프라임칼리지는 한국방송통신대학교 안에 있는 또 하나의 대학으로 100% 온라인 학사학위과정을 운영하고 있으며 융합경영학부(회계금융전공, 마케팅·애널리틱스전공)와 첨단공학부(산업공학전공, 메카트로닉스전공, AI전공)가 개설되어 있습니다. 아울러 비학위과정인 평생교육과정 등도 함께 운영하고 있습니다.
(☞ 상세한 정보는 프라임칼리지 홈페이지 https://primecollege.knou.ac.kr 참조)

21-2. 대학원과 경영대학원

- 우리 대학은 졸업하면 석사학위를 부여하는 특수대학원으로서 대학원과 경영대학원을 두고 있습니다.(개설학과·전공은 1-2. 대학의 조직, p.13 참조) 학부과정을 졸업하여 학사학위를 취득한 다음 다른 대학의 대학원에도 진학할 수도 있지만, 방송대의 석사학위과정에 진학하여 학업을 계속할 수 있습니다.

■ 대학원

① 우리 대학의 대학원은 국내 최초 원격교육방식으로 개설된 석사학위 과정으로서 국립대학으로는 유일한 대학원 과정입니다. 개설되어 있는 학과는 총 19개 학과이며, 850명 정원으로 명실공히 국내 최대의 원격대학원으로 자리 잡고 있으며, 경영학과는 2013년부터 경영대학원으로 분리하여 운영하고 있습니다.
② 대학원은 원격교육의 특성을 고려하여 강의 수강 시 교수와 튜터가 온라인상에서 학생들의 학습활동을 적극적으로 지원하는 체제로 운영하고 있어 재학생들은 신속하고 만족스러운 학습지도를 받을 수 있습니다. 또한 매 학기마다 과목세미나, 학과세미나, 학과워크숍 등 오프라인 학습지원도 이루어지고 있습니다.
(☞ 상세한 정보는 [학교 홈페이지의 대학·대학원 → 대학원]을 클릭하면 볼 수 있습니다.)

■ 경영대학원

대학원 경영학과가 2013년 경영대학원으로 독립하였으며, 7개 전공과 150명 정원을 가진 국내 유일의 국립 원격 경영대학원으로서 글로벌 시대의 경영자를 위해 한층 업그레이드 된 MBA 과정을 제공하고 있습니다.
(☞ 상세한 정보는 [학교 홈페이지 대학·대학원 → 경영대학원] 클릭하면 볼 수 있습니다.)

별첨 1 대학본부 행정부서 전화번호

구분	상담내용	소관부서	전화번호
입학상담 (1577-2853)	학부과정	입학과, 지역대학	02-3668-4350~1
	대학원 과정	대학원	02-3668-4344, 4346~9
학사상담 (1577-9995)	학생증, 증명발급	학생통합서비스센터	02-3668-4337
	휴학 / 자퇴 / 학적정정 재입학, 학적관리, 졸업, 복수·연계전공	학사운영과, 지역대학	02-3668-4197~8
	등록금 관련	재무과	02-3668-4241~2
	출석수업 관리	학사운영과	02-3668-4141~2
	수강신청, 계절수업, 형성평가	학사운영과	02-3668-4141~2
	각종시험·성적·졸업논문/ 졸업논문대체인정	학사운영과	02-3668-4151~2
	장학, 병역, 포상 / 징계	학생과	02-3668-4171~4
자격증 발급	평생교육사 자격증 관련 실습 및 이수과목	교육학과 지역대학	02-3668-4660
	학교현장실습 및 이수과목 등 자격요건	유아교육과 지역대학	02-3668-4670
	- 평생교육사 자격증 신청 (※ 자격증 발급 : 국가평생교육진흥원)	학사운영과	02-3668-4197
	기타 자격증 문의	해당학과	
학습상담	학습내용질문	각 학과	각 학과
	교재구입 및 학보구독	출판문화원	1644-1232
	도서관 자료 이용	중앙도서관	02-3668-4390
프라임 칼리지	학사학위과정, 평생교육과정, 교원연수프로그램	프라임칼리지, 종합교육연수원	02-3668-4435~6 02-3668-4433~4

별첨 2 학과별 전화번호

구분	학과	전화번호	상담내용
인문과학대학	국어국문학과	02-3668-4550	학습내용 및 질문
	영어영문학과	02-3668-4560	〃
	중어중문학과	02-3668-4570	〃
	프랑스언어문화학과	02-3668-4580	〃
	일본학과	02-3668-4290	〃
사회과학대학	법학과	02-3668-4590	〃
	행정학과	02-3668-4600	〃
	경제학과	02-3668-4610	〃
	경영학과	02-3668-4620	〃
	무역학과	02-3668-4680	〃
	미디어영상학과	02-3668-4710	〃
	도시콘텐츠·관광학과	02-3668-4460	〃
	사회복지학과	02-3668-4799	〃
자연과학대학	농학과	02-3668-4630	〃
	생활과학부	02-3668-4640	〃
	컴퓨터과학과	02-3668-4650	〃
	통계·데이터과학과	02-3668-4690	〃
	보건환경안전학과	02-3668-4700	〃
	간호학과	02-3668-4709	〃
교육과학대학	교육학과	02-3668-4660	〃
	청소년교육복지상담학과	02-3668-4400	〃
	유아교육과	02-3668-4670	〃
	문화교양학과	02-3668-4540	〃
	생활체육지도과	02-3668-4752	〃

II. 교과과정

- 국어국문학과
- 영어영문학과
- 중어중문학과
- 프랑스언어문화학과
- 일본학과
- 법학과
- 행정학과
- 경제학과
- 경영학과
- 무역학과
- 미디어영상학과
- 도시콘텐츠·관광학과
- 농학과
- 생활과학부
- 컴퓨터과학과
- 통계·데이터과학과
- 보건환경안전학과
- 간호학과
- 교육학과
- 청소년교육복지상담학과
- 문화교양학과
- 생활체육지도과

국어국문학과 교과과정

학년·학기	교과구분	교과목명	학점	학년·학기	교과구분	교과목명	학점
1-1	교양	글쓰기	3	1-2	교양	대학영어	3
	교양	세계의역사	3		교양	인간과사회	3
	전공	글과생각	3		교양	심리학에게묻다	3
	전공	우리어문학과한자·한문	3		전공	국어학개론	3
	전공	현대소설의이해와감상	3		전공	고전의이해와감상	3
	일선	중국문화산책	3		일선	한국문화자원의이해1	3
2-1	교양	동서양고전의이해	3	2-2	교양	철학의이해	3
	교양	세상읽기와논술	3		교양	문학의이해	3
	교양	한국사의이해	3		교양	취미와예술	3
	전공	현대시의이해와감상	3		전공	현대소설론	3
	전공	국문학의역사	3		전공	고전의장면과표현	3
	전공	언어와생활	3		전공	맞춤법과표준어	3
3-1	전공	우리말의구조	3	3-2	교양	인간과교육	3
	전공	고전시가론	3		교양	생활법률	3
	전공	옛수필의세계	3		전공	한국문학과대중문화	3
	전공	소설창작론	3		전공	고소설론과작가	3
	전공	문학비평론	3		전공	근현대문학사	3
	일선	신화의세계	3		전공	중세국어의이해	3
4-1	교양	생활과건강	3	4-2	교양	성·사랑·사회	3
	전공	시창작론	3		전공	한국희곡론	3
	전공	우리말의역사	3		전공	한국한문학의이해	3
	전공	소리와발음	3		전공	한국어교육학개론	3
	전공	한국영상문학론	3		전공	언어와의미	3
	전공	구비문학의세계	3		전공	현대시론	3

영어영문학과 교과과정

학년·학기	교과구분	교과목명	학점	학년·학기	교과구분	교과목명	학점
1-1	교양	글쓰기	3	1-2	교양	심리학에게묻다	3
	교양	인간과언어	3		교양	인간과사회	3
	전공	영어회화1	3		교양	대학영어	3
	전공	영문법의기초	3		전공	생활영어	3
	전공	멀티미디어영어	3		전공	영작문1	3
	일선	영화로생각하기	3		전공	영어듣기연습	3
2-1	교양	동서양고전의이해	3	2-2	교양	문학의이해	3
	교양	세상읽기와논술	3		교양	취미와예술	3
	교양	한국사의이해	3		교양	철학의이해	3
	전공	영미산문	3		전공	미국의사회와문화	3
	전공	시사영어	3		전공	영미단편소설	3
	전공	영문법의활용	3		전공	드라마와영어듣기	3
3-1	전공	영어교수법	3	3-2	교양	인간과교육	3
	전공	영어권국가의이해	3		전공	영작문2	3
	전공	테스트영어연습	3		전공	영어회화2	3
	전공	영어학의이해	3		전공	영어발음의원리	3
	전공	영시읽기의기초	3		전공	현대세계의이해와영어듣기	3
	전공	영미아동문학	3		전공	영국문학의이해	3
4-1	교양	생활과건강	3	4-2	교양	이슈로보는오늘날의유럽	3
	전공	영국소설	3		전공	영미시	3
	전공	미국문학의이해	3		전공	고급영문강독	3
	전공	영미희곡	3		전공	영어의역사	3
	전공	영어문장구조의이해	3		일선	오늘날의프랑스	3
	일선	신화의세계	3		일선	교육심리학	3
					전공	어린이영어지도(신설 예정)	3

※ 변동 가능성 있으니 추후 영어영문학과 홈페이지 참고

중어중문학과 교과과정

학년·학기	교과구분	교과목명	학점	학년·학기	교과구분	교과목명	학점
1-1	전공	중국어1	3	1-2	전공	중국어2	3
	전공	중국문화산책	3		전공	중국인문기행	3
	전공	기초한자	3		전공	중국언어산책	3
	교양	글쓰기(국문)	3		교양	대학영어(영문)	3
	일선	생활과건강(간호)	3		교양	심리학에게묻다(교양)	3
	교양	인간과언어(교양)	3		교양	인간과사회(교양)	3
2-1	전공	중국어3	3	2-2	전공	중국어4	3
	전공	중국어구어실습	3		전공	중급한문	3
	전공	초급한문	3		전공	중국어문법	3
	전공	중국경제의이해	3		교양	철학의이해(문교)	3
	교양	동서양고전의이해(문교)	3		교양	취미와예술(교양)	3
	교양	세상읽기와 논술(문교)	3		교양	세대와소통(교양)	3
3-1	전공	중국어5	3	3-2	전공	중국어6	3
	전공	현대중국입문	3		전공	중국의사회와문화	3
	전공	중국명시감상	3		전공	중국명문감상	3
	전공	중국어듣기연습	3		전공	중국미디어와대중문화	3
	전공	중국공연예술	3		교양	인간과교육(교육)	3
	일선	신화의세계(문교)	3		일선	동양철학산책(문교)	3
4-1	전공	중국문학의이해	3	4-2	전공	비즈니스중국어	3
	전공	중국어7	3		전공	성어와고사	3
	전공	이슈로보는중국경제	3		전공	중국어8	3
	전공	경서제자강독	3		전공	현대중국연극영화감상	3
	일선	언어와생활(국문)	3		교양	이슈로보는오늘날의유럽(교양)	3
	교양	사회문제론(문교)	3		일선	전통사회와 생활문화(문교)	3

※ 추후 중문학과 공지사항 참고 바람

프랑스언어문화학과 교과과정

학년·학기	교과구분	교과목명	학점	학년·학기	교과구분	교과목명	학점
1-1	교양	글쓰기*	3	1-2	교양	대학영어	3
	교양	컴퓨터의이해*	3		교양	인간과사회*	3
	교양	세계의역사*	3		교양	심리학에게묻다*	3
	전공	기초프랑스어회화1	3		전공	오늘날의프랑스*	3
	전공	프랑스어기초어휘와발음	3		전공	기초프랑스어회화2	3
	전공	프랑스어기초문법	3		전공	프랑스어기초문법따라잡기	3
2-1	교양	동서양고전의이해*	3	2-2	교양	문학의이해*	3
	교양	세계의정치와경제*	3		교양	취미와예술*	3
	교양	세상읽기와논술*	3		교양	철학의이해*	3
	전공	프랑스어회화1	3		전공	프랑스어읽기와쓰기A2	3
	전공	프랑스어문법1	3		전공	프랑스어문법2	3
	전공	프랑스어듣기와말하기A2	3		전공	프랑스어회화2	3
3-1	전공	봉쥬르프랑스	3	3-2	교양	이슈로보는오늘날의유럽*	3
	전공	영화로배우는프랑스어	3		전공	영화로읽는파리*	3
	전공	독서클럽:함께읽는프랑스문학*	3		전공	프랑스어듣기와말하기B1	3
	전공	문학으로본프랑스어권	3		전공	프랑스어읽기와쓰기B1	3
	전공	파리박물관기행*	3		전공	프랑스산문	3
	일선	영어권국가의이해	3		전공	문학으로본프랑스역사	3
4-1	교양	사회문제론*	3	4-2	교양	성·사랑·사회*	3
	전공	프랑스어번역연습	3		전공	프랑스어권아프리카바로보기*	3
	전공	프랑스작품선	3		전공	프랑스단편읽기	3
	전공	카뮈와위고선독	3		전공	프랑스어구문과어휘	3
	전공	프랑스비평선독	3		전공	프랑스시와상송	3
	일선	서구지성사입문*	3		일선	현대소설론*	3

* 표시한 과목은 우리말로 된 교과목임

일본학과 교과과정

학년·학기	교과구분	교과목명	학점	학년·학기	교과구분	교과목명	학점
1-1	교양	글쓰기	3	1-2	교양	인간과사회	3
	전공	일본어기초1	3		전공	일본어기초2	3
	전공	일본학개론	3		전공	일본사회문화의이해	3
	일선	기초한자	3		전공	일본고중세사	3
	교양	세계의역사	3		일선	대중영화의이해	3
	일선	한국지리여행	3		일선	한국문화자원의이해1	3
2-1	교양	세상읽기와논술	3	2-2	교양	취미와예술	3
	교양	한국사의이해	3		교양	철학의이해	3
	교양	생명과환경	3		전공	일본어활용2	3
	전공	일본어활용1	3		전공	일본어문법	3
	전공	일본어문장연습	3		전공	일본인의경제생활	3
	전공	일본근세근현대사	3		일선	역사의현장을찾아서	3
3-1	전공	일본대중문화론	3	3-2	교양	인간과교육	3
	전공	근현대일본정치사	3		전공	일본의시와노래	3
	전공	중급일본어활용1	3		전공	중급일본어활용2	3
	전공	일본전통문화론	3		전공	현대일본정치의이해	3
	전공	일본의소설	3		전공	근대일본의선택:전쟁	3
	일선	글과생각	3		전공	현대일본사회론	3
4-1	교양	사회문제론	3	4-2	교양	이슈로보는오늘날의유럽	3
	전공	일본명작기행	3		교양	성·사랑·사회	3
	전공	고급일본어활용	3		전공	일본의언어와문화	3
	전공	일본사회문화연습	3		전공	일본문학과영화	3
	전공	근대일본의모색:평화	3		전공	일본어문학여행	3
	전공	근현대한일관계와국제사회	3		전공	전근대한일관계사	3

법학과 교과과정

학년·학기	교과구분	교과목명	학점	학년·학기	교과구분	교과목명	학점
1-1	교양	글쓰기	3	1-2	교양	인간과과학	3
	교양	컴퓨터의이해	3		교양	인간과사회	3
	교양	세계의역사	3		교양	대학영어	3
	전공	헌법의기초	3		전공	통치의기본구조	3
	전공	민법총칙	3		전공	물권법	3
	전공	형법총론	3		전공	형법각론	3
2-1	교양	생명과환경	3	2-2	교양	세대와소통	3
	교양	세계의정치와경제	3		교양	경제학의이해	3
	교양	한국사의이해	3		전공	채권각론	3
	전공	채권총론	3		전공	주식회사법	3
	전공	상법기초	3		전공	노사관계법	3
	전공	근로보호법	3		전공	기본권의기초이론	3
3-1	전공	법사상사	3	3-2	교양	철학의이해	3
	전공	헌법논증이론	3		교양	생활법률	3
	전공	공정거래법	3		전공	법철학	3
	전공	일반행정법	3		전공	남녀평등과법	3
	전공	국제인권법	3		전공	소비자법	3
	전공	지적재산권법	3		전공	개별행정법	3
4-1	교양	사회문제론	3	4-2	교양	성·사랑·사회	3
	전공	법과사회	3		전공	세법	3
	전공	사회보장법	3		전공	인권법	3
	전공	형사소송법	3		전공	친족상속법	3
	전공	소송과강제집행	3		전공	보험법·어음법	3
	전공	부동산법제	3		전공	환경법	3

행정학과 교과과정

학년·학기	교과구분	교과목명	학점	학년·학기	교과구분	교과목명	학점
1-1	교양	글쓰기	3	1-2	교양	인간과과학	3
	교양	컴퓨터의이해	3		교양	심리학에게묻다	3
	교양	세계의역사	3		교양	대학영어	3
	전공	행정학개론	3		전공	현대정치와행정	3
	전공	정보사회와행정	3		전공	국제정책및통상갈등	3
	전공	사회복지학개론	3		전공	발전행정론	3
2-1	교양	생명과환경	3	2-2	교양	대학수학의이해	3
	교양	세계의정치와경제	3		교양	경제학의이해	3
	교양	한국사의이해	3		교양	철학의이해	3
	전공	행정조사론	3		전공	기획론	3
	전공	인적자원관리론	3		전공	재무행정론	3
	전공	행정통제와윤리	3		전공	사회복지정책론	3
3-1	전공	비교행정론	3	3-2	교양	생활법률	3
	전공	행정계량분석	3		전공	한국정부론	3
	전공	지방자치행정론	3		전공	도시행정론	3
	전공	성과관리론	3		전공	행정조직론	3
	전공	공기업론	3		전공	정책학원론	3
	전공	일반행정법	3		전공	행정사례연구	3
4-1	교양	사회문제론	3	4-2	교양	이슈로보는오늘날의유럽	3
	전공	지역개발론	3		전공	통치의기본구조	3
	전공	재난관리론	3		전공	정책분석론	3
	전공	다문화와이민행정	3		전공	정부규제론	3
	전공	협상조정론	3		전공	행정변동론	3
	전공	사회복지행정론	3		전공	공공협치론	3

경제학과 교과과정

학년·학기	교과구분	교과목명	학점	학년·학기	교과구분	교과목명	학점
1-1	교양	글쓰기	3	1-2	교양	인간과사회	3
	교양	컴퓨터의이해	3		교양	심리학에게묻다	3
	전공	기초미시경제론	3		전공	기초거시경제론	3
	전공	경영학원론	3		전공	재테크와금융투자	3
	전공	무역학원론	3		전공	IT와경영정보시스템	3
	일선	재무회계원리	3		일선	국제정책및통상갈등	3
2-1	교양	한국사의이해	3	2-2	교양	철학의이해	3
	교양	생명과환경	3		전공	고급거시경제론	3
	전공	고급미시경제론	3		전공	디지털경제의이해	3
	전공	서양경제사	3		전공	경제분석의역사	3
	전공	경제통계의이해	3		일선	중소기업창업론	3
	전공	다국적기업론	3		일선	글로벌지역투자	3
3-1	전공	공공경제학	3	3-2	교양	생활법률	3
	전공	기술혁신의경제학	3		전공	화폐금융론	3
	전공	행동경제학	3		전공	노동경제학	3
	전공	성장과복지의경제학	3		전공	국제금융론	3
	전공	기업경제학	3		전공	도시경제학	3
	전공	금융시장론	3		전공	플랫폼경제의이해	3
4-1	교양	사회문제론	3	4-2	교양	성·사랑·사회	3
	전공	증권투자론	3		전공	사회복지학개론	3
	전공	부동산법제	3		전공	부동산시장과정책	3
	전공	경영분석	3		전공	보건경제학	3
	전공	빈곤론	3		전공	환경경제학	3
	일선	글로벌비즈니스네트워킹	3		전공	공공재정과감사	3

경영학과 교과과정

학년·학기	교과구분	교과목명	학점	학년·학기	교과구분	교과목명	학점
1-1	교양	글쓰기	3	1-2	교양	인간과사회	3
	교양	컴퓨터의이해	3		교양	심리학에게묻다	3
	교양	세계의역사	3		교양	대학영어	3
	전공	경영학원론	3		전공	기초거시경제론	3
	전공	재무회계원리	3		전공	조직행위론	3
	전공	기초미시경제론	3		전공	IT와경영정보시스템	3
2-1	교양	세상읽기와논술	3	2-2	교양	취미와예술	3
	교양	세계의정치와경제	3		교양	경제학의이해	3
	교양	한국사의이해	3		교양	철학의이해	3
	전공	경영분석을위한기초통계	3		전공	원가회계	3
	전공	마케팅론	3		전공	중소기업창업론	3
	전공	인적자원관리	3		전공	경영의사결정론	3
3-1	전공	소비자행동론	3	3-2	교양	생활법률	3
	전공	중급재무회계	3		전공	마케팅조사	3
	전공	재무관리	3		전공	관리회계	3
	전공	조직창의성과혁신	3		전공	물류관리	3
	전공	e-비즈니스	3		전공	금융투자의이해	3
	전공	생산관리	3		전공	주식회사법	3
4-1	교양	사회문제론	3	4-2	교양	이슈로보는오늘날의유럽	3
	전공	마케팅커뮤니케이션관리	3		전공	마케팅특강	3
	전공	경영분석	3		전공	경영전략론	3
	전공	국제경영학	3		전공	인사조직특강	3
	전공	세무회계	3		전공	회계학특강	3
	전공	노사관계론	3		전공	금융제도의이해	3

무역학과 교과과정

학년·학기	교과구분	교과목명	학점	학년·학기	교과구분	교과목명	학점
1-1	교양	컴퓨터의이해	3	1-2	교양	인간과사회	3
	교양	세계의역사	3		교양	대학영어	3
	전공	무역학원론	3		일선	기초거시경제론	3
	전공	기초미시경제론	3		전공	국제경영의이해	3
	일선	경영학원론	3		전공	기술창업론	3
	일선	중국어1	3		전공	글로벌비즈니스애널리틱스	3
2-1	교양	세계의정치와경제	3	2-2	교양	취미와예술	3
	교양	한국사의이해	3		교양	철학의이해	3
	전공	글로벌스마트비즈니스	3		전공	글로벌차이나마케팅	3
	전공	다국적기업론	3		전공	동아시아와통일한국경제	3
	전공	글로벌스타트업브랜딩	3		전공	글로벌실용금융	3
	일선	인적자원관리	3		전공	글로벌지역투자	3
3-1	전공	글로벌스타트업마케팅	3	3-2	교양	생활법률	3
	전공	무역보험론	3		전공	글로벌기업가정신	3
	전공	무역관습개론	3		전공	창업마케팅실무	3
	전공	국제경영학	3		전공	국제금융론	3
	일선	세계의음식·음식의세계	3		전공	무역영어	3
	일선	사회복지학개론	3		전공	국제경영전략	3
4-1	교양	생활과건강	3	4-2	교양	이슈로보는오늘날의유럽	3
	전공	글로벌비즈니스네트워킹	3		전공	무역법규	3
	전공	글로벌자산관리	3		전공	스타트업비즈니스매너	3
	전공	무역결제론	3		전공	국제물류론	3
	전공	해외시장조사론	3		전공	부자되는창업	3
	전공	글로벌프랜차이즈창업	3		일선	인사조직특강	3

미디어영상학과 교과과정

학년·학기	교과구분	교과목명	학점	학년·학기	교과구분	교과목명	학점
1-1	교양	세계의역사	3	1-2	교양	인간과사회	3
	교양	컴퓨터의이해	3		교양	심리학에게묻다	3
	전공	영상제작입문	3		교양	대학영어	3
	전공	미디어와사회	3		전공	미디어혁신과뉴스스토리텔링	3
	전공	사진의이해	3		전공	대중영화의이해	3
	일선	스포츠미디어커뮤니케이션	3		전공	저널리즘의이해	3
2-1	교양	동서양고전의이해	3	2-2	교양	취미와예술	3
	교양	생명과환경	3		교양	철학의이해	3
	교양	한국사의이해	3		전공	아동·청소년과미디어	3
	전공	대중문화와영화비평	3		전공	다큐멘터리제작론	3
	전공	뉴미디어기술과사이버사회	3		전공	설득커뮤니케이션	3
	전공	사회변화와미디어트렌드	3		전공	통합마케팅커뮤니케이션	3
3-1	교양	글쓰기	3	3-2	교양	생활법률	3
	전공	그래픽커뮤니케이션	3		전공	사진영상론	3
	전공	현대광고와카피전략	3		전공	여론과미디어	3
	전공	뉴미디어론	3		전공	영상문화콘텐츠산업론	3
	전공	1인미디어기획제작	3		전공	디지털영상편집	3
	일선	문화산업과문화기획	3		전공	미디어심리학	3
4-1	교양	생활과건강	3	4-2	교양	이슈로보는오늘날의유럽	3
	전공	미디어비평	3		교양	성·사랑·사회	3
	전공	시사미디어영어	3		전공	홍보론	3
	전공	영화산업과마케팅	3		전공	소셜미디어	3
	전공	미디어교육	3		전공	멀티미디어기획제작	3
	전공	게임·애니메이션·VR의이해	3		전공	영화기획제작	3

도시콘텐츠·관광학과 교과과정

학년·학기	교과구분	교과목명	학점	학년·학기	교과구분	교과목명	학점
1-1	교양	글쓰기	3	1-2	교양	인간과사회	3
	교양	세계의역사	3		전공	한국문화자원의이해1	3
	전공	관광학개론	3		전공	현대인의여가생활	3
	전공	서비스매너	3		전공	관광경영론	3
	전공	한국지리여행	3		전공	여행영어1	3
	일선	여가레크리에이션	3		일선	역사의현장을찾아서	3
2-1	교양	세상읽기와논술	3	2-2	교양	취미와예술	3
	교양	한국사의이해	3		교양	경제학의이해	3
	전공	관광마케팅	3		전공	호텔산업의이해	3
	전공	관광법규	3		전공	관광과문화	3
	전공	이벤트플래닝	3		전공	한국문화자원의이해2	3
3-1	전공	축제·이벤트관광	3	3-2	교양	생활법률	3
	전공	여행영어2	3		전공	마이스산업론	3
	전공	관광개발론	3		전공	여행사실무	3
	전공	자연자원의이해	3		전공	외식산업의이해	3
	전공	관광행동론	3		전공	관광개발실무	3
	일선	파리박물관기행	3		일선	전통사회와생활문화	3
4-1	교양	생활과건강	3	4-2	교양	이슈로보는오늘날의유럽	3
	전공	세계의음식·음식의세계	3		전공	관광연구의이해	3
	전공	지역관광론	3		일선	레크리에이션활동지도	3
	전공	여행일어	3		전공	관광해설론	3
	일선	부동산법제	3		전공	관광창업론	3
	일선	세계의도시와건축	3		일선	부동산시장과정책	3

농학과 교과과정

학년·학기	교과구분	교과목명	학점	학년·학기	교과구분	교과목명	학점
1-1	교양	글쓰기	3	1-2	교양	인간과과학	3
	교양	세계의역사	3		교양	인간과사회	3
	교양	컴퓨터의이해	3		교양	심리학에게묻다	3
	전공	원예학	3		전공	축산학	3
	전공	농학원론	3		전공	재배학원론	3
	전공	숲과삶	3		전공	생물과학	3
2-1	교양	세상읽기와논술	3	2-2	교양	경제학의이해	3
	교양	한국사의이해	3		교양	취미와예술	3
	교양	동서양고전의이해	3		교양	철학의이해	3
	전공	농업생물화학	3		전공	반려동물학	3
	전공	농업유전학	3		전공	가축사양학	3
	전공	가축생리학	3		전공	재배식물생리학	3
3-1	전공	토양학	3	3-2	교양	인간과교육	3
	전공	자원식물학	3		전공	생활원예	3
	전공	재배식물육종학	3		전공	생물통계학	3
	전공	농축산환경학	3		전공	식용작물학1	3
	전공	해충방제학	3		전공	환경친화형농업	3
	전공	식물의학	3		전공	원예작물학1	3
4-1	교양	생활과건강	3	4-2	교양	이슈로보는오늘날의유럽	3
	전공	시설원예학	3		전공	잡초방제학	3
	전공	동물사료학	3		전공	농축산식품이용학	3
	전공	식용작물학2	3		전공	식물분류학	3
	전공	원예작물학2	3		전공	농업경영학	3
	전공	푸드마케팅	3				

생활과학부 교과과정

● 생활과학부 1,2학년 공통과정

학년·학기	교과구분	교과목명	학점	학년·학기	교과구분	교과목명	학점
1-1	교양	글쓰기	3	1-2	교양	심리학에게묻다	3
	전공	영양과건강	3		전공	식생활과문화	3
	전공	가족자원관리학	3		전공	인간발달	3
	전공	패션·소비·문화	3		전공	패션관리와스타일링	3
	일선	대중문화의이해	3		일선	현대인의여가생활	3
	일선	경영학원론	3		교양	인간과사회	3
2-1	교양	생명과환경	3	2-2	교양	취미와예술	3
	교양	세계의정치와경제	3		교양	경제학의이해	3
	교양	한국사의이해	3		교양	세대와소통	3
	전공	인체생리학	3		전공	가계재무관리	3
	전공	가족발달	3		전공	기초영양학	3
	전공	패션디자인	3		전공	의류소재	3

● 가정복지상담학 전공

학년·학기	교과구분	교과목명	학점	학년·학기	교과구분	교과목명	학점
3-1	전공	가사노동과돌봄정책	3	3-2	교양	생활법률	3
	전공	생활설계상담	3		전공	가족관계	3
	전공	가족과문화	3		전공	가정복지학연구법	3
	전공	영유아보육학	3		전공	소비자와소비생활	3
	전공	비영리기관운영관리	3		전공	가족상담및치료	3
					일선	인간행동과사회환경	3
4-1	전공	상담심리학	3	4-2	전공	노인복지론	3
	전공	영유아발달	3		전공	부부상담	3
	전공	가족복지론	3		전공	유아교육과정	3
	전공	가족생활교육	3		일선	중독상담과교육	3
	전공	가족역동과상담	3				
	교양	사회문제론	3				

● 의류패션학 전공

학년·학기	교과구분	교과목명	학점	학년·학기	교과구분	교과목명	학점
3-1	전공	패션마케팅	3	3-2	전공	디지털시대의패션리테일링	3
	전공	패턴메이킹	3		전공	서양복식문화	3
	전공	테크니컬디자인	3		일선	한국문화자원의이해2	3
	전공	패션일러스트레이션	3		전공	색채와디자인	3
	전공	의류소재염색	3		전공	테일러링과드레이핑	3
	일선	평생교육방법론	3		전공	패션CAD	3
4-1	교양	생활과건강	3	4-2	교양	성·사랑·사회	3
	전공	텍스타일표현과활용	3		교양	이슈로보는오늘날의유럽	3
	전공	패션창업	3		전공	글로벌패션비즈니스	3
	전공	크리에이티브패션디자인	3		전공	의복과건강	3
	전공	한국복식과한복의역사	3		전공	한국의복구성	3
	일선	파리박물관기행	3				

※ 의류패션학전공 교과목의 중간/기말 과제물 작성 시 실험실습 재료는 개인적으로 준비가 필요하므로 수강 시 참고 바람

컴퓨터과학과 교과과정

학년·학기	교과구분	교과목명	학점	학년·학기	교과구분	교과목명	학점
1-1	교양	컴퓨터의이해	3	1-2	교양	심리학에게묻다	3
	교양	세계정치와경제	3		교양	대학영어	3
	전공	유비쿼터스컴퓨팅개론	3		전공	C프로그래밍	3
	전공	파이썬프로그래밍기초	3		전공	멀티미디어시스템	3
	일선	사진의이해	3		전공	컴퓨터과학개론	3
	일선	데이터정보처리입문	3		일선	대중영화의이해	3
2-1	교양	생명과환경	3	2-2	교양	대학수학의이해	3
	교양	세상읽기와논술	3		교양	생활속의경제	3
	교양	한국사의이해	3		전공	파이썬기반데이터분석	3
	전공	HTML5웹프로그래밍	3		전공	자료구조	3
	전공	이산수학	3		전공	선형대수	3
	전공	Java프로그래밍	3		전공	프로그래밍언어론	3
3-1	전공	운영체제	3	3-2	교양	생활법률	3
	전공	디지털논리회로	3		전공	UNIX시스템	3
	전공	데이터베이스시스템	3		전공	컴퓨터구조	3
	전공	알고리즘	3		전공	머신러닝	3
	전공	인공지능	3		전공	시뮬레이션	3
	일선	그래픽커뮤니케이션	3		전공	JSP프로그래밍	3
4-1	교양	생활과건강	3	4-2	교양	성·사랑·사회	3
	전공	컴퓨터그래픽스	3		전공	딥러닝	3
	전공	모바일앱프로그래밍	3		전공	컴파일러구성	3
	전공	정보통신망	3		전공	클라우드컴퓨팅	3
	전공	컴퓨터보안	3		일선	경영전략론	3
	전공	소프트웨어공학	3		일선	빅데이터의이해와활용	3

통계·데이터과학과 교과과정

학년·학기	교과구분	교과목명	학점	학년·학기	교과구분	교과목명	학점
1-1	교양	글쓰기	3	1-2	교양	인간과과학	3
	교양	컴퓨터의이해	3		교양	대학영어	3
	교양	세계의역사	3		교양	심리학에게묻다	3
	전공	데이터정보처리입문	3		전공	통계로세상읽기	3
	전공	R컴퓨팅	3		전공	데이터과학개론	3
	일선	경영학원론	3		전공	파이썬 컴퓨팅	3
2-1	교양	한국사의이해	3	2-2	교양	철학의이해	3
	교양	세계의정치와경제	3		교양	대학수학의이해	3
	교양	세상읽기와논술	3		교양	경제학의이해	3
	전공	통계학개론	3		전공	여론조사의이해	3
	전공	확률의개념과응용	3		전공	파이썬과R	3
	전공	엑셀데이터분석	3		전공	빅데이터의이해와활용	3
3-1	전공	회귀모형	3	3-2	교양	생활법률	3
	전공	데이터처리와활용	3		전공	바이오통계학	3
	전공	데이터시각화	3		전공	표본조사론	3
	전공	통계조사방법론	3		전공	실험계획과응용	3
	전공	통계패키지	3		전공	파이썬데이터처리	3
	일선	인터넷과생활윤리	3		전공	수리통계학	3
4-1	교양	생활과건강	3	4-2	교양	이슈로보는오늘날의유럽	3
	전공	딥러닝의통계적이해	3		전공	자연언어처리	3
	전공	신뢰성공학	3		전공	비정형데이터분석	3
	전공	예측방법론	3		전공	마케팅조사	3
	전공	다변량분석	3		전공	베이즈데이터분석	3
	전공	데이터마이닝	3		전공	R데이터분석	3

※ 개설교과목은 학과의 사정에 따라 변경될 수 있으니 확인 바람

보건환경안전학과 교과과정

학년·학기	교과구분	교과목명	학점	학년·학기	교과구분	교과목명	학점
1-1	교양	글쓰기	3	1-2	교양	대학영어	3
	교양	한국사의이해	3		전공	환경화학	3
	전공	공중보건학	3		전공	보건의사소통	3
	전공	환경보건학개론	3		전공	환경과대체에너지	3
	교양	생활과건강	3		일선	인간발달	3
	일선	숲과삶	3		일선	환경법	3
2-1	교양	생명과환경	3	2-2	교양	취미와예술	3
	전공	보건행정	3		교양	철학의이해	3
	전공	생활폐기물관리	3		전공	보건프로그램개발및평가	3
	전공	환경생화학	3		전공	산업보건학	3
	전공	수질관리	3		전공	실내공기오염관리	3
	일선	사회복지학개론	3		전공	환경미생물학	3
3-1	전공	건강보험론	3	3-2	교양	인간과교육	3
	전공	조사방법론	3		전공	건설안전보건	3
	전공	작업환경측정	3		전공	보건통계학	3
	전공	수질시험법	3		전공	상하수도관리	3
	전공	산업안전	3		전공	작업환경관리	3
	전공	대기오염관리	3		전공	병원경영학	3
4-1	교양	사회문제론	3	4-2	교양	인간과과학	3
	전공	유해폐기물관리	3		전공	식품위생학	3
	전공	산업독성학	3		전공	용수및하폐수처리	3
	전공	환경보건역학	3		전공	보건교육방법론	3
	전공	보건교육	3		전공	토양지하수관리	3
	일선	재난관리론	3		전공	노인복지론	3

간호학과 교과과정

학년·학기	교과구분	교과목명	학점	학년·학기	교과구분	교과목명	학점
3-1	교양	글쓰기	3	3-2	전공	고위험모아간호학	3
	전공	간호과정론	3		전공	간호이론	3
	전공	가족건강간호학	3		전공	지역사회간호학	3
	전공	간호연구	3		전공	응급간호학	3
	전공	기초간호과학	3		전공	고급간호연구	3
	전공	정신건강과간호	3		일선	사회복지학개론	3
4-1	교양	생활과건강	3	4-2	교양	성·사랑·사회	3
	전공	성인간호학	3		전공	간호윤리와법	3
	전공	재활간호학	3		전공	간호리더십	3
	전공	보건교육	3		전공	노인간호학	3
	전공	청소년건강과간호	3		전공	간호학특론	3
	전공	전략적간호관리	3		일선	교육심리학	3

교육학과 교과과정

학년·학기	교과구분	교과목명	학점	학년·학기	교과구분	교과목명	학점
1-1	교양	글쓰기	3	1-2	교양	인간과과학	3
	교양	세계의역사	3		교양	인간과사회	3
	전공	생애발달과교육	3		전공	교육철학	3
	전공	교육의이해	3		전공	인간행동과사회환경	3
	전공	평생교육론	3		전공	교육심리학	3
	일선	사회복지학개론	3		전공	원격교육론	3
2-1	교양	세상읽기와논술	3	2-2	교양	철학의이해	3
	교양	세계의정치와경제	3		교양	경제학의이해	3
	교양	한국사의이해	3		전공	여성교육론	3
	전공	다문화교육론	3		전공	장애인상담과교육	3
	전공	상담심리학	3		전공	교육사회학	3
	전공	교육과정및평가	3		일선	사회복지정책론	3
3-1	전공	이상심리학	3	3-2	전공	문해교육론	3
	전공	평생교육방법론	3		일선	사회복지조사론	3
	전공	성인학습및상담론	3		전공	평생교육경영론	3
	전공	교육공학	3		전공	평생교육프로그램개발	3
	전공	노인교육론	3		전공	문화와교육	3
	일선	학교사회복지론	3		일선	집단상담의기초	3
4-1	교양	사회문제론	3	4-2	전공	교육사	3
	전공	자원봉사론	3		전공	심리검사및측정	3
	전공	평생교육실습	3		전공	평생교육실습	3
	전공	교육고전의이해	3		전공	교육고전의이해	3
	전공	직업·진로설계	3		전공	중독상담과교육	3
	전공	가족교육론	3		일선	노인복지론	3
	전공	지역사회교육론	3		일선	가족상담및치료	3

청소년교육복지상담학과 교과과정

학년·학기	교과구분	교과목명	학점	학년·학기	교과구분	교과목명	학점
1-1	전공	청소년교육개론	3	1-2	전공	인간행동과사회환경	3
	전공	학교교육과청소년	3		전공	시민교육론	3
	전공	발달심리	3		전공	부모교육과상담	3
	전공	청소년리더십개발	3		교양	대학영어	3
	교양	글쓰기	3		교양	인간과교육	3
	일선	사회복지학개론	3		교양	심리학에게묻다	3
2-1	전공	청소년학습이론및지도	3	2-2	전공	청소년문화	3
	전공	사회적역할의이해	3		전공	사회복지실천론	3
	전공	청소년상담	3		전공	청소년심리	3
	교양	한국사의이해	3		교양	철학의이해	3
	교양	생명과환경	3		교양	취미와예술	3
	교양	세상읽기와논술	3		교양	경제학의이해	3
3-1	전공	직업세계와직업정보	3	3-2	전공	청소년프로그램개발및평가	3
	전공	청소년활동론	3		전공	청소년문제	3
	전공	청소년인성교육	3		전공	집단상담의기초	3
	전공	청소년복지론	3		전공	지역사회복지론	3
	전공	레크리에이션활동지도	3		전공	청소년육성제도론	3
	전공	청소년지도방법론	3		교양	세대와소통	3
4-1	전공	청소년성교육과성상담	3	4-2	전공	청소년인권과참여	3
	전공	인터넷생활윤리	3		전공	심리검사및측정	3
	전공	청소년진로지도및상담	3		전공	가족상담및치료	3
	전공	사회조사방법론	3		전공	인간관계론	3
	교양	사회문제론	3		전공	청소년교육현장의이해	3
	일선	자원봉사론	3		교양	성·사랑·사회	3

문화교양학과 교과과정

학년·학기	교과구분	교과목명	학점	학년·학기	교과구분	교과목명	학점
1-1	교양	글쓰기	3	1-2	교양	대학영어	3
	교양	세계의역사	3		교양	인간과사회	3
	전공	대중문화의이해	3		교양	인간과과학	3
	전공	문화와교양	3		전공	독서의즐거움	3
	전공	영화로생각하기	3		전공	역사의현장을찾아서	3
	전공	고전함께읽기	3		전공	미술의이해와감상	3
2-1	교양	한국사의이해	3	2-2	교양	철학의이해	3
	교양	세상읽기와논술	3		교양	취미와예술	3
	교양	세계의정치와경제	3		교양	경제학의이해	3
	교양	동서양고전의이해	3		전공	인물로본근대	3
	전공	서구지성사입문	3		전공	음악의이해와감상	3
	전공	세계의풍속과문화	3		일선	한국문화자원의이해2	3
3-1	전공	신화의세계	3	3-2	전공	근대화와동서양	3
	전공	생태적삶을찾아서	3		전공	전통사회와생활문화	3
	전공	예술경영과예술행정	3		전공	생명공학과인간의미래	3
	전공	동서양문학고전산책	3		전공	동양철학산책	3
	전공	문화산업과문화기획	3		전공	동시대예술산책	3
	전공	여성의삶과문화	3		전공	열린사회와21세기	3
4-1	교양	사회문제론	3	4-2	교양	성·사랑·사회	3
	전공	행복에이르는지혜	3		교양	생활법률	3
	전공	세계의도시와건축	3		전공	한국문화와유물유적	3
	전공	근현대속의한국	3		전공	문화비평과미학	3
	전공	정보사회와디지털문화	3		전공	제3세계의역사와문화	3
	일선	세계의음식·음식의세계	3		전공	세계의종교	3

생활체육지도과 교과과정

학년·학기	교과구분	교과목명	학점	학년·학기	교과구분	교과목명	학점
1-1	전공	체육학개론	3	1-2	전공	한국체육사	3
	전공	체육철학	3		전공	여가레크리에이션	3
	전공	운동생리학	3		전공	스포츠윤리학	3
	일선	미디어와사회	3		일선	현대인과여가생활	3
	교양	글쓰기	3		교양	심리학에게묻다	3
	교양	생활과건강	3		교양	인간과사회	3
2-1	전공	스포츠경영관리론	3	2-2	전공	스포츠사회학	3
	전공	스포츠멘탈트레이닝	3		전공	노인체육론	3
	전공	건강생활과응급처치	3		전공	스포츠의학검사론	3
	전공	체육실기기초	3		전공	스포츠심리학	3
	교양	세계의정치와경제	3		교양	철학의이해	3
	일선	레크리에이션활동지도	3		일선	인간행동과사회환경	3
3-1	전공	스포츠경기분석의이해와적용	3	3-2	전공	스포츠코칭론	3
	전공	스포츠교육학	3		전공	운동처방론	3
	전공	스포츠정책론	3		전공	스포츠산업의이해	3
	전공	웨이트트레이닝	3		전공	생활스포츠1	3
	교양	한국사의이해	3		교양	인간과교육	3
	일선	축제·이벤트관광	3		일선	보건의사소통	3
4-1	전공	국제스포츠의이해	3	4-2	전공	특수체육론	3
	전공	스포츠미디어커뮤니케이션	3		전공	운동손상과재활	3
	전공	운동학습과제어	3		전공	스포츠법	3
	전공	운동역학	3		전공	체육측정평가	3
	교양	사회문제론	3		일선	유아동작교육	3
	일선	교육공학	3		교양	취미와예술	3

KOREA NATIONAL OPEN UNIVERSITY
KNOU

III. 학생상담 사례모음

1. 홈페이지 이용 방법
2. 수강신청(변경) 방법
3. 등록과 휴학
4. 교재구입 방법
5. 수업 방법
6. U-KNOU 캠퍼스
7. 성적평가 방법
8. 졸업 방법
9. 재입학 방법
10. 다른 학과로 편입
11. 학생복지 혜택
12. 진로·심리상담 서비스
13. 대학원 상담

1 홈페이지 이용 방법

ID등록 절차에 대하여

 ID등록 방법 및 변경 가능한지 궁금합니다.

ID는 사용자 본인이 원하는 ID를 사용할 수 있으나 다른 사용자가 해당 ID를 먼저 사용하고 있으면 다른 ID로 등록해야 합니다. 일단 등록한 ID는 변경 및 삭제할 수 없습니다.
(제적생, 졸업생인 경우에는 본인이 개인정보변경에서 삭제 가능)
ID등록 방법 : 홈페이지 → 아이디등록 선택 → 사용자 구분 선택 → 생년월일 입력 → ID 및 개인정보 입력 → 로그인

비밀번호 찾기에 대하여

 **제 비밀번호를 모르겠어요. 확인할 수 있는 방법 좀 알려주세요.**

① 홈페이지의 로그인 선택 → 학번·ID·비밀번호 찾기 → 비밀번호 찾기 → 본인 인증 방법선택(이메일/휴대폰) →이름, 아이디 입력 → 임시 비밀번호 발급 → 임시비밀번호로 로그인 후 비밀번호 관리에서 새로운 비밀번호로 변경 후 사용

② 본인인증 방법을 통한 임시비밀번호 발급에 실패한 경우 비밀번호 분실신고 선택 → 사용자유형, 성명, 학번, 연락가능전화번호, 임시비밀번호를 받을 메일주소 → 신분증(학생증, 주민등록증, 운전면허증) 이미지 입력 → 확인 선택 → 관리자 확인 후 임시비밀번호를 등록하신 메일주소로 전송 → 임시비밀번호를 이용하여 로그인 한 후 비밀번호 관리에서 비밀번호 변경 후 사용

※ 발급받은 임시비밀번호의 유효기간은 24시간입니다. 24시간이 지난 임시비밀번호는 사용할 수 없으므로 24시간이 지난 경우에는 새로운 임시비밀번호를 발급받아 로그인을 해야 합니다.

ID등록에 대하여

Q3 지난 학기에 컴퓨터과학과를 졸업하고 이번 학기에 법학과에 다시 학사편입을 하였습니다. 개인학사정보에 로그인은 되는데 계속 컴퓨터과학과 학적만 조회됩니다. 법학과 학적을 조회하려면 어떻게 해야 하나요?

ID는 학적에 관계없이 내표ID 하나만 사용해야 합니다. 지난 학기에 컴퓨터과학과에 대한 아이디가 있는 경우 컴퓨터과학과 ID로 로그인 한 후 개인 정보관리 선택 → 사용자유형추가 선택 → 학생 선택(학생의 경우) → 이번 학기에 입학한 법학과 유형 선택 → 저장 클릭 → 사용자 유형 추가 완료 → 추가한 유형을 대표 유형으로 지정할 것인지 여부를 묻는 창이 나타나면 확인 클릭 → 다시 로그인하면 법학과 화면이 기본 화면으로 나오게 됩니다.

2 수강신청 (변경) 방법

수강지정 교과목에 대하여

Q1 입학연도가 같은 학우는 수강과목도 동일하여야 할 것으로 생각되는데 조금씩 다른 것은 왜 그렇습니까?

우리 대학에 입학하여 학년·학과별 수강지정교과목을 변경하지 않고 정상적으로 이수하였을 때, 입학연도가 같은 학우의 경우 동일하게 지정됩니다. 그러나 수강교과목을 변경하거나, 하위학년 교과목을 이수하지 못한 경우 수강교과목은 이수한 교과목을 제외한 하위학년 교과목부터 차례로 지정되기 때문에 입학연도가 같은 학우라도 수강교과목이 달리 지정되게 됩니다.

※ 최종 이수학년 해당학기에 1과목(2~3학점)이상 성적 취득자는 다음 상위학년 교과목으로 지정(단, 일부학과 예외)

수강지정 원칙에 대하여

Q2 작년에 중어중문학과 1학년을 이수하고 올해 2학년 교과목을 이수하여야 하는데 3학년 교과목이 지정되어 나왔습니다. 어떻게 된 것인지요?

1학년에 입학해서 1과목이라도 2학년으로 변경하여 이수한 학생은 모두 3학년으로 지정되었습니다. 지정된 교과목을 참고하여 수강신청기간에 본인이 원하는 학년 과목 또는 타학과 과목으로 변경하여 수강할 수 있습니다. 아울러, 수강지정 원칙은 소속학과 교과목 학년단위로 우선 지정하며 일부교과목별 수강지정은 교과구분별 졸업소요 학점이 충족되도록 입학학년부터 교과목 번호순으로 단계적으로 지정합니다.

수강변경 절차에 대하여

Q3 수강교과목 변경을 하려고 하는데 그 절차에 대하여 알려 주세요.

수강교과목 신청은 매 학기 수강신청기간에 학생 본인이 직접 홈페이지에 접속하여 신청해야 하고 수강지정교과목이 있는 경우라도 반드시 인터넷에서 수강신청하여야 합니다. 수강신청교과목이 없는 경우 등록이 불가하므로 수강안내문(학보 및 홈페이지 공지)을 숙지하시기 바랍니다.

홈페이지 로그인 → 나의정보 → 학사정보 → 수강 → 수강신청/변경→ 수강신청가능 교과목조회 → 수강교과목신청 → 수강신청완료확인 버튼 클릭

※ 예외적으로 신·편입생 첫학기는 수강지정교과목 변경을 원하지 않는 경우는 수강지정 교과목으로 자동신청 할 수 있음

수강신청 방법에 대하여

Q4 2000년 이전에 입학하여 현재 4학년입니다. 그런데 교육과정이 변경되어 현재 개설된 교과목 중에 제가 이수한 과목이 있습니다. 그러면 저에게는 무슨 과목이 지정되며 수강을 해야 하나요? 아니면 4학년 교과과정 그대로 수강해도 됩니까?

한번 학점취득한 교과목은 다시 지정되지 않습니다. 지금까지 학점취득한 교과목에 따라 지정 교과목이 달라지므로 학교홈페이지 학사정보에서 수강 지정된 교과목을 확인하여야 합니다. 4학년이라고해서 4학년 교과목을 수강해야 하는 것이 아니라 지정된 교과목을 참고하여 수강지정 교과목으로 수강 신청하거나 수강지정된 교과목을 취소하고 다른 교과목으로 수강하면 됩니다.

Q5 입학 당시 편입학으로 입학한 학생에 대한 편입학한 학년의 하위학년 교과목에 대한 수강신청은 가능한가요?

소속 학과의 타 학년(하위·상위학년)에 개설된 교과목도 수강신청이 가능합니다. 또한 타 학과에 개설된 교과목(일부 과목 예외)도 수강신청이 가능하나, 인원 제한이 있음을 유의 바랍니다.
※ 단, 타 학과 "전공" 교과목을 수강신청할 경우 "일반선택"으로 인정되며, 졸업소요학점에 합산됩니다. (타 학과 "교양" 교과목은 "교양"으로 인정)

Q6 교육과정 개편으로 통합(2과목 → 1과목)·분리(1과목 → 2과목)된 경우 이전 교과목에 대하여 성적 향상을 위하여 이수가 가능한지요?

통합·분리된 교과목은 구 교과과정의 교과목이 폐지된 교과목이므로 취득 성적에 따라 재이수나 대체이수 가능 여부가 달라집니다. 자세한 내용은 수강신청 공지를 참고 바랍니다.

신·편입생의 수강신청에 대하여

Q7 신·편입생은 몇 학점까지 수강신청 가능한가요?

신·편입생 첫학기는 '원격대학교육의이해' 교과목(1학점)을 포함하여 19학점까지 수강신청 가능합니다. 첫학기를 제외하고는 원칙적으로 18학점까지 수강신청이 가능합니다.

Q8 신·편입생 대상으로 입학 첫 학기에 1학점 교과목 개설하는 「원격대학교육의 이해」는 반드시 이수를 해야 하나요?

「원격대학교육의 이해」 교과목은 신·편입생을 대상으로 1, 2, 3학년 1, 2학기에 모든 학과에 공통으로 개설되어 대학생활을 좀 더 성공적으로 지낼 수 있도록 대학소개 및 원격학습방법 등을 이해할 수 있는 교과목입니다. 이 교과목은 반드시 이수해야 하는 교과목은 아니며, 해당 강의를 모두 수강하고 연습문제를 완료하면 학점을 취득하게 됩니다.

타학과 교과목 수강 방법 및 절차에 대하여

Q9 타학과 교과목을 수강 신청하고자 합니다. 타학과 교과목 신청 절차는?

① 타학과 교과목 수강신청 허용인원
- 지역별·학과별·학년별로 당해 학기 등록 예상인원을 감안하여 할당률 적용(20~40%)

② 타학과 교과목 신청 방법
- 소속학과에 개설된 교과목만 학교에서 지정하기 때문에 타학과 교과목을 수강할 경우 수강신청기간 중에 인터넷으로 수강신청
    - 소속학과와 타학과에 동시 개설된 교과목은 소속학과에서만 수강신청 가능
    - 해외 거주학생 입학 제한 학과 전공 과목 및 일부 과목 타 학과생 수강제한(매 학기 수강신청 관련 학사공지 참고)

③ 타학과 교과목 수강신청 절차
- 로그인 → 학사정보 → 수강 → 수강신청/변경 순서로 클릭합니다.
- 수강신청가능교과목 정보화면에서 신청하고자 하는 학과/학년을 지정하고 조회를 클릭하면 선택한 학과에 당해 학기 수강 가능한 교과목이 제시됩니다.
- 수강하고자 하는 교과목의 신청버튼을 클릭하고, 확인을 클릭하면 수강신청한 교과목이 보입니다.

타학과 교과목 이수에 따른 교과구분별 인정에 대하여

Q10 타학과 교과목을 이수했을 경우 교과구분별 인정 여부는?

타학과에 개설된 '전공' 과목을 이수한 경우 「일반선택」 과목으로 인정됩니다.
타학과에 개설된 '교양' 과목을 이수한 경우 「교양」 과목으로 인정됩니다.

모든 학년별(1, 2, 3, 4학년)로 타학과 수강신청이 가능한지?

Q11 재학생으로 소속학과 1, 2, 3, 4학년 과목을 모두 수강 신청할 경우 타학과 과목을 수강신청할 수 있는지?

타학과에 개설된 과목을 수강신청할 수 있으나(일부 학과 예외), 소속 학과와 타 학과 동시 개설된 교과목은 소속학과에서만 수강 신청할 수 있습니다.
타학과 동일학년 교과목 수강신청 시, 출석수업 일정이 중복될 수 있으니, 반드시 일정을 확인하시기 바랍니다.

Q12 학점이 부족하여 7과목을 수강하고 싶은데 어떤 경우에 1과목을 추가 수강할 수 있나요?

한 학기 수강가능 학점은 18학점(6과목)입니다. 단, 다음과 같은 경우에는 1과목 추가 신청이 가능합니다.

① 직전학기에 전과목을 이수*하고 F성적없이 평점평균이 3.5 이상인 자는 신규과목으로 1과목 추가 신청힐 수 있습니나.

※ 전과목 이수: 6과목이상 수강하고, 수강신청학점과 이수학점이 동일하여야 함(단, 원격대학교육의 이해, 교육봉사활동, 사회봉사활동 제외) 직전학기가 신·편입 첫 학기일 경우, 신입생은 4과목 이상 편입생은 5과목 이상이 전 과목입니다.

② 93학점 이상 취득한 자는 재이수 과목(A^+ 이하, F포함) 또는 대체이수(A^+~D) 교과목에 한해서 추가 신청할 수 있습니다.

※ 위 각 항이 중복될 경우 최대 수강가능 학점은 21학점입니다.

동일인정 교과목 재이수에 대하여

Q13 구 교과과정에서 A^+ 이하인 교과목과 동일인정 교과목의 경우 재이수가 가능합니까? 성적표상에는 어떻게 표기되나요?

재이수가 가능하며 성적표상의 표기는 재이수한 교과목의 교과구분 및 성적으로 표기됩니다.(재이수한 교과목의 성적이 기 취득한 성적과 비교하여 동일하거나 높은 경우에만 인정됨)

※ 자격증 관련 교과목은 재이수시 자격증관련 교과목에 포함되지 않을 수도 있으니 반드시 학과 홈페이지의 공지사항을 확인하시기 바랍니다.

3 등록과 휴학

아직 등록금 고지서가 오지 않았어요.

Q1 이번 학기에 등록을 하고 싶은데 등록금 고지서를 못 받았습니다. 올해 1학기 등록을 하고 싶은데 등록금 고지서를 받으려면 어떻게 해야 하나요? 별도로 학교에 요청을 해야 하는지 아니면 가만히 있어도 집으로 고지서가 배달되는지 궁금합니다.

등록금 고지서는 우리 대학 홈페이지에서 출력하여 사용해야 합니다.

① 우리 대학은 '선수강 후등록'이므로 먼저 수강신청을 완료하여야 등록금 고지서를 받으실 수 있습니다.

② 수강신청을 완료하신 분은 등록기간 중에 「학교 학사정보 시스템 로그인 → 신규학사정보(MyKNOU) → 등록 → 등록금조회/납부」 화면에서 출력하여 수납 은행에 납부하면 됩니다.

③ 인터넷을 이용한 등록금 납부 : 우리 대학 등록금 수납은행(신한, 국민, 우체국)의 인터넷뱅킹에 가입되어 있는 경우에만 가능합니다.

※ 인터넷뱅킹 등록금 납부 방법 : 인터넷 접속(계좌개설 은행별) → 등록금 납부

④ 가상계좌로 납부 : 개인별로 부여된 신한은행, 국민은행, 우체국 계좌 번호(가상 계좌)로 전국 모든 금융기관에서 무통장 입금이 가능함.(해당 은행 이용시 수수료 없음, 타행 이용시 소액수수료 발생)

⑤ 카드납부 : 학교 학사정보 시스템 로그인 → 신규학사정보(MyKNOU) → 등록 → 등록금 조회/납부 화면에 링크되어 있는 카드사를 선택하여 납부

등록 후 휴학한 경우 다음 학기 등록금 납부는?

Q2 등록 후 개인사정에 의하여 휴학(수업일수 ½선 이내)하였습니다. 다음 학기에 등록할 때 등록금은 얼마를 내야 하는지요?

2021.9.1.부터 등록금을 납부하고 휴학한 자는 본인의 의사에 따라 등록금을 유보하거나 반환 받을 수 있습니다. 등록금 유보 선택 시 다음학기에 등록을 원할 경우에는 등록고지서에는 「0원」으로 고지되며, 수강신청을 하고 우리대학 「학사정보 시스템 로그인 → 신규학사정보 (MyKNOU) → 등록 → 등록금조회/납부」에서 '0원 납부' 버튼을 클릭하여야만 등록으로 인정됩니다.

한편, 등록금 반환을 선택할 경우 등록금 반환기준에 의거 휴학일자에 따라 반환금액이 책정되며, 등록을 희망하는 학기에는 등록금 전액을 납부하여야 합니다. 「학사정보 시스템 로그인 - 학적 - 휴학신청화면에서 반환금액을 확인하시고 반환계좌를 입력하시면 됩니다. 단, 학기 개시 이후 90일이 지나서 특별 휴학 신청 시에는 자동으로 등록금 유보됩니다. 반환계좌는 한국의 국내 은행 계좌만 가능합니다.

1학기에는 등록을 하지 않고, 2학기에 등록하고 싶은데…

Q3 저는 작년에 영어영문학과 1학년 1학기를 마치고, 1학년 2학기에 등록하였으나 개인사정으로 전혀 수강을 못 하였습니다. 그래서 올해 1학년 2학기부터 다시 시작하려고 하는데, 어떻게 처리해야 하는지 알고 싶습니다.

최종 등록 후 연속 2개 학기는 등록을 하지 않아도 자동 휴학 처리됩니다.(제적 처리 되지 않음) 올해 1학기 등록을 하지 않고, 2학기에 등록할 경우 2학기를 수강할 수 있습니다.

올해 입학한 학생도 첫학기에 등록을 안할 경우 자동 휴학이 됩니까?

Q4 올해 3학년에 편입했습니다. 그런데 사정이 생겨서 두 번째 학기부터 등록을 하고 싶은데, 이 경우 등록을 하지 않으면 자동 휴학 처리가 되는 것인지요?

입학이 허가된 자는 반드시 지정된 기일 내에 등록금을 납부하여야 하며, 등록하지 않으면 입학 허가가 취소됩니다. 입학 후 첫 학기는 휴학할 수 없습니다.
※ 군복무, 장기요양, 가족간호, 임신·출산·육아, 해외근무는 휴학가능합니다.

자퇴 시 등록금 반환에 대하여

Q5 반환은 어느 곳에 신청하며, 반환 금액은 얼마나 되는 건가요?

자퇴 시 등록금 반환은 홈페이지 인터넷접수 또는 지역대학에 등기우편으로 자퇴신청을 하면서 함께 반환신청을 하시면 됩니다. 반환금액은 자퇴할 경우에는 자퇴일이 반환기준일이며, 휴학 후 자퇴할 경우에는 휴학일이 등록금 반환기준일입니다. 반환계좌는 한국의 국내 은행 계좌만 가능합니다.

4 교재구입 방법

Q1 교재구입은 어떻게 하나요?

해외거주학생은 교재대금을 은행에 납부하지 마시고 출판문화원 홈페이지(http://press.knou.ac.kr)에 접속하여 필요한 교재를 구입 하시기 바랍니다.

→ 카테고리의 방송대교재 → 학과/학년을 선택하여 해당 과목들을 확인체크하여 장바구니에 담기 또는 우측 상단 (통합검색)에서 필요한 과목명을 검색하여 개별 과목을 확인하면서 장바구니 담기 → 주문결제 화면에서 배송지 구분을 해외로 체크하고 주소를 영문으로 정확하게 기입 → 배송비가 국가별로 차등 부과되며, 결제 완료되면 이후 우체국등기(EMS)로 발송

※ 해외배송은 국가에 따라 다르지만 출고일로부터 약 10일 소요되며, 반품 환불이 불가할 수 있으므로 신중히 결정하여 주문 바람.

Q2 워크북은 무엇이며, 어떻게 구입할 수 있나요?

교과서와 함께 제공되는 워크북은 교과서 또는 강의를 보완하고 학습자료를 체계적으로 제공하기 위한 목적으로 개발한 교재입니다.

워크북에는 교과목의 특성에 따라 학습 포인트, 핵심내용 요약, 학습활동, 보충학습자료, 자기평가 연습문제 등이 들어 있어 학습에 많은 도움이 될 것입니다. 이 워크북만 따로 구입하는 것은 불가능하며, 워크북이 제공되는 교과목에 한해 본교재를 구입할 때 함께 받게 됩니다.

Q3 교재대금 납부기간을 놓쳤는데, 어떻게 구입할 수 있나요?

해외거주학생은 교재대금 납부기간과 관계없이 출판문화원 홈페이지(http://press.knou.ac.kr)에 접속하여 필요한 교재를 구입 하시기 바랍니다.(자세한 구입 방법은 Q1 참조)

Q4 교재대금을 잘못 납부했습니다. 환불이 가능한가요?

잘못 납부한 교재대금은 출판문화원으로 신청하여 환불 받을 수 있습니다. 환불 신청 시에는 출판문화원 홈페이지 환불신청란을 이용하시기 바랍니다.

Q5 수령한 교재를 반납하고 환불이 가능한가요?

해외에서 수령한 교재는 배송료 부담 등의 문제로 국가에 따라 반품 환불이 불가할 수 있습니다

Q6 파본교재는 어떻게 교환하나요?

파본교재는 출판문화원에서 교환해 드리고 있으니 편리한 방법으로 신청하시기 바랍니다.

▶ 교환방법
- 출판문화원 교환
    ① 출판문화원 고객센터(1644-1232)로 파본교재 교환 요청
    ② 출판문화원 홈페이지 고객센터(1:1 고객상담)에 상담하기 내용 저장
    ③ 방송대학교 홈페이지 로그인 - 맞춤정보 - 인터넷상담(관련상담 클릭) - 좌측 학사상담 동그라미 중 교재 클릭(학사상담-교재) - 화면 하단의 초록색글씨 〔상담질의하기〕 - 제목/내용 작성 및 첨부파일(사진업로드) - 등록

5 수업 방법

타학과 교과목 출석수업 방법에 대하여

Q1 타학과 교과목 수강시 출석수업 방법은?

출석수업 방법 : 타학과 교과목에 해당되는 학과·학년의 출석 수업기간 및 지정 시간에 수업 실시

출석수업 수강유형 변경에 대하여

Q2 출석수업을 받지 않고 출석수업대체시험에 응시하고자 할 경우에는 어떻게 하여야 하나요?

출석수업을 받지 않고 출석수업대체시험에 응시하고자 할 경우에는 수강신청 기간 중에 홈페이지 또는 모바일앱 → 출석수업 → 유형 변경 → 과목과 유형 선택 → 저장 후 수정처리가 완료되면 출석수업대체시험을 응시할 수 있습니다.

단, 유아교육과의 전공과목과 교직과목은 학과를 불문하고 유치원 2급 정교사 이상의 자격증이 있어야 출석수업대체시험이 가능하며, 자격증이 없을 경우는 출석수업을 받아야 합니다.

※ 대체시험 변경 불가에 대한 자세한 내용은 학교홈페이지의 출석수업 시행 계획을 확인하시기 바랍니다.

6 U-KNOU 캠퍼스

공통

Q1. 제작중입니다 라고 나오는 강의는 왜 그런가요?

'제작중입니다' 라고 표시되는 강의는 신규제작 강의입니다.
신규제작 강의는 강의 제작기간 동안 1강부터 순차적으로 제작되어 업로드 됩니다.

Q2. 수강중인 강의 외에 다른 강의를 볼 수 있나요?

수강신청을 완료한 과목 외에는 강의 맛보기로 1강만 볼 수 있으며 구매불가 강의 제외 구매가 가능한 과목의 경우 구매 후 15강 모두 이용할 수 있습니다.
강의 구매 시 한국에서 이용 가능한 카드만 결제가 가능합니다.
※ 강의구매 가능 기기 : PC, 모바일 웹
※ 유노캠퍼스 앱(APP)에서는 구매하실 수 없습니다.

Q3. 마이페이지에 수강신청한 과목이 보이지 않습니다.(학적이 여러 개인 경우)

방송대 학생의 경우 학적이 여러 개인 학생은 대표유형이 설정되어 있습니다. 방송대 홈페이지에서 로그인 후 개인정보관리(비밀번호 입력)/개인정보변경/대표유형선택 에서 현재 선택된 유형 외에 원하는 다른 유형을 선택하여 저장하시면 변경되어 적용됩니다.
※ U-KNOU캠퍼스에 로그인 되어있는 기기(PC, 모바일 등)에서 로그아웃 후 재로그인 필수

Q4. 강의계획서는 어디에 있나요?

강의계획서는 별도메뉴로 제공하지 않습니다.
교과목 관련 내용은 U-KNOU캠퍼스 강의 홈페이지에 강의 소개와 강의 목차에서 확인이 가능합니다.

PC

Q5 U-KNOU캠퍼스 이용 시 PC 권장사양은?

- 하드웨어 환경
  화면해상도 : 1280 * 1024 이상, 네트워크 : 100Mbp 이상
- 소프트웨어 환경
  운영체제 : Win 10 이상, MAC Catatina 이상(Linux 는 지원되지 않습니다.)
  ※ Win XP, Win 7은 MS사의 지원 종료로 인해 지원하지 않습니다.
- 브라우저: Microsoft Edge, Chrome, Safari
  ※ Internet Explorer는 MS사의 지원 종료로 인해 지원하지 않습니다.

Q6 배속재생 시 음성이 이상하게 들립니다.

시스템 사양 문제로(PC, 모바일) 고화질에서 재생 시 음성을 원활하게 처리하지 못할 때 나타나는 현상입니다. 동영상 화면 옵션에서 '화질'을 저화질로 선택하고 배속기능을 사용하시면 음성이 좀 더 원활하게 들립니다. 또한 동영상 시작 후 1~2분 정도 후에 배속기능을 사용하시면 음성이 좀 더 원활하게 들립니다.

모바일

Q7 U-KNOU캠퍼스 이용 시 스마트폰 권장사양은?

- Android(삼성, LG 등) : Android 9 이상
- iOS(iPhone, iPad) : iOS 13 이상

유노캠퍼스 사용을 위한 최소사양은 다음과 같습니다.
- Android(삼성, LG 등) : Android 7 이상
- iOS(iPhone, iPad) : iOS 13 이상

※ 권장사양 이하의 경우 알 수 없는 문제가 발생할 수 있습니다.
  원활한 학습을 위해 스마트폰의 운영체제를 주기적으로 업데이트하시기 바랍니다.

Q8 강의를 수강하였는데 학습 완료가 되지 않습니다.

강의 수강 후 학습종료 버튼을 눌렀는지 확인해주십시오

Q9 다운로드보관함 동영상이 오류로 열리지 않습니다.

스마트폰에서 '재생할 수 없는 동영상입니다'라고 뜨는 경우는 앱의 다운 로드보관함을 통해서 파일을 삭제하지 않고 다른 경로로 동영상 파일이 삭제된 상태 입니다. 다운로드 보관함에는 목록만 남아있고 동영상 파일은 존재하지 않기 때문에 생기는 문제입니다. 이런 경우 반드시 앱(APP)의 다운로드 보관함에 남아 있는 파일을 삭제한 후 다시 다운로드를 받으셔야 합니다.

Q10 다운로드가 오래 걸리거나 오류가 납니다.

대중교통이나 공용 네트워크 등 네트워크 상태가 좋지 않은 경우 다운로드 속도가 늦어지거나 오류가 생길 수 있습니다. 공용 와이파이 상태에서 데이터를 이용하시거나 네트워크 접속 상태가 좋은 환경에서 다운로드 받으시길 바랍니다. 다운로드 중 네트워크 환경이 바뀌면(Wi-Fi→LTE 또는 LTE→Wi-Fi) 다운로드가 취소됩니다.

Q11 다운로드보관함 동영상 학습 시 데이터가 사용되나요?

다운로드 보관함에서 다운로드가 완료된 파일을 학습할 경우는 데이터 사용 없이 이용 가능 합니다.

7 성적평가 방법

재이수시 성적처리는?

Q1 지난 1학년 2학기 성적이 나빠서 재이수하려고 하는데, 전에 성적이 D인 과목을 이번에 재이수하여 A가 나올 경우 성적증명서에는 어떻게 기록이 되는지요?

A⁺ 이하 과목(F성적 포함)은 한 학기에 6과목까지는 재이수 신청하여 성적을 향상시킬 수 있습니다. 이 경우 더 좋은 성적으로 기재됩니다. 즉, 성적증명서에는 더 좋은 성적인 A로 기재됩니다.(학칙 제68조, 학업성적평가 처리규정 제11조)

일부과목 이수자 성적처리에 대하여

Q2 졸업유보 신청을 하고 몇 과목을 다시 수강하여 이번 8월에 졸업입니다. 성적을 확인해 보니 3학년때의 과목 '교수학습이론과매체'를 신청하였는데 과정이 바뀌었는지 4학년 1학기로 나옵니다. 매학기 6과목씩 신청하여 들었는데 3학년 1학기는 5과목, 4학년 1학기는 7과목으로 성적이 산출되어 나오는 것이 맞는지요? 이렇게 되면 성적에 조금 차이가 생기는건 아닌지요?

성적은 교과목 개설 학년별로 표기가 됩니다. 즉 1학년 개설교과목이면 1학년 성적란에, 3학년 개설교과목이면 3학년 성적란에 표기되며, 교과과정이 개편되는 경우에는 이수 학년이 다르게 표기될 수 있으나 전체 성적에는 아무런 변동사항이 없습니다.

성적이의신청은 어떻게 하는지?

Q3 ○○과 ○학년 편입생입니다. 과제물 성적이 나왔는데, 제가 생각한 점수와는 너무나 큰 차이가 있습니다. 이런 경우 성적이의신청을 할 수 있는지요?

일단 평가 후 정당하게 부여된 성적은 정정할 수 없습니다. 다만, 성적표상의 기재 착오, 누락이 있는 경우에 한하여 성적이의 신청기간 내에(학보 및 홈페이지에 공지함) 소속지역대학에 가서 성적이의신청을 할 수 있습니다. 학생의 답안지 및 과제물 점수를 조회한 후 이상이 있을 경우에만 성적이의신청서에 인적사항과 신청내용을 정확히 기재한 후, 성적이의신청서를 접수하면 됩니다. 위에 안내한 바와 같이 처리과정에서 행정적으로 잘못된 부분이 아닌 단순 성적향상이나 재평가 요구 등은 성적이의신청 대상에 해당되지 않습니다.

8 졸업 방법

졸업소요학점에 대하여

Q1 저는 2007학번으로 교양41학점, 전공84학점, 일선9학점 등 총 134학점을 취득하였으나 1학년 1학기 2과목과 4학년 2학기 3과목을 이수하지 못한 상태 입니다. 총 취득학점이 130학점이면 졸업이 되는 것으로 알고 있는데 나머지 과목을 전부 이수하여야만 하는지 궁금합니다.

일반적으로 졸업기준 요건이 충족되면 나머지 과목을 이수하지 않아도 되며, 이수하지 못한 교과목은 성적표에 기재되지 않습니다.

▶ 졸업기준
- 졸업학력평가 : 졸업논문(졸업논문대체) 제출에 의한 심사 통과자
- 졸업소요학점 : p.61 참조

졸업증서 신청에 대하여

Q2 해외에 있어 학위수여식에서 졸업장을 수령하지 못했습니다. 졸업장을 어떻게 받을 수 있을까요?

현재 해외거주학생으로 졸업하신 분들은 국내 가족, 친지분들을 통해 위임장 또는 관계를 증명할 수 있는 서류를 가지고 서울지역대학 방문 또는 졸업증서 교부원 작성 후 우편(등기우편 라벨 동봉)으로 신청하시어 대리수령하여 주시기 바랍니다.

※ 졸업증서 교부원 : 홈페이지 → 학생서식 → 학적 → 졸업증서(상장, 자격증) 교부원

9 재입학 방법

제적되었던 학과를 다시 연장(재입학)하여 학업을 계속할 수 있는지?

Q1 저는 보건위생학과(현재는 보건환경안전학과)에 입학해서 교양 38학점과 전공 72학점을 취득하여 총 110학점입니다. 1999학년도 1학기 등록을 하고 그 이후 바빠서 등록을 못했었습니다. 학교에 문의해 보니 제적 처리되었다고 합니다. 그동안 이수한 학점이 아까운데 구제받을 수 있는 방법이 있습니까?

최종 등록 이후 2개 학기까지 등록하지 않으면 자동휴학 처리되고, 3개 학기째에 등록하지 않을 경우에는 제적 처리됩니다.

재입학은 제적된 학과로의 학적을 복원하는 것을 의미하며 매년 2회(매년 12월, 6월) 신청 가능합니다. 재입학 신청·접수는 별도의 서류제출 필요없이 인터넷으로만 신청이 가능하며, 그 신청 자격은 다음과 같습니다.

① 현재 개설되어 있는 학과의 학사과정에서 제적된 자(단, 초등교육과는 학과 폐지로 불가)
② 과거에 재입학 사실이 없거나, 재입학 횟수가 1회인 자
③ 징계에 의하여 제적된 자는 제적일로부터 2년이 경과된 자

- [재입학이 허가된 학생은 재학 당시 학번(2000학년도부터 학번 체계가 변경되었음) 및 기 이수학점을 모두 인정합니다.]
    - 제적 여부 확인 : 학교홈페이지(https://www.knou.ac.kr) → ID등록 → MyKNOU학사 정보 → 학적 → 학적조회 → '학적변동내역'에서 '제적' 확인 (모바일(앱) [메뉴→학적]에서 확인 가능
    - 재입학 신청 방법 : 학교홈페이지(https://www.knou.ac.kr) → ID등록 → 신규학사정보 → MyKNOU 학사 → 재로그인 → 학적 → 개인정보처 및 신청정보 확인 후 재입학 신청 → 신청상태에 서 '신청'을 확인(모바일(앱)'메뉴'에서도 신청 가능)

※ 참고사항
- 타학과로의 재입학은 불가능합니다. 타학과에 입학을 원할 경우에는 신·편입생 모집 기간에 지원서를 접수하여 입학전형 절차를 거쳐야 합니다.
- 재입학은 정원의 여석 범위 내에서 가능하며 학사과정(5년제 또는 4년제) 제적자만 신청할 수 있습니다. (단, 초등교육과는 학과 폐지로 불가)
- 교원 및 의료인의 양성과 관련되는 유아교육과 및 간호학과는 모집단위별 입학정원의 범위에서 재입학을 허가하므로 1학기 재입학에서는 제외, 2학기는 여석이 있는지 확인 후 신청

10 다른 학과로 편입

영어영문학과 학생이 국어국문학과로 편입이 가능한지?

Q1 현재 총취득학점 58학점을 이수한 영어영문학과 학생입니다. 2024학년도 1학기에 국어 국문학과로 전과하고 싶은데 가능한가요?

먼저, 우리 대학교는 전과제도가 없음을 알려드립니다. 다만, 타학과로 학과를 변경하고자 할 경우에는 소정의 학점을 이수한 후 편입생 모집기간에 입학 지원서를 접수하여 입학전형 절차를 거쳐야 합니다. 그 편입 자격 요건은 아래와 같습니다.

※ 한국방송통신대학교 학사과정 재적생(72~80학번까지의 전문대학 과정은 제외)으로서 우리대학 성적으로 편입학할 경우

▶ **2학년 편입 지원자격 요건**
- 신입생(1학년)으로 입학 후 2학년에 편입하고자 할 경우
  - 직전 학기까지 30학점 이상을 취득하여야 지원 가능합니다.
- 2·3년 편입생으로 입학 후 2학년에 재편입하고자 할 경우
  - 직전 학기까지 15학점 이상을 취득하여야 지원 가능합니다.

▶ **3학년 편입 지원자격 요건**
- 신입생으로 입학한 후 3학년에 편입하고자 할 경우
  - 직전 학기까지 63학점 이상을 취득하여야 지원 가능합니다.
- 2학년 편입생으로 입학한 후 3학년에 편입하고자 할 경우
  - 직전 학기까지 33학점 이상을 취득하여야 지원 가능합니다.
- 3학년 편입생으로 입학 후 3학년에 재편입하고자 할 경우
  - 직전 학기까지 15학점 이상을 취득하여야 지원 가능합니다.

다른 학과 입학으로 학적이 2개가 되는데...

Q2 현재 1학년 학생입니다. 올해 1학년 과정을 이수하고 내년에 다시 다른 학과 2학년으로 편입을 하려고 합니다. 그러면 학적이 2개가 되는데, 어떻게 해야 되는지요? 그리고 최근 2년간 신·편입학 지원자 현황을 알고 싶습니다.

우리 대학교 재적생이 다른 학과에 지원하여 합격한 후 등록할 경우에는 기존 학적(구 학적)은 학교에서 자동으로 제적 처리합니다. 신·편입학 지원자 현황은 홈페이지 상단메뉴 → 입학안내 → 입학자료실에 자세히 공지되어 있습니다.

11 학생복지 혜택

장학 혜택에 대하여

Q1 직전학기에 3학년 6과목과 1학년 1과목을 수강신청했는데 1학년 것은 시험을 보지 않았고 3학년 6과목만 평점 3.3을 받았습니다. 그러면 장학생이 되지 못하는 건가요? 7과목을 모두 이수한 경우에만 장학생이 되는 것인가요?

초과 이수자는 7과목을 이수하고 동 평점평균이 상위 5% 이내이어야 전액 장학생이 됩니다.

재입학에 따른 국가유공자 학비감면 혜택에 대하여

Q2 1997년에 3학년에 편입하여 4학년 2학기까지 마쳤고 한 과목 성적이 나오지 않은 채 미등록으로 제적이 되었다가 재입학 허가를 받았습니다. 친정아버님이 국가무공수훈자이신데 결혼한 딸도 수혜가 가능하다고 하여 문의 드립니다. 재입학자도 해당이 되나요?

국가유공자 자녀는 출가한 딸도 보훈 혜택을 받습니다. 그리고 재입학생은 최종 학기의 성적이 전과목 수강신청하고 F학점을 포함한 백분율 점수가 70점 이상 되어야 혜택을 받을 수 있습니다.

학자금대출 신청에 대하여

Q3 한국장학재단 학자금대출은 어떻게 신청하나요?

홈페이지에 공지된 대출신청기간에 한국장학재단(http://www.kosaf.go.kr)에 회원가입하여 신청하면 됩니다. 자세한 사항은 한국장학재단 홈페이지 공지 및 대출절차 등을 참고하기 바랍니다.

군입영 시기에 대하여

Q4 군입영 시기를 정하려고 하는데 어떻게 하면 됩니까?

재학생 입영원서를 제출되면 접수순으로 반영됩니다. 단, 입영희망 시기가 일정 시기에 집중되었을 때에는 원하는 시기에 입영하지 못하는 경우가 있습니다.

입영 희망시기 변경에 대하여

Q5 재학생 입영 희망시기를 변경하려면?

재학생 입영 희망시기 변경은 1회에 한하여 출원이 가능하며 입영 통지된 사람은 입영시기를 변경할 수 없습니다. 단, 재학생 입영 희망시기 변경원을 출원한 사람은 재학생 입영원을 취소할 수 없으므로 신중히 생각하여 출원하기 바랍니다.

장애학생 학습자료 제공에 대하여

Q6 시각장애학생 학습자료 지원에 대하여 알고싶습니다.

중앙도서관에서는 시각장애학생의 원활한 학업수행을 지원하기 위하여 매학기 필요한 교재를 신청받아 국립장애인도서관에 대체자료 제작신청 의뢰를 진행하고 있습니다. 또한 "시각장애 학습자료 지원실"을 운영하여, 시각장애학생에게 기출문제(출석대체, 기말, 계절)를 대체자료로 제작하여(DAISY 자료) 서비스하고 있습니다.
다만, 문제은행식으로 변경되면서 더 이상 기출문제가 공지되지 않으므로 최신성이 결여될 수 있음을 유의해 주시기 바랍니다.

12 진로·심리상담 서비스

Q1 심리상담 서비스를 통해 어떤 도움을 받을 수 있나요?

방송대 심리상담실 홈페이지(http://counseling.knou.ac.kr)에 들어가시면 온라인 자가진단검사(학습문제진단검사, 학습스타일검사, 우울검사, 학교생활적응도검사 등)를 통해 자신의 학습 및 적성, 그리고 우울 정도를 점검해볼 수 있습니다. 자료실에서는 학습, 진로 관련 내용을 볼 수 있으며, 정신건강 및 진로 관련 사이트도 링크되어 있어 다양한 정보를 수집할 수 있습니다. 좀 더 개별적인 상담을 원하면 이메일상담(공개, 비공개 선택 가능) 등을 신청하시면 됩니다.

Q2 이메일상담 서비스를 받으려면 어떻게 해야 하나요?

방송대 심리상담실 홈페이지(http://counseling.knou.ac.kr)에서 온라인 상담을 클릭하신 후, 상담 내용을 작성하시면 됩니다.
- 상담내용 작성(공개, 비공개 선택)
- 상담내용을 작성하면, 개인 이메일로 답변이 전달됨
- '비공개'는 제목만 명시되고 다른 사람이 상담내용을 볼 수 없고, '공개'는 제목을 클릭하면 다른 사람이 상담내용과 답변내용을 볼 수 있음

Q3 진로상담 서비스를 받으려면 어떻게 해야 하나요?

방송대 진로경력개발 홈페이지(http://career.knou.ac.kr)에서는 채용 및 교육 훈련정보를 게시하고 있으며, 지난 경력개발특강 동영상 다시보기 서비스, 각 학과별 자격정보 등을 제공하고 있습니다. 좀 더 개별적인 상담을 원하면 게시판 진로상담 등을 신청하면 됩니다.

13 대학원 상담

대학원 수업에 대하여

Q1 수업방식은 어떤 방식으로 이루어지나요?

대학원의 모든 수업은 온라인(인터넷)으로 이루어져 있습니다. 교육적 효과를 높이기 위해 학기당 1~2회 정도 오프라인 세미나 및 워크숍 등을 개최하고 있으며 각 과목마다 튜터가 있어 궁금한 점을 즉시 답변해주고 있습니다.

대학원 학위취득에 관하여

Q2 졸업에 필요한 요건은 어떻게 되나요?

학위를 취득하기 위해서는 전공 24학점 취득 후 논문 작성을 하거나 논문대체 학점 (6학점)을 이수하여 졸업할 수 있으며, 이수학점의 평점평균은 B⁰(평점3.0) 이상이어야 하고, 외국어시험과 종합시험에 합격하여야 합니다.

대학원 지원시 학부전공이 다른 경우에 대하여

Q3 대학원 지원시 학부전공이 다른 경우에 대하여

대학원은 전공이 달라도 지원이 가능합니다. 다만, 유아교육학과는 유치원 정교사 자격증, 간호학과는 간호사 면허증을 소지한 분에 한해서 입학이 허용됩니다.

타 대학원 박사과정 지원에 대하여

Q4 대학원을 졸업하면 타 대학원 박사과정에 지원이 가능한가요?

대학원은 일반대학원과 마찬가지로 고등교육법에 의해 학위를 인정받으므로 타 대학원 박사과정 입학 자격에 전혀 문제가 없습니다.

대학원 신입생 모집에 대하여

Q5 신입생 모집은 언제 하나요?

우리 대학원 원서접수는 매년 10월 중순부터 10월 말까지입니다. 다만, 가을학기 모집학과 및 결원이 발생한 학과에 한하여 5월 중 신입생을 모집합니다.

◎ 봄학기 전형유형 및 모집학과

구분	전형유형	학 과	모집인원	비고
대학원	일반전형	문예창작콘텐츠학과 실용영어학과 실용중국어학과 아프리카·불어권언어문화학과 일본언어문화학과 법학과 행정학과 영상문화콘텐츠학과 사회복지학과 농업생명과학과 생활과학과 정보과학과 에듀테크학과 통계·데이터과학과 환경보건시스템학과 간호학과 평생교육학과 청소년교육학과 유아교육학과	850명 (정원내)	※ 정원외 선발 　(특별전형)은 별도기준
경영대학원	일반전형	OBHR전공/GM전공/DS전공/ 마케팅전공/회계세무전공/ 재무금융전공/경제정책전공/ 국제무역전공	100	※ 전공선택은 2학기부터 함 ※ 정원외 선발 　(특별전형)은 별도기준

◎ 가을학기 전형유형 및 모집학과

구분	전형유형	학 과	모집인원	비고
대학원	일반전형	문예창작콘텐츠학과	10	※ 가을학기에는 특별전형 (정원외 선발) 모집이 없음
		실용영어학과	10	
		실용중국어학과	10	
		일본언어문화학과	5	
		행정학과	25	
		정보과학과	5	
		환경보건시스템학과	20	
경영대학원	일반전형	OBHR전공/GM전공/DS전공/마케팅전공/회계세무전공/재무금융전공/경제정책전공/국제무역전공	50	※ 전공선택은 2학기부터 함 ※ 가을학기에는 특별전형 (정원외 선발) 모집이 없음

KOREA NATIONAL OPEN UNIVERSITY

KNOU

새로움을 시작하다

한국방송통신대학교
2025학년도 1학기 대학생활 길라잡이

인쇄·발행　2024. 10.
발행인　　고성환
발행처　　한국방송통신대학교
기획·제작　한국방송통신대학교 학생처

2025학년도 1학기
대학생활 길라잡이

www.knou.ac.kr

4 방통대 활성화

대학교육 정책소식 2003. 7~8월

● 교육부총리, 참여정부 고등교육정책방향 피력

한국대학교육협의회는 '2003 하계 대학총장세미나'에 윤덕홍(尹德弘) 부총리 겸 교육인적자원부 장관을 초청하여 "참여정부의 고등교육정책방향"이라는 주제의 기조연설을 듣고, 참석한 대학총장들과 대학교육의 현안에 대하여 논의하는 시간을 가졌다.

윤 부총리는 기조연설에서 의·치의학 전문대학원에 이어 법학·경영학 전문대학원제 도입이 추진될 것이며, 내국세 일정비율을 대학에 투자하도록 법제화하는 방안을 추진하겠다고 밝혔다.

또한 입시의 잦은 변화에 따른 혼란을 막기 위해 현 제도의 기본 틀을 유지할 것이며, 대학의 실질적 자율권 보장을 약속하고 이와 함께 지역인재 육성 프로젝트를 통한 지방대 육성, 대학 특성화와 학과통폐합 등 경쟁력 강화를 위한 제도 개선과 지원에 적극 나설 것이라고 강조했다.

● 교육인적자원부 직재개편, 사립대 정책 '사학정책과'에서 총괄

교육인적자원부 직재 개편의 주목되는 변화는 인적자원 정책과 국제교육 협력체제에 무게 중심이 실리고 분산되었던 정책과 지원 기능이 국 또는 과단위로 통합 조정되었다는 데 의미를 둘 수 있다.

우선 인적자원정책국의 경우 정책 조정 기능이 강화되고 새로운 인적자원 개발 수요에 부응한다는 차원에서 정책 조정과와 학술·산학협력과가 신설되어, 정책총괄과와 정책분석과와 함께 4개과로 편제되었다.

이에 따라 과거 대학지원국에 소속되어 학술 활동과 대규모 재정 지원의 큰 축을 형성했던 학술진흥재단과 정신문화연구원, 학술원 등의 주요 산하기관 업무가 인적자원정책국의 컨트롤을 받게 되었으며, 지역인적자원 개발(RHRD)과 학술 산학 협력 등에도 무게 중심이 실리게 되었다.

또 국제화 시대에 부응한 협력체제 구축과 원활한 대외 협상 능력 배양 및 효율적인 교육정보화 사업을 추진한다는 차원에서 기존의 국제교육정보화기획관이 국제교육정보화국으로 격상되었다.

대학지원국의 주목되는 변화는 행정과 학술학사, 재정 등 기능 중심으로 편제됐던 과 단위 업무가 국립대 정책을 총괄하는 대학정책과와 사립대 정책을 총괄하는 사학정책과 등 대학 설립별 특성에 따라 업무가 재편되었으며, 학술 기능은 인적자원정책국으로 이관되고 학사기능만 담당하는 대학학사지원과로 이관되어 사실상 해당 분야 업무가 축소 조정되었다.

이 밖에 학교정책실과 교육자치지원국으로 이원화되어 있는 초·중등교육 정책과 지원 기능은 정책 수립과 교원인사, 교육자치제도와 교육재정정책 등 모든 초·중등 업무가 학교정책실로 일원화되어 통합적 정책 수립과 지원이 가능하도록 했으며, 과학교육정책과가 신설되어 해당 분야 정책기능이 대폭 강화되었다.

이번 개편으로 교육인적자원부 기구는 2실 4국 4심의관 32과(담당관)에서 2실 4국 4심의관 33과로 1개 과가 늘었으나 정원은 4백 53명으로 변동이 없다.

한편 이번 직제개편과는 별도로 대학지원국 산하의 지방대학발전팀, 감사관실 소속의 기획감사팀, 기획관리실 소속의 업무혁신팀과 학교정책실 산하의 사교육비대책팀 등 4개 기능별 TF팀이 지난 달부터 가동되어 현업별 정책기능을 보완하도록 했다.

그러나 이번 개편안은 출범이 임박한 교육혁신위원회의 역할 및 기능과 관련 교육인적자원부의 정책 기능 축소를 요구한 대통령직 인수위원회의 권고안과는 거리가 있는 것이어서 논란도 예상된다.

대학교육 정책소식 2003. 7~8월

● 국립대 발전 추진실적 따라 400억 원 지원

교육인적자원부는 올해 전국 국립대의 자체 발전계획 추진실적을 평가해 400억 원을 지원한다고 밝혔다. 400억 원 중 63%(작년기준) 정도는 국립대 기능분화 연계체제 구축 등 3개 정책과제별로 선정될 우수대학 20여 곳에 선별 지원되며, 나머지는 대학별 학생 수와 교원 수 등을 기준으로 일괄 지원된다.

교육인적자원부는 지원이 일부 지역에 편중되지 않도록 하기 위해 전국을 3개 권역으로 구분, 동일 권역 지원한도를 정하고 대학 규모 및 성격별로도 대규모 일반대, 소규모 일반대, 방송통신대·산업대, 교육대로 나누어 평가할 계획이다.

교육인적자원부는 43개 국립대가 제출한 자체 평가보고서에 대한 서면평가를 하고 8월에는 현장평가를 실시한 뒤 9월 중에 지원 대상 우수학교를 선정해 재정지원을 할 예정이다.

● 2007년까지 지방대 10곳 연구중심대학 육성

정부는 2007년까지 10개 지방대를 연구중심대학으로 집중 육성하기로 했다. 연구중심대학으로 선정되는 지방대는 각각 연간 1백억 원씩 10년 동안 모두 1천억 원을 지원받게 되어 총 1조 원이 10년 동안 투자된다. 아울러 지역별 공동연구시설 등 연구시설 설립과 핵심 연구 인력도 지원받는다.

과학기술부에 따르면 지방화시대에 맞춰 지방대를 과학기술 혁신의 핵심 주체로 육성하기 위해 지역별로 연구중심대학을 선정, 육성하기로 했다. 우선 내년에 서울 경기 인천을 제외한 지역의 대학을 대상으로 공모를 거쳐 2개 대학을 연구중심대학으로 선정하기로 했다. 이어 2007년까지 한 해에 2~3곳씩 선정해 나갈 방침이다.

그리고 연구실적 연구기반 등을 평가, 연구중심대학을 선정하되 지역별로 골고루 선정될 수 있도록 하는 방안을 검토하고 있는 것으로 알려졌다. 또 지방대의 연구중심 축인 부설연구소를 활성화하기 위해 내년도 지방대 부설연구소 7백10개 가운데 약 5%(40개)를 선정해 집중 지원하기로 했다.

이와 함께 지방대가 지역산업의 거점으로 자리잡을 수 있도록 정부출연연구소와 지방대학 간 인력 교류도 활성화하기로 했다. 과학기술부는 이미 원자력 관련 싸이클로트론 연구소를 조선대와 경북대에 설치하도록 했으며, 기초과학지원연구소 분소 5곳 중 2곳을 올해 안에 광주과학기술원과 제주대에 설치할 방침이다.

● IT 관련 학과 대학(원)생 인턴연수에 6억 원 지원

IT(정보기술) 관련 학과의 대학생 또는 대학원생이 IT 관련 기업이나 연구소에서 인턴연수를 받을 경우 정보통신부로부터 1인당 연간 300만 원의 장학금을 지원 받을 수 있게 됐다.

정보통신부는 IT전문인력 양성을 위해 6억 원 규모의 IT 분야 대학생·대학원생의 인턴십 지원사업을 추진한다고 밝혔다. 이에 따라 정보통신부는 올 가을학기부터 내년 봄학기까지 12개 대학에서 300여 명의 학생을 선발해 장학금으로 학생 1인당 연간 300만 원(학기당 150만 원)을 지급하고 해당 대학에 대해서는 사전교육비와 인턴십 부대운영비조로 각각 최고 1천만 원을 지원할 계획이다. 연수대상기관은 국내외 IT 관련 기업 또는 연구소이며, 연수생 1인당 월 50만 원 이상의 연수보조금을 정보통신부 장학금과 별도로 지원해야 한다.

정보통신부는 산·학·연의 전문가 7명으로 구성된 평가위원회를 통해 인턴십 참여대학을 선정하며, 선정된 대학은 자체적으로 연수생을 선발한다. 연수생으로 선발되면 연수기간에 대해 학점을 인정받으면서 대학에서 배운 이론을 바탕으로 새로운 기술을 습득하고 기업의 각종 프로젝트에 참여해 실무경험을 쌓을 수 있다.

● 2004년 의대 정원 156명 축소

내년도 의과대학 입학 정원이 1백56명 줄어든다. 또 2007년까지 단계적으로 3백51명까지 정원이 감축된다. 정부는 내년에는 입학 정원 1백56명을, 2005년에는 학사 편입생 1백14명을, 2006년에는 의학전문 대학원(경북대 등 7개 대학) 입학 정원 39명을, 2007년에는 정원 외 특례입학 인원 42명을 줄이기로 했다고 발표했다.

현재 의대 정원 3천5백 명의 10%가 줄어드는 셈이다. 학교별 정원 감축규모는 서울대, 전남대, 조선대가 각각 15명으로 가장 많다. 또 ▶연세대, 충남대, 한양대, 경희대가 10명 ▶가톨릭대, 고려대, 순천향대, 연세대(원주), 인제대(부산)가 7명 줄어든다. 정원이 50명 미만인 제주대, 대구가톨릭대, 단국대(천안) 등 아홉 곳은 변동이 없다.

보건복지부는 "의사 수가 적정 규모를 초과하면 경쟁이 격화되어 의사들이 불필요한 의료 행위를 하기 때문에 적정선을 유지할 필요가 있다."고 설명했다.

지난 해 현재 우리 나라 인구 10만 명당 의사는 1백30명(한의사 포함하면 1백52명)으로 경제협력개발기구(OECD)가 제시하는 적정선(1백50명)보다 낮은 편이다. 하지만 의사 증가 속도가 인구증가 속도보다 빨라 2007년에는 적정선을 초과하고 2012년에는 의사 공급이 수요를 초과하기 때문에 감축해야 한다고 보건복지부는 설명하고 있다.

● '로스쿨 도입' 4년만에 재검토

사법시험과 사법연수원 과정 등 법조인 양성제도를 개선하기 위한 논의가 4년만에 본격적으로 재개된다.

대법원은 사법부와 법무부, 대한변협, 교육인적자원부, 학계, 시민단체 등이 모두 참여하는 공개 토론회를 개최하고, 법조인 양성 문제를 원점에서 논의하기로 했다고 밝혔다. 특히 이 토론회에서 '로스쿨(법학전문대학원) 도입 반대'라는 종전의 입장을 철회하기로 방침을 정해 앞으로 논의 결과가 주목된다.

대법원 관계자는 "사법시험 응시자가 연간 3만 명이 넘는 등 대학이 고시학원처럼 변질되고 사시 합격자가 연간 1000명이 넘는 상황에서 법조인 양성 전반에 대한 재검토가 필요하다."고 말했다.

법조인 양성제도 개선은 사법개혁의 핵심 과제로 꼽혀 왔으나 김영삼(金泳三) 김대중(金大中) 정부에서 논의만 하다가 실현되지는 않았다.

1999년 대통령 자문기관인 새교육공동체위원회는 미국식 로스쿨 제도를 모델로, 3년제 법학전문대학원을 마친 사람들에게 사법시험 1차 시험을 면제해 주는 '법학전문대학원' 제도를 건의했다. 그러나 같은 해 또다른 자문기관인 사법개혁추진위원회는 이를 채택하지 않고 종전 사법연수원을 대체하는 '한국사법대학원'을 설립하는 방안을 내놓아 의견 차를 좁히지 못했다.

일본의 경우 10여 년 간의 논의 끝에 올 들어 미국식 로스쿨과 유사한 제도를 도입키로 하고 내년 초까지 관련 법안들을 국회에 상정키로 한 상태다.

● 2005학년도 대입전형 주요사항 행정예고

교육인적자원부는 '2005학년도 대입전형 주요사항'을 행정예고하고, 8월 말께 최종안을 확정·발표할 것이라고 밝혔다.

대학교육 정책소식 2003. 7~8월

예고안에 따르면 2005학년도 수능은 시험일이 고교 교육 정상화를 위해 11월 첫째 수요일에서 셋째 수요일로 바뀌어 2004년 수능(11월 5일)보다 2주 늦은 11월 17일 치러지며 성적발표도 12월 14일로 늦춰진다. 또, 고교 학교생활기록부 작성 기준일도 12월 3일로 2004학년도 입시보다 2주 늦어져 수능 후 고교 교육 정상화에 기여할 것으로 전망된다.

신입생 선발은 예년과 같이 수시 1학기, 수시 2학기, 정시 및 추가모집으로 구분해 실시하고 정시모집도 가, 나, 다 등 3개 군으로 구분해 실시하지만 각 군별 전형기간은 예년보다 짧아진다.

수시 1학기 원서접수는 내년 6월 3일~16일, 전형은 7월 19일~8월 19일, 등록은 8월 23일~24일에 각각 실시되며, 수시 2학기는 9월 1일~12월 13일 사이에 대학별로 2~4일 간 원서접수와 전형이 실시되고 등록은 12월 20일~21일 이틀간 받는다.

정시모집은 12월 22일~27일 원서접수(인터넷 접수는 26일 마감)를 거쳐서 ▲가군은 12월 28일~2005년 1월 11일 ▲나군은 2005년 1월 12일~23일 ▲다군은 2005년 1월 24일~2월 2일에 각각 전형을 실시하고 2월 18일까지 등록과 미등록 충원을 거쳐 2월 19~28일에 추가모집 전형을 실시한다.

2005학년도 대입에서도 수시 1학기에 합격하면 수시 2학기와 정시모집 등에 지원할 수 없고, 수시 2학기에 합격하면 정시 및 추가모집에 지원할 수 없다. 특히 전문대 수시모집 합격자도 대학의 모든 모집에 지원할 수 없고 대학 수시모집 합격자도 모집시기가 다른 전문대 모집에 지원할 수 없다.

● 우수 지방대학 39곳 6백억 원 지원

교육인적자원부는 올해 지방대학 육성사업 지원 대상으로 충북대와 건양대, 경상대 등 39개 대학을 선정해 대학별로 8억 원에서 20억 원씩 모두 600억 원을 지원하기로 했다. 그리고 수도권 이외의 지역에 있는 126개 지방대학 가운데 사업계획을 제출한 119개 대학에 대해 서면평가와 현장실사를 거쳐 39개 우수 사업을 선정했다고 밝혔다.

선정된 사업 가운데 특색 있는 것으로는 공주대의 백제문화 원형복원센터 설립, 전주대의 친환경 유용 미생물 사업, 경상대의 산학협동 연구단지 조성 등이다. 지방대학 육성사업은 지방대학 경쟁력 강화를 위해 우수한 사업계획을 제출한 대학을 대상으로 재정을 지원하는 프로그램으로 올해는 지난 해보다 지원금액이 100억 원 늘었다.

● 특성화 우수 30개 대학 선정

교육인적자원부는 경남대, 경일대, 동명정보대, 동양대, 한양대 등 2003년도 특성화 우수대학 30개교를 최종 확정해 발표했다.

▲재학생 수 1만 명 이상 대규모 대학으로는 경남대, 고려대, 명지대, 성균관대, 원광대, 이화여대, 인하대, 한양대, 홍익대 등 9개교, ▲재학생 수 5,000~1만 명의 중규모 대학은 건양대, 대구한의과대, 대전대, 목원대, 서울시립대, 인제대, 인천대, 천안대, 호남대 등 9개교, ▲재학생 수 5,000명 이하 소규모 대학은 경동대, 경일대, 경주대, 대불대, 동양대, 안양대, 영동대, 추계예술대, 한국항공대 등 9개교가 선정되었다. 산업대학에서는 동명정보대, 우송대, 한국산업기술대 등 3개 대학이 특성화 우수대학으로 인정됐다.

이번 특성화 대학에 선정된 대규모 대학에는 9억 3,000만~12억 원, 중규모 대학에는 8억~12억 원, 소규모 대학에는 7억 6,000만~10억 1,000만 원, 산업대학에는 9억~11억 원의 재정지원이 각각 이루어진다.

● 지방대학 육성 5년간 연 3천억 원씩 지원

교육인적자원부는 지방대학 육성을 위해 지방대학이 각 지역별 산업체와 연구소, 지방자치단체 등과 공동으로 사업단을 구성해 추진하는 지역별 특성화사업에 연간 3천억 원씩 5년간 1조5천억 원을 지원하는 방안을 검토중이라고 밝혔다. 이를 위해 현재 '국립대 발전계획 추진(2003년 예산 4백억 원)', '지방대 육성 사업(5백억 원)', '공·사립대 특성화(1천1백50억 원)' 등 여러 갈래로 나누어져 있는 대학 재정지원사업을 크게 '지방대 혁신역량 강화(3천억 원)'과 '수도권대 특성화사업(1천1백50억 원)'으로 조정, 기획예산처와 협의 후 시행할 방침이다.

이에 대해 기획예산처 관계자는 "지방대 육성 사업은 이전부터 추진되고 있었던 만큼 사업 목적에는 문제가 없다."며 "다만 지원액수는 과학기술부, 산업자원부 등 다른 부처의 대학 지원사업 등을 고려해 검토해 봐야 할 사항"이라고 말했다.

이같은 지방대학 혁신역량 강화방안은 지방대학이 지역산업 및 사회와 연계해 특성화 사업을 추진, 지역혁신체계(RIS)를 구축하는 데 중심 역할을 할 수 있도록 한다는 점에서 지방대학 단독으로 추진하는 자체 특성화 사업에 돈을 지원하던 현행 지방대학 육성사업과 차별화된다.

교육인적자원부 관계자는 "대학이 주도하는 지역별 사업단에서 지역 인재의 양성에서 활용에 이르는 전 과정이 유기적으로 연계되어 지역의 산업·문화 발전에 실질적으로 기여할 수 있는 사업이 되도록 유도하는 게 이 프로젝트의 취지"라고 설명했다.

● '학벌극복' 종합대책 수립

교육인적자원부는 정부중앙청사에서 '학벌극복 합동기획단' 1차 회의를 열어 능력중심 인사관리 시스템 정착 등 4대 중점과제를 채택했다.

기획단은 이날 회의에서 ▲공공 및 민간 분야의 능력중심 인사관리 시스템 정착 ▲대학 다양화·특성화를 통한 대학서열구조 개선 ▲학벌 관련 각종 차별 해소 ▲사회적 인식개선 및 진로지도 내실화 등을 4대 주요 정책과제로 정했다.

기획단은 앞으로 이들 과제에 대한 각계의 의견 수렴과 관계부처 협의, 기획단 회의 등을 거쳐 연말까지 종합대책을 수립, 인적자원개발회의에 보고하고 내년 1월까지 주요 과제 세부 시행계획을 마련할 방침이다. 이를 위해 8~9월 중 근로자, 인사담당자, 대학생 등을 대상으로 채용관행에서 학벌이 끼치는 영향과 대안 등을 조사하고 9월에는 일반 국민을 대상으로 국민이 느끼는 학벌문제 설문조사를 하는 등 실태조사를 벌인다.

윤덕홍(尹德弘) 교육부총리는 회의에서 "학벌문제 극복은 우리 사회가 능력중심사회로 진입하기 위해 필수적으로 극복해야 할 참여정부의 핵심과제"라며, "경제·사회·교육 등 여러 분야에 걸친 실효성 있는 대안을 개발해 달라"고 당부했다.

이날 회의는 인적자원개발회의가 민관합동기획단을 구성, 학벌극복 종합대책을 수립하기로 결정한 데 따른 것으로 기획단은 교육인적자원부, 재정경제부, 행정자치부, 산업자원부, 노동부, 여성부, 국정홍보처, 중앙인사위 등 8개 부처의 국장과 경제·노동계, 시민단체, 언론계, 학계의 민간전문가 등 21명으로 구성되었다.

● 이공계 입학정원에 여학생 배정 의무화

앞으로 이공계 대학 입학정원의 일정 비율까지 여학생 입학을 늘리게 되고 여성과학기술인 재직자가 30인 이상인 기관에는 별

대학교육 정책소식 2003. 7~8월

도의 여성과학기술담당 직원을 배치하게 된다.

과학기술부에 따르면 지난 해 말 제정 된「여성과학기술인육성 및 지원에관한법률」시행령안이 최근 국무회의 의결을 통과함에 따라 관련 절차를 거쳐 이 달 말 공포할 예정이다. 시행령안에 따르면 과학기술부장관은 이공계 대학 등 학위 과정에 있는 재학생 중 최근 3년간 여학생비율이 평균 30% 미만인 학과·학부별로 여학생 입학 목표 비율을 설정하고, 관계 중앙행정기관장은 해당 대학에 목표 비율 달성을 권고하게 된다. 이와 관련, 과학기술부는 교육인적자원부와 협의해 대학뿐만 아니라 초·중·고 및 법인단체에서 이공계 촉진 프로그램을 운영할 경우 정부가 지원해 주는 방안을 검토 중이다.

과학기술부장관은 또 중앙부처와 지자체가 제출한 '여성과학기술인 육성·지원 계획 및 시책'을 종합, 인적자원개발회의와 국가과학기술위원회 심의를 거쳐 기본 계획을 확정하게 된다. 이와 함께 과학기술 연구기관 및 대학·정부 투자기관 등을 대상으로 여성과학기술인에 대한 실태조사를 매년 실시하고, 여성과학기술인을 효율적으로 육성·지원하기 위해 '전국 여성과학기술인 지원센터'를 설치·운영한다.

과학기술 분야의 연구기관, 국·공립 대학 중 여성과학기술인 재직자가 30인 이상인 기관장은 임기 2년의 여성과학기술담당 직원을 배치, 여성과학기술인의 채용촉진 및 지위향상 업무를 효율적으로 수행하도록 했다.

과학기술부 관계자는 "여성과학기술인 육성위원회 구성 등 일부 진행되고 있는 사업도 있지만, 시행령이 공포 이후 예산 확보와 함께 단계적으로 여성과학기술인 육성·지원사업을 수행할 방침"이라고 말했다.

● 이공계 미취업 석·박사 지원 대폭 확대

취업하지 못한 이공계 출신 석·박사 인력의 연구력 향상을 위해 마련된 '신진연구자 연수지원사업'이 하반기부터 대폭 확대된다.

과학기술부는 올해 연수지원사업 예산이 20억 원에 불과해 상반기 156명을 지원하는 데 그쳤으나, 80억 원의 추경예산이 확보됨에 따라 800여 명을 추가로 선발해 다음달부터 연구현장에 투입할 계획이라고 밝혔다.

'신진연구자 연수지원사업'은 이공계 출신 미취업 석·박사 인력을 발굴해 정부출연연구기관과 국·공립연구소, 대학이 수행하는 연구개발 사업에 투입하는 것으로 지난 98년부터 실시되고 있다. 선정된 연구원은 1년 동안 매달 석사 120만 원, 박사 150만 원의 연구수당을 받게 된다.

과학기술부 관계자는 "중소·벤처기업과 지방소재 기관, 국가 핵심전략분야 신청자 등을 우대할 계획"이라고 덧붙였다.

과학기술부는 연수지원사업이 시작된 1998년부터 지난 해까지 529억 원의 예산을 투입해 미취업 석·박사 7천207명의 연수를 지원해 왔다.

● 대학원 대학 설립 운영 관련법 의결

정부는 청와대에서 국무회의를 열고 정부출연연구기관이 공동으로 '대학원대학'을 설립, 운영할 수 있도록 한『정부출연연구기관 설립·운영·육성법시행령』개정안을 심의·의결했다.

개정 시행령에 따르면 기초기술연구회·산업기술연구회 공공기술연구회 소관 19개 연구기관과 국방과학연구소·한국원자력연구소·한국원자력안전기술원 등이 공동으로 '과학기술연합대학원대학(가칭)' 설립에 참여할 수 있도록 했다.

또 임기 4년의 총장은 이들 연

구기관이 선임, 국무총리의 승인을 받도록 했으며, 기초기술연구회 산업기술연구회, 공공기술연구회 이사장 등으로 18명 이내의 '대학원대학운영위원회'를 설치, 대학 운영 관련 중요사항을 심의하게 된다.

● **대학보유 기술이전 매뉴얼 발간**

산업자원부와 한국기술거래소는 대학의 원활한 기술이전업무를 수행하기 위해 실무 매뉴얼을 발간·보급한다고 밝혔다.

매뉴얼은 기술이전과 관련된 법 제도는 물론 우수한 기술의 발굴, 평가, 마케팅 및 협상·계약 등에 대한 절차와 방법을 사례와 함께 자세하게 소개하고 있다. 매뉴얼의 전체 내용은 한국기술거래소 인터넷 홈페이지(www.kttc.or.kr)에 게재되었다.

● **교육혁신 로드맵 발표**

국립대학의 효율성과 경쟁력을 강화하기 위해 국립대학에 최고 의사결정기구로 이사회를 설치하는 내용의 「국립학교설치령」이 2004년까지 개정된다. 대학 운영의 투명성 확보를 위해 외부 위탁 회계감사 제도를 도입하고, 사립학교 분규를 자율적으로 해결할 장관 직속 '사학분쟁조정위원회'를 설치하는 법 규정도 2004년까지 입법된다.

교육인적자원부는 이같은 내용을 담은 '참여정부 교육인적자원개발 혁신 로드맵'을 발표했다. 국립대학에 이사회가 설치되면 총장에 집중된 의사결정 권한이 줄어들게 되어 대학 내 의사결정 구조가 보다 민주화될 것으로 교육인적자원부는 보고 있다. 교육인적자원부는 로드맵에서 대학경쟁력 강화를 위해 대학간 인수합병(M&A)을 적극 추진하고, 이같은 대학 구조조정시 귀속 재산 처리 및 학생·교원 보호 방안 등을 담은 법 개정안을 오는 연말까지 마련하기로 했다.

또 교육 문제를 자율적으로 해결하는 교육공동체 구성을 위해 교사회·학부모회 설치를 법제화하고, 학교운영위원회 기능을 강화하는 내용의 「초·중등교육법」 개정을 2005년까지 완료하기로 했다. 과도한 사교육비를 줄이기 위해 오는 연말까지 사교육비 경감 종합대책을 마련하고, 2005년 수능 결과 분석 후 사교육 열풍을 근원적으로 해소할 대학입시제도 개선안을 마련할 계획이다.

● **전문대학도 내년부터 수시모집 실시 허용**

일반대학에서만 실시해 온 신입생 수시모집이 2004학년도부터 전문대학에도 도입된다. 정부는 대통령 주재로 국무회의를 열어 학생의 진학 기회 확대와 전문대학의 학생 선발 방법 다양화를 위해 전문대학에 수시모집을 허용하는 「고등교육법 시행령」 개정안을 처리했다.

개정 시행령이 발효되면 전문대학들은 오는 2학기 중인 9~12월 수시모집을 실시하고 수시합격자들은 정시 추가모집에 지원하지 못한 채 합격한 대학에 등록해야 한다. 개정안은 또 전문대학의 졸업 후 교육과정인 1년 미만의 '전공심화과정'에 내실을 기하기 위해 등록요건을 '전문대학 졸업자'에서 '전문대학 졸업자 중 동일계열 졸업자'로 강화했다.

● **이공계 대학 '현장실습 학점제' 지원키로**

정부가 대학의 산·학 협력 활성화를 위해 이공계 대학의 '현장실습 학점제' 지원에 나섰다.

산업자원부는 지난 7월 공모를 통해 신청한 12개 대학 중 평가를 거쳐 선정된 9개 대학(산업대 포함)을 '현장실습 학점제' 대학으로 지정하고 1억 원 한도 내에서 학생들에 대한 교통비, 지도교수 수당, 교재비 등을 지원키로 했다.

이번에 선정된 9개 대학은 충

북대·경북대·영남대·한국기술교육대 등 일반대 4곳과 한밭대·한국산업기술대·진주산업대·동명정보대·서울산업대 등 산업대 5곳이다. 이들 대학은 2003학년도 2학기 또는 겨울방학 중 '현장실습 과목'을 개설·운영할 예정이다.

현장실습 학점제는 학기 중(학기제)이나 방학 중(계절제) 정규 교과목으로 편성하고 이를 이수한 학생에게 2학점(계절제)~18학점(학기제) 내외의 학점을 부여하는 학제로 학생들은 전통적인 이론 위주의 공학교육에서 탈피해 산업현장의 생생한 현장경험을 체득함으로써 전공과 향후 진로에 대한 이해를 제고할 수 있고, 산업계는 대학교육체제의 변화를 통해 현장에서 필요로 하는 실무능력과 창의력을 겸비한 우수한 인력을 공급받아 신입사원의 재교육비용을 절감하고 산업경쟁력을 향상시킬 수 있을 것으로 기대를 모으고 있다.

산업자원부는 이번에 시범적으로 지원되는 9개 대학에 대해 1년 후 성과를 평가해 결과가 좋을 경우 대상을 전국적으로 확대할 계획이다.

● **직무능력표준 2005년 도입 계획**

대학교육이 이르면 2005년부터 산업현장 수요에 맞게 전면 개편된다. 또 시험 없이 교과과정 이수만으로 국가자격증을 딸 수 있는 제도가 시행되고, 일정 수준 자격을 학력으로 인정하는 방안도 도입된다.

교육인적자원부는 개인 업무능력을 표준화한 '국가직무능력표준(Korean Skills Standard, KSS)'을 산업현장 요구를 토대로 마련해 이를 통해 대학교육과 자격제도의 문제점을 해결할 계획이라고 밝혔다.

KSS란 산업현장에서 직무를 수행하기 위해 필요한 지식·능력과 이에 대한 평가기준을 직무영역과 난이도별로 정한 표준을 말하며, 이를 통해 개인이 어떤 직무를 어떤 수준에서 수행할 수 있는지 알 수 있다. KS가 생산품에 대한 표준이듯이 KSS는 사람 능력에 대한 표준이다.

현재 대학이나 직업학교 등에서 산업현장과 동떨어진 교육이 이루어져 기업들이 전공자를 채용해도 다시 가르쳐야 하는 현실이고, 자격제도 역시 평가기준이 진부하고 기술 변화에 뒤쳐져 능력평가 잣대가 못된다는 지적이 있었다.

교육인적자원부는 또 개인이 학교나 기술학원에서 KSS에 바탕을 둔 교육과정을 마치면 별도로 시험을 거치지 않아도 자격을 주고, 일정 수준 자격을 갖추면 이를 학력으로 인정하는 국가자격인정체제(Korean Qualification Framework, KQF)도 함께 도입할 계획이다.

내년 상반기까지「자격기본법」등 관련법령을 개정해 법적 근거를 마련하고 이후 KSS와 KQF를 제정해 이르면 2005년 초부터 운영할 예정이다.

교육인적자원부 관계자는 "KSS와 KQF가 도입되면 대학 등이 기업에서 환영받는 인력을 배출하고 자격증에 대한 신뢰도가 높아져 국가 경쟁력이 높아진다."고 말했다.

● **대학입학 1학기 수시모집 폐지 추진**

대학 입시에서 신입생을 조기 선발하기 위한 수시 1학기 모집 제도를 이르면 2008학년도부터 폐지하는 방안이 추진된다.

교육인적자원부 관계자는 "수시 1학기 모집이 도입 취지와 달리 부작용이 적지 않다는 이유로 상당수 고교·대학들이 반대 입장을 보여 온 점을 감안하여 폐지를 포함한 보완책 마련을 검토 중"이라고 밝혔다. 이를 위해 일선고교 교사와 교수 등을 대상으로 수시 1학기 모집 제도에 대한 설문조사를 벌이는 등 체계적인 의견 수렴에 나섰다.

2002학년도 입시 전형 때 처음 실시된 수시 1학기 모집 제도는 대학수학능력시험 이외의 다양한 기준과 방법으로 신입생을 조기 선발함으로써 대입 전형의 다양성을 추구한다는 취지로 도입되었다. 특히 수험생에게는 대학 선택의 폭을 넓혀준다는 측면이 강조되었다. 그러나 합격생들이 2학기 학교수업을 소홀히 하는 등 정상적인 고교 교육과정 운영에 지장을 초래하고 대학 입장에서도 실효가 별로 없다는 불만이 나오는 등 고교와 대학 모두 문제를 제기하고 있다.

반포고 교장은 이와 관련, "정상적인 학습 분위기를 유지하기 어렵고 특히 고3 담임교사들은 수시 원서 작성 등 연중 입시 준비에 시달리고 있는 실정"이라고 말했다. 성균관대 입학처장도 "정원의 10% 정도를 뽑기 위해 비용을 들여가며 수시 1학기 모집을 해야 할 명분이 적다."며 "뽑아 놓은 합격생을 위한 교육프로그램 운영에도 한계가 많아 학생들을 방치하는 셈"이라고 말했다. 교육인적자원부는 이에 따라 우선 수시 1학기 원서접수 기간을 일주일 정도로 최소화하고 여름방학 중에 전형을 실시하는 등 단계적인 개선책을 마련하면서 궁극적으로는 폐지하는 방안을 검토하기로 했다.

그러나 제도를 시행한 지 3년 밖에 지나지 않았고 대입 제도 변경이 민감한 사안인 점을 감안해 3년 정도의 예고기간을 둘 방침이어서 폐지가 결정되어도 빨라야 2008학년도 전형부터 적용될 전망이다.

교육인적자원부는 이와 함께 예·체능 분야 등의 우수 특성학생을 조기 선발하는 제도는 부분적으로 유지하되 합격생에 대해서는 곧바로 가을 학기(2학기)에 입학할 수 있도록 하는 방안도 검토 중이다.

교육부총리, 전문대학원 체제 적극 확대

윤덕홍(尹德弘) 교육부총리는 경쟁력 있는 인재 육성을 위해 전문대학원 체제를 적극 확대하고 세계적 수준의 연구중심대학을 육성할 계획이라고 밝혔다.

윤 부총리는 서울 힐튼호텔에서 열린 대한상공회의소 주최 간담회에서 '21세기 지식기반시대의 국가인적자원정책'이라는 주제로 행한 강연에서 소득 2만 불 시대 달성을 위해 인적자원 양성 및 활용전반에 걸친 질적혁신이 필요하다며 이같이 말했다.

또 "의·치의학전문대학원에 이어 경영·법학전문대학원 도입도 적극 검토하고 있다."며 "전문대학원체제를 다학문, 국가전략 분야로 적극 확대할 계획이고 이는 과열된 대학입학 경쟁 완화와 공교육 정상화에도 기여할 것"이라고 강조했다.

그는 또 "IT, BT 등 6개 국가전략 분야의 인재양성을 위해 우수한 인재들이 국내에서도 역량을 발휘할 수 있도록 분야별로 세계적 수준의 연구중심대학을 육성하고 이공계 출신의 사회·경제적 처우를 획기적으로 개선할 것"이라고 밝혔다. 그리고 기업인들에게 대학 졸업자의 취업난 해소와 지방대학 출신 학생 및 여성인력에 대한 차별적 고용을 없애는 데 적극 협조해 줄 것을 당부했다.

부록

급여 500만원
2026년 시행
요양보호사
요약 및 문제집

요양보호사 용어 해설

1. 응급처치

① 응급처치
응급상황에서 행해지는 기도의 확보, 심장박동의 회복, 기타 생명의 위험이나 증상 악화 방지를 위해 긴급히 수행되며 의료진의 진료를 받을 때까지 회복 가능성이 확인될 때까지 도움
- 목적 : 즉각적이고 임시적인 처치로서 인명구조, 고통 경감, 상처나 질병의 악화 방지, 심리적 안정 도모

② 돕는 방법
응급처치 교육을 가장 많이 받은 사람의 지시에 따름, 긴급을 요하는 대상자 순으로 처치함, 대상자를 가급적 옮기지 않음, 손상을 입힌 화학약품, 잘못 먹은 음식과 구토물도 병원으로 가져감

③ 질식
- 질식 : 폐에 산소가 공급되지 않는 상황
- 증상 : 구역질, 호흡곤란, 청색증, 목을 조르는 듯한 자세, 기침을 하며 괴로운 얼굴 표정을 함, 숨을 쉴 때 목에서 이상한 소리가 들림, 가슴 부위의 공기의 흐름이 적거나 없음
- 의식이 있는 경우 : 스스로 기침을 하게 함, 하임리히법을 시행함
- 의식이 없는 경우 : 119에 신고하고 즉시 심폐소생술을 실시하면서 입안에 이물이 있는지 확인하고 제거함

④ 경련
- 증상 : 몸이 뻣뻣해지고 호흡곤란 및 의식변화, 침을 흘리거나 괄약근이 이완되어 대소변이 새어 나올 수 있음, 뇌전증(경련과 발작 증상이 되풀이됨, 유전, 외상, 뇌종양이 원인), 열사병(체온 상승, 어지러움과 피로를 느끼다가 갑자기 의식을 잃고 쓰러짐) 등 대상자 머리 아래 부드러운 것을 대주고, 편하게 호흡하게 함
  • 얼굴을 옆으로 돌리거나 돌려 눕혀 기도를 유지함
  • 입에 손수건 등 이물질을 넣으면 안 됨
  • 대상자를 꽉 붙잡거나 억지로 발작을 멈추게 하려고 하면 안 됨
  • 조용히 기다리고 대상자를 주의 깊게 관찰함
  • 경련성 질환이 없던 대상자가 경련을 일으키거나 5분 이상 발작이 지속되면 즉시 119에 신고하고 보고함

⑤ 화상
열, 화학물질, 전기에 의해 발생함, 부식성 물질을 삼켰을 때 식도나 위도 손상될 수 있음, 뜨거운 연기로 인해 기도에 화상을 입을 수 있음
- 1차 관찰 : 기도확보, 열손상, 흡입손상 확인, 호흡곤란이 있는 경우 병원으로 바로 이송
- 2차 관찰 : 의식과 반응 수준 평가, 신체 주요 부위 화상 확인
- 1도 화상 : 부위가 빨갛게 변하며 만지면 아픔, 며칠 내에 피부가 아물고 손상된 껍질은 벗겨짐
- 2도 화상 : 맑은 액체가 들어 있는 커다란 물집이 많이 생김
- 3도 화상 : 표피와 진피, 지방층도 파괴되며 때로는 근육까지 손상됨
  • 화상 입은 즉시 15분 이상 찬물(5~12℃)에 담가 화상면의 확대와 염증을 억제, 통증을 줄임, 부위를 깨끗한 물수건으로 감싸 세균의 감염을 예방함
  • 흐르는 수돗물을 직접 대지 않음
  • 벗기기 힘든 의복은 잘라내고 장신구는 최대한 빨리 뺌
  • 간장, 기름, 된장, 핸드크림, 치약 등은 상처를 악화시키므로 절대 바르지 않음
  • 부위를 만지거나 물집을 터뜨리면 안 됨

• 얼굴이나 입술에 화상을 입었을 때 즉시 병원 치료를 받아야 함

⑥ **골절**

뼈가 부러지거나 금이 간 상태
- 증상 : 신체의 양쪽이 다름, 통증 부위의 부종 및 기능 상실, 움직이지 못함, 부러진 뼈끼리 부딪히는 소리가 남
• 대상자를 절대로 스스로 움직이게 해서는 안 됨
• 손상 부위의 장신구를 제거함
• 담요를 덮어 따뜻하게 함
• 상처 부위에 냉찜질을 함
• 상처나 출혈이 있는 경우 멸균거즈를 이용하여 덮어줌
• 보고 후 병원으로 이송함, 필요시 손상 부위에 부목을 댐

⑦ **출혈**

감염성 질환에 감염될 위험이 있으므로 반드시 장갑을 낀 후 만짐
• 장갑을 착용하고 출혈 부위를 노출함
• 출혈 부위에 멸균거즈를 이용하여 직접 압박함
• 멸균거즈 위에 압박붕대를 감음(너무 꽉 조이지 않음)
• 출혈 부위를 심장보다 높게 위치하도록 함

⑧ **약물 오남용 및 중독**

- 증상 : 오심과 구토, 복통, 설사, 가슴 두근거림, 흉통, 호흡곤란, 혼돈 상태, 발작, 의식을 잃음
• 대상자가 의식을 잃었을 때 호흡과 맥박을 확인하고 의료진이 도착할 때까지 응급처치를 함
• 대상자가 먹고 남은 물질과 용기를 들고 병원에 감
• 토사물을 모아 두었다가 의료진이 분석할 수 있게 함

- 의식이 없는 대상자에게는 마실 것을 주지 않음
- 복용한 약물의 설명서에 구토를 유도하라는 지시사항이 없을 경우 구토시키지 않음

★ 안전한 약 사용

- 단골 병·의원과 약국을 정해서 다님
- 현재 복용 중인 모든 의약품에 대해 알림
- 정해진 방법에 따라 약을 복용함
- 식후 복용: 위장장애를 줄이고 잊지 않고 규칙적으로 복용
- 식전 복용: 당뇨약, 위장관 운동조절제, 갑상선호르몬제
- 식중 또는 식사 직후 복용: 칼슘제, 철분제
- 약은 물과 함께 복용함(녹차, 커피, 카페인 음료, 우유는 흡수 방해)
- 자몽 주스는 고혈압, 고지혈증의 부작용을 증가시킴
- 철분제는 오렌지주스와 복용
- 약 삼키는 것이 힘들다고 모두 잘라 복용하면 안 됨
- 약 복용을 잊었을 경우 다음 복용시간에 2배 용량을 복용하면 안 됨

2. 심폐소생술

① **목적**
심장마비가 발생했을 때 인공적으로 혈액을 순환시키고 호흡을 돕는 응급치료법, 뇌의 손상을 지연시키고 심장이 마비 상태로부터 회복하기 위함, 4~6분 이상 혈액순환이 되지 않으면 뇌 손상이 옴

② **단계**
  - 반응 확인

현장의 안전 확인(위험한 환경이면 구조자와 대상자 모두 이동함), 대상자의 양쪽 어깨를 가볍게 두드리며 "괜찮으세요?"라고 질문하며 반응을 확인함, 정상적인 호흡과 맥박이 있는 경우 회복 자세를 취하게 하고 의료진이 도착할 때까지 호흡과 맥박을 확인함

- 도움 요청
구조자가 1명일 때-도와줄 사람이 있다면 119에 신고하고 자동심장충격기를 가져다 달라고 요청함, 도와줄 사람이 없다면 잠시 현장을 이탈하고 도움을 요청 후 심폐소생술을 실시함/구조자가 2명일 때-1명은 즉시 심폐소생술을 실시, 1명은 119에 신고 후 자동심장충격기를 가져옴, 119가 올 때까지 심장압박, 인공호흡을 나누어 같이 심폐소생술을 실시함/119에 신고 시 발생 장소, 대상자 수, 상태를 정확히 알려줌

- 가슴 압박
대상자가 반응이 없고 정상 호흡이 없으면 바로 실시함, 가슴뼈(흉골)의 아래쪽 절반 부위에 구조자 한 손의 손꿈치를 놓고 그 위에 다른 한 손으로 깍지를 끼거나 피고 평행하게 겹침, 양팔의 팔꿈치를 곧게 펴서 어깨와 일직선을 이루고 구조자의 어깨와 대상자의 가슴이 수직이 되도록 함, 100~120회/분의 속도로 가슴이 약 5cm 눌릴 수 있게 깊고 강하게 압박함, 압박과 이완의 시간 비율이 50:50이 되도록 하고 손바닥이 가슴에서 떨어지면 안 됨, 칼돌기를 압박하지 않도록 주의함

- 기도 유지
반응이 없는 대상자에게 기도 유지가 필요함, 구조자의 한 손을 대상자의 이마에 올려놓고 손바닥으로 대상자의 머리를 뒤로 젖힘, 다른 한 손으로 턱 아래 뼈 부분을 머리 쪽으로 당겨 턱을 위로 들어 줌, 턱을 들어올리기 위해 엄지손가락을 사용하지 않음, 대상자의 입이 닫히지 않게 함, 기도유지를 배운 적이 없다면 가슴압박만 시행함

- 인공호흡
구조자는 대상자의 입에 완전히 밀착시켜 공기가 새지 않게 하고 1초에 한 번씩 가슴 팽창이 관찰될 정도로 숨을 두 번 크게 불어 넣음, 과도한 환기가 발생하지 않도록 주

의함, 위가 팽창하지 않도록 주의함, 위 팽창을 최소화하기 위해서 1초에 걸쳐 서서히 가슴이 상승될 정도로만 불어 넣어야 함, 보호기구(얼굴 덮개)를 사용할 수 있음, 첫 번째 가슴이 상승되지 않는다면 머리기울임-턱들어올리기를 다시 정확하게 시행한 다음 두 번째 인공호흡을 시행함

- 가슴 압박 : 인공호흡=30:2 비율 실시
- 구조자 1인 일 때 가슴압박 30번과 인공호흡 2번(10초 이내)을 번갈아 가면서 실시함
- 구조자 2인 이상 일 때 2분마다 또는 5주기(1주기는 가슴압박 30번과 인공호흡 2번)의 심폐소생술 후에 가슴압박 시행자를 교대함

- 회복 자세
  대상자가 반응은 없으나 정상적인 호흡과 효과적인 순환을 보이면 대상자의 몸 앞 쪽으로 한쪽 팔을 바닥에 대고 다른 쪽 팔과 다리를 구부린 채로 대상자를 옆으로 돌려 눕힘

- 가슴압박 소생술 : 가슴압박만 시행하는 심폐소생술, 일반인이 실시함

3. 자동심장충격기 적용

① 자동심장충격기
자동으로 심전도를 분석하여 심실세동(또는 무맥성 심실반맥)을 제거할 수 있는 장비

② 사용법
전원을 켬 → 패드를 붙임 → 심장 리듬 분석 → 모두 물러나고 제세동 실시
- 반응과 정상적인 호흡이 없는 대상자에게만 적용함
- 오른쪽 패드는 오른쪽 빗장뼈 밑에 왼쪽 패드는 왼쪽 중간 겨드랑선에 붙임
- 분석 중이니 물러나라는 음성 지시가 나오면 심폐소생술을 멈추고 대상자에게서 손을 뗌

- 자동심장충격기의 충전은 수 초 이상 소요되므로 가능한 가슴압박을 시행함
- 충전이 완료되어 다시 모두 물러나라는 신호가 나오면 물러나게 하고 버튼을 누름
- 충격이 전달된 즉시 가슴압박을 시작하고 30:2의 비율로 가슴압박과 인공호흡을 반복함
- 자동심장충격기는 2분 간격으로 심장 리듬 분석을 자동 반복함
- 119 구급대가 현장에 도착할 때까지 지속함

※ 요양보호사 자격증 대비 표준교재의 제3장에 대한 용어정리가 끝났습니다.
자격증 대비를 위한 진도는 다 나갔고요.

현재 2주간의 현장실습 기간입니다. 코로나로 인해 교육원에서 대체 실습으로 이루어지고 있습니다. 교육원에서 어떻게 대체 실습을 하고 있는지 나중에 후기로 들려 드릴게요. 문제풀이도 연습해야 되는데 정말 발등에 불 떨어진 것 같지만 의지를 활활 불태워야겠습니다. 수험생분들! 힘내세요. :)

[출처] 요양보호사 자격증 대비 용어정리 제3장 요양보호 각론 Ⅶ. 응급상황 대처|작성자 금손지니

3. 임종 전 단계

① 사전연명의료의향서

말기환자 또는 19세 이상 성인 본인이 스스로 심폐소생술, 혈액 투석, 항암제 투여, 인공호흡기 착용 등 치료 효과 없이 임종과정의 기간만을 연장하는 의학적 시술에 대한 의향을 작성함

- 말기환자 : 담당 의사와 해당 분야의 전문의 한 명으로부터 수개월 이내에 사망할 것

으로 진단받은 환자로 통증 완화를 위한 의료 행위, 영양분 공급, 물 공급, 산소의 단순 공급은 보류하거나 중단할 수 없음
- 사전연명의료의향서 등록기관에 등록해야 효력을 가짐
- 언제든지 내용을 변경 또는 철회 가능
- 등록해도 의료기관에 연동되는 것은 아니므로 가족들에게 이 사실을 알려 본인의 의향을 미리 전달해 두어야 함
- 본인이 직접 작성하지 않은 경우, 본인의 자발적 의사에 따라 작성되지 않은 경우, 등록기관으로부터 설명이 제공되지 않거나 작성자의 확인을 받지 않은 경우, 작성·등록 후 연명의료계획서가 다시 작성된 경우에는 효력을 잃음

4. 임종기 단계

① **임종기**
회생 가능성이 없고 치료에도 불구하고 회복되지 않으며 급속도로 증상이 악화되어 사망에 임박한 상태

② **임종 징후**
맥박이 약해지고 혈압이 떨어짐, 숨을 가쁘고 깊게 몰아쉬며 가래가 끓다가 점차 숨을 깊고 천천히 쉬게 됨, 손발이 차가워지고 식은땀을 흘림, 피부색이 점차 파랗게 변함, 실금하게 되며 항문이 열림

③ **임종 적응 단계**
- 부정 : '아니야, 나는 믿을 수 없어'라는 표현을 함, 충격적으로 반응하며 사실로 받아들이지 않고 다시 회복될 수 있다고 믿고 싶어 함
- 분노 : '나는 아니야. 왜 하필 나야. 왜 지금이야'라는 표현을 함, 자신의 감정을 반항과 분노로 표출, 어디에서나 누구에게나 불만스러운 면을 찾으려고 함, 불평을 하면서 주위로부터 관심을 끌려고 함

- 타협 : '그래도 우리 아이가 시집갈 때까지만 살게 해 주세요'라는 표현을 함, 제3의 길을 선택함, 비이성적인 요구가 줄어들고 삶이 얼마간이라도 연장되길 바람
- 우울 : 더 이상 회복 가능성이 없다고 느끼면서 침울해짐, 자신의 근심과 슬픔을 더 이상 말로 표현하지 않고 조용히 있거나 울기도 함, 감정을 표현하도록 그냥 두어야 함, 손동작이나 접촉이 훨씬 더 필요함, 같이 느끼고 곁에 있어 줄 사람을 필요로 함
- 수용 : '나는 지쳤어'라는 표현을 함, 죽는다는 사실을 체념하고 받아들임, 마지막 정리의 시간

5. 임종 대상자 지원 및 가족에 대한 요양보호

① 신체·정신적 변화에 대한 요양보호
- 호흡 양 : 숨 쉬는 것을 돕기 위해 상체와 머리를 높여 줌, 연하게 가습기를 켜둠
- 체온 : 담요를 덮어서 따뜻하게 해줌, 전기기구는 사용하지 않음
- 수면 : 손을 잡은 채 흔들거나 큰 소리로 말하지 말고 부드럽고 자연스럽게 이야기함
- 정신 기능(혼돈) : 말하기 전 누구라고 밝혀주는 것이 좋음, 부드러우면서도 분명한 어조로 말함
- 배설 기능 : 침상을 청결하게 유지하고 홑이불 밑에 방수포를 깔고 대상자에게 기저귀를 채움
- 배액 기능 : 고개를 옆으로 부드럽게 돌려주어 배액이 잘 되도록 해주고 젖은 헝겊으로 입안을 닦음, 가습기를 켜둠
- 정신 기능(불안정) : 대상자의 이마를 가볍게 문질러 주거나 책을 읽어 줌, 진정시킬 수 있는 음악을 들려주면 차분해지기도 함
- 소화 기능 : 억지로 먹이려고 하지 않음, 얼음조각이나 주스 얼린 것 등을 입에 넣어주어 입안을 상쾌하도록 함, 글리세린에 적신 솜으로 입안을 닦아주거나 이마에 찬 수건을 얹어줌, 스프레이에 차가운 생수를 담아 조금씩 입안에

뿌려줌
- 신장 기능 : 소변 배출을 목적으로 소변줄 삽입 여부를 결정해야 하며 필요시 의료팀과 연계함

② **심리 변화에 대한 요양보호**
- 불안 및 두려움 : 대상자와 함께 있으면서 곁을 떠나지 않을 것임을 이야기함, 손을 잡아주는 등의 접촉을 통해 편안한 마음으로 임종을 맞도록 도움
- 정서적 고립 : 대상자에게 항상 관심을 갖고 만나고 싶어 하는 사람을 만날 수 있도록 하여 정서적으로 고립되지 않도록 함
- 의사결정 참여 : 대상자가 의사결정에 참여하고 타인을 도울 수 있는 기회를 갖도록 함, 대상자의 자존감을 존중함
- 대상자가 임종하기 원했던 장소나 희망하는 종교의식을 알아봄

③ **임종 시기 별 요양보호**
- 임종이 가까운 대상자 : 침상 머리를 높이고 대상자의 머리를 옆으로 돌려 침 등의 분비물 배출을 용이하게 하여 질식을 예방함, 기저귀를 갈아줌, 청각은 마지막까지 남아 있으므로 평상시와 같이 보고 듣는 것이 가능하다고 생각함
- 임종 후 : 사후 강직(사망 2~4시간 후부터 약 96시간 지속됨)이 시작되기 전에 바른 자세를 취함, 튜브나 장치는 의료인이 제거함, 대상자를 바로 눕히고 베개를 이용하여 어깨를 머리를 올려 혈액 정체로 인한 얼굴색의 변화를 방지하고 입이 벌어지는 것을 예방함, 눈이 감기지 않을 경우 솜이나 거즈를 적셔 양쪽 눈 위에 올려놓음, 의치에 대해 가족에게 확인함, 몸에 묻은 분비물 등을 닦아주고 엉덩이 밑에 패드를 대어 주고 깨끗한 시트로 어깨까지 덮음, 방의 조명을 차분하게 조절함, 가족들이 사적으로 대상자를 만날 수 있게 시간을 줌, 대상자의 소유물을 모아 두고 목록을 만듦

④ 가족에 대한 요양보호
- 가족과 함께 있으면서 도움을 주려고 노력함, 필요한 경우 도움을 요청할 수 있음을 알림
- 가족들과 관계를 형성하면서 함께 있음
- 장례식이나 장지에 가는 일에 참석하지 않음
- 안아 주거나 손을 잡는 등 적절한 신체 접촉을 통해 가족들에게 혼자가 아니라는 느낌을 줌
- "참 잘 했네요.", "좋습니다."라고 하면서 지지함
- "곧 괜찮아질 거예요.", "아무 염려하지 마세요."와 같은 상투적인 말은 하지 않음
- "힘드시지요?", "수고 많으셨어요."와 같이 가족을 공감하고 위로함
- 가족이 자신의 감정을 숨기지 않고 슬픔을 표현하도록 도움
- 중립적 자세를 유지함

- 요양보호사자격증교육
- 요양보호사자격증대비교육
- 요양보호사자격증대비용어정리
- 요양보호각론
- 임종요양보호
- 임종기
- 임종직후
- 임종적응단계
- 신체정신적변화에대한요양보호
- 심리변화에대한요양보호
- 임종시기별요양보호
- 가족에대한요양보호

[출처] 요양보호사 자격증 대비 용어정리 제3장 요양보호 각론 Ⅵ. 임종 요양보호|작성자 금손지니

6. 치매 대상자의 일상생활 지원

① 약물요법

약물을 바꾸거나 용량을 늘렸을 때 특히 이러한 부작용이 나타나는지 면밀히 관찰하고 메모하여 병원에 갈 때 가져가야 함
- 투여약물 종 류: 인지기능개선제(아리셉트, 엑셀론, 레미닐, 에빅사), 정신행동증상 개선제(항정신병 약물-망상, 환각, 공격성, 초조, 수면각성 주기 장애, 항우울제-수면각성 주기 장애, 초조, 공격성, 불안, 우울증상, 항경련제-초조, 공격성, 조증 유사증상, 수면장애)

② 일상생활 돕기 기본 원칙

- 대상자의 생활 자체를 소중히 여기고 환경을 바꾸지 않음
- 정면에서 야단치거나 부정하거나 무시하지 않음
- 대상자에게 맞는 규칙적인 생활을 하게 함
- 남아 있는 기능을 유지하게 함
- 대상자의 상태에 맞는 요양보호기술을 익혀 제공함
- 항상 안전에 주의함

③ 식사 돕기

- 사발을 사용하여 음식이 덜 흘리게 함
- 색깔이 있는 플라스틱 제품을 사용함
- 양념은 식탁 위에 두지 않음
- 잘 저민 고기, 반숙된 계란, 과일 통조림 등 갈아서 제공함
- 좀 더 걸쭉한 액체 음식을 제공함
- 대상자가 졸려 하거나 초조해하는 경우 식사를 제공하지 않음
- 식사 전 : 음식의 온도를 요양보호사가 미리 확인함, 식탁용 매트를 깔아줌, 앞치마를 입힘, 음식을 잘게 잘라서 부드럽게 조리함

- 식사 중 : 빨대와 플라스틱 덮개가 부착된 컵을 사용함, 손잡이에 고무를 붙인 약간 무거운 숟가락을 줌, 한 가지 음식을 먹고 난 후 다른 음식을 내어 놓음, 숟가락으로 떠먹일 때 한 번에 조금씩 먹이고 음식을 삼킬 때까지 충분히 기다림

- 식사 후: 체중이 감소하면 의료진에게 알리고 그 원인을 파악함, 치매 대상자가 평소 좋아하는 음식이나 걸쭉한 형태의 고열량 액체 음식을 제공함

④ **배설 돕기**
- 대상자의 방을 화장실에서 가까운 곳에 배정함
- 고무줄 바지를 입도록 하고 세탁하기 편하고 빨리 마르는 옷감이 좋음
- 낮에는 가능한 기저귀를 사용하지 않는 것이 좋음
- 대소변을 잘 가렸을 때 칭찬을 해주고 실금한 경우에도 괜찮다고 말함
- 적절한 시기(식사 전, 외출 전)에 화장실 이용을 유도하며 강요하지 않음
- 하루 식사량과 수분 섭취량은 적당량을 유지함
- 배뇨곤란이 있는 경우 야간에 수분 섭취를 제한함
- 부드러운 말로 손동작을 보이면서 뒤처리 방법을 시범 보여 대상자 자신이 행동에 옮기게 함
- 뒤처리 후에 아무 일도 없었던 것처럼 행동함
- 민감하게 반응하지 않고 비난하거나 화를 내지 않음
- 가능한 한 빨리 더러워진 옷을 갈아입힘
- 소변볼 때 배뇨 후 몸을 앞으로 구부리도록 도와주거나 치골상부를 눌러줌
- 요실금이 있을 때 배뇨 훈련을 시행해 봄(초기에는 매 2시간 간격, 점차 시간을 늘려가면서 낮에는 2시간 밤에는 4시간 간격으로 배뇨하게 함)
- 변비의 원인 : 운동, 섬유질 섭취, 수분 섭취 부족, 알루미늄이나 칼슘이 포함된 제산제 또는 진통소염제 복용
- 섬유질이 많은 음식과 하루 1500~2000cc 정도의 충분한 수분을 섭취하여 변비를 예방하도록 함
- 손바닥을 이용하여 배를 가볍게 마사지하여 불편감을 줄임

⑤ 개인위생 돕기
- 목욕 : 대상자에게 목욕을 강요하지 말고 목욕 과정을 단순화함, 일정한 시간에 정해진 방법에 따라 목욕함, 요양보호사가 미리 목욕 물의 온도를 확인함, 욕조 바닥과 욕실 바닥에 미끄럼방지매트를 깔아줌, 대상자를 욕실 내에 혼자 머무르게 하지 않음, 물에 대한 거부반응을 보이는 경우 작은 그릇에 물을 떠서 장난을 하게 함, 욕조 내에 적당량의 물을 받아 둠, 발목 정도 높이의 물을 미리 받은 후 대상자를 욕조에 들어가게 하고 조금씩 채움, 운동실조증이 있는 대상자의 경우 샤워보다 욕조에서 목욕하는 것이 안전함
- 구강위생 : 치약은 삼켜도 상관없는 어린이용을 사용함, 의치는 하루에 6~7시간 정도 제거함, 스스로 양치할 수 있는 대상자가 양치질을 거부할 경우 물치약이나 2% 생리식염수로 적신 거즈를 감은 설압자 또는 일회용 스펀지 브러시에 묻혀 치아와 입안을 닦아 치석 생성을 예방함, 치아가 없는 대상자는 식후에 물이나 차를 마시게 함
- 옷 입기 : 계절에 맞는 옷 제공, 몸에 꼭 끼지 않고 빨래하기 쉬운 옷 제공, 색깔이 요란하지 않고 장식이 없는 옷, 혼자 입도록 격려하고 옆에서 지켜보고 앉아서 입게 함, 옷을 순서대로 입지 못하는 경우 속옷부터 입는 순서대로 옷을 정리해 놓아줌, 옷 입는 것을 거부하면 잠시 기다린 뒤 다시 시도하거나 목욕 시간을 이용하여 갈아입힘, 단추를 못 채우는 경우 부착용 접착천으로 여미는 옷을 이용, 앞뒤를 구분하지 못하는 경우 뒤바꿔 입어도 무방한 옷을 이용

⑥ 운동 돕기
- 심장에서 멀고 큰 근육인 팔다리에서 시작하여 천천히 진행함
- 운동량은 점차 늘림
- 산책이 가장 간편하고 효과적인 운동임
- 매일 같은 시간대에 같은 길을 걸으면서 일정한 순서대로 풍경들을 말해줌
- 균형을 잡을 수 있으면 선 자세에서 운동하는 것이 효과적임
- 스스로 운동하도록 유도함

⑦ 안전과 사고예방
- 대상자의 방은 1층이 좋고 가족이나 요양보호사가 잘 관찰할 수 있는 곳에 위치하는 곳이 좋음
- 난간, 출입구 및 난로 주변에 밝은 색 야광 테이프를 붙이는 것이 좋음
- 위험한 물건은 대상자가 발견할 수 없는 곳에 보관함
- 유리문이나 큰 유리창에 눈높이에 맞춰 그림을 붙여 유리라는 것을 알게 함
- 방 안에서 잠그지 못하는 문으로 설치함
- 침대에서 떨어지지 않도록 침대를 벽에 붙여 놓음
- 대상자의 눈높이에 맞추어 화장실 표시를 함
- 화장실 문은 밖에서도 열 수 있는 것으로 설치함
- 목욕탕에 난간이나 손잡이를 설치함
- 온수가 나오는 수도꼭지는 빨간색으로 표시함
- 온수기의 온도를 낮춤
- 노출된 온수 파이프는 절연체로 감쌈
- 세제는 대상자의 눈에 띄지 않는 곳에 보관함
- 거울이나 비치는 물건은 없애거나 덮개를 씌움
- 가스선은 밖에서 잠가둠
- 과일이나 채소 모양의 자석은 대상자가 먹을 수 있으므로 사용하지 않음
- 음식물 쓰레기를 부엌 안에 두지 않음
- 전자레인지는 불이 보이지 않아 가스레인지보다 더 위험할 수도 있음
- 치매 대상자의 문제행동 대처

① 반복적 질문이나 행동
  - 치매 대상자의 주의를 환기시킴
  - 해가 되지 않으면 무리하게 중단시키지 말고 그냥 놔둠
  - 심리적 안정과 자신감을 갖게 도와줌
  - 대상자를 다독거리며 안심시켜 주는 것이 중요함
  - 억지로 고치려고 하지 않음

- 반복 질문이나 반복 행동에 대한 관심을 다른 곳으로 돌림
- 크게 손뼉을 치는 등 관심을 바꾸는 소음을 냄
- 좋아하는 음식을 주고, 좋아하는 노래를 함께 부름
- 과거의 경험 또는 고향과 관련된 이야기를 나눔
- 콩 고르기, 나물 다듬기, 빨래개기 등 단순하게 할 수 있는 일거리를 제공함

② **음식 섭취 관련 문제행동**
- 화를 내거나 대립하지 않음("조금만 기다리세요."라고 친절하게 얘기함)
- 서두르지 않고 천천히 먹게 함
- 대상자가 좋아하는 대체식품을 이용함
- 도구를 사용하지 못할 경우 손으로 집어먹을 수 있는 식사를 만들어 줌
- 치매 말기에는 음식을 으깨거나 갈아서 걸쭉하게 만들어 줌
- 위험한 물건을 빼앗기지 않으려고 하는 경우 대상자가 좋아하는 다른 간식과 교환함
- 먹고 난 식기를 그대로 두거나 매 식사 후 달력에 표시하게 함
- 과식하거나 배고픔을 호소하는 이유는 시간개념의 상실로 인해 식사한 것을 잊었거나 심리적인 불안감 때문일 수 있음
- 이식증상을 보이는 이유는 음식물인지 아닌지 구별하지 못하기 때문에 입에 넣을 수 있음

③ **수면장애**
- 2~3일간 잠을 자지 않거나 계속 잠을 잠
- 밤에 일어나서 돌아다니다가 낮에 잠을 잠
- 산책과 같은 야외활동을 통해 신선한 공기를 접하며 운동하도록 도움
- 낮에 꾸벅꾸벅 조는 경우 말을 걸어 자극을 줌
- 소음을 최대한 없애고 적정 실내 온도를 유지함
- 오후, 저녁때 커피나 술 같은 음료를 주지 않음
- 잠에서 깨어나 외출하려고 하면 요양보호사가 동행함

④ 배회
 - 아무런 계획도 목적지도 없이 돌아다니는 행위
 - 기억력 상실, 시간과 방향감각의 저하로 인한 혼란, 정서적인 불안, 배고픔, 화장실을 찾지 못해 안절부절 못함 등으로 발생함
 - 안전한 주변 환경을 조성함
 - 신체적 욕구를 우선적으로 해결해 줌
 - 단순한 일거리를 주어 배회 증상을 줄임
 - 집 안에서 배회할 경우 배회 코스를 만들어 둠
 - 신분증을 소지하도록 함
 - 현관이나 출입문에 벨을 달아 놓아 대상자가 출입하는 것을 관찰함
 - 창문 등 출입이 가능한 모든 곳의 문을 잠금
 - 텔레비전이나 라디오를 크게 틀어 놓지 않음
 - 집 안을 어둡게 하지 않음
 - 낮 시간에 단순한 일거리를 주어 에너지를 소모하게 함
 - 집, 청소, 산책, 목욕 등 건설적인 일을 주며 밖에서 쇼핑을 하는 것은 활력제가 되며 수면의 질도 향상됨
 - 고향이나 가족에 대한 대화를 나누어 관심을 다른 곳으로 돌림
 - 가족과 다과 등을 함께 하는 시간을 가짐

⑤ 의심, 망상, 환각
 - 대상자의 감정을 이해하고 수용함
 - 대상자가 보고 들은 것에 대해 아니라고 부정하거나 다투지 않음
 - 속말을 하지 않도록 주의함
 - 잃어버렸다거나 훔쳐 갔다고 주장하는 물건을 찾은 경우 대상자를 비난하거나 훈계하지 않음
 - 물건을 발견했을 때 아무 일도 아닌 것처럼 행동하는 것이 중요함
 - 규칙적으로 시간과 장소를 알려주어 현실감을 유지함
 - 대상자가 다른 것에 신경을 쓰도록 계속 관심을 돌림

- 잃어버린 물건에 대한 의심을 부정하거나 설득하지 말고 함께 찾아 봄
- 같은 물건을 준비해 두었다가 잃어버렸다고 주장할 때 대상자가 물건을 찾도록 도와 줌
- 대상자가 물건을 두는 장소를 파악해 놓음
- 도둑망상으로 방 안에만 있기를 고집하면 위험하지 않은 범위 내에서 허용함

⑥ **파괴적 행동**
- 무의미한 사건으로 보이는 것에 대해 자신뿐만 아니라 주위 사람에게 정서적으로 난폭한 반응을 보이는 것
- 울고, 분통을 터뜨리고, 욕설하고, 지나치게 안절부절못하고, 때리거나 물고, 침을 뱉고, 주먹으로 치고, 꼬집는 등의 신체적 폭력
- 특징 : 난폭한 행동이 자주 일어나지 않음, 오래 지속되지 않음, 초기에 분노로 시작하며 에너지가 소모되면 지쳐서 파괴적 행동을 중지함, 질병 초기에 수개월 내에 사라짐
  - 한 번에 한 가지씩 제시하거나 단순한 말로 설명함
  - 이해하지 못한 말은 같은 말로 반복함
  - 진정된 후 왜 그랬는지 질문하거나 이상행동에 대해 상기시키지 않음
  - 불필요한 신체적 구속을 피함
  - 질문하거나 일을 시키는 등의 자극을 주지 말고 조용한 장소에서 쉬게 함
  - 온화하게 이야기하고 대상자가 당황하고 흥분되어 있음을 이해한다는 표현을 함
  - 끊임없이 난폭한 발작을 하지 않는 한 신체적 구속은 사용하지 않음

⑦ **석양증후군**
- 대상자가 해 질 녘에 되면 더욱 혼란해지고 불안정하게 의심 및 우울 증상을 보이는 것
- 낮에는 유순하다가도 저녁 8~9시가 되면 갑자기 침대 밖으로 뛰쳐나오거나 옷을 벗고, 방은 서성이다 문을 덜거덕 거리거나, 바닥을 뒹굴고 침대 위로 뛰어오르는 등의 행동

- 대상자와 함께 충분한 시간을 가짐
- 좋아하는 소일거리를 주거나 낮 시간 동안 움직이거나 활동하게 함
- 신체적 제한은 하지 않음
- 밖으로 데려가 산책함
- 따뜻한 음료수, 등 마사지, 음악듣기
- 텔레비전을 켜놓거나 조명을 밝게 하는 것이 도움이 됨

⑧ **부적절한 성적 행동**
- 보통 성 자체에는 관심이 없다는 것을 인식함
- 부적절한 성적 행동 관련 요인을 관찰함
- 때때로 행동교정이 도움이 됨
- 노출증을 감소시키기 위해 벌과 보상을 적절히 사용함
- 복용 중인 약물 때문에 유발될 수 있음을 이해함
- 옷을 벗거나 성기를 노출한 경우 당황하지 말고 옷을 입혀줌
- 부적절한 행동 시 즉각 멈추지 않으면 대상자가 좋아하는 것을 가져간다고 경고함
- 성적으로 관심을 보일 때 공공장소에 가는 것을 삼가고 방문객을 제한함

7. 치매 대상자와의 의사소통

① **의사소통의 기본 원칙**
- 대상자의 신체적 상태를 파악함(신체 부위를 짚어가며 구체적으로 질문함)
- 대상자를 존중하는 태도와 관심을 가짐(자존심 상하는 말이나 표현을 하지 않음)
- 이해할 수 있도록 말함(부정하거나 설득하려 하지 말기)
- 속도에 맞춤(천천히 대하고 반응할 때까지 기다림)
- 어린아이 대하듯 하지 않음(존칭어를 사용, 명령하는 투로 말하지 않음, 긍정형 문장을 사용, 할 수 있는 것이 어떤 것인가를 정확히 이야기함)
- 반복적으로 설명함(이해하지 못하면 반복하여 설명함, 네·아니요로 간단히 답할 수 있

도록 질문함)
- 인격적으로 대함
- 간단한 단어 및 이해할 수 있는 표현을 사용함(한 번에 한 가지씩만 질문함, 간단하고 명료한 단어를 사용함, 쉬운 단어와 짧은 문장을 사용함)
- 한 번에 한 가지씩 설명함(식사하세요.양치하세요.외출해요.)
- 가까운 곳에서 얼굴을 마주 보고 말함(1m 이내)
- 항상 현실을 알려줌(이름을 부르고 자신이 누구인지 밝힘)
- 일상적인 어휘를 사용함
- 과거를 회상하게 유도함(옛날에 부르던 노래를 부르거나 옛일을 회상함)
- 손짓, 발짓, 소리를 사용함
- 언어적인 표현 방법과 적절한 비언어적인 표현 방법을 같이 사용함
- 신체적인 접촉을 사용함
- 비언어적인 표현 방법을 관찰함
- 필요하면 글을 써서 의사소통함
- 언어 이외의 다른 신호를 함께 사용함
- 대상자의 행동을 복잡하게 해석하지 않음

② **치매 단계별 의사소통 문제**
- 초기 : 자주 확인하고 설명을 요구함, 대화의 주제가 자주 바뀜, 어휘의 수가 점차적으로 줄어듦, 물건이나 사람의 이름을 부르는 것이 어려움, 시제를 올바르게 사용하는 것을 어려워함
- 중기 : 애매모호한 내용을 이야기함, 일관성이 없어짐, 혼동이 증가함, 대화의 주제가 한정적임, 불특정 다수를 지칭하는 용어의 사용이 증가됨, 어휘의 수가 초기 보다 줄어듦, 명칭 실어증을 보임, 대화 중에 말이 끊기는 횟수가 증가함, 적절한 어구를 사용하지 못하는 경우가 늘어남, 부적절한 명사, 부정확한 시제를 사용하는 경우가 늘어남
- 말기 : 의사소통을 유지하는 데 어려움이 있음, 말이 없어짐, 대화할 때 시선을 맞추는 것을 어려워함, 어휘의 수가 현저하게 적음, 올바른 이름을 사용하는 것이 더욱

어려워짐, 자발적인 언어표현이 감소되어 말수가 크게 줄어듦, 앵무새처럼 상대방의 말을 그대로 따라 함, 발음이 부정확하여 대상자의 말을 이해하기 어려움, 대상자가 다른 사람들이 이야기한 것을 제대로 이해하지 못함

③ 치매 단계별 의사소통 방법
- 초기 : 간단하고 직접적인 언어로 구체적으로 표현함, 집중력이 높은 시간대를 파악함, 유사한 의미의 다른 언어를 이야기함, 대상자가 요청하기 전 구체적인 방법과 정보를 제공함, 대상자가 응답할 시간을 충분히 줌, 외래어나 약어로 된 단어는 사용하지 않음, 대화 내용을 요약정리하고 중요한 내용은 반복함, 대상자가 과거의 긍정적인 기억이나 사건을 회상하도록 도움, 대상자의 감정 상태를 표현할 수 있도록 도움, 대상자를 돕고자 하는 마음을 표현함
- 중기 : 눈을 마주치며 이야기함, 대화 주제를 갑자기 바꾸지 않음, 친숙한 물건을 활용함, 의사소통의 내용을 이해하고 있다는 것을 확인시켜 줌, 대상자가 반응할 때까지 기다려 줌, 대상자가 반응하지 않으면 반복하여 질문함, 같은 의미의 다른 용어와 좀 더 단순한 표현을 사용함, 불특정 인칭대명사나 명사보다 대상자의 이름을 사용함, 대상자가 자주 사용하는 단어와 문구를 활용함, 친숙한 활동을 통해 대화를 시도함, 대상자의 방에 있는 물건마다 이름표를 붙임, 대상자의 행동을 개인적인 의미로 받아들이지 않음, 대상자의 말을 반복해서 이야기함, 이용 가능한 모든 단서를 활용함, 격려하고 칭찬함
- 말기 : 마주 보며 이야기함, 대상자의 이름을 부르면서 이야기를 시작하고 요양보호사 자신의 이름을 말함, 좋아했던 음악을 함께 듣고 책을 읽음, 편안하고 부드러운 모습으로 이야기함, 낮은 톤으로 다정하고 차분하며 천천히 분명하게 말함, 대상자가 응답하지 않더라도 계속해서 이야기함, 모든 것을 듣고 있다고 가정함, 방 안에 아무도 없는 것처럼 이야기하지 않음, 신체적 접촉을 적절히 활용하며 비언어적 메시지를 확인함, 이야기하는 모든 것에 반응함, 대화가 끝난 뒤 항상 마무리 인사를 함

8. 인지자극 훈련

① 인지자극 훈련의 개요

대상자의 전반적인 인지기능 개선, 우울감을 포함한 정신행동 증상 개선, 일상생활 능력 유지 및 향상, 삶의 질 향상, 가족의 수발 부담 줄임

② 인지기능 수준별 인지자극 훈련

기억력, 지남력, 판단력, 집중력, 억제력, 계산력, 시공간능력, 언어능력을 사용하게 하는 프로그램이면 어떤 것이라도 인지자극 훈련 프로그램이 될 수 있음

- 인지기능에 문제가 없는 대상자 : 뇌 건강 일기 쓰기, 빈칸 채우기, 물건값 계산하기, 특정 글자 고르기
- 경증 인지기능 장애 대상자: 언어의 유창성과 자발성을 높이기 위한 프로그램, 여러 가지 단어 말하기, 그림과 숫자 짝지어 기억하기, 물건 보며 과거 회상하기, 똑같이 그리기, 점선으로 옮겨 그리기, 손 모양 똑같이 만들기, 선 따라 그리기
- 중증 인지기능 장애 대상자: 흩어진 낱글자로 단어 만들기, 악기 연주하기, 선 따라 그리고 찢기, 똑같이 그리기, 따라 그리기, 이름 맞히기, 똑같은 모양 만들기, 숫자 찾아 체크하기, 인사말 연결하기
- 치매 관련 얘기나 동영상을 보면 마음이 무거워지고 계속 눈물이 납니다. 제가 씩씩해야 저희 엄마도 괜찮겠죠? 치매 가족과 함께 있는 모든 가족분들을 응원합니다.

[출처] 요양보호사 자격증 대비 용어정리 제3장 요양보호 각론 Ⅴ. 치매 요양보호|작성자 금손지니

9. 치매 대상자의 일상생활 지원

① 약물요법

약물을 바꾸거나 용량을 늘렸을 때 특히 이러한 부작용이 나타나는지 면밀히 관찰하고 메모하여 병원에 갈 때 가져가야 함

- 투여약물 종류 : 인지기능개선제(아리셉트, 엑셀론, 레미닐, 에빅사), 정신행동증상 개선제(항정신병 약물-망상, 환각, 공격성, 초조, 수면각성 주기 장애, 항우울제-수면각성 주기 장애, 초조, 공격성, 불안, 우울증상, 항경련제-초조, 공격성, 조증 유사증상, 수면장애)

② **일상생활 돕기 기본 원칙**
- 대상자의 생활 자체를 소중히 여기고 환경을 바꾸지 않음
  - 정면에서 야단치거나 부정하거나 무시하지 않음
  - 대상자에게 맞는 규칙적인 생활을 하게 함
  - 남아 있는 기능을 유지하게 함
  - 대상자의 상태에 맞는 요양보호기술을 익혀 제공함
  - 항상 안전에 주의함

③ **식사 돕기**
  - 사발을 사용하여 음식이 덜 흘리게 함
  - 색깔이 있는 플라스틱 제품을 사용함
  - 양념은 식탁 위에 두지 않음
  - 잘 저민 고기, 반숙된 계란, 과일 통조림 등 갈아서 제공함
  - 좀 더 걸쭉한 액체 음식을 제공함
  - 대상자가 졸려 하거나 초조해하는 경우 식사를 제공하지 않음
  • 식사 전 : 음식의 온도를 요양보호사가 미리 확인함, 식탁용 매트를 깔아줌, 앞치마를 입힘, 음식을 잘게 잘라서 부드럽게 조리함
  • 식사 중 : 빨대와 플라스틱 덮개가 부착된 컵을 사용함, 손잡이에 고무를 붙인 약간 무거운 숟가락을 줌, 한 가지 음식을 먹고 난 후 다른 음식을 내어 놓음, 숟가락으로 떠먹일 때 한 번에 조금씩 먹이고 음식을 삼킬 때까지 충분히 기다림
  • 식사 후 : 체중이 감소하면 의료진에게 알리고 그 원인을 파악함, 치매 대상자가 평소 좋아하는 음식이나 걸쭉한 형태의 고열량 액체 음식을 제공함

④ 배설 돕기
- 대상자의 방을 화장실에서 가까운 곳에 배정함
- 고무줄 바지를 입도록 하고 세탁하기 편하고 빨리 마르는 옷감이 좋음
- 낮에는 가능한 기저귀를 사용하지 않는 것이 좋음
- 대소변을 잘 가렸을 때 칭찬을 해주고 실금한 경우에도 괜찮다고 말함
- 적절한 시기(식사 전, 외출 전)에 화장실 이용을 유도하며 강요하지 않음
- 하루 식사량과 수분 섭취량은 적당량을 유지함
- 배뇨곤란이 있는 경우 야간에 수분 섭취를 제한함
- 부드러운 말로 손동작을 보이면서 뒤처리 방법을 시범 보여 대상자 자신이 행동에 옮기게 함
- 뒤처리 후에 아무 일도 없었던 것처럼 행동함
- 민감하게 반응하지 않고 비난하거나 화를 내지 않음
- 가능한 한 빨리 더러워진 옷을 갈아입힘
- 소변볼 때 배뇨 후 몸을 앞으로 구부리도록 도와주거나 치골상부를 눌러줌
- 요실금이 있을 때 배뇨 훈련을 시행해 봄(초기에는 매 2시간 간격, 점차 시간을 늘려가면서 낮에는 2시간 밤에는 4시간 간격으로 배뇨하게 함)
  • 변비의 원인: 운동, 섬유질 섭취, 수분 섭취 부족, 알루미늄이나 칼슘이 포함된 제산제 또는 진통소염제 복용
  • 섬유질이 많은 음식과 하루 1500~2000cc 정도의 충분한 수분을 섭취하여 변비를 예방하도록 함
  • 손바닥을 이용하여 배를 가볍게 마사지하여 불편감을 줄임

⑤ 개인위생 돕기
- 목욕: 대상자에게 목욕을 강요하지 말고 목욕 과정을 단순화함, 일정한 시간에 정해진 방법에 따라 목욕함, 요양보호사가 미리 목욕 물의 온도를 확인함, 욕조 바닥과 욕실 바닥에 미끄럼방지매트를 깔아줌, 대상자를 욕실 내에 혼자 머무르게 하지 않음, 물에 대한 거부반응을 보이는 경우 작은 그릇에 물을 떠서 장난을 하게

함, 욕조 내에 적당량의 물을 받아 둠, 발목 정도 높이의 물을 미리 받은 후 대상자를 욕조에 들어가게 하고 조금씩 채움, 운동실조증이 있는 대상자의 경우 샤워보다 욕조에서 목욕하는 것이 안전함
- 구강위생 : 치약은 삼켜도 상관없는 어린이용을 사용함, 의치는 하루에 6~7시간 정도 제거함, 스스로 양치할 수 있는 대상자가 양치질을 거부할 경우 물치약이나 2% 생리식염수로 적신 거즈를 감은 설압자 또는 일회용 스펀지 브러시에 묻혀 치아와 입안을 닦아 치석 생성을 예방함, 치아가 없는 대상자는 식후에 물이나 차를 마시게 함
- 옷 입기 : 계절에 맞는 옷 제공, 몸에 꼭 끼지 않고 빨래하기 쉬운 옷 제공, 색깔이 요란하지 않고 장식이 없는 옷, 혼자 입도록 격려하고 옆에서 지켜보고 앉아서 입게 함, 옷을 순서대로 입지 못하는 경우 속옷부터 입는 순서대로 옷을 정리해 놓아줌, 옷 입는 것을 거부하면 잠시 기다린 뒤 다시 시도하거나 목욕시간을 이용하여 갈아입힘, 단추를 못 채우는 경우 부착용 접착천으로 여미는 옷을 이용, 앞뒤를 구분하지 못하는 경우 뒤바꿔 입어도 무방한 옷을 이용

⑥ **운동 돕기**
- 심장에서 멀고 큰 근육인 팔다리에서 시작하여 천천히 진행함
- 운동량은 점차 늘림
- 산책이 가장 간편하고 효과적인 운동임
- 매일 같은 시간대에 같은 길을 걸으면서 일정한 순서대로 풍경들을 말해줌
- 균형을 잡을 수 있으면 선 자세에서 운동하는 것이 효과적임
- 스스로 운동하도록 유도함

⑦ **안전과 사고예방**
- 대상자의 방은 1층이 좋고 가족이나 요양보호사가 잘 관찰할 수 있는 곳에 위치하는 곳이 좋음
- 난간, 출입구 및 난로 주변에 밝은 색 야광 테이프를 붙이는 것이 좋음
- 위험한 물건은 대상자가 발견할 수 없는 곳에 보관함
- 유리문이나 큰 유리창에 눈높이에 맞춰 그림을 붙여 유리라는 것을 알게 함

- 방 안에서 잠그지 못하는 문으로 설치함
- 침대에서 떨어지지 않도록 침대를 벽에 붙여 놓음
- 대상자의 눈높이에 맞추어 화장실 표시를 함
- 화장실 문은 밖에서도 열 수 있는 것으로 설치함
- 목욕탕에 난간이나 손잡이를 설치함
- 온수가 나오는 수도꼭지는 빨간색으로 표시함
- 온수기의 온도를 낮춤
- 노출된 온수 파이프는 절연체로 감쌈
- 세제는 대상자의 눈에 띄지 않는 곳에 보관함
- 거울이나 비치는 물건은 없애거나 덮개를 씌움
- 가스선은 밖에서 잠가둠
- 과일이나 채소 모양의 자석은 대상자가 먹을 수 있으므로 사용하지 않음
- 음식물 쓰레기를 부엌 안에 두지 않음
- 전자레인지는 불이 보이지 않아 가스레인지보다 더 위험할 수도 있음
- 치매 대상자의 문제행동 대처

① **반복적 질문이나 행동**
- 치매 대상자의 주의를 환기시킴
- 해가 되지 않으면 무리하게 중단시키지 말고 그냥 놔둠
- 심리적 안정과 자신감을 갖게 도와줌
- 대상자를 다독거리며 안심시켜 주는 것이 중요함
- 억지로 고치려고 하지 않음
- 반복 질문이나 반복 행동에 대한 관심을 다른 곳으로 돌림
- 크게 손뼉을 치는 등 관심을 바꾸는 소음을 냄
- 좋아하는 음식을 주고, 좋아하는 노래를 함께 부름
- 과거의 경험 또는 고향과 관련된 이야기를 나눔
- 콩 고르기, 나물 다듬기, 빨래개기 등 단순하게 할 수 있는 일거리를 제공함

② **음식 섭취 관련 문제행동**
  - 화를 내거나 대립하지 않음("조금만 기다리세요."라고 친절하게 얘기함)
  - 서두르지 않고 천천히 먹게 함
  - 대상자가 좋아하는 대체식품을 이용함
  - 도구를 사용하지 못할 경우 손으로 집어먹을 수 있는 식사를 만들어 줌
  - 치매 말기에는 음식을 으깨거나 갈아서 걸쭉하게 만들어 줌
  - 위험한 물건을 빼앗기지 않으려고 하는 경우 대상자가 좋아하는 다른 간식과 교환함
  - 먹고 난 식기를 그대로 두거나 매 식사 후 달력에 표시하게 함
  - 과식하거나 배고픔을 호소하는 이유는 시간개념의 상실로 인해 식사한 것을 잊었거나 심리적인 불안감 때문일 수 있음
  - 이식증상을 보이는 이유는 음식물인지 아닌지 구별하지 못하기 때문에 입에 넣을 수 있음

③ **수면장애**
  - 2~3일간 잠을 자지 않거나 계속 잠을 잠
  - 밤에 일어나서 돌아다니다가 낮에 잠을 잠
  - 산책과 같은 야외활동을 통해 신선한 공기를 접하며 운동하도록 도움
  - 낮에 꾸벅꾸벅 조는 경우 말을 걸어 자극을 줌
  - 소음을 최대한 없애고 적정 실내 온도를 유지함
  - 오후, 저녁때 커피나 술 같은 음료를 주지 않음
  - 잠에서 깨어나 외출하려고 하면 요양보호사가 동행함

④ **배회**
  - 아무런 계획도 목적지도 없이 돌아다니는 행위
  - 기억력 상실, 시간과 방향감각의 저하로 인한 혼란, 정서적인 불안, 배고픔, 화장실을 찾지 못해 안절부절 못함 등으로 발생함
  - 안전한 주변 환경을 조성함
  - 신체적 욕구를 우선적으로 해결해 줌
  - 단순한 일거리를 주어 배회 증상을 줄임

- 집 안에서 배회할 경우 배회 코스를 만들어 둠
- 신분증을 소지하도록 함
- 현관이나 출입문에 벨을 달아 놓아 대상자가 출입하는 것을 관찰함
- 창문 등 출입이 가능한 모든 곳의 문을 잠금
- 텔레비전이나 라디오를 크게 틀어 놓지 않음
- 집 안을 어둡게 하지 않음
- 낮 시간에 단순한 일거리를 주어 에너지를 소모하게 함
- 집, 청소, 산책, 목욕 등 건설적인 일을 주며 밖에서 쇼핑을 하는 것은 활력제가 되며 수면의 질도 향상됨
- 고향이나 가족에 대한 대화를 나누어 관심을 다른 곳으로 돌림
- 가족과 다과 등을 함께 하는 시간을 가짐

⑤ **의심, 망상, 환각**
- 대상자의 감정을 이해하고 수용함
- 대상자가 보고 들은 것에 대해 아니라고 부정하거나 다투지 않음
- 귓속말을 하지 않도록 주의함
- 잃어버렸다거나 훔쳐 갔다고 주장하는 물건을 찾은 경우 대상자를 비난하거나 훈계하지 않음
- 물건을 발견했을 때 아무 일도 아닌 것처럼 행동하는 것이 중요함
- 규칙적으로 시간과 장소를 알려주어 현실감을 유지함
- 대상자가 다른 것에 신경을 쓰도록 계속 관심을 돌림
- 잃어버린 물건에 대한 의심을 부정하거나 설득하지 말고 함께 찾아 봄
- 같은 물건을 준비해 두었다가 잃어버렸다고 주장할 때 대상자가 물건을 찾도록 도와 줌
- 대상자가 물건을 두는 장소를 파악해 놓음
- 도둑망상으로 방 안에만 있기를 고집하면 위험하지 않은 범위 내에서 허용함

⑥ **파괴적 행동**
  - 무의미한 사건으로 보이는 것에 대해 자신뿐만 아니라 주위 사람에게 정서적으로 난폭한 반응을 보이는 것
  - 울고, 분통을 터뜨리고, 욕설하고, 지나치게 안절부절못하고, 때려거나 물고, 침을 뱉고, 주먹으로 치고, 꼬집는 등의 신체적 폭력
  - 특징 : 난폭한 행동이 자주 일어나지 않음, 오래 지속되지 않음, 초기에 분노로 시작하며 에너지가 소모되면 지쳐서 파괴적 행동을 중지함, 질병 초기에 수개월 내에 사라짐
    • 한 번에 한 가지씩 제시하거나 단순한 말로 설명함
    • 이해하지 못한 말은 같은 말로 반복함
    • 진정된 후 왜 그랬는지 질문하거나 이상행동에 대해 상기시키지 않음
    • 불필요한 신체적 구속을 피함
    • 질문하거나 일을 시키는 등의 자극을 주지 말고 조용한 장소에서 쉬게 함
    • 온화하게 이야기하고 대상자가 당황하고 흥분되어 있음을 이해한다는 표현을 함
    • 끊임없이 난폭한 발작을 하지 않는 한 신체적 구속은 사용하지 않음

⑦ **석양증후군**
  - 대상자가 해 질 녘에 되면 더욱 혼란해지고 불안정하게 의심 및 우울 증상을 보이는 것
  - 낮에는 유순하다가도 저녁 8~9시가 되면 갑자기 침대 밖으로 뛰쳐나오거나 옷을 벗고, 방은 서성이다 문을 덜거덕 거리거나, 바닥을 뒹굴고 침대 위로 뛰어오르는 등의 행동
  - 대상자와 함께 충분한 시간을 가짐-
  - 좋아하는 소일거리를 주거나 낮 시간 동안 움직이거나 활동하게 함
  - 신체적 제한은 하지 않음
  - 밖으로 데려가 산책함
  - 따뜻한 음료수, 등 마사지, 음악듣기
  - 텔레비전을 켜놓거나 조명을 밝게 하는 것이 도움이 됨

⑧ 부적절한 성적 행동
- 보통 성 자체에는 관심이 없다는 것을 인식함
- 부적절한 성적 행동 관련 요인을 관찰함
- 때때로 행동교정이 도움이 됨
- 노출증을 감소시키기 위해 벌과 보상을 적절히 사용함
- 복용 중인 약물 때문에 유발될 수 있음을 이해함
- 옷을 벗거나 성기를 노출한 경우 당황하지 말고 옷을 입혀줌
- 부적절한 행동 시 즉각 멈추지 않으면 대상자가 좋아하는 것을 가져간다고 경고함
- 성적으로 관심을 보일 때 공공장소에 가는 것을 삼가고 방문객을 제한함

10. 치매 대상자와의 의사소통

① 의사소통의 기본 원칙
- 대상자의 신체적 상태를 파악함(신체 부위를 짚어가며 구체적으로 질문함)
- 대상자를 존중하는 태도와 관심을 가짐(자존심 상하는 말이나 표현을 하지 않음)
- 이해할 수 있도록 말함(부정하거나 설득하려 하지 말기)
- 속도에 맞춤(천천히 대하고 반응할 때까지 기다림)
- 어린아이 대하듯 하지 않음(존칭어를 사용, 명령하는 투로 말하지 않음, 긍정형 문장을 사용, 할 수 있는 것이 어떤 것인가를 정확히 이야기함)
- 반복적으로 설명함(이해하지 못하면 반복하여 설명함, 네·아니요로 간단히 답할 수 있도록 질문함)
- 인격적으로 대함
- 간단한 단어 및 이해할 수 있는 표현을 사용함(한 번에 한 가지씩만 질문함, 간단하고 명료한 단어를 사용함, 쉬운 단어와 짧은 문장을 사용함)
- 한 번에 한 가지씩 설명함(식사하세요.양치하세요.외출해요.)
- 가까운 곳에서 얼굴을 마주 보고 말함(1m 이내)
- 항상 현실을 알려줌(이름을 부르고 자신이 누구인지 밝힘)
- 일상적인 어휘를 사용함

- 과거를 회상하게 유도함(옛날에 부르던 노래를 부르거나 옛일을 회상함)
- 손짓, 발짓, 소리를 사용함
- 언어적인 표현 방법과 적절한 비언어적인 표현 방법을 같이 사용함
- 신체적인 접촉을 사용함
- 비언어적인 표현 방법을 관찰함
- 필요하면 글을 써서 의사소통함
- 언어 이외의 다른 신호를 함께 사용함
- 대상자의 행동을 복잡하게 해석하지 않음

② **치매 단계별 의사소통 문제**
- 초기 : 자주 확인하고 설명을 요구함, 대화의 주제가 자주 바뀜, 어휘의 수가 점차적으로 줄어듦, 물건이나 사람의 이름을 부르는 것이 어려움, 시제를 올바르게 사용하는 것을 어려워함
- 중기 : 애매모호한 내용을 이야기함, 일관성이 없어짐, 혼동이 증가함, 대화의 주제가 한정적임, 불특정 다수를 지칭하는 용어의 사용이 증가됨, 어휘의 수가 초기 보다 줄어듦, 명칭 실어증을 보임, 대화 중에 말이 끊기는 횟수가 증가함, 적절한 어구를 사용하지 못하는 경우가 늘어남, 부적절한 명사, 부정확한 시제를 사용하는 경우가 늘어남
- 말기 : 의사소통을 유지하는 데 어려움이 있음, 말이 없어짐, 대화할 때 시선을 맞추는 것을 어려워함, 어휘의 수가 현저하게 적음, 올바른 이름을 사용하는 것이 더욱 어려워짐, 자발적인 언어표현이 감소되어 말수가 크게 줄어듦, 앵무새처럼 상대방의 말을 그대로 따라 함, 발음이 부정확하여 대상자의 말을 이해하기 어려움, 대상자가 다른 사람들이 이야기한 것을 제대로 이해하지 못함

③ **치매 단계별 의사소통 방법**
- 초기: 간단하고 직접적인 언어로 구체적으로 표현함, 집중력이 높은 시간대를 파악함, 유사한 의미의 다른 언어를 이야기함, 대상자가 요청하기 전 구체적인 방법과

정보를 제공함, 대상자가 응답할 시간을 충분히 줌, 외래어나 약어로 된 단어는 사용하지 않음, 대화 내용을 요약정리하고 중요한 내용은 반복함, 대상자가 과거의 긍정적인 기억이나 사건을 회상하도록 도움, 대상자의 감정 상태를 표현할 수 있도록 도움, 대상자를 돕고자 하는 마음을 표현함

- 중기 : 눈을 마주치며 이야기함, 대화 주제를 갑자기 바꾸지 않음, 친숙한 물건을 활용함, 의사소통의 내용을 이해하고 있다는 것을 확인시켜 줌, 대상자가 반응할 때까지 기다려 줌, 대상자가 반응하지 않으면 반복하여 질문함, 같은 의미의 다른 용어와 좀 더 단순한 표현을 사용함, 불특정 인칭대명사나 명사보다 대상자의 이름을 사용함, 대상자가 자주 사용하는 단어와 문구를 활용함, 친숙한 활동을 통해 대화를 시도함, 대상자의 방에 있는 물건마다 이름표를 붙임, 대상자의 행동을 개인적인 의미로 받아들이지 않음, 대상자의 말을 반복해서 이야기함, 이용 가능한 모든 단서를 활용함, 격려하고 칭찬함

- 말기 : 마주 보며 이야기함, 대상자의 이름을 부르면서 이야기를 시작하고 요양보호사 자신의 이름을 말함, 좋아했던 음악을 함께 듣고 책을 읽음, 편안하고 부드러운 모습으로 이야기함, 낮은 톤으로 다정하고 차분하며 천천히 분명하게 말함, 대상자가 응답하지 않더라도 계속해서 이야기함, 모든 것을 듣고 있다고 가정함, 방 안에 아무도 없는 것처럼 이야기하지 않음, 신체적 접촉을 적절히 활용하며 비언어적 메시지를 확인함, 이야기하는 모든 것에 반응함, 대화가 끝난 뒤 항상 마무리 인사를 함

11. 인지자극 훈련

① 인지자극 훈련의 개요
대상자의 전반적인 인지기능 개선, 우울감을 포함한 정신행동 증상 개선, 일상생활 능력 유지 및 향상, 삶의 질 향상, 가족의 수발 부담 줄임

② 인지기능 수준별 인지자극 훈련
- 기억력, 지남력, 판단력, 집중력, 억제력, 계산력, 시공간능력, 언어능력을 사용하게 하는 프로그램이면 어떤 것이라도 인지자극 훈련 프로그램이 될 수 있음
- 인지기능에 문제가 없는 대상자: 뇌 건강 일기 쓰기, 빈칸 채우기, 물건값 계산하기, 특정 글자 고르기
- 경증 인지기능 장애 대상자: 언어의 유창성과 자발성을 높이기 위한 프로그램, 여러 가지 단어 말하기, 그림과 숫자 짝지어 기억하기, 물건 보며 과거 회상하기, 똑같이 그리기, 점선으로 옮겨 그리기, 손 모양 똑같이 만들기, 선 따라 그리기
- 중증 인지기능 장애 대상자: 흩어진 낱글자로 단어 만들기, 악기 연주하기, 선 따라 그리고 찢기, 똑같이 그리기, 따라 그리기, 이름 맞히기, 똑같은 모양 만들기, 숫자 찾아 체크하기, 인사말 연결하기

치매 관련 얘기나 동영상을 보면 마음이 무거워지고 계속 눈물이 납니다. 제가 씩씩해야 저희 엄마도 괜찮겠죠? 치매 가족과 함께 있는 모든 가족분들을 응원합니다.

[출처] 요양보호사 자격증 대비 용어정리 제3장 요양보호 각론 V. 치매 요양보호|작성자 금손지니

요양보호사 자격시험 예상문제

❶유형

■ 각 문제에서 가장 적합한 답을 하나만 고르시오.

> 요양보호론(필기시험)

1. 다음과 같은 노년기의 특성은?

   - 환경이 새롭게 변화하는 것을 두려워함
   - 나이가 들면서 자신에게 익숙한 습관을 고수함

   ① 의존성의 증가
   ② 경직성의 증가
   ③ 사회성의 증가
   ④ 우울감의 증가
   ⑤ 과거 회상의 증가

2. 건강한 노화를 위한 방법으로 옳은 것은?
   ① 여가활동을 점차 줄인다.
   ② 뇌에 자극을 주는 활동을 한다.
   ③ 체면을 위해 애정 표현은 삼간다.
   ④ 프라이버시를 위해 대인관계를 자제한다.
   ⑤ 체력증진을 위해 매시간 고강도 운동을 한다.

3. 노인장기요양보험제도의 목적은?
   ① 직업능력 개발을 통한 고용 촉진
   ② 최저생활 보장을 통한 자활의욕 고취
   ③ 안정적 노후를 위한 소득보장체계 마련
   ④ 업무상 재해 보상을 통한 사회복귀 지원
   ⑤ 일상생활이 어려운 노인의 가사 및 신체활동 지원

❶유형

4. 노인장기요양인정 신청 및 판정 절차에 대한 설명으로 옳은 것은?

① 최종 등급 판정은 장기요양기관에서 한다.
② 방문조사는 교육을 이수한 장기요양기관 직원이 한다.
③ 지자체는 장기요양인정서를 국민건강보험공단에 제출한다.
④ 결핵으로 신체활동이 어려운 60세 남자는 급여 대상자이다.
⑤ 표준장기요양이용계획서는 국민건강보험공단이 수급자에게 제공한다.

5. 장기요양급여 중 시설급여에 해당하는 것은?

① 단기보호
② 복지용구
③ 가족요양비
④ 주·야간보호
⑤ 노인요양공동생활가정

6. 요양보호사가 관찰자 역할을 수행한 것은?

① 대상자의 입장에서 편들어 준다.
② 기관장에게 대상자 정보를 전달한다.
③ 지식과 기술로 대상자의 불편함을 경감한다.
④ 대상자의 맥박, 호흡 및 심리적 변화를 살핀다.
⑤ 대상자가 능력을 최대한 발휘하도록 지지한다.

7. 노인장기요양보험 표준서비스 중 정서지원서비스를 제공한 것은?

① 목욕을 도왔다.
② 외출 시 동행하였다.
③ 생활상담을 해 주었다.
④ 체위를 변경해 주었다.
⑤ 화장실 이용을 도왔다.

8. 다음 사례는 시설대상자의 권리 중 어떤 것에 위배 되는가?

> 대 상 자 : 매트리스가 푹 꺼져서 허리도 아프고, 잠도 안 와.
> 요양보호사 : 어쩔 수 없어요. 여기는 모두 같은 매트리스를 사용하고 계시니 그냥 쓰세요.

① 신체구속을 받지 않을 권리
② 사생활과 비밀보장에 관한 권리
③ 차별 및 노인학대를 받지 않을 권리
④ 안락하고 안전한 생활환경을 제공받을 권리
⑤ 자신의 재산과 소유물을 스스로 관리할 권리

9. 다음 내용에 해당하는 노인학대 유형은?

> • 물건을 파손하는 행위로 위협함
> • 집 밖으로 나가지 못하게 통제함

① 방임
② 유기
③ 신체적 학대
④ 정서적 학대
⑤ 경제적 학대

10. 다음 상황에서 요양보호사의 대처로 옳은 것은?

> 목욕시킬 때마다 대상자가 요양보호사의 엉덩이를 만져서 심한 성적 불쾌감을 느꼈다.

① 피해사실을 혼자만 알고 있다.
② 성적행동을 못 하도록 단호하게 말한다.
③ 노인이 되면 그럴 수 있다고 넘어간다.
④ 기분이 나쁘다며 감정적으로 대응한다.
⑤ 동료 요양보호사와 대상자를 서로 바꾼다.

❶유형

11. 다음 중 언어적 성희롱에 해당하는 행위는?
① 뒤에서 껴안는다.
② 가슴부위를 만진다.
③ 음란한 사진을 보여 준다.
④ 자신의 성기를 보여 준다.
⑤ 과거 성관계 사실을 묻는다.

12. 요양보호사의 직업윤리로 옳은 것은?
① 자신이 믿는 종교를 갖도록 강요한다.
② 서비스에 대한 물질적 보상을 요구한다.
③ 업무효율을 위해 권위적인 태도를 유지한다.
④ 요양보호사와 대상자가 대등한 관계임을 인식한다.
⑤ 예의 바른 태도는 거리감을 유발하므로 자제한다.

13. 대상자 가족이 정해진 요양보호 시간 외에 추가 서비스를 요청할 때 대처방법은?
① 기관장에게 보고한다.
② 다른 기관에 연계한다.
③ 고민해 보겠다고 말한다.
④ 친한 동료에게 부탁한다.
⑤ 가족의 요구를 들어준다.

14. 요양보호사가 직업윤리를 준수한 사례는?
① 제공해야 할 서비스 내용을 사전에 확인한다.
② 대상자의 미미한 변동사항은 보고를 생략한다.
③ 서비스를 제공하고 며칠 후에 한꺼번에 기록한다.
④ 업무 외 장소에서 대상자에 관한 이야기를 나눈다.
⑤ 요양보호사의 주관적 판단에 따라 업무를 수행 한다.

15. 요양보호사가 지켜야 하는 행동 규범은?

① 좋은 복지 용구는 직접 판매한다.

② 기관장의 지시는 선택하여 따른다.

③ 대상자의 사적 정보를 외부기관과 공유한다.

④ 급한 경우 보고 없이 근무지를 비울 수 있다.

⑤ 서비스 제공과 관련된 기술을 지속적으로 습득 한다.

16. 요양보호사가 업무를 수행할 때 근골격계 질환 발생 위험이 적은 경우는?

① 무거운 물건을 드는 경우

② 불편한 자세로 작업하는 경우

③ 반복적으로 같은 동작을 하는 경우

④ 어두운 조명에서 야간 작업을 하는 경우

⑤ 미끄럽지 않고 편평한 바닥에서 작업하는 경우

17. 옴에 감염된 대상자를 돕는 방법으로 옳은 것은?

① 공용 혈압계를 사용한다.

② 맨손으로 가려운 곳을 긁어 준다.

③ 증상이 있는 부위에만 약을 바른다.

④ 대상자가 사용한 침구류를 다른 대상자의 물품과 함께 세탁한다.

⑤ 대상자와 접촉한 사람은 증상 유무와 상관없이 함께 동시에 치료한다.

18. 노인성 질환의 특성은?

① 경과가 짧다.

② 원인이 명확하다.

③ 초기 진단이 용이하다.

④ 합병증이 동반되기 쉽다.

⑤ 정상적인 노화과정과 구분하기 쉽다.

19. 대상자에게 변비를 일으킬 수 있는 요인으로 옳은 것은?

① 수분 섭취 증가

② 신체 활동 증가

③ 복부 근력 강화

④ 마약성 진통제 복용

⑤ 규칙적인 배변습관

20. 노화에 따른 호흡기계 변화로 옳은 것은?

① 폐활량 증가

② 기침반사 증가

③ 섬모운동 감소

④ 코점막의 건조함 감소

⑤ 기관지 내 분비물 감소

21. 복압성 요실금이 있는 대상자를 돕는 방법으로 옳은 것은?

① 비만관리를 한다.

② 웃음요법을 권장한다.

③ 매일 줄넘기를 시킨다.

④ 수분 섭취를 제한한다.

⑤ 식이섬유소가 적은 음식을 제공한다.

22. 수정체가 혼탁해져 빛이 들어가지 못하고 사물이 뿌옇게 보이게 되는 질환은?

① 결막염

② 녹내장

③ 백내장

④ 망막염

⑤ 안구건조증

23. 뇌졸중에 대한 설명으로 옳은 것은?

① 도파민의 부족으로 발생한다.

② 좌뇌가 손상되면 좌측마비가 발생한다.

③ 측두엽이 손상되면 술 취한 사람처럼 비틀거린다.

④ 안정 시 떨림, 무표정한 얼굴이 특징적으로 나타난다.

⑤ 뇌로 혈액을 공급하는 혈관이 막히거나 터져서 발생 한다.

24. 당뇨병 대상자의 발 관리 방법으로 옳은 것은?

① 발톱은 일자로 자른다.

② 꼭 끼는 신발을 신는다.

③ 양말을 벗고 맨발로 다닌다.

④ 발을 씻은 후에 물기는 남겨 둔다.

⑤ 발에 열패드를 대어 주어 보온한다.

25. 노인에게 영양 문제가 발생하는 요인으로 옳은 것은?

① 칼슘 흡수력 증가

② 소화액 분비 증가

③ 삼키는 능력 증가

④ 구강 건조증 감소

⑤ 갈증에 대한 반응 저하

26. 노인이 운동을 기피하는 요인으로 옳은 것은?

① 낙상에 대한 두려움이 있다.

② 자극에 대한 반응이 빠르다.

③ 관절의 가동범위가 증가한다.

④ 폐조직의 탄력성이 증가한다.

⑤ 심장근육의 수축력이 강해진다.

27. 철분제 복용을 돕는 방법으로 옳은 것은?
① 녹차에 타서 복용하게 한다.
② 오렌지주스와 함께 복용하게 한다.
③ 어지럼증이 있을 때마다 복용하게 한다.
④ 코팅된 약을 삼키기 힘들 때는 쪼개서 복용하게 한다.
⑤ 복용을 잊은 경우 2회 용량을 한꺼번에 복용하게 한다.

28. 숙면을 돕는 방법으로 옳은 것은?
① 오후에 카페인 음료를 준다.
② 잠이 올 때까지 텔레비전을 보게 한다.
③ 밤잠이 부족한 경우 낮잠을 자게 한다.
④ 매일 일정한 시간에 잠자리에 들게 한다.
⑤ 잠자기 직전에 과격한 운동을 하게 한다.

29. 금연 후 나타나는 변화로 옳은 것은?
① 성기능이 감소한다.
② 기대수명이 감소한다.
③ 손상된 폐기능이 악화된다.
④ 심장병 발생 위험이 감소한다.
⑤ 혈중 산소량이 정상보다 감소한다.

30. 노인이 10년마다 추가로 받아야 하는 예방접종은?
① 결핵
② 홍역
③ 폐렴구균
④ 디프테리아
⑤ 인플루엔자

31. 폭염에 노출되었을 때의 안전수칙으로 옳은 것은?

① 야외 활동을 격려한다.
② 따뜻한 물로 통목욕을 시킨다.
③ 시원한 물을 천천히 마시게 한다.
④ 구강으로 섭취하는 음식물의 양을 늘린다.
⑤ 두꺼운 담요를 덮어 체온 손실을 예방한다.

32. 상황이 급하거나 사안이 가벼울 때 활용할 수 있는 업무보고 형식은?

① 구두보고
② 서면보고
③ 주간보고
④ 월례회의보고
⑤ 정기업무보고

33. 요양보호사가 업무 내용을 기록하는 목적은?

① 서비스의 연속성 유지
② 업무에 대한 책임 회피
③ 대상자의 개인정보 공유
④ 보호자와의 밀착 관계 형성
⑤ 기관중심의 서비스 계획 수립

34. 임종이 가까운 대상자에게 나타나는 신체적 변화는?

① 호흡이 규칙적이다.
② 소변량이 감소한다.
③ 사지가 따뜻해진다.
④ 근긴장도가 증가한다.
⑤ 잠자는 시간이 줄어든다.

35. 임종을 앞둔 대상자가 다음과 같이 말할 때의 임종 적응 단계는?

> 대상자 : 내게 이런 일이 벌어졌어. 그렇지만 우리 아이가 결혼할 때까지만 살게 해 주세요

① 부정
② 분노
③ 타협
④ 우울
⑤ 수용

요양보호(실기시험)

36. 경관영양을 하는 대상자를 돕는 방법으로 옳은 것은?

① 청색증이 나타나면 비위관을 제거한다.

② 구토 증상이 있으면 주입 속도를 늦춘다.

③ 영양액 주머니를 위장보다 높은 위치에 건다.

④ 영양액을 분당 100 mL가 들어가도록 주입한다.

⑤ 영양액 주머니를 하루에 한 번 세척하여 말린다.

37. 누워 있는 왼쪽 편마비 대상자의 식사를 돕는 방법으로 옳은 것은?

① 식사 도중에 맛이 어떤지 물어본다.

② 오른쪽을 베개나 쿠션으로 지지해 준다.

③ 왼쪽 입에 빨대를 고정시켜 국물을 제공한다.

④ 음식을 반 정도 삼키면 다음 음식을 넣어 준다.

⑤ 오른쪽을 밑으로 하여 옆으로 누운 자세를 취하게 한다.

38. 약물의 성분과 효과가 유지되도록 보관하는 방법으로 옳은 것은?

① 귀약은 냉동고에 보관한다.

② 알약은 건조한 곳에 보관한다.

③ 안약은 햇볕이 잘 드는 곳에 보관한다.

④ 가루약은 물약에 녹여 서늘한 곳에 보관한다.

⑤ 갈색 병에 들어 있는 물약은 직사광선이 드는 곳에 보관한다.

39. 대상자에게 안연고를 투약하는 방법으로 옳은 것은?

① 투약한 후 눈을 가볍게 문질러 준다.
② 눈의 바깥쪽에서 안쪽 방향으로 투여한다.
③ 안연고 투약 후 비루관을 가볍게 눌러 준다.
④ 뚜껑을 열 때 처음 나오는 연고부터 사용한다.
⑤ 눈꺼풀 밖으로 나온 연고는 생리식염수를 적신 멸균 솜으로 닦아 낸다.

40. 정맥 주사 바늘을 제거한 부위를 알코올 솜으로 비비지 않고 누르는 이유는?

① 통증 감소
② 부종 예방
③ 흉터 예방
④ 피멍 발생 예방
⑤ 약물 흡수 촉진

41. 거동이 불편한 대상자가 화장실을 안전하게 사용 하도록 돕는 방법으로 옳은 것은?

① 변기 옆에 안전손잡이를 설치한다.
② 용변을 마칠 때까지 다른 용무를 본다.
③ 화장실은 눈이 부시지 않도록 조명을 어둡게 한다.
④ 화장실 앞에 화분을 놓아 화장실 위치를 표시한다.
⑤ 밤에는 수면에 방해되지 않도록 화장실 표시등을 꺼 둔다.

42. 침대에서 누워 지내는 대상자의 침상 배설을 돕는 방법은?

① 배변 후 물티슈로 닦고 바로 옷을 입힌다.
② 뒤처리할 때 뒤쪽에서 앞쪽으로 닦아 준다.
③ 항문이 변기 중앙에 위치하도록 대어 준다.
④ 배에 힘을 주기 쉽도록 침대 머리를 낮춰 준다.
⑤ 배설물에 피가 섞여 나오면 대상자에게 확인시킨 후 버린다.

43. 대상자가 이동변기에 배설할 때 돕는 방법으로 옳은 것은?

① 변기통 안에 화장지를 깔아 준다.

② 배설물을 아침저녁으로 처리한다.

③ 이동변기의 높이를 침대보다 높게 한다.

④ 이동변기 옆에 미끄럼방지매트를 깔아 준다.

⑤ 두 발이 바닥에 닿지 않게 이동변기에 앉힌다.

44. 유치도뇨관을 삽입하고 있는 대상자를 돕는 방법으로 옳은 것은?

① 소변주머니는 허리보다 높은 위치에 둔다.

② 금기 사항이 없으면 수분 섭취를 권장한다.

③ 소변이 밖으로 새는 경우 유치도뇨관을 제거한다.

④ 유치도뇨관이 방광에 고정되어 있는지 당겨서 확인한다.

⑤ 유치도뇨관을 유지하고 있는 동안에는 움직임을 제한한다.

45. 기저귀를 사용하는 대상자를 돕는 방법으로 옳은 것은?

① 기저귀를 하루에 세 번 교환한다.

② 둔부에 발적이 있으면 연고를 발라 준다.

③ 오염된 기저귀는 바깥 면이 보이도록 말아서 버린다.

④ 바지를 내린 후 면 덮개를 덮고 기저귀를 교환 한다.

⑤ 허리를 들 수 없으면 엎드린 채로 기저귀를 교환 한다.

46. 대상자의 구강 청결을 돕는 방법으로 옳은 것은?

① 입안을 닦아낼 때는 목젖까지 닦는다.

② 일회용 스펀지에 치약을 묻혀 닦는다.

③ 대상자를 똑바로 눕힌 자세에서 닦는다.

④ 구강 점막에 염증이 있으면 구강청정제로 닦는다.

⑤ 위쪽 잇몸과 이를 닦은 후 아래쪽 잇몸과 이를 닦는다.

47. 두발전용세정제를 사용하여 대상자의 머리를 청결 하게 하는 방법으로 옳은 것은?

① 머리를 물로 적신 후 두발전용세정제를 충분히 발라 준다.

② 두발전용세정제를 바른 후 거품이 나게 마사지 한다.

③ 따뜻한 물로 머리때와 기름기를 씻어 낸다.

④ 두발전용세정제를 사용한 후 린스로 헹군다.

⑤ 젖은 수건으로 충분히 닦아 준다.

48. 대상자의 목욕을 도울 때 따뜻한 물을 자주 뿌려 주는 이유는?

① 피부 보습

② 체온 유지

③ 각질 제거

④ 염증 반응 감소

⑤ 호르몬 분비 촉진

49. 대상자의 침상 세면을 돕는 방법으로 옳은 것은?

① 침대를 수평으로 하여 눕힌다.

② 눈곱이 있는 눈을 먼저 닦는다.

③ 코, 뺨, 눈, 귀, 목 순서로 닦는다.

④ 면봉으로 귀 안쪽을 깊숙이 닦는다.

⑤ 코털이 코 밖으로 나와 있으면 깎아 준다.

50. 편마비 대상자의 하의를 갈아입힐 때 벗기는 순서로 옳은 것은?

> 가. 두 팔과 두 발을 바닥에 지지하고 엉덩이를 들어 올리게 한다.
> 나. 마비된 쪽을 벗긴다.
> 다. 건강한 쪽을 벗긴다.
> 라. 두 다리를 모아 무릎을 세운다

① 라 → 가 → 나 → 다
② 라 → 가 → 다 → 나
③ 다 → 라 → 가 → 나
④ 다 → 가 → 라 → 나
⑤ 나 → 라 → 가 → 다

51. 거동이 불편한 대상자의 체위변경을 돕는 방법으로 옳은 것은?

① 도넛베개로 천골부위를 지지한다.
② 욕창이 있으면 체위변경 횟수를 늘린다.
③ 딱딱하고 표면이 거친 쿠션을 받쳐 준다.
④ 대상자의 옷을 잡아당겨 체위를 변경한다.
⑤ 의자에서는 2시간마다 체위를 바꾸어 준다.

52. 사지마비 대상자를 침상에서 일으켜 앉힐 때 지지해야 하는 신체 부위는?

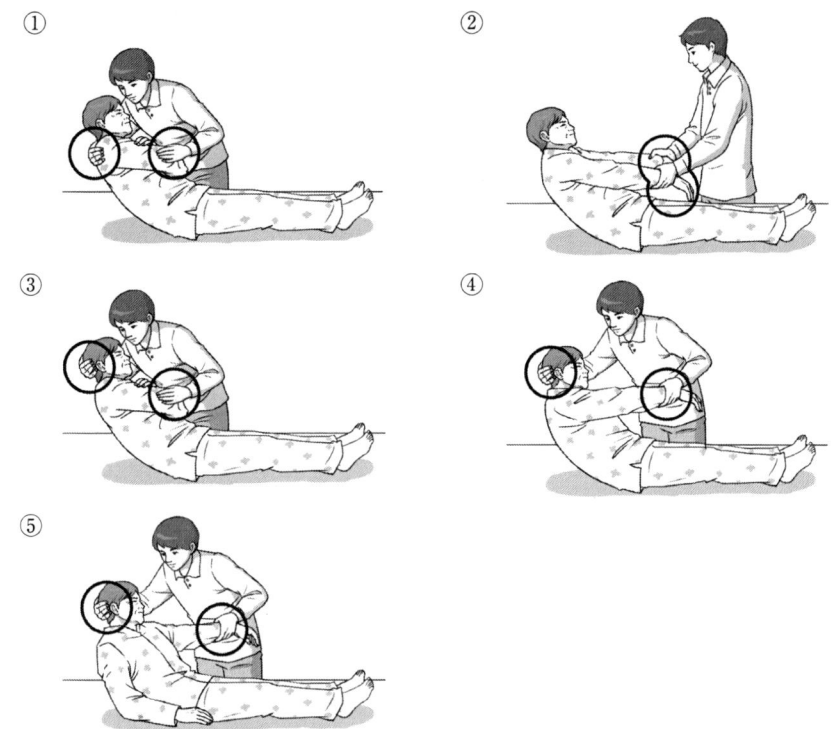

53. 대상자를 휠체어에서 자동차로 이동시키는 순서는?

> 가. 휠체어를 자동차와 비스듬하게 되도록 놓는다.
> 나. 대상자의 엉덩이를 휠체어 앞쪽으로 이동시켜 두 발이 지면에 닿게 내려놓는다
> 다. 요양보호사의 무릎으로 대상자의 마비 쪽 무릎을 지지하면서 일으켜 자동차 시트에 앉힌다.
> 라. 휠체어의 잠금장치를 고정한다.
> 마. 대상자의 엉덩이를 좌우로 이동시켜 자동차 시트에 깊숙이 앉게 한다.

① 가 → 나 → 다 → 라 → 마
② 가 → 나 → 라 → 다 → 마
③ 가 → 다 → 나 → 라 → 마
④ 가 → 라 → 나 → 다 → 마
⑤ 가 → 라 → 다 → 나 → 마

54. 왼쪽 편마비 대상자가 바닥에서 휠체어로 이동할 때 돕는 방법은?

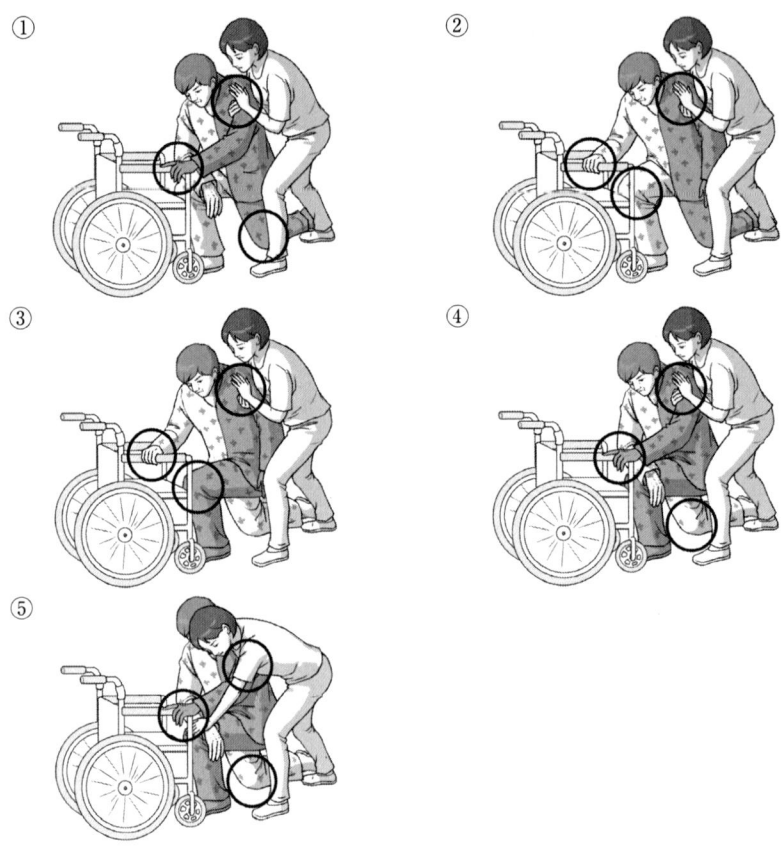

55. 보행벨트를 사용하여 편마비 대상자의 보행을 돕는 방법으로 옳은 것은?

① 고무받침이 닳았는지를 확인한다.

② 보행벨트를 가슴 위치에 고정한다.

③ 보행벨트를 대상자의 피부에 밀착시켜 고정한다.

④ 대상자의 마비 쪽 뒤에서 보행벨트 손잡이를 잡는다.

⑤ 건강한 쪽 보행벨트 손잡이는 대상자 스스로 잡게 한다.

56. 다음 복지용구의 용도로 옳은 것은?

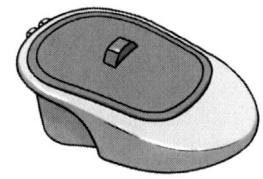

① 침상에서 용변 해결하기
② 누운 자세에서 머리 감기기
③ 침상 옆에 놓고 앉아 배설하기
④ 신체 압력을 분산하여 욕창을 예방하기
⑤ 자세변환 후 신체부위를 편안하게 지지하기

57. 대상자의 감염을 예방하기 위한 물품 관리 방법으로 옳은 것은?

① 카테터 등 고무제품은 햇볕에 말린다.
② 사용한 물품은 모아서 한꺼번에 소독한다.
③ 가래가 담긴 흡인병은 주 1회 깨끗이 닦는다.
④ 혈액이 묻은 물품은 더운물로 닦고 찬물로 헹군다.
⑤ 사용한 카테터는 분비물이 빠지도록 물에 담가 둔다.

58. 재가대상자의 낙상을 예방하는 방법으로 옳은 것은?

① 길고 헐렁한 옷을 입힌다.
② 전기코드는 바닥에 고정한다.
③ 크기가 넉넉한 신발을 신긴다.
④ 취침 시 침대는 허리 높이로 맞춘다.
⑤ 조명은 자다가 깨도 켤 수 있도록 가까이 둔다.

59. 화재가 발생했을 때 소화기를 사용하는 순서로 옳은 것은?

(가)   (나)   (다)   (라)

① 가 → 나 → 라 → 다
② 가 → 라 → 나 → 다
③ 나 → 가 → 다 → 라
④ 나 → 라 → 가 → 다
⑤ 라 → 가 → 나 → 다

60. 고혈압 대상자에게 제공할 수 있는 저염 조리음식은?
① 간장에 재운 깻잎장아찌
② 묵은지를 넣은 부대찌개
③ 카레가루를 입혀 구운 삼치
④ 우렁이를 넣고 끓인 강된장
⑤ 고추장으로 버무린 오이지무침

61. 재가대상자의 주거환경을 안전하게 관리하는 방법으로 옳은 것은?
① 얼굴을 비추도록 조명을 설치한다.
② 다리 간격이 넓은 식탁을 사용한다.
③ 거실과 방이 구분되도록 문턱을 설치한다.
④ 사용하기 편하도록 깊은 욕조를 선택한다.
⑤ 열고 닫기 편하도록 둥근형 문고리를 설치한다.

62. 대상자가 외출할 때 동행하는 방법으로 옳은 것은?
① 구체적인 외출계획을 세운다.
② 보호자의 요구 사항을 우선시한다.
③ 요양보호사의 개인 업무를 병행한다.
④ 외출의 만족 정도를 보호자에게 확인한다.
⑤ 예기치 못한 일이 발생할 경우 동료 요양보호사와 상의한다.

63. 인지기능이 저하된 치매대상자의 일상생활을 돕는 방법으로 옳은 것은?
① 새로운 습관을 갖도록 도와준다.
② 여가활동을 침상에서 하게 한다.
③ 가구를 바꾸어 기분전환을 돕는다.
④ 익숙한 사람과 규칙적인 생활을 하게 한다.
⑤ 할 수 있는 일을 서서히 줄여 대신해 준다.

64. 치매대상자가 시설에서 반복적으로 "집에 언제 가요?"라고 할 때 대처방법으로 옳은 것은?
① 질문을 못 들은 척한다.
② 시설의 규칙을 설명한다.
③ 마당에 꽃을 보러 나가자고 한다.
④ 복잡한 일거리를 주어 집중하게 한다.
⑤ 가족을 기다릴 수 있도록 문 앞에 의자를 놓아 준다.

65. 치매대상자의 음식 섭취를 돕는 방법으로 옳은 것은?
① 배회가 있는 대상자는 섭취 열량을 줄인다.
② 특정 음식을 좋아하면 계속 그 음식을 준다.
③ 배고픔을 호소할 때마다 음식을 충분히 준다.
④ 손잡이가 작고 가벼운 숟가락을 사용하게 한다.
⑤ 치매 말기에는 갈거나 으깬 걸쭉한 음식을 준다.

66. 집 안에서 배회하는 치매대상자를 돕는 방법으로 옳은 것은?

① 방을 바꾸어 준다.
② 창문을 열어 환기한다.
③ 집 안 조명을 어둡게 한다.
④ 텔레비전을 크게 켜 놓는다.
⑤ 자녀와의 추억에 대해 이야기한다.

67. 밤에 숙면할 수 있도록, 낮에 졸고 있는 치매대상자를 돕는 방법으로 옳은 것은?

① 실내를 어둡게 한다.
② 침대로 가서 눕게 한다.
③ 조용한 음악을 틀어 준다.
④ 주기적으로 말을 걸어 준다.
⑤ 어깨를 흔들며 큰 소리로 깨운다.

68. 망상이 있는 치매대상자가 다음과 같이 말할 때 대처방법으로 옳은 것은?

> 치매대상자 : 내 밥에 농약을 넣었어! 죽을까 봐 안 먹어.
> 요양보호사 : (   )

① "누가 넣었다고 생각하세요?"
② "그럼 지금 경찰에 신고할게요."
③ "안 넣었으니까 안심하고 드세요."
④ "왜 농약을 넣었다고 생각하세요?"
⑤ "제가 먼저 먹어 볼게요. 같이 드세요."

69. 목욕을 시키기 위해 치매대상자의 옷을 벗기려 하자 거칠게 발버둥칠 때 대처방법으로 옳은 것은?

① 혼자서 목욕하라고 말한다.
② 행동을 신속하게 제지한다.
③ 목욕하기 싫은 이유를 물어본다.
④ 여러 요양보호사와 함께 목욕을 시킨다.
⑤ 목욕을 중지하고 조용한 방에서 쉬게 한다.

70. 치매대상자가 해 질 녘만 되면 다른 대상자의 사물함에서 옷을 꺼낼 때 대처방법으로 옳은 것은?

① "어르신 옷을 같이 찾아봐요."라며 이끈다.
② "왜 남의 옷을 가져가세요!"라며 소리친다.
③ "옷은 내일 찾고 주무세요."라고 하며 조명을 끈다.
④ "남의 옷에 손을 대면 안 돼요."라며 옷을 정리 한다.
⑤ "자꾸 이러시면 독방으로 가셔야 해요."라며 단호 하게 말한다.

71. 치매대상자가 바지를 내려 성기를 노출하고 있을 때 대처방법으로 옳은 것은?

① "추운데 왜 옷을 벗으세요?"
② "이러시면 참 당황스러워요."
③ "바지가 불편하신가 보네요."
④ "어린아이처럼 행동하지 마세요!"
⑤ "지금 저에게 성희롱하는 거예요!"

72. 대상자와 비언어적 의사소통을 하는 방법으로 옳은 것은?

① 팔짱을 끼고 앉는다.
② 손가락으로 지적한다.
③ 시선을 한곳에 고정한다.
④ 대화 중간에 긴 침묵을 갖는다.
⑤ 대상자를 향해 몸을 약간 기울인다.

73. 다음 상황에서 '나-전달법'을 적용한 반응으로 옳은 것은?

> 대상자 : (누워서 텔레비전을 바라보며) 나가기 귀찮아.
> 그냥 누워 있을래.
> 요양보호사 : (   )

① "네, 그러면 다음에 나가요."
② "이렇게 누워만 계시면 큰일 나요."
③ "무슨 일 있으세요? 많이 우울하세요?"
④ "누워만 계시니 근력이 떨어질까 봐 걱정돼요."
⑤ "저도 오늘 같은 날은 그냥 누워 있고 싶네요."

74. 시각장애 대상자와 의사소통하는 방법으로 옳은 것은?

① 요양보호사를 중심으로 방향을 설명한다.
② 촉각을 이용하여 사물에 대한 정보를 전달한다.
③ 대상자를 만나면 말보다 신체 접촉을 먼저 한다.
④ 이쪽, 저쪽 등의 지시대명사를 사용하여 대화한다.
⑤ 대상자와 마주 보고 눈짓으로 신호를 주며 대화 한다.

75. 청각 기능이 저하된 대상자와 의사소통하는 방법으로 옳은 것은?

① 고음의 큰 소리로 말한다.
② 빠른 속도로 반복하여 말한다.
③ 친근하게 느끼도록 반말로 말한다.
④ 대상자의 귀에 대고 속삭이듯 말한다.
⑤ 밝은 장소에서 입을 크게 벌리며 말한다.

76. 지남력장애가 있는 대상자와 의사소통하는 방법으로 옳은 것은?

① 주의사항에 대해 자세히 설명한다.

② 대상자의 미래 계획을 함께 세운다.

③ 대중 매체에 나오는 신조어를 사용한다.

④ 장소, 날짜, 시간에 대해 자주 인식시킨다.

⑤ 친밀감을 표현하기 위해 별명을 사용한다.

77. 대상자가 떡을 먹던 중 갑자기 양손으로 목을 잡고 괴로워할 때 대처방법으로 옳은 것은?

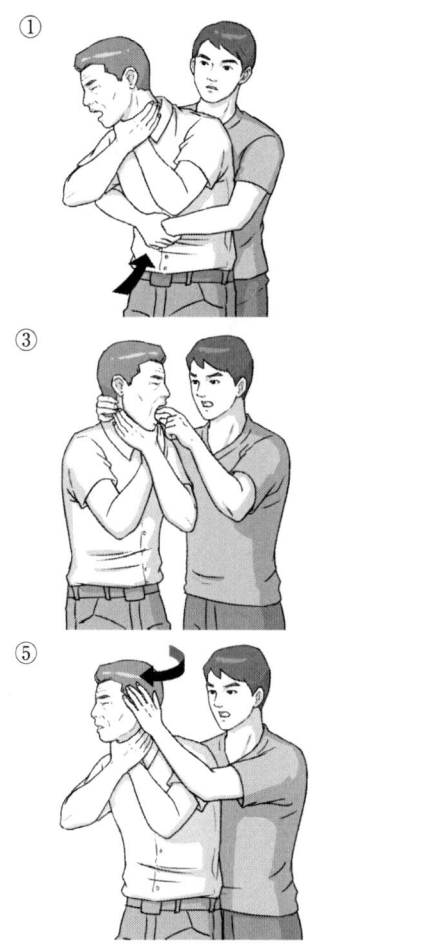
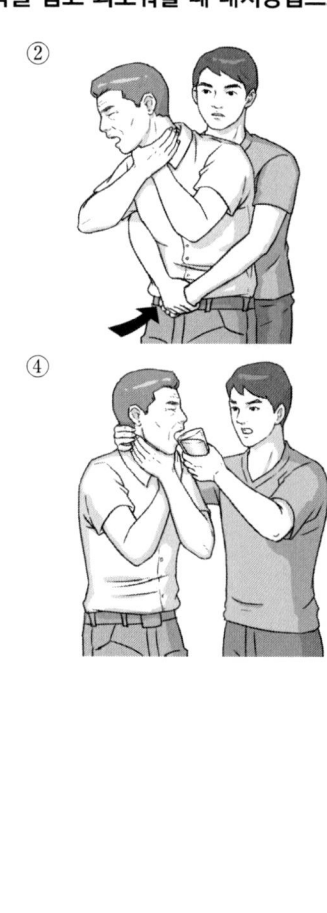

78. 손목 골절이 의심되는 대상자를 위한 응급처치 방법으로 옳은 것은?

① 냉찜질을 한다.
② 손목을 움직여 보게 한다.
③ 튀어나온 뼈를 눌러 준다.
④ 구부러진 손목관절은 펴 준다.
⑤ 손상부위는 심장보다 낮게 한다.

79. 대상자에게 심폐소생술을 할 때 자동심장충격기를 사용하는 방법으로 옳은 것은?

① 왼쪽 빗장뼈 밑과 오른쪽 중간겨드랑선에 패드를 붙인다.
② 패드를 붙인 후 전원을 켠다.
③ 심장리듬 분석 중에는 인공호흡을 한다.
④ 제세동을 위한 충전 중에는 가슴압박을 한다.
⑤ 충격이 전달된 즉시 대상자의 반응과 호흡을 재확인 한다.

80. 의식을 잃고 쓰러져 있는 대상자에게 심폐소생술을 시행하는 방법으로 옳은 것은?

① 분당 60회의 속도로 가슴을 압박한다.
② 얼굴을 옆으로 돌려 기도를 개방한다.
③ 양팔의 팔꿈치를 곧게 펴서 가슴을 압박한다.
④ 대상자의 가슴이 약 2 cm 눌릴 수 있게 살짝 압박 한다.
⑤ 반응확인 → 가슴압박 → 도움요청 → 기도유지 순으로 실시한다.

요양보호사 자격시험 ❶유형 정답

1	2	2	2	3	5	4	5	5	5
6	4	7	3	8	4	9	3	10	2
11	5	12	4	13	1	14	1	15	5
16	5	17	5	18	4	19	4	20	3
21	1	22	3	23	5	24	1	25	5
26	1	27	2	28	4	29	4	30	4
31	3	32	1	33	1	34	2	35	3
36	3	37	5	38	2	39	5	40	4
41	1	42	3	43	1	44	2	45	3
46	5	47	2	48	2	49	5	50	2
51	2	52	1	53	4	54	2	55	4
56	1	57	5	58	5	59	4	60	3
61	2	62	1	63	4	64	3	65	5
66	5	67	4	68	5	69	5	70	1
71	3	72	5	73	4	74	2	75	5
76	4	77	1	78	1	79	4	80	3

요양보호사 자격시험 예상문제

❷유형

■ 각 문제에서 가장 적합한 답을 하나만 고르시오

요양보호론(필기시험)

1. 노년기의 심리적 특성으로 옳은 것은?

① 외향성이 나타난다.
② 의존성이 증가한다.
③ 의사 결정이 빠르다.
④ 친근한 사물에 대한 애착이 사라진다.
⑤ 일을 처리할 때 새로운 방식을 선호한다.

2. 수정확대가족의 특징으로 옳은 것은?

① 조부모와 손자녀로 구성되어 있다.
② 결혼한 자녀와 부모가 함께 거주한다.
③ 노인과 친인척 간에 교류가 활발하다.
④ 부모 중 한 명과 미성년 자녀가 함께 산다.
⑤ 성인 자녀가 근거리에 살면서 노부모를 보살핀다.

3. 노인장기요양보험 급여 대상자는?

① 백내장 수술을 한 65세 남자
② 관절염으로 수술을 한 70세 여자
③ 골절로 병원에 입원 중인 60세 남자
④ 혼자서 일상생활이 가능한 75세 여자
⑤ 뇌경색으로 일상생활이 어려운 50세 남자

4. 노인장기요양인정 절차에 관한 설명으로 옳은 것은?

① 지방자치단체에 장기요양인정을 신청한다.
② 신청자가 동의하면 사회복지전담공무원이 대신 신청할 수 있다.
③ 장기요양인정 방문조사는 등급판정위원회에서 실시한다.
④ 국민건강보험공단의 방문조사원이 장기요양등급을 1차로 판정한다.
⑤ 보건복지부는 1차 장기요양등급 판정 결과를 심의 하여 최종 판정한다.

5. 노인요양시설에서 대상자에게 장기요양급여를 제공한 후 비용을 청구하는 곳은?

① 보건복지부
② 지방자치단체
③ 근로복지공단
④ 국민건강보험공단
⑤ 중앙노인보호전문기관

6. 노인장기요양보험 표준서비스 중 개인활동지원서비스 내용에 해당하는 것은?

① 말벗
② 편지 대필
③ 구강관리 돕기
④ 청소 및 주변정돈
⑤ 관공서 방문 시 동행

7. 요양보호서비스 제공 원칙으로 옳은 것은?

① 대상자 가족 중심으로 서비스를 제공한다.
② 대상자가 자립생활을 할 수 있도록 지원한다.
③ 응급상황 시 우선순위에 따라 의료행위를 한다.
④ 대상자의 개인적 욕구보다 기관의 지침을 중시 한다.
⑤ 대상자의 상태가 달라지면 요양보호사가 서비스를 조정한다.

8. 다음에서 시설 권리는?

> • 대상자의 휴대전화 사용을 제한함
> • 사전 동의 없이 대상자의 사진을 촬영함

① 차별을 받지 않을 권리
② 신체구속을 받지 않을 권리
③ 충분한 정보를 제공받을 권리
④ 사생활과 비밀 보장에 관한 권리
⑤ 시설정보에 대한 접근성을 보장받을 권리

9. 인지기능을 상실한 노인을 고의적으로 가출하게 하는 학대유형은?
   ① 유기
   ② 자기방임
   ③ 정서적 학대
   ④ 신체적 학대
   ⑤ 경제적 학대

10. 요양보호사 채용 과정에서 기관장이 다음과 같이 말했을 때 요양보호사가 침해받은 권리는?

> 지원서를 보니 나이가 많아 어르신을 돌보는 업무가 힘들 것 같네요.

① 자유권
② 참정권
③ 평등권
④ 신체적 안전 보장 권리
⑤ 휴식 및 여가 보장 권리

❷유형

11. 다음에 해당하는 성희롱 유형은?

- 음란한 사진을 전송함
- 고의적으로 엉덩이를 노출함

① 육체적 성희롱
② 언어적 성희롱
③ 시각적 성희롱
④ 심리적 성희롱
⑤ 사회적 성희롱

12. 대상자에게 서비스를 제공할 때 요양보호사가 지켜야 할 직업윤리 원칙은?

① 개인의 선호를 인정한다.
② 대상자와 수직적인 관계를 유지한다.
③ 학대 발견 시 가족에게 알리지 않는다.
④ 업무에 협조하지 않을 경우 서비스를 종결한다.
⑤ 종교에 상관없이 시설 내 종교행사에 참석시킨다.

13. 요양보호사가 지켜야 하는 행동규범으로 옳은 것은?

① 장기요양기관을 알선한다.
② 자신의 활동이 모든 요양보호사를 대표한다고 생각한다.
③ 대상자로 인한 업무 고충을 보호자에게 토로한다.
④ 요양보호사의 개인적 용무는 서비스 제공 중에 처리한다.
⑤ 대상자의 건강상태가 악화될 경우 요양보호사가 스스로 해결한다.

14. 다음 상황에서 직업윤리를 준수한 요양보호사의 태도는?

> 서비스 제공 중 전화통화 내용을 우연히 듣게 된 요양보호사는 대상자의 사업 부도 사실을 알게 되었다.

① 대상자를 공감하며 위로한다.
② 다른 대상자에게 이야기한다.
③ 동료 요양보호사에게 전달한다.
④ 대상자에게 부도 사유를 묻는다.
⑤ 비밀로 유지하고 내색하지 않는다.

15. 재가대상자와 신뢰감을 형성하기 위한 방법은?

① 반말로 친근하게 대상자를 대한다.
② 시선을 맞추며 대상자와 대화를 한다.
③ 대상자 부재중에도 서비스를 시작한다.
④ 과도한 신체 접촉으로 친밀감을 표현한다.
⑤ 계획된 시간보다 연장해서 서비스를 제공한다.

16. 요양보호사에게 나타날 수 있는 수근관증후군에 관한 설명으로 옳은 것은?

① 밤에 통증이 완화된다.
② 손목을 굴곡시키면 통증이 감소된다.
③ 손목에서 팔꿈치까지 강직이 나타난다.
④ 손을 털면 저림과 통증이 완화될 수 있다.
⑤ 새끼손가락과 연결된 손바닥 감각이 둔해진다.

17. 감염 발생 가능성이 높은 요양보호사의 행위는?

① 손톱을 둥글고 짧게 자른다.
② 정기적으로 건강검진을 받는다.
③ 목욕 후 피부에 보습제를 바른다.
④ 비닐장갑을 끼고 흡인병을 비운다.
⑤ 손으로 입과 코를 가리고 기침한다.

18. 노화로 간기능이 변화되어 나타날 수 있는 결과는?

① 당내성 증가
② 타액 분비 증가
③ 칼슘 흡수 증가
④ 위산 분비 저하
⑤ 약물 대사 능력 저하

19. 시설대상자가 아침에 속이 쓰리다고 말할 때 요양보호사의 반응으로 옳은 것은?

① "지금 당장 병원에 가야 해요."
② "위장약을 먹어야 할 것 같네요."
③ "괜찮아요. 저는 아침마다 그래요."
④ "제가 현재 상태를 간호사에게 전할게요."
⑤ "위가 쉬어야 하니까 아침 식사를 거르세요."

20. 항결핵제 복용 방법에 관한 설명으로 옳은 것은?

① 2주 동안 복용한다.
② 증상이 없으면 복용량을 줄인다.
③ 약물 복용이 끝날 때까지 격리한다.
④ 주기적으로 간기능 검사를 하면서 복용한다.
⑤ 항결핵제 중 한 가지 약물을 복용하는 것이 원칙이다.

21. 노화에 따른 근골격계 변화는?

   ① 인대의 탄력성 감소
   ② 허리의 피하지방 감소
   ③ 뼈의 질량 증가
   ④ 다리의 지방 증가
   ⑤ 근육의 긴장도 증가

22. 전립선비대증의 증상에 해당하는 것은?

   ① 소변 줄기가 굵어진다.
   ② 배뇨 횟수가 감소한다.
   ③ 배뇨 후 잔뇨감이 없다.
   ④ 힘을 주어야 소변이 나온다.
   ⑤ 소변이 마려운 느낌이 없다.

23. 다음과 같은 특성이 있을 때 의심할 수 있는 질환은?

   • 수포가 피부 감각신경말단을 따라 띠 모양으로 나타남
   • 타는 듯한 느낌의 통증이 동반됨

   ① 건선
   ② 자반증
   ③ 대상포진
   ④ 피부건조증
   ⑤ 말초신경병

24. 노화로 나타날 수 있는 내분비계 변화는?
① 공복 혈당이 감소한다.
② 인슐린에 대한 민감성이 감소한다.
③ 기초대사율이 증가한다.
④ 포도당 대사 능력이 증가한다.
⑤ 갑상샘호르몬 분비가 증가한다.

25. 초기 단계의 경증 치매에서 나타나는 특징적인 증상은?
① 환각
② 대소변 실금
③ 단기기억력 저하
④ 신체 활동 제한
⑤ 의사소통 불가능

26. 파킨슨병에 관한 설명으로 옳은 것은?
① 뇌혈관이 좁아져서 발생한다.
② 고혈압이 주된 발병 원인이다.
③ 도파민이 과잉 분비되어 발생한다.
④ 안정 시 떨림과 근육경직이 나타난다.
⑤ 손상된 쪽 뇌의 반대편 신체에 영향을 미친다.

27. 대상자의 영양관리 방법으로 옳은 것은?
① 고염식이로 심장병을 예방한다.
② 저잔여식이로 변비를 예방한다.
③ 채소 섭취로 산화작용을 돕는다.
④ 비타민D 섭취로 칼슘 흡수를 돕는다.
⑤ 동물성 지방 섭취로 혈관탄력성을 높인다.

28. 운동을 어렵게 하는 노인의 신체기능 변화는?

① 심근의 두께 감소
② 균형 및 조정 능력 감소
③ 흉곽 탄력성 증가
④ 관절 운동 범위 증가
⑤ 자극에 대한 반응 증가

29. 약물복용 방법으로 옳은 것은?

① 쓴 약은 우유와 함께 복용한다.
② 약이 없으면 증상이 비슷한 다른 사람의 약을 복용한다.
③ 약 복용 시간을 놓친 경우 용량을 두 배로 늘려 복용한다.
④ 처방이 바뀌면 이전 약을 모두 복용한 후 바뀐 약을 복용한다.
⑤ 삼키기 힘든 약이 분할할 수 없는 약이라면 처방을 변경해 달라고 한다.

30. 금연으로 기대할 수 있는 결과는?

① 후각과 미각이 무뎌진다.
② 혈압이 정상보다 높아진다.
③ 심장발작 위험이 증가한다.
④ 폐암으로 사망할 확률이 증가한다.
⑤ 혈중 일산화탄소량이 정상으로 회복된다.

31. 노인이 10년마다 추가로 받아야 하는 예방접종은?

① 백일해
② 파상풍
③ 폐렴구균
④ 대상포진
⑤ 인플루엔자

32. 요양보호 기록의 목적은?

① 장기요양서비스의 비용 절감
② 요양보호사의 업무부담 완화
③ 요양보호업무의 원활한 연계
④ 문제 발생 시 법적 책임 회피
⑤ 장기요양서비스 제공시간 단축

33. 요양보호사의 업무보고 방법으로 옳은 것은?

① 요양보호사의 가치관에 따라 보고한다.
② 서비스 과정과 결과를 정확히 보고한다.
③ 보고 내용이 복잡할 때 구두로 보고한다.
④ 상황이 급할 때 원인부터 순차적으로 보고한다.
⑤ 예기치 않은 사고 발생 시 서면으로 먼저 보고 한다.

34. 사전연명의료의향서에 관한 설명으로 옳은 것은?

① 작성 후에는 철회할 수 없다.
② 작성과 동시에 효력이 발생한다.
③ 본인이 직접 작성하지 않은 경우 효력이 없다.
④ 작성한 후 병·의원 어디서나 등록할 수 있다.
⑤ 연명의료 중단 시 통증완화를 위한 의료행위가 중단된다.

35. 임종이 임박한 대상자를 돕는 방법은?

① 안위를 위해 기저귀를 제거해 준다.
② 체온 유지를 위해 전기담요를 사용한다.
③ 음식이나 수분 섭취를 강요하지 않는다.
④ 대상자가 반응하지 않으면 말하지 않는다.
⑤ 숨 쉬는 것을 돕기 위해 상체를 낮춰 준다.

요양보호(실기시험)

36. 음식물을 삼키는 데에 어려움이 있는 대상자의 식사를 돕는 방법은?

① 식전에 신맛이 강한 음료를 준다.

② 식사 중간에 물을 자주 마시게 한다.

③ 수시로 말을 걸어 음식을 천천히 삼키게 한다.

④ 머리와 목을 약간 뒤로 젖혀 음식을 삼키게 한다.

⑤ 음식의 원래 모양을 알 수 없을 정도로 갈아서 제공한다.

37. 의식이 없는 대상자의 경관영양을 돕는 방법은?

① 비위관이 잘 고정되어 있는지 확인한다.

② 비위관이 빠졌을 때는 즉시 밀어 넣는다.

③ 흡수가 잘되도록 최대한 천천히 주입한다.

④ 입안의 청결을 위해 알코올 솜으로 닦아준다.

⑤ 냉장보관 된 유효기간이 지난 영양액은 끓여서 주입한다.

38. 자주 사레들리는 대상자의 가루약 복용을 돕는 방법은?

① 음식에 섞어 먹인다.

② 물약에 섞어 빨대로 먹인다.

③ 혀 밑에 넣어 녹여 먹게 한다.

④ 입에 물을 머금게 한 후에 약을 넣어 준다.

⑤ 숟가락에 담은 약에 물을 넣어 녹여 먹인다.

39. 대상자에게 투여할 물약을 준비하는 방법으로 옳은 것은?

① 색이 변한 물약은 흔들어서 따른다.

② 계량컵을 눈높이 아래에 놓고 따른다.

③ 약병 뚜껑은 안쪽이 바닥을 향하도록 놓는다.

④ 약 이름 라벨이 붙어 있는 쪽을 잡고 따른다.

⑤ 병 입구 안쪽을 손으로 닦은 후 뚜껑을 닫는다.

❷유형

40. 안연고를 투여하는 방법으로 옳은 것은?
① 투여 전 멸균솜으로 눈을 바깥에서 안쪽으로 닦아준다.
② 튜브에서 처음 나오는 안연고는 거즈로 닦아 버린다.
③ 상부 결막낭 위에 넣어 준다.
④ 눈꺼풀 밖으로 나온 안연고는 다시 밀어 넣는다.
⑤ 투여 후 눈을 거즈로 30분간 덮어 둔다.

41. 화장실을 이용하는 편마비대상자를 돕는 방법은?
① 화장실 조명은 은은하게 한다.
② 변기 앞에 안전손잡이를 설치한다.
③ 배뇨 시 바로 옆에서 기다려 준다.
④ 화장실 문 앞에 작은 매트를 깔아 준다.
⑤ 배뇨 후 도움이 필요한 부분만 도와준다.

42. 거동이 불편한 대상자의 침상배변을 돕는 방법은?
① 이동변기를 대어 준다.
② 침상머리를 올려 좌위를 취하게 한다.
③ 평소에 변의가 있을 때 참는 훈련을 시킨다.
④ 시계 반대 방향으로 복부 마사지를 해 준다.
⑤ 섬유질이 적은 식사를 규칙적으로 제공한다.

43. 이동변기를 사용하여 배설하는 대상자를 돕는 방법은?
① 이동변기 밑에 수건을 깔아 준다.
② 대상자의 두 발이 바닥에 닿지 않게 한다.
③ 이동변기 배설물은 모아서 한꺼번에 버린다.
④ 대상자 손에 잔변이 묻어 있으면 손소독제로 닦아준다.
⑤ 이동변기통은 세척하여 본체와 함께 서늘한 곳에 보관한다.

44. 기저귀를 사용하는 대상자를 돕는 방법은?

① 기저귀를 사용해도 변기 사용을 시도한다.
② 수면 시간 이외에는 창문을 항상 열어 둔다.
③ 피부 발적이 보이면 문지르며 마사지해 준다.
④ 하루에 세 번 규칙적으로 기저귀를 갈아준다.
⑤ 기저귀에 대변이 조금 묻은 경우 떨어 내고 재사용 한다.

45. 유치도뇨관의 소변주머니를 관리하는 방법으로 옳은 것은?

① 소변주머니는 1일 1회 세척한다.
② 소변주머니는 허리보다 높게 위치시킨다.
③ 소변량과 소변 색깔은 2~3시간마다 확인한다.
④ 소변주머니를 비운 후 배출구는 비눗물로 세척한다.
⑤ 하복부가 불편하다고 할 때 소변주머니를 비워준다.

46. 통 목욕을 할 때 머리를 감기는 방법으로 옳은 것은?

① 저녁 식사 후에 감긴다.
② 10℃ 정도의 물로 감긴다.
③ 머리 감기 전에 소변을 보게 한다.
④ 젖은 머리는 빗질한 후 드라이기로 말린다.
⑤ 두피 손상이 있으면 두피보호제를 발라 준다.

47. 두발전용세정제를 사용하여 머리를 청결하게 하는 방법으로 옳은 것은?

① 거품을 머리에 발라 손톱으로 마사지한다.
② 세정제를 머리에 바르고 30분 후에 닦아 낸다.
③ 세정 후 마른 수건으로 머리를 충분히 닦아 말려 준다.
④ 세정제를 손에 적셔 충분히 거품을 낸 후 머리에 바른다.
⑤ 모발이 많이 더러운 경우 세정제를 물에 타서 사용한다.

48. 회음부 청결을 돕는 방법은?

① 누워서 다리를 쭉 편 상태에서 닦는다.
② 회음부에 남은 비눗물은 물휴지로 닦는다.
③ 분비물에서 냄새가 나면 좌욕을 하게 한다.
④ 회음부를 닦을 때는 전용 수건을 사용한다.
⑤ 목욕담요는 마름모꼴로 펴서 등 밑에 깔아 준다.

49. 침상목욕을 도울 때 신체부위(A)와 닦는 방향(B)이 바르게 연결된 것은?

	(A)	(B)
①	팔	위팔에서 손목 쪽으로
②	유방	목에서 배꼽 쪽으로
③	복부	배꼽을 중심으로 시계 반대 방향으로
④	회음부	항문에서 요도 쪽으로
⑤	다리	발끝에서 허벅지 쪽으로

50. 편마비대상자에게 단추가 없는 상의를 입히는 순서로 옳은 것은?

> 가. 마비된 쪽 팔을 소매에 넣는다.
> 나. 건강한 쪽 팔을 소매에 넣는다.
> 다. 옷의 머리 쪽을 벌려 머리를 넣는다.

① 가 → 다 → 나
② 나 → 가 → 다
③ 나 → 다 → 가
④ 다 → 가 → 나
⑤ 다 → 나 → 가

51. 침대에 누워 있는 왼쪽 편마비대상자를 건강한 쪽으로 돌려 눕히는 순서로 옳은 것은?

> 가. 엉덩이와 아래쪽 어깨를 움직여 편안하게 해준다.
> 나. 무릎을 세우고 양손을 가슴 위에 포개 놓는다.
> 다. 엉덩이와 어깨를 지지하여 돌려 눕힌다.
> 라. 대상자의 오른쪽에 선다.

① 가 → 다 → 라 → 나
② 나 → 라 → 가 → 다
③ 다 → 가 → 나 → 라
④ 라 → 가 → 나 → 다
⑤ 라 → 나 → 다 → 가

52. 그림과 같이 반좌위를 하고 있는 대상자가 미끄러져 내려가지 않고 편안하도록 하는 방법은?

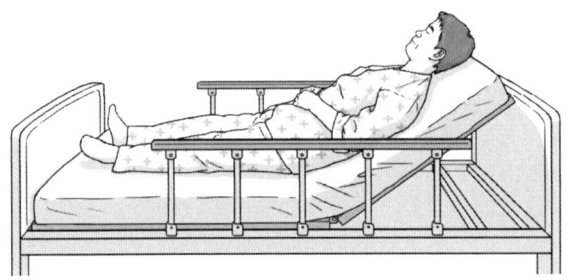

① 발바닥에 베개를 대어 준다.
② 다리 쪽 침대를 살짝 높여 준다.
③ 목과 어깨 밑에 베개를 받쳐 준다.
④ 머리 쪽 침대를 더 높게 올려 준다.
⑤ 등 뒤에 베개를 A자 형태로 받쳐 준다.

❷유형

53. 침대에 걸터앉아 있는 오른쪽 편마비대상자를 휠체어로 이동시키는 순서로 옳은 것은?

> 가. 대상자를 휠체어에 옮겨 깊숙이 앉힌다.
> 나. 휠체어 발 받침대를 펴서 발을 올려 준다.
> 다. 대상자의 왼손으로 휠체어 팔걸이를 잡게 한다.
> 라. 휠체어를 대상자의 침대 왼쪽에 30°~45° 각도가 되게 놓는다.

① 가 → 다 → 나 → 라
② 나 → 가 → 다 → 라
③ 다 → 라 → 나 → 가
④ 라 → 나 → 가 → 다
⑤ 라 → 다 → 가 → 나

54. 오른쪽 다리에 힘이 없는 대상자가 그림과 같은 보행기로 이동할 때 순서로 옳은 것은?

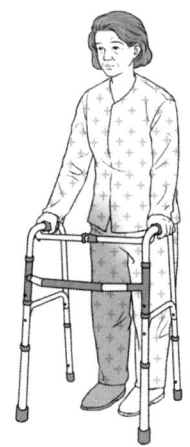

① 왼쪽 다리 → 오른쪽 다리 → 보행기
② 왼쪽 다리 → 오른쪽 다리와 보행기
③ 왼쪽 다리와 보행기 → 오른쪽 다리
④ 오른쪽 다리 → 왼쪽 다리 → 보행기
⑤ 오른쪽 다리와 보행기 → 왼쪽다리

55. 넘어져 혼자 일어서지 못하는 대상자를 일으켜 세울 때 요양보호사의 자세로 옳은 것은?

① 발을 모으고 서서 균형을 잡는다.
② 순간적인 빠른 동작으로 일으킨다.
③ 허리를 굽혀 척추의 안정성을 높인다.
④ 한쪽 다리에 체중을 실어서 일으킨다.
⑤ 한 발을 다른 발보다 약간 앞에 두어 지지면을 넓힌다.

56. 휠체어의 잠금장치가 고정되지 않는 문제가 발생했을 때 점검해야 하는 곳은?

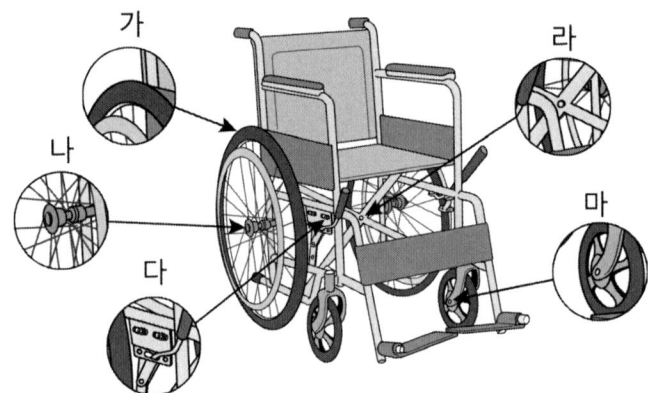

① 가 - 나
② 가 - 다
③ 다 - 라
④ 나 - 마
⑤ 라 - 마

57. 감염이 있는 대상자에게 탈수가 있을 때 나타날 수 있는 증상은?

① 식욕증가
② 피부 발진
③ 갈증 감소
④ 전신 부종
⑤ 소변 횟수

❷유형

58. 다음 중 낙상 위험이 가장 높은 대상자는?
① 척수 손상으로 사지가 마비된 대상자
② 인플루엔자 백신 접종을 받은 대상자
③ 과거 낙상 경험이 있는 기립성 저혈압 대상자
④ 2일 전에 무릎수술을 받고 침상안정 중인 대상자
⑤ 호르몬제제를 복용 중인 갑상샘기능저하증 대상자

59. 화재가 발생하여 옷에 불이 붙었을 때 대처방법은?
① 마른수건으로 입을 막고 대피한다.
② 달리면서 바람을 이용하여 불을 끈다.
③ 몸에 걸친 모든 옷을 신속하게 벗는다.
④ 얼굴을 가리고 바닥에서 뒹굴며 불을 끈다.
⑤ 엘리베이터를 타고 옥상으로 올라가 도움을 요청한다.

60. 씹기장애가 있는 대상자의 식사를 돕는 방법은?
① 큰 숟가락을 사용하여 먹게 한다.
② 앉은 자세에서 턱을 들고 씹게 한다.
③ 식사 후 2~3시간 정도 앉아 있게 한다.
④ 익힌 채소보다 신선한 생채소를 먹게 한다.
⑤ 과일의 과육을 숟가락으로 긁어 먹게 한다.

61. 방충제를 넣어 보관해야 하는 의류는?
① 비닐 모자
② 나일론 양말
③ 합성섬유 바지
④ 견섬유 블라우스
⑤ 폴리에스테르 티셔츠

62. 재가대상자에게 병원동행서비스를 제공할 때 지켜야 할 원칙은?

① 요양보호사의 차량을 이용한다.
② 평소 이용하던 이동보조기구의 사용을 제한한다.
③ 대상자가 이용하는 병원과 복약상태를 미리 확인한다.
④ 요양보호사의 일정에 맞춰 병원방문 날짜를 조정한다
⑤ 진료 결과로 알게 된 대상자의 상태를 기관장에게 비밀로 한다.

63. 치매약 처방이 바뀐 뒤 대상자가 초조한 듯 방 안을 왔다 갔다 할 때 돕는 방법은?

① 약물 용량을 줄여서 제공한다.
② 이전에 복용하던 치매약을 준다.
③ 증상을 메모하여 병원에 가지고 간다.
④ 대상자에게 부작용의 증상을 물어본다.
⑤ 약이 바뀌면 흔하게 나타나는 증상이라고 말한다.

64. 휠체어를 이용하는 치매대상자의 환경을 안전하게 조성하는 방법은?

① 방문은 어두운 색으로 칠한다.
② 밤에도 낮처럼 환하게 불을 켜 둔다.
③ 1층보다는 2층에 위치한 방으로 배정한다.
④ 투명한 유리 출입문을 설치하여 깨끗하게 관리한다.
⑤ 앉은 자세에서 손이 닿게 옷걸이 높이를 조절한다.

65. 치매대상자가 반복적으로 수건을 접었다 폈다 하며 콧노래를 할 때 대처방법은?

① 접고 있는 수건을 치운다.
② 콧노래를 그만하라고 한다.
③ 불필요한 행동이라고 알려 준다.
④ 중단시키지 말고 조용히 지켜본다.
⑤ 왜 그런 행동을 반복하는지 물어본다.

❷유형

66. 치매대상자가 단추를 입에 넣고 뱉지 않으려고 할 때 대처방법은?

① 손가락으로 입을 벌려 단추를 빼낸다.
② 좋아하는 수박을 주며 단추와 교환한다.
③ 대상자의 뒤에 서서 하임리히법을 시행한다.
④ 단추는 먹을 수 없는 것이라며 뱉으라고 설득한다.
⑤ 비슷한 단추를 보여주며 음식이 아니라고 설명 한다.

67. 치매대상자가 밤낮이 바뀌어 점심 식사 후 계속 졸고 있을 때 돕는 방법은?

① 주변 소음을 없앤다.
② 함께 장을 보러 나간다.
③ 커튼을 쳐서 어둡게 한다.
④ 우유를 제공하여 숙면하게 한다.
⑤ 말을 걸지 않고 혼자 쉬게 한다.

68. 치매대상자가 배를 잡고 안절부절못하며 밖으로 나가려 할 때 대처방법은?

① 화장실로 데리고 간다.
② 조금 있다가 나가자고 한다.
③ 배가 아프니 집에 있자고 한다.
④ 아들이 오면 함께 나가자고 한다.
⑤ 밖은 위험해서 나갈 수 없다고 한다.

69. 치매대상자가 자신의 반지를 누가 훔쳐 갔다며 의심할 때 대처방법은?

① 반지를 함께 찾아본다.
② 반지를 찾아서 갖다준다.
③ 똑같은 반지를 사 주겠다고 다독인다.
④ 평소에 귀중품 두는 곳을 알려 달라고 한다.
⑤ 누가 반지를 가져갔다고 생각하는지 물어본다.

70. 프로그램에 참여 중이던 치매대상자가 책상을 흔들며 고함을 지를 때 대처방법은?

① 온화한 태도로 진정시킨다.
② 책상을 다른 곳으로 신속하게 옮긴다.
③ 스스로 화가 풀릴 때까지 그대로 둔다.
④ 손을 제지하여 책상을 흔들지 못하게 한다.
⑤ 프로그램 진행 중이니 조용히 하라고 말한다.

71. 치매대상자가 반복적으로 바지 지퍼를 내리면서 요양보호사에게 올려 달라고 할 때 대처방법은?

① 지퍼가 없는 바지로 갈아입힌다.
② 창피를 주어 행동을 멈추게 한다.
③ 모르는 척하며 하던 일을 계속한다.
④ 계속하면 서비스를 중단하겠다고 한다.
⑤ 도와줄 수 없으니 스스로 지퍼를 올리라고 한다.

72. 대상자가 정치적 견해를 이야기할 때 경청하는 방법으로 옳은 것은?

① 미리 대답을 준비한다.
② 말이 길어지면 중단시킨다.
③ 자신의 경험에 비추어 해석한다.
④ 의견이 다르더라도 일단 수용한다.
⑤ 핵심단어를 중심으로 짐작하며 듣는다.

❷유형

73. 다음 상황에서 요양보호사의 반응으로 적절한 것은?

> 대 상 자: 우리 손자가 올해 대학에 들어갔어. 그래도 할아버지인데 용돈이라도 주고 싶어.
> 요양보호사 : (   )

① "용돈은 아빠가 줄 텐데 걱정하지 마세요."
② "손자에게 물어보고 원하는 것을 사 주세요."
③ "손자를 축하해 주고 싶은 마음이 느껴지네요."
④ "요즘 애들이 할아버지의 이런 마음을 알까요?"
⑤ "할아버지를 보러 오지도 않는데, 주지 마세요."

74. 난청이 있는 대상자와 의사소통하는 방법으로 옳은 것은?

① 사물을 직접 만져 보게 한다.
② 입을 작게 벌려 천천히 말한다.
③ 목소리를 높여 고음으로 말한다.
④ 모든 물품에 이름표를 붙여 준다.
⑤ 대화하기 전에 어깨를 가볍게 두드려 신호를 준다.

75. 알아듣기는 하나 말로 표현하기 어려워하는 대상자와 의사소통하는 방법으로 옳은 것은?

① 질문에 빨리 답하게 한다.
② 대상자의 옆에서 귀에 대고 말한다.
③ 대상자 얼굴 앞에서 큰 소리로 말한다.
④ 그림판, 문자판을 이용하여 의사를 표현하게 한다.
⑤ 요양보호사를 중심으로 오른쪽, 왼쪽 방향을 정하여 설명한다.

76. 텔레비전 드라마를 보고 있던 치매대상자가 여행을 가고 싶다고 할 때 반응으로 옳은 것은?

① "여기에 여행 오신 거라고 생각하세요."
② "드라마를 보니 여행 가고 싶으신가 봐요."
③ "지금은 여행을 갈 수 없으니 다음에 가세요."
④ "언제, 누구랑, 어디로 여행을 가고 싶으세요?"
⑤ "그렇게 말씀하시니 제가 더 여행 가고 싶네요."

77. 떡을 먹던 중 질식이 발생한 대상자에게 나타나는 증상은?

① 구토를 심하게 한다.
② 깊고 빠르게 호흡한다.
③ 배를 움켜쥐는 자세를 한다.
④ 가슴이 두근거린다고 말한다.
⑤ 갑자기 기침을 하며 괴로운 표정을 짓는다.

78. 프로그램에 참여하던 대상자가 침을 흘리고 몸이 뻣뻣해지며 발작을 할 때 대처방법은?

① 미지근한 물을 마시게 한다.
② 부딪히지 않도록 팔다리를 꽉 붙잡는다.
③ 입에 거즈를 넣어 혀가 말리지 않게 한다.
④ 고개를 옆으로 돌려주고 조용히 기다리며 관찰 한다.
⑤ 양손으로복부의 윗부분을 후상방으로 힘차게 밀어 올린다.

79. 심정지 대상자에게 심폐소생술을 하는 일차적인 목적은?

① 출혈 예방

② 뇌 손상 최소화

③ 면역 기능 강화

④ 신장 기능 향상

⑤ 근골격 손상 회복

80. 심폐소생술을 할 때 가슴을 압박하는 방법으로 옳은 것은?

① 분당 80회 속도로 가슴을 압박한다.

② 복장뼈의 하단 칼돌기를 직접 압박한다.

③ 매 압박 시 압박 위치가 바뀌지 않게 한다.

④ 가슴이 2 cm 정도 눌리도록 약하게 압박한다.

⑤ 압박과 이완의 시간비율은 70 : 30이 되게 한다.

요양보호사 자격시험 ❷유형 정답

1	2	2	5	3	5	4	2	5	4
6	5	7	2	8	4	9	1	10	3
11	3	12	1	13	2	14	5	15	2
16	4	17	5	18	5	19	4	20	4
21	1	22	4	23	3	24	2	25	3
26	4	27	4	28	2	29	5	30	5
31	2	32	3	33	2	34	3	35	3
36	5	37	1	38	5	39	4	40	2
41	5	42	2	43	5	44	1	45	3
46	3	47	3	48	4	49	5	50	1
51	5	52	2	53	5	54	5	55	5
56	2	57	5	58	3	59	4	60	5
61	4	62	3	63	3	64	5	65	4
66	2	67	2	68	1	69	1	70	1
71	1	72	4	73	3	74	5	75	4
76	2	77	5	78	4	79	2	80	3

❸유형

요양보호사 자격시험   예상문제

■ 각 문제에서 가장 적합한 답을 하나만 고르시오.

요양보호론(필기시험)

1. 노인부양 문제의 개선 방안으로 옳은 것은?
   ① 자녀에게 부양 부담을 부과한다.
   ② 노인부양을 가족의 문제로 한정한다.
   ③ 소득재분배를 위해 기초연금을 축소한다.
   ④ 사회보험제도를 통해 세대통합을 증진한다.
   ⑤ 돌봄서비스에 대한 국가의 책임을 축소한다.

2. 노화에 따른 노년기 특성으로 옳은 것은?
   ① 유대감이 감소된다.
   ② 조심성이 감소된다.
   ③ 우울증 경향이 감소된다.
   ④ 정서적 의존성이 감소된다.
   ⑤ 친근한 사물에 대한 애착이 감소된다.

3. 국민의 질병 및 건강 증진에 대하여 보험급여를 제공함으로써 국민보건 향상과 사회보장 증진에 기여 하는 제도는?
   ① 국민연금보험제도
   ② 긴급복지지원제도
   ③ 국민건강보험제도
   ④ 산업재해보상보험제도
   ⑤ 국민기초생활보장제도

4. 다음에서 설명하는 노인복지시설 유형은?

> 신체적·정신적 장애로 어려움을 갖고 가정에서 생활하는 노인에게 각종 편의를 제공하여 지역사회 안에서 안정된 노후를 영위하도록 함

① 양로시설
② 방문요양
③ 노인요양시설
④ 노인복지주택
⑤ 노인공동생활가정

5. 장기요양기관의 비용 청구 및 재원에 관한 설명으로 옳은 것은?

① 국가는 보험료 예상 수입액의 20%를 부담한다.
② 장기요양기관은 본인부담금을 보건복지부에 청구 한다.
③ 장기요양보험료와 건강보험료는 통합회계로 관리 한다.
④ 장기요양기관은 의료급여수급권자의 급여비용을 전액 부담한다.
⑤ 국민건강보험공단은 급여비용을 연 1회 장기요양 기관에 지급한다.

6. 요양보호사가 동기 유발자로서 역할을 수행한 경우는?

① 대상자의 복약 여부를 면밀히 관찰한다.
② 대상자의 심리적 문제를 가족에게 알린다.
③ 숙련된 기술로 질 높은 서비스를 제공한다.
④ 대상자 스스로 신체 활동을 하도록 격려한다.
⑤ 대상자의 말을 경청하며 신뢰관계를 형성한다.

7. 요양보호서비스의 목적으로 옳은 것은?

① 신체기능 증진을 지원한다.
② 가족의 일상생활을 지원한다.
③ 심리상담 서비스를 제공한다.
④ 일자리 프로그램을 연계한다.
⑤ 여가활동 프로그램을 평가한다.

8. 다음과 같은 경우에 대상자가 침해받은 권리는?

> 시설장: (대상자가 가져온 짐을 보면서) 전화로도 말씀드렸듯이 이 시설에서는 개인 물품을 설치하거나 이용하는 것을 허용하지 않습니다.
> 대상자 : ….

① 신체구속을 받지 않을 권리
② 충분한 정보를 제공받을 권리
③ 차별 및 학대를 받지 않을 권리
④ 사생활과 비밀 보장에 관한 권리
⑤ 개별화된 서비스를 제공받고 선택할 권리

9. 학대의 유형(A)과 행위(B)가 바르게 연결된 것은?

	(A)	(B)
①	자기 방임	가출해도 찾지 않는다.
②	정서적 학대	치료를 받지 못하게 한다.
③	신체적 학대	낯선 장소에 혼자 둔다.
④	경제적 학대	유언장의 서명을 변조한다.
⑤	유기	식사를 제공하지 않는다.

10. 대상자로부터 성희롱을 당했을 때 요양보호사의 대처방법은?

① 대상자를 다른 기관에 의뢰한다.
② 대상자에게 감정적으로 대응한다.
③ 관리책임자에게 피해 사실을 알린다.
④ 대상자가 받을 불이익에 대해 설명한다.
⑤ 대상자의 행동에 대해 가족에게 항의한다.

11. 다음 상황에서 요양보호사가 침해받은 권리는?

> 치매어르신을 돌보느라 점심시간 없이 일을 하고, 퇴근 시간 이후에도 수당 없이 초과근무를 하였다.

① 평등에 관한 권리
② 자유에 관한 권리
③ 노동에 관한 권리
④ 문화에 관한 권리
⑤ 교육에 관한 권리

12. 요양보호사가 지켜야 할 직업윤리 원칙은?

① 대상자보다 가족의 요구를 우선시한다.
② 업무 중간에 급한 개인적 용무를 해결한다.
③ 새로운 지식과 기술을 지속적으로 학습한다.
④ 서비스 방법을 잘 모를 때는 계획을 수정한다.
⑤ 친밀도를 높이기 위해 줄임말을 자주 사용한다.

❸유형

13. 요양보호사가 윤리적 책임을 준수한 사례는?
① 대상자가 없어서 방에 들어가 기다렸다.
② 대상자를 대신하여 서비스 계약을 체결했다.
③ 자신의 건강 관리보다 업무 성과를 중요시했다.
④ 업무 수행에 방해가 되지 않는 복장을 착용했다.
⑤ 편하게 관리하려고 대상자의 머리를 짧게 잘랐다.

14. 다음 방문요양 상황에서 요양보호사의 대처방법은?

> 보 호 자 : 어머니가 욕창이 너무 심하시니 욕창 관련 의료용품을 구매해 주세요.
> 요양보호사 : (   )

① "제가 볼 때는 상태가 심하지 않아요."
② "잘 아는 복지용구사업소를 소개해 드릴게요."
③ "약국까지 갔다 와야 하니 추가비용이 있어요."
④ "경험 많은 요양보호사한테 뭘 살지 물어볼게요."
⑤ "저희 기관에 말씀드려 어려움을 해결해 드릴게요."

15. 대상자가 유효기간이 지난 영양제를 버리지 못하게 할 때 요양보호사의 대처방법은?
① 최대한 빨리 드시라고 말한다.
② 대상자가 모르게 신속히 버린다.
③ 영양제 대신 다른 약을 넣어 둔다.
④ 보호자가 지켜보는 앞에서 정리한다.
⑤ 가족에게 새로운 영양제 구입 비용을 청구한다.

16. 옴에 감염된 대상자를 안전하게 돕는 방법으로 옳은 것은?

① 감염 부위를 만져 보아 열감을 확인한다.

② 오염된 속옷은 찬물로 세탁한 후 말린다.

③ 매일 아침 가려운 부위에 연고를 발라 준다.

④ 세탁이 어려운 침구는 다리미로 다린 후 사용한다.

⑤ 대상자와 접촉한 후 24시간 내에 예방접종을 받는다.

17. 결핵 대상자를 돌볼 때 감염을 예방하는 방법으로 옳은 것은?

① 대상자가 완치될 때까지 격리한다.

② 대상자와 접촉했을 때 결핵검사를 받는다.

③ 대상자와 접촉하기 전에 결핵약을 복용한다.

④ 대상자의 옷은 산성세제로 세탁하여 멸균한다.

⑤ 결핵 감염을 예방하기 위해 오염된 음식 섭취에 주의한다.

18. 대장암을 예방하기 위한 영양관리 방법으로 옳은 것은?

① 수분 제한

② 식물성지방 제한

③ 채소와 과일 권장

④ 고칼로리식이 권장

⑤ 정제된 저잔여식이 권장

19. 노인성 질환의 특성으로 옳은 것은?

① 질병의 경과가 짧다.

② 질병의 초기진단이 쉽다.

③ 질병 발생의 원인이 명확하다.

④ 가벼운 질환에도 의식장애가 발생하기 쉽다.

⑤ 약성분이 체외로 빨리 배출되어 치료가 어렵다.

❸유형

20. 심부전증 대상자를 돕는 방법으로 옳은 것은?

① 매일 체중을 측정한다.
② 식사량을 늘려 제공한다.
③ 계단오르기 운동을 격려한다.
④ 항상 탄력스타킹을 신게 한다.
⑤ 온냉탕을 오가며 목욕하게 한다.

21. 노화로 인한 비뇨생식기계 변화로 옳은 것은?

① 잔뇨량 증가
② 방광용적 증가
③ 난소 크기 증가
④ 질의 윤활작용 증가
⑤ 골반근육 조절능력 증가

22. 둔부에 욕창이 있는 대상자를 돕는 방법으로 옳은 것은?

① 도넛 모양 베개를 대어 준다.
② 뜨거운 물주머니를 대어 준다.
③ 1~2시간마다 체위를 바꿔 준다.
④ 대상자의 옷을 끌어서 체위를 변경한다.
⑤ 파우더를 발라 피부를 건조하게 해 준다.

23. 다음의 방법을 통해 예측할 수 있는 질환은?

- 말을 해보게 하여 발음이 정확한지 확인한다.
- 웃어 보게 하여 입 모양이 좌우 대칭인지 확인한다

① 빈혈　　　　② 뇌졸중　　　　③ 신부전증
④ 알츠하이머병　　⑤ 기립성 저혈압

24. 섬망에 관한 설명으로 옳은 것은?

① 만성으로 진행된다.

② 주의 집중력은 유지된다.

③ 증상이 서서히 나타난다.

④ 호전과 악화가 반복된다.

⑤ 신체 생리적 변화가 적다.

25. 당뇨병 대상자를 돕는 방법으로 옳은 것은?

① 발톱은 둥글게 자른다.

② 간식으로 과일주스를 제공한다.

③ 식사하고 30분~1시간 뒤에 운동하게 한다.

④ 인슐린 주사약을 구강으로 복용하게 한다.

⑤ 활동량이 많은 날은 고혈당에 주의하게 한다.

26. 오른쪽 눈에 녹내장이 있는 대상자가 일상생활에서 준수해야 할 사항은?

① 조명을 어둡게 하고 생활한다.

② 윗몸일으키기 운동을 꾸준히 한다.

③ 눈을 자주 비벼 혈액순환을 돕는다.

④ 작업을 할 때는 고개를 숙인 자세를 취한다.

⑤ 양쪽 눈 모두 정기적으로 안과검사를 받는다.

27. 노인의 건강 증진을 위한 영양관리 방법으로 옳은 것은?

① 육류는 숯불에 굽는다.

② 음식의 간은 뜨거울 때 맞춘다.

③ 칼슘제는 비타민 K와 복용하여 흡수를 돕는다.

④ 식초, 후추, 파, 마늘과 같은 향신료를 사용한다.

⑤ 단백질 보충을 위해 일주일에 한 번 콩이나 유제품을 섭취한다.

28. 노인에게 안전한 운동 방법은?

① 준비 운동은 3분 이내로 한다.
② 방향을 빠르게 바꾸는 운동을 한다.
③ 저강도에서 고강도 순으로 운동한다.
④ 운동 시간을 서서히 줄인다.
⑤ 마무리 운동은 생략한다.

29. 뇌졸중 대상자가 성생활에 대해 고민할 때 요양 보호사의 반응으로 옳은 것은?

① "성생활은 하지 않는 것이 좋아요."
② "성생활로 뇌졸중이 악화되지 않아요."
③ "윤활제는 사용하지 않는 것이 좋아요."
④ "뇌졸중 치료제를 드시면 성기능이 좋아져요."
⑤ "체위변화를 위한 기구는 성생활에 도움이 되지 않아요."

30. 고혈압 대상자의 약물 복용 방법으로 옳은 것은?

① 혈압이 올라가면 복용량을 늘린다.
② 체중이 감소하면 복용량을 줄인다.
③ 두통이 있으면 약을 추가로 복용한다.
④ 약 복용을 잊은 경우 다음에 두 배로 복용한다.
⑤ 새로운 약을 처방받으면 이전 약은 먹지 않는다.

31. 겨울철 생활안전수칙으로 옳은 것은?

① 손을 주머니에 넣고 걷는다.
② 두꺼운 옷을 여러 겹 입는다.
③ 새벽보다 낮 시간에 운동한다.
④ 실내운동보다 실외운동을 권장한다.
⑤ 따뜻한 곳에 있다가 바로 차가운 곳으로 나간다.

32. 방문요양 서비스를 제공하는 과정에서 시설장에게 반드시 보고해야 하는 상황은?

① 식재료 정리가 안되어 있을 때
② 재활용 분리배출이 안되어 있을 때
③ 대상자의 친척이 병문안을 왔을 때
④ 대상자가 자녀 옷의 세탁을 요구할 때
⑤ 대상자가 당뇨병 진단받은 것을 알았을 때

33. 요양보호 기록의 원칙에 따라 작성된 내용은?

① 아들 가족이 가끔 방문함
② 최근에 인지기능이 더 나빠짐
③ 오전 10시에 단감 1개를 다 먹음
④ 오후 5시에 본 소변의 양이 많음
⑤ 텔레비전을 오랜만에 2~3시간 정도 시청함

34. 시설 대상자가 요양보호사에게 자신을 대신하여 사전연명의료의향서를 작성해 달라고 할 때 반응으로 옳은 것은?

① "한 번 작성하면 철회할 수 없습니다."
② "시설장과 상의해서 작성해야 합니다."
③ "시설에 오기 전에 작성했어야 합니다."
④ "어르신이 직접 작성하는 것이 원칙입니다."
⑤ "자녀의 동의가 있어야 작성할 수 있습니다."

35. 임종이 임박한 대상자에게 나타날 수 있는 증상은?

① 혈압이 올라간다.
② 피부가 붉어진다.
③ 맥박수가 감소한다.
④ 소변량이 증가한다.
⑤ 동공의 크기가 작아진다.

요양보호(실기시험)

36. 경관영양을 하는 대상자의 식사를 돕는 방법으로 옳은 것은?

① 영양액은 차갑게 준비한다.

② 비위관이 빠져 있으면 즉시 밀어 넣는다.

③ 영양액 주머니는 침대 난간에 고정하여 주입한다.

④ 영양액 주입 후 상체를 높인 자세로 30분 정도 앉아 있게 한다.

⑤ 영양액 주입 중 청색증이 나타나면 주입 속도를 늦춘다.

40. 대상자의 눈에 안약을 투여하는 방법으로 옳은 것은?

① 투여 전에 솜으로 눈의 바깥쪽에서 안쪽으로 닦는다.

② 대상자에게 아래쪽을 보게 한다.

③ 윗눈꺼풀을 위로 부드럽게 당긴다.

④ 점적기를 각막에 대고 약을 투여한다.

⑤ 투여한 후 비루관을 잠시 가볍게 눌러 준다.

37. 대상자가 식탁에서 안전하게 식사하도록 돕는 방법으로 옳은 것은?

① 턱을 들어 올리게 한 후 음식을 먹인다.

② 발바닥이 바닥에 닿지 않게 의자 높이를 높인다.

③ 식탁의 높이는 대상자의 배꼽 위치보다 낮게 한다.

④ 식탁에 팔꿈치를 올릴 수 있도록 의자를 당겨 준다.

⑤ 팔을 잘 움직이도록 팔받침이 없는 의자에 앉힌다.

38. 대상자의 경구약 복용을 돕는 방법으로 옳은 것은?

① 가루약은 음식에 섞어서 제공한다.
② 약을 전부 삼켰는지 입안을 확인한다.
③ 금식하고 있으면 혈압약 복용을 중단한다.
④ 알약이 빠르게 흡수되도록 수분섭취를 제한한다.
⑤ 약물 알레르기 반응이 나타나면 복용량을 줄인다.

39. 물약이 변질되지 않고 효과가 유지되도록 보관하는 방법으로 옳은 것은?

① 햇빛이 잘 드는 곳에 보관한다.
② 계량컵에 따라서 실온에 보관한다.
③ 1회분씩 주사기로 재어서 보관한다.
④ 오랫동안 먹지 않은 약은 냉동 보관을 한다.
⑤ 용량을 초과해서 따른 약은 약병에 넣지 않고 버린다.

41. 휠체어로 이동하여 화장실을 이용하는 대상자를 돕는 방법으로 옳은 것은?

① 화장실 문 앞에 작은 매트를 깔아 준다.
② 이동할 때는 휠체어 의자 끝에 걸터앉게 한다.
③ 휠체어 잠금장치를 잠그고 발 받침대를 접은 후 변기로 옮긴다.
④ 배설이 끝날 때까지 화장실 문을 열어 둔다.
⑤ 배설 후 뒤처리를 전적으로 도와준다.

42. 치매대상자의 배설을 돕는 방법으로 옳은 것은?

① 실금이 있으면 수분섭취를 제한한다.
② 변실금이 빈번하면 지사제를 먹인다.
③ 안절부절못하면 화장실로 데리고 간다.
④ 활동이 많은 낮에는 기저귀를 채운다.
⑤ 변비가 있으면 하루에 한 번 관장한다.

❸유형

43. 간이변기를 사용하여 침상 배설을 하는 대상자를 돕는 방법으로 옳은 것은?

① 변기를 차게 하여 변의를 자극한다.
② 대상자가 스스로 변기 위에 앉게 한다.
③ 간이변기는 세척하여 침상 위에 놓아둔다.
④ 열탕으로 소독할 수 있는 변기를 사용한다.
⑤ 대상자가 배설이 끝나 호출하기 전까지 다른 업무를 보며 기다린다.

44. 유치도뇨관을 삽입한 대상자의 소변주머니를 관리하는 방법으로 옳은 것은?

① 소변주머니는 매일 교체한다.
② 소변을 비운 후 배출구를 소독솜으로 닦는다.
③ 소변주머니에서 냄새가 나면 주머니를 세척한다.
④ 소변주머니는 가득 찰 때까지 기다렸다가 비운다.
⑤ 도뇨관과 소변주머니의 연결 부위를 분리하여 소변을 버린다.

45. 협조가 불가능한 대상자의 기저귀를 갈아 주는 방법으로 옳은 것은?

① 소변이 묻은 기저귀는 말려서 재사용한다.
② 피부의 발적을 발견했을 때 연고를 발라 준다.
③ 옆으로 돌려 눕힌 상태에서 기저귀를 갈아 준다.
④ 냄새가 나지 않도록 기저귀를 단단히 조여 채운다.
⑤ 이불을 다리 아래로 내린 후에 면덮개를 덮는다.

46. 의식이 없는 대상자의 구강 청결을 돕는 방법으로 옳은 것은?

① 혀는 목젖까지 깊숙이 닦는다.
② 똑바로 눕힌 자세에서 닦는다.
③ 생리식염수로 입안을 헹구어 준다.
④ 두 손가락으로 입을 벌린 후 닦는다.
⑤ 물에 적신 일회용 스펀지 브러시로 닦는다.

47. 대상자의 손발을 관리하는 방법으로 옳은 것은?

① 손톱은 둥글게 자른다.

② 손은 시원한 물에 담근 후 씻긴다.

③ 발가락 사이는 알코올로 닦아 준다.

④ 각질 제거를 위해 모직양말을 신긴다.

⑤ 발의 티눈은 손톱깎이로 제거해 준다.

48. 대상자의 통목욕을 돕는 방법으로 옳은 것은?

① 목욕 후 따뜻한 음료를 먹인다.

② 목욕은 1시간 이상 여유 있게 한다.

③ 목욕물의 온도는 22~26℃를 유지한다.

④ 혈액순환을 위해 몸의 중심에서 말초 방향으로 닦는다.

⑤ 욕조에 들어가기 전에 목욕의자에 앉혀 머리를 감긴다.

49. 대상자의 세수를 돕는 방법으로 옳은 것은?

① 눈썹은 면도칼로 다듬어 준다.

② 콧방울과 코 안을 깨끗이 닦아 낸다.

③ 면봉으로 귀 안쪽의 귀지를 닦아 낸다.

④ 입술과 그 주변을 알코올솜으로 닦아 낸다.

⑤ 눈곱이 있으면 눈곱이 있는 쪽 눈부터 먼저 닦는다.

❸유형

50. 그림과 같이 수액을 맞고 있는 왼쪽 편마비대상자의 단추가 달린 옷을 벗기는 순서로 옳은 것은?

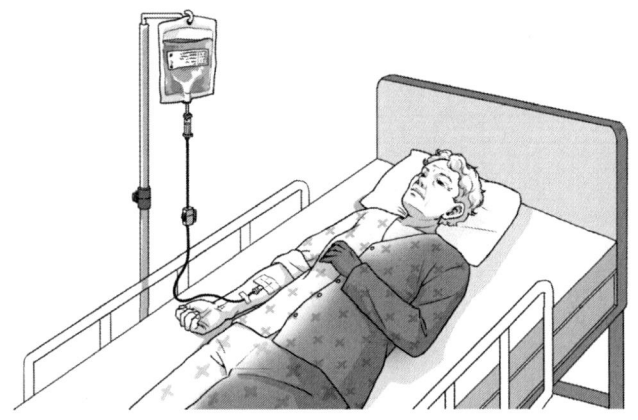

① 오른쪽 팔 → 수액 → 왼쪽 팔
② 오른쪽 팔 → 왼쪽 팔 → 수액
③ 수액 → 오른쪽 팔 → 왼쪽 팔
④ 왼쪽 팔 → 오른쪽 팔 → 수액
⑤ 왼쪽 팔 → 수액 → 오른쪽 팔

51. 편마비대상자를 방바닥에서 일으켜 앉히는 순서로 옳은 것은?

> 가. 대상자의 건강한 쪽에 위치한다.
> 나. 어깨와 넙다리를 지지하여 앉힌다.
> 다. 대상자를 건강한 쪽으로 돌려 눕힌다.
> 라. 대상자의 양쪽 무릎을 세운다.
> 마. 마비된 손을 가슴 위에 올려놓는다.

① 가 → 마 → 다 → 나 → 라
② 가 → 마 → 라 → 다 → 나
③ 가 → 라 → 다 → 마 → 나
④ 가 → 나 → 라 → 마 → 다
⑤ 가 → 다 → 나 → 라 → 마

52. 그림과 같이 침대 한쪽에 누워 있는 편마비대상자를 침대 가운데로 옮기는 방법으로 옳은 것은?

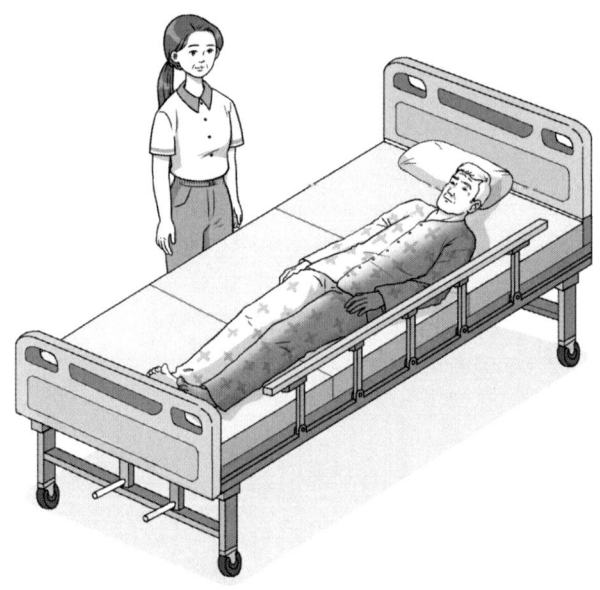

① 상반신은 건강한 팔을 잡고 옮긴다.
② 상반신은 머리와 목 아래를 지지하여 옮긴다.
③ 하반신은 다리를 잡고 옮긴다.
④ 하반신은 엉덩이 부위의 옷을 잡고 옮긴다.
⑤ 하반신은 허리와 엉덩이를 지지하여 옮긴다.

53. 휠체어를 이용하여 울퉁불퉁한 길을 이동하는 방법으로 옳은 것은?
① 지그재그로 이동한다.
② 빠른 속도로 이동한다.
③ 앞바퀴를 들고 이동한다.
④ 뒤로 돌려 뒷걸음으로 이동한다.
⑤ 잠금장치를 반쯤 잠그고 이동한다.

❸유형

54. 왼쪽 편마비대상자를 침대로 이동시킬 때 휠체어를 놓는 위치는?

① 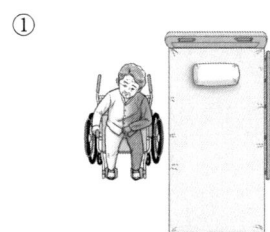 ②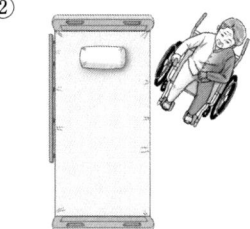

③ 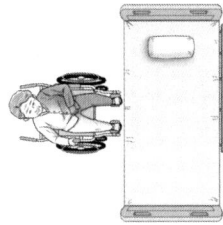 ④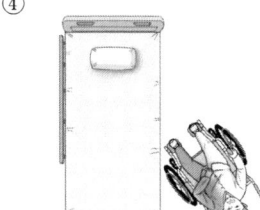

⑤

55. 편마비대상자의 보행을 도울 때 요양보호사의 위치(A)와 보행벨트 착용 부위(B)가 바르게 연결된 것은?

	(A)	(B)
①	마비된 쪽	가슴
②	마비된 쪽	허리
③	마비된 쪽	엉덩이
④	건강한 쪽	허리
⑤	건강한 쪽	엉덩이

56. 그림과 같은 목욕리프트를 선정할 때 고려할 사항으로 옳은 것은?

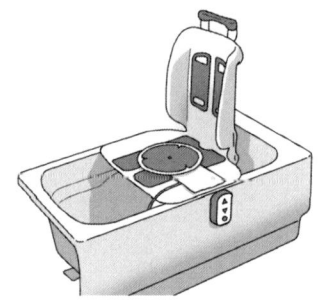

① 철제로 된 것
② 등받이 각도가 고정된 것
③ 충전용 배터리를 사용하는 것
④ 높낮이가 수동으로 조절되는 것
⑤ 콘센트에 전원을 연결하여 사용하는 것

57. 감염대상자에게 탈수가 있을 때 나타날 수 있는 증상은?
① 가래
② 빈뇨
③ 피부발진
④ 무기력감
⑤ 전신부종

58. 지진을 사전에 대비하는 방법으로 옳은 것은?
① 가스밸브를 점검한 후에 열어 둔다.
② 무거운 그릇은 식탁 위에 놓아둔다.
③ 깨지기 쉬운 물건은 선반 위에 보관한다.
④ 응급처치 방법을 알아 두어 비상시에 대처한다.
⑤ 지진 안내방송을 하는 방송국의 위치를 확인한다.

❸유형

59. 시설에서 화재가 발생했을 때 대피하는 방법으로 옳은 것은?

① 엘리베이터를 타고 이동한다.

② 연기로 앞이 보이지 않으면 그대로 서 있는다.

③ 바람이 불어오는 반대쪽에서 구조를 기다린다.

④ 코와 입을 감싸고 최대한 자세를 높여 이동한다.

⑤ 방향을 알기 힘들 때에는 계속 한쪽 손으로 벽을 짚으면서 나간다.

60. 재가대상자의 식사를 도울 때 식중독을 예방할 수 있는 방법으로 옳은 것은?

① 조개죽은 50℃에서 조리한다.

② 냉동식품은 실온에서 해동한다.

③ 달걀은 조리 직전에 씻어서 사용한다.

④ 채소는 물에 1분 정도 담갔다 먹는다.

⑤ 생선은 냉장고에 일주일 동안 보관한다.

61. 대상자의 침구를 선택하고 관리하는 방법으로 옳은 것은?

① 면 이불은 그늘에서 말린다.

② 오리털 이불은 햇볕에 말린다.

③ 매트리스는 푹신한 소재를 선택한다.

④ 베개는 깃털이나 솜으로 된 소재를 사용한다.

⑤ 시트는 색이 옅고 흡습성이 좋은 면을 선택한다.

62. 일상생활이 어려운 재가대상자를 위해 요양보호사가 대행할 수 있는 업무는?

① 텃밭 가꾸기

② 관공서 방문

③ 애완견 돌보기

④ 제사 음식 준비

⑤ 건강검진

63. 재가 치매대상자의 가족에게 치매 약물 복용의 중요성을 설명한 것으로 옳은 것은?

① "치매약은 부작용이 전혀 없어요."
② "치매약 복용은 늦게 시작할수록 좋아요."
③ "치매약은 인지증상 개선에 도움이 돼요."
④ "치매약은 한 가지 종류를 꾸준히 드셔야 해요."
⑤ "증상이 호전되지 않으면 용량을 두 배로 늘려야 해요."

64. 재가 치매대상자의 생활공간을 안전하게 조성하는 방법으로 옳은 것은?

① 대상자의 방은 가족과 멀리 배치한다.
② 난간에 어두운 색 테이프를 붙여 놓는다.
③ 방 안에서 잠그지 못하는 문을 설치한다.
④ 출입이 쉽도록 둥근형 문고리를 설치한다.
⑤ 1층보다는 2층에 위치한 방으로 배정한다.

65. 밤낮이 바뀐 치매대상자의 수면을 돕는 방법으로 옳은 것은?

① 낮잠을 자는 동안 커튼을 쳐 준다.
② 취침 전에 따뜻한 녹차를 제공한다.
③ 낮에 졸고 있을 때 말을 걸지 않는다.
④ 수면 상태를 관찰하여 원인을 파악한다.
⑤ 포만감을 느낄 수 있도록 야식을 제공한다.

66. 야간에 거실에서 배회하는 치매대상자를 돕는 방법으로 옳은 것은?

① 새로운 방으로 바꾸어 준다.
② 실내 조명을 어둡게 하여 동선을 줄인다.
③ 실외에 배회 코스를 만들어 다녀오게 한다.
④ 현관문을 열어 신선한 공기를 마시게 한다.
⑤ 학창 시절에 대한 이야기를 하며 추억을 나눈다.

67. 치매대상자가 자신의 신분증을 잃어버렸다며 불안해 할 때 대처방법은?

① 함께 경찰서에 가서 신고하자고 한다.
② 원래부터 신분증은 없었다고 인식시킨다.
③ 신분증은 시설에서 보관하고 있다고 설명한다.
④ 평소에 신분증을 두는 장소로 같이 가서 찾아본다.
⑤ 잃어버린 신분증은 우편으로 돌아온다고 말한다.

68. 치매대상자에게 일반적으로 나타나는 파괴적 행동의 특징으로 옳은 것은?

① 치매 말기에 시작된다.
② 행동이 자주 일어난다.
③ 한 번 하면 오래 지속된다.
④ 전조증상으로 우울증이 나타난다.
⑤ 에너지가 소모되면 지쳐서 행동을 중단한다.

69. 치매대상자가 해 질 녘만 되면 다른 대상자를 따라다니며 "여보, 무서워. 함께 있자."라고 할 때 대처방법은?

① "겁이 많으시군요. 뭐가 무서우세요?"
② "다른 대상자를 자꾸 괴롭히면 여기서 나가셔야 해요."
③ "저분이 남편으로 보이세요? 사진 속의 할아버지와 다르잖아요."
④ "할아버지는 작년에 돌아가셨어요. 아직 받아들여지지 않으세요?"
⑤ "할아버지를 많이 의지하셨나 봐요. 할아버지 이야기 좀 해 주세요."

70. 프로그램 참여 중에 남자 치매대상자가 옆에 앉은 여자대상자의 가슴을 만질 때 대처방법은?

① 만지는 손을 때려서 제지한다.
② 내일부터 참여하지 말라고 한다.
③ 여자대상자를 다른 장소로 이동시킨다.
④ 하지 말라며 큰 소리로 주의를 준다.
⑤ 여자대상자에게 사과하라고 지시한다.

71. 중증 인지기능장애 대상자의 기분을 전환하고 스트레스를 해소할 수 있는 인지자극훈련 활동은?

① 물건값 계산하기
② 탬버린 연주하기
③ 특정 글자 고르기
④ 뇌 건강 일기 쓰기
⑤ 빈칸에 낱말 채우기

72. 다음과 같은 방법으로 의사소통해야 하는 대상자는?

- 눈짓으로 신호를 주면서 이야기를 시작한다.
- 입 모양으로 알 수 있도록 입을 크게 벌려 정확하게 말한다..

① 노인성 난청
② 판단력 장애
③ 지남력 장애
④ 이해력 장애
⑤ 주의력결핍 장애

73. 다음 대화에서 요양보호사의 반응으로 옳은 것은?

대 상 자 : 내 스웨터 어디 있어? 왜 자꾸 숨겨 놔!
요양보호사 : _____

① "스웨터를 입고 싶으신가 봐요. 우리 가지러 가요."
② "오늘은 스웨터가 없어서 밖에 못 나가시겠네요."
③ "잘 안 입으셔서 지난번에 제가 딸에게 보냈어요."
④ "새로 산 이 스웨터가 더 예쁜데... 대신 이걸로 입으세요."
⑤ "저는 어르신의 스웨터를 숨기지 않았어요. 의심하지 마세요!"

74. 처음 입소한 시각 장애 대상자에게 편의시설에 대해 설명하는 방법으로 옳은 것은?

① 대상자 뒤쪽에서 설명한다.
② 대상자가 아는 물건만 설명한다.
③ 사물의 위치를 시계 방향으로 설명한다.
④ 대상자를 만나면 어깨를 두드린 후 말을 건다.
⑤ 요양보호사를 중심으로 오른쪽, 왼쪽을 설명한다.

75. 지남력 장애가 있어 화장실을 찾지 못하는 대상자를 도울 수 있는 방법으로 옳은 것은?

① 복도 끝을 가리키며 "왼쪽으로 가세요."라고 한다.
② "하던 일을 마무리해야 해요."라며 기다리게 한다.
③ "조금 전에 알려드렸잖아요."라며 기억을 상기시킨다.
④ 사무실 쪽을 쳐다보며 "저기 가서 물어보세요." 라고 한다.
⑤ 데리고 가서 "화장실 표시가 있는 여기로 들어가세요." 라고 한다.

76. 치매대상자와 의사소통할 때 기본원칙을 지켜 반응한 것은?

① "왜 과일을 안 드셨어요?"
② "아침 약 드실 시간이에요."
③ "아까 그 사람은 누구세요?"
④ "어디 불편한 곳은 없으세요?"
⑤ "점심 드시고 나서 바나나를 간식으로 드세요."

77. 질식대상자에게 하임리히법을 적용할 때 구조자 손의 위치는?

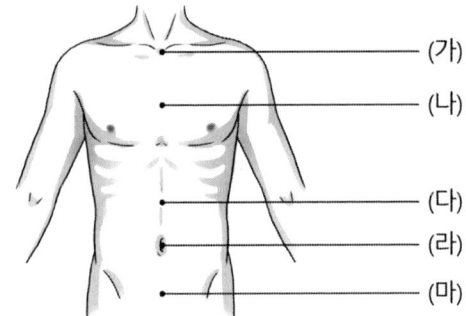

① 가
② 나
③ 다
④ 라
⑤ 마

78. 다음 중 가장 먼저 의료기관으로 이송해야 하는 화상 대상자는?

① 코와 입술의 화상
② 어깨와 가슴의 화상
③ 무릎과 종아리의 화상
④ 손가락과 발가락의 화상
⑤ 엉덩이와 꼬리뼈 부위의 화상

79. 심폐소생술을 할 때 자동심장충격기를 사용하는 방법으로 옳은 것은?

① 심장리듬을 분석한 후 패드를 부착한다.
② 왼쪽 빗장뼈와 오른쪽 젖꼭지 아래에 전극패드를 부착한다.
③ 분석 중이라는 음성지시가 나오면 심폐소생술을 시작한다.
④ 쇼크 버튼을 누르기 전에 대상자에게서 손을 뗀다.
⑤ 제세동 시행 후 가슴압박과 인공호흡은 30 : 1의 비율로 한다.

80. 의식을 잃은 대상자에게 심폐소생술을 할 때 순서로 옳은 것은?

(가)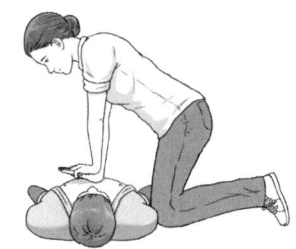

(나)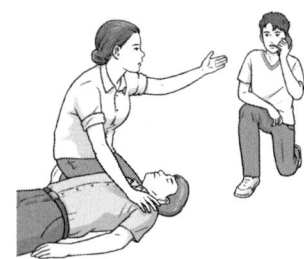

(다)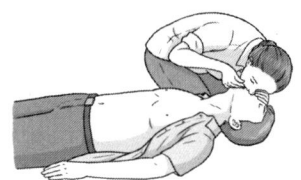

(라)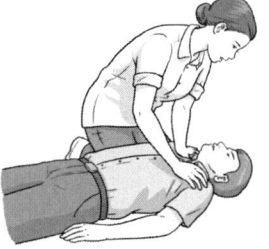

(마)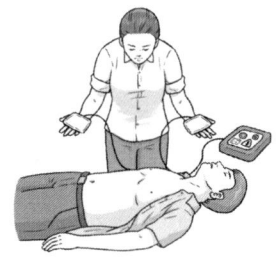

① 라 → 나 → 가 → 다 → 마
② 다 → 라 → 가 → 나 → 마
③ 나 → 가 → 다 → 라 → 마
④ 나 → 다 → 라 → 가 → 마
⑤ 가 → 나 → 다 → 라 → 마

요양보호사 자격시험 ❸유형 정답

1	4	2	1	3	3	4	2	5	1
6	4	7	1	8	5	9	4	10	3
11	3	12	3	13	4	14	5	15	3
16	4	17	2	18	3	19	4	20	1
21	1	22	3	23	2	24	4	25	5
26	5	27	4	28	3	29	2	30	5
31	3	32	5	33	3	34	4	35	3
36	4	37	4	38	2	39	5	40	5
41	3	42	3	43	4	44	2	45	3
46	5	47	1	48	1	49	2	50	1
51	2	52	5	53	3	54	2	55	2
56	3	57	4	58	4	59	5	60	3
61	5	62	2	63	3	64	3	65	4
66	5	67	4	68	5	69	5	70	3
71	2	72	1	73	1	74	3	75	5
76	2	77	3	78	1	79	4	80	1

요양보호사 자격시험 예상문제

❹유형

■ 각 문제에서 가장 적합한 답을 하나만 고르시오.

> 요양보호론(필기시험)

1. 노년기를 건강하게 보내는 방법으로 옳은 것은?
① 야외 활동을 제한한다.
② 가공식품 위주로 식사한다.
③ 만성질환의 유무를 정기적으로 확인한다.
④ 기억력 유지를 위해 단조로운 생활을 한다.
⑤ 매일 2시간 이상 고강도 근력 운동을 한다.

2. 노년기의 특성으로 옳은 것은?
① 외향성 감소
② 의존성 감소
③ 조심성 감소
④ 가족 내 역할 증가
⑤ 사회적 관계망 확대

3. 노인요양공동생활가정의 기능으로 옳은 것은?
① 노인 일자리 제공
② 성년후견사업 시행
③ 치매노인 등록 관리
④ 지역사회 독거노인 실태 조사
⑤ 친숙한 주거 여건과 급식 제공

4. 다음과 같은 서비스를 제공하는 노인장기요양보험 급여 유형은?

> • 대상자의 기능 유지를 위한 복지용구를 제공함
> • 가정을 방문하여 재활에 관한 지원 등을 제공함

① 재활급여
② 가족요양급여
③ 기타 재가급여
④ 단기보호 급여
⑤ 주·야간보호 급여

5. 등급판정위원회의 심의 결과 등급외자로 판정받은 대상자가 이용할 수 있는 서비스는?
① 노인복지관
② 방문간호
③ 방문목욕
④ 방문요양
⑤ 노인요양시설

6. 다음 내용에 해당하는 노인장기요양보험 표준서비스 유형은?

> •병원 외래 진료에 동행함
> •대상자를 대신하여 공과금을 납부함

① 정서지원서비스
② 개인활동지원서비스
③ 일상생활지원서비스
④ 신체활동지원서비스
⑤ 기능회복훈련서비스

❹유형

7. 요양보호서비스 제공 원칙을 준수한 경우는?

① 대상자의 가래를 흡인한다.

② 상황에 따라 서비스 비용을 청구한다.

③ 대상자의 선호보다 시설의 규칙을 우선시한다.

④ 응급 상황에는 응급처치 우선순위에 따라 처치 한다.

⑤ 대상자의 인지능력이 악화되면 서비스를 종결 한다.

8. 다음과 같은 노인학대의 유형은?

- 집에 들어오지 못하게 함
- 의료적으로 불필요한 약물을 복용시킴
- 생존 유지에 필요한 물품으로부터 단절시킴

① 방임

② 유기

③ 신체적 학대

④ 정서적 학대

⑤ 경제적 학대

9. 방문요양 시 대상자의 팔다리에 타박상 흔적이 있고 학대가 의심될 때 대처방법은?

① 노인보호전문기관에 신고한다.

② 대상자의 사생활이므로 개입하지 않는다.

③ 동료 요양보호사와 상의한다.

④ 대상자의 이웃을 만나 상황을 확인한다.

⑤ 대상자에게 재발 방지 교육을 한다.

10. 「산업재해보상보험법」에 따른 근로자 보호의 내용으로 옳은 것은?

① 보험급여는 채권자에게 양도할 수 있다.

② 보험급여를 받을 권리는 1년간 유효하다.

③ 산업재해를 당했다는 이유로 해고할 수 없다.

④ 보험급여는 조세로 적용되어 세금을 부과한다.

⑤ 사업장이 폐업된 경우는 장해급여를 받지 못한다.

11. 재가대상자가 요양보호사에게 성적인 신체 접촉을 할 때 대처방법은?

① 시설에 입소시킨다.

② 큰 소리로 훈계한다.

③ 거부 의사를 분명히 표현한다.

④ 신체 접촉을 하는 이유를 묻는다.

⑤ 신경 쓰지 않고 하던 일을 계속한다.

12. 요양보호사의 직업윤리 원칙에 맞는 행동은?

① 대상자의 사생활은 제한한다.

② 대상자의 요구는 모두 수용한다.

③ 대상자의 자기 결정권을 존중한다.

④ 서비스 제공에 대한 선물은 감사히 받는다.

⑤ 업무 수행을 빌미로 보수교육을 받지 않는다.

❹유형

13. 다음 상황에서 요양보호사의 대처방법은?

> 대 상 자 : (짜증을 내며) 매번 머리를 남자처럼 잘라 놓아서, 오늘은 절대 자르지 않을 거야.
> 요양보호사 : (   )

① "딸에게 와서 자르라고 할까요?"
② "제가 볼 때는 짧은 머리도 잘 어울리던데요."
③ "그러면 좋아하는 머리핀으로 정리해 드릴까요?"
④ "오늘 온 미용 자원봉사자는 잘하는 사람이에요."
⑤ "시설에서 생활하려면 머리를 짧게 자르셔야 해요."

14. 다음 사례에서 요양보호사의 대처방법은?

> 대상자의 아들: 어머니가 걷는 것을 불편해하셔서 휠체어가 필요한데… 형편도 어렵고, 어떻게 해야 할지 막막해요.

① 본인 부담금을 면제해 준다.
② 저렴한 복지용구를 판매한다.
③ 가족 요양서비스를 권유한다.
④ 이용할 수 있는 서비스를 알려 준다.
⑤ 휠체어 대신 보행보조차를 사서 준다.

15. 다음 상황에서 요양보호사가 직업윤리 원칙을 준수한 경우는?

> 재가급여 대상자가 수고비를 줄 테니 관절염 약을 대리처방 받아 달라고 요청함

① 요청한 서비스를 거부한다.
② 다른 요양보호사에게 부탁한다.
③ 다른 대상자의 관절염약을 제공한다.
④ 생각해 본다고 하면서 답변을 피한다.
⑤ 개인적으로 별도의 서비스 계약을 한다.

16. 손목이 삐어 부종이 발생한 직후 초기 관리 방법으로 옳은 것은?

① 손상 부위 압박

② 손상 부위 내리기

③ 손상 부위 스트레칭

④ 고주파요법

⑤ 전기광선요법

17. 대상자의 분비물이 묻은 물품을 처리하는 방법으로 옳은 것은?

① 대변이 묻은 하의는 소각한다.

② 혈액이 묻은 침구는 삶은 후 찬물에 헹군다.

③ 가래가 묻은 상의는 소독용 알코올로 세탁한다.

④ 분비물이 묻은 침구는 일반 세탁물과 함께 세탁 한다.

⑤ 가래가 담긴 흡인병은 분비물을 버리고 1일 1회 이상 닦는다.

18. 헬리코박터균 감염이 원인이 되어 속쓰림과 상복부 불편감이 나타나는 질환은?

① 협심증

② 대장암

③ 위궤양

④ 담석증

⑤ 췌장염

19. 노화에 따른 호흡기계 변화로 옳은 것은?

① 섬모 운동 감소

② 기관지 내 분비물 감소

③ 폐활량 증가

④ 기침반사 증가

⑤ 호흡근의 근력 증가

❹유형

20. 만성기관지염 대상자를 돕는 방법으로 옳은 것은?

① 심호흡을 제한한다.
② 음식을 뜨겁게 하여 제공한다.
③ 창문을 열어 찬 공기로 환기한다.
④ 호흡곤란 시 앙와위 자세를 취하게 한다.
⑤ 처방대로 기관지확장제를 사용하게 한다.

21. 관상동맥이 좁아져 심장에 산소공급이 충분하지 못할 때 나타나는 특징적인 증상은?

① 두통
② 흉통
③ 요통
④ 신경통
⑤ 하복부 통증

22. 골다공증을 예방하는 방법으로 옳은 것은?

① 자외선 차단
② 저체중 유지
③ 체중부하운동 제한
④ 항혈전제 장기 복용
⑤ 비타민D 함유 음식 섭취

23. 복압성 요실금 대상자를 돕는 방법으로 옳은 것은?

① 수분을 제한한다.
② 기침을 하게 한다.
③ 변비를 예방하게 한다.
④ 매일 줄넘기를 하게 한다.
⑤ 카페인 음료를 마시게 한다.

24. 욕창 발생 위험이 가장 높은 대상자는?

① 걷기를 즐기는 과체중 대상자

② 지팡이를 짚고 걷는 파킨슨병 대상자

③ 체중부하운동이 어려운 관절염 대상자

④ 체위 변경이 어려운 척수 장애 대상자

⑤ 보조기구를 사용하여 산책하는 편마비 대상자

25. 대상자에게 소뇌 손상이 발생했을 때 나타나는 특징적인 증상은?

① 감정을 조절하지 못한다.

② 인지기능의 저하가 나타난다.

③ 말의 내용을 이해하지 못한다.

④ 한 개의 물체가 두 개로 보인다.

⑤ 자세의 균형을 유지하지 못한다.

26. 화에 따른 감각기계 변화로 옳은 것은?

① 통증에 대한 민감성이 증가한다.

② 고막의 소리 전달 능력이 증가한다.

③ 같은 계열의 여러 색을 잘 구별한다.

④ 노인성 난청이 발생하여 고음을 잘 들을 수 있다.

⑤ 동공 지름 감소로 빛을 받아들이지 못해 밝은 곳을 좋아한다.

31. 만 65세 이상 노인이 1회 기본접종 후 10년마다 추가로 받아야 하는 예방접종으로 묶인 것은?

① 백일해, 디프테리아

② 파상풍, 디프테리아

③ 파상풍, 인플루엔자

④ 폐렴구균, 인플루엔자

⑤ 폐렴구균, 대상포진

27. 노화에 따른 내분비계 변화로 옳은 것은?
   ① 기초대사량 증가
   ② 갑상샘호르몬 증가
   ③ 뇌하수체 크기 증가
   ④ 인슐린 민감성 감소
   ⑤ 공복 시 혈당수치 감소

28. 영양 문제 발생 위험이 가장 높은 대상자는
   ① 인지기능이 저하된 대상자
   ② 배변 활동이 양호한 대상자
   ③ 사회 활동이 활발한 대상자
   ④ 잇몸에 맞는 의치를 낀 대상자
   ⑤ 시력 교정용 안경을 쓴 대상자

29. 노인대상자의 운동을 돕는 방법으로 옳은 것은?
   ① 운동 전 복용하던 약을 중단시킨다.
   ② 현재의 운동 수준을 확인하게 한다.
   ③ 강도가 높은 동작으로 시작하게 한다.
   ④ 몸의 방향을 빠르게 바꾸는 운동을 하게 한다.
   ⑤ 취침 전에 규칙적인 고강도 운동을 하게 한다

30. 노인 수면의 특성으로 옳은 것은?
   ① 수면량이 증가한다.
   ② 수면 중에 자주 깬다.
   ③ 낮에 졸음을 덜 느낀다.
   ④ 수면의 효율이 높아진다.
   ⑤ 잠들기까지의 시간이 짧아진다.

31. 만 65세 이상 노인이 1회 기본접종 후 10년마다 추가로 받아야 하는 예방접종으로 묶인 것은?

① 백일해, 디프테리아

② 파상풍, 디프테리아

③ 파상풍, 인플루엔자

④ 폐렴구균, 인플루엔자

⑤ 폐렴구균, 대상포진

32. 요양보호 기록의 목적으로 옳은 것은?

① 서비스 제공 제한

② 기관의 예산 평가

③ 업무에 대한 책임감 강화

④ 다른 대상자와 정보 공유

⑤ 문제 발생 시 법적 책임 회피

33. 요양보호 업무보고가 중요한 이유는?

① 서비스 비용 결정

② 시설장의 직무 평가

③ 대상자의 신체 기능 상태 측정

④ 가족에게 서비스 제공 계획 설명

⑤ 타 전문직과의 원활한 업무 협력

34. 임종 적응 단계 중 '타협'에 해당하는 대상자의 반응은?

① "하필 왜 내가 죽어야 해?"
② "더 이상 살 수 없다니 너무 슬퍼."
③ "이제 소리칠 힘도 없어. 나는 지쳤어."
④ "우리 손녀가 대학 갈 때까지만 살면 좋겠어."
⑤ "아니야, 믿을 수 없어. 다른 병원에 가야겠어."

35. 임종 직후의 대상자를 돕는 방법으로 옳은 것은?

① 삽입된 튜브를 제거한다.
② 눈을 감지 않은 경우 그대로 둔다.
③ 대상자의 얼굴을 시트로 덮어 준다.
④ 대상자가 있는 방의 조명을 꺼 둔다.
⑤ 베개로 머리와 어깨를 받쳐 올려 준다.

요양보호(실기시험)

36. 입맛이 없는 대상자의 식욕을 증진할 수 있는 방법으로 옳은 것은?

① 혼자서 조용히 식사하게 한다.

② 반찬을 모두 잘게 썰어 제공한다.

③ 감칠맛 나는 단 음식 위주로 준비한다.

④ 다양한 색깔의 반찬을 골고루 제공한다.

⑤ 신맛이 강한 음식을 주어 미각을 자극한다.

37. 경관영양액을 주입하던 중 대상자가 구토를 할 때 우선적으로 해야 할 일은?

① 비위관을 잠근다.

② 침대 머리 높이를 낮춘다.

③ 영양액 대신 물을 주입한다.

④ 비위관이 꼬였는지 확인한다.

⑤ 영양액 주머니의 높이를 대상자의 위장 높이와 같게 한다.

38. 가루약을 복용할 때 사레에 자주 걸리는 대상자를 돕는 방법으로 옳은 것은?

① 가루약에 꿀을 섞어 먹인다.

② 머리를 뒤로 젖혀 가루약을 삼키게 한다.

③ 가루약을 혀 밑에 넣어 녹여서 삼키게 한다.

④ 가루약을 2~3회 분량으로 나누어 입에 넣어 준다.

⑤ 바늘이 없는 주사기에 물로 녹인 가루약을 넣어 조금씩 먹인다.

39. 다음 중에서 눈에 안약을 점적하는 위치로 옳은 것은?

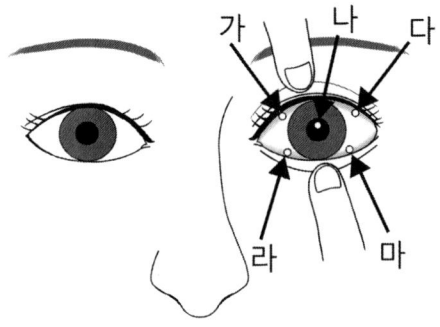

① 가
② 나
③ 다
④ 라
⑤ 마

40. 정맥주사 바늘이 제거된 후에 알코올 솜으로 절대 비비지 않는 이유는?

① 주사 부위가 감염될 수 있기 때문에
② 주사 부위에 피멍이 들 수 있기 때문에
③ 주사 부위에 통증이 생길 수 있기 때문에
④ 알코올이 혈관 내로 흡수될 수 있기 때문에
⑤ 수액이 심장 쪽으로 빨리 들어갈 수 있기 때문에

41. 대상자가 안전하게 화장실을 이용할 수 있도록 돕는 방법으로 옳은 것은?

① 화장실 문고리는 막대형으로 한다.
② 화장실 표시는 입구 아래쪽에 한다.
③ 화장실 조명의 조도는 낮게 유지한다.
④ 화장실 복도에 조형물을 두어 미관을 좋게 한다.
⑤ 화장실에 갈 때 신고 벗기 쉽게 슬리퍼를 신긴다.

42. 거동이 불편한 대상자가 침상에서 자주 배변 실수를 할 때 돕는 방법으로 옳은 것은?

① 음식 섭취량을 줄여 준다.

② 낮에는 기저귀를 채워 준다.

③ 간이변기를 침대에 두고 사용하게 한다.

④ 평소 배변 시간을 파악하여 변기를 대어 준다.

⑤ 기저귀를 깔고 하의를 벗긴 후 이불을 덮어 준다.

43. 편마비대상자의 이동변기 사용을 돕는 방법으로 옳은 것은?

① 대상자의 마비된 쪽에 이동변기를 놓는다.

② 이동변기는 침대에 30~45° 각도로 비스듬히 붙여 놓는다.

③ 이동변기의 높이는 침대의 높이보다 낮게 한다.

④ 대상자의 두 발이 바닥에 닿지 않게 이동변기에 앉힌다.

⑤ 이동변기는 하루에 세 번 세척한다.

44. 대상자의 기저귀를 교환할 때 둔부를 가볍게 두드려 마사지하는 이유는?

① 욕창 예방

② 근육 이완

③ 변의 자극

④ 심리적 안정

⑤ 장운동 촉진

45. 유치도뇨관을 삽입하고 있는 대상자의 보행을 돕는 방법으로 옳은 것은?

① 유치도뇨관을 잠근 후 보행하게 한다.

② 소변주머니의 배출구를 열고 보행하게 한다.

③ 유치도뇨관을 새것으로 교체한 후 보행하게 한다.

④ 소변주머니를 아랫배보다 아래로 오도록 들고 보행 하게 한다.

⑤ 소변주머니가 보이지 않게 바지 안에 넣고 보행 하게 한다.

❹유형

46. 대상자의 의치를 관리하는 방법으로 옳은 것은?
① 뜨거운 물에 삶아서 소독한다.
② 깨끗한 휴지에 싸서 보관한다.
③ 취침 전에 의치를 세척하여 다시 끼워 준다.
④ 의치 세정제가 없으면 주방세제로 세척한다.
⑤ 전체 의치를 뺄 때에는 아래쪽을 먼저 빼 준다.

47. 침상에 누워 지내는 대상자의 머리를 손질하는 방법으로 옳은 것은?
① 모발 끝에서 두피 방향으로 빗질한다.
② 두피 관리를 위해 이틀에 한 번씩 빗질한다.
③ 거울을 제공하여 머리 모양을 확인하게 한다.
④ 요양보호사의 기호에 따라 머리 모양을 정리한다.
⑤ 머리카락이 엉켰을 경우 잘라 낸다.

48. 목욕을 준비하던 중 대상자의 혈압이 높은 것을 알게 되었을 때 대처방법은?
① 반신욕을 하게 한다.
② 1시간 이상 천천히 목욕시킨다.
③ 이동욕조를 사용하여 목욕시킨다.
④ 혈압약을 복용하게 한 후에 목욕시킨다.
⑤ 혈압이 더 높아질 수 있으므로 목욕을 미룬다.

49. 목욕을 하는 동안 대상자의 체온이 유지되도록 돕는 방법으로 옳은 것은?
① 창문을 열어 습기를 제거한다.
② 목욕 중 몸에 따뜻한 물을 자주 끼얹어 준다.
③ 목욕 후 몸의 물기는 자연 건조 되게 한다.
④ 목욕물의 온도는 50℃ 이상이 되도록 한다.
⑤ 비누를 묻힌 수건으로 몸의 중심에서 말초 방향 으로 닦아 준다.

50. 왼쪽 편마비대상자에게 단추가 없는 상의를 벗기는 순서로 옳은 것은?

① 오른쪽 팔 → 머리 → 왼쪽 팔
② 오른쪽 팔 → 왼쪽 팔 → 머리
③ 머리 → 왼쪽 팔 → 오른쪽 팔
④ 왼쪽 팔 → 오른쪽 팔 → 머리
⑤ 왼쪽 팔 → 머리 → 오른쪽 팔

51. 침대에 걸터앉아 있는 대상자를 일으켜 세우는 순서로 옳은 것은?

> 대가. 대상자의 발목을 무릎 위치보다 뒤쪽에 놓게 한다.
> 나. 일어서면서 숙여진 상체를 펴게 한다.
> 다. 얼굴이 무릎 위치보다 앞쪽에 오게 한다. 라. 상체를 앞으로 숙이게 한다.

① 가 → 나 → 다 → 라
② 가 → 나 → 라 → 다
③ 가 → 다 → 나 → 라
④ 가 → 라 → 나 → 다
⑤ 가 → 라 → 다 → 나

52. 다음 그림과 같이 미끄러져 내려가 누워 있는 대상자를 두 명의 요양보호사가 올려 눕히는 방법으로 옳은 것은?

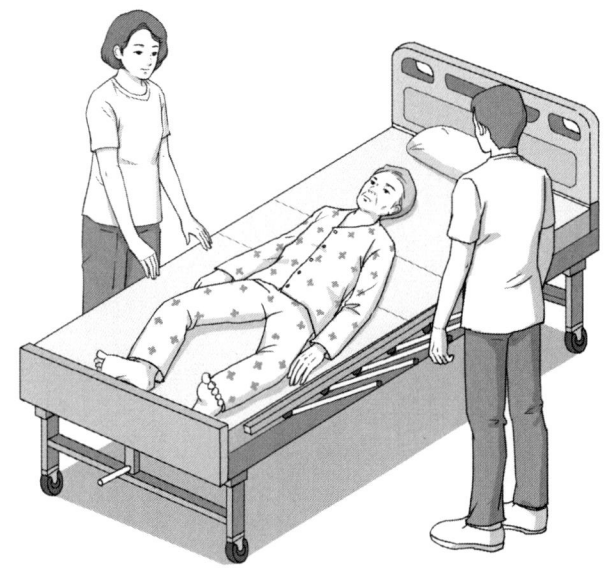

① 어깨와 대퇴 밑을 지지하여 올린다.
② 팔과 다리를 잡고 당겨 올린다.
③ 목과 무릎 밑을 지지하여 올린다.
④ 상의와 바지를 잡고 들어 올린다.
⑤ 양쪽 겨드랑이를 잡고 당겨 올린다.

53. 오른쪽 편마비대상자가 왼쪽으로 쏠려 누워 있을 때 침대 중앙으로 이동시키는 순서로 옳은 것은?

> 가. 대상자의 오른쪽에 선다.
> 나. 상반신과 하반신을 차례로 이동시킨다.
> 다. 대상자의 두 팔을 가슴 위에 올려놓는다.
> 라. 대상자의 옷과 침대시트 등 불편한 곳이 없는지 확인한다.

① 가 → 나 → 다 → 라
② 가 → 나 → 라 → 다
③ 가 → 다 → 나 → 라
④ 가 → 라 → 나 → 다
⑤ 가 → 라 → 다 → 나

54. 다음 그림과 같은 휠체어를 사용할 때 대상자의 다리 길이에 맞게 조절하여야 하는 것은?

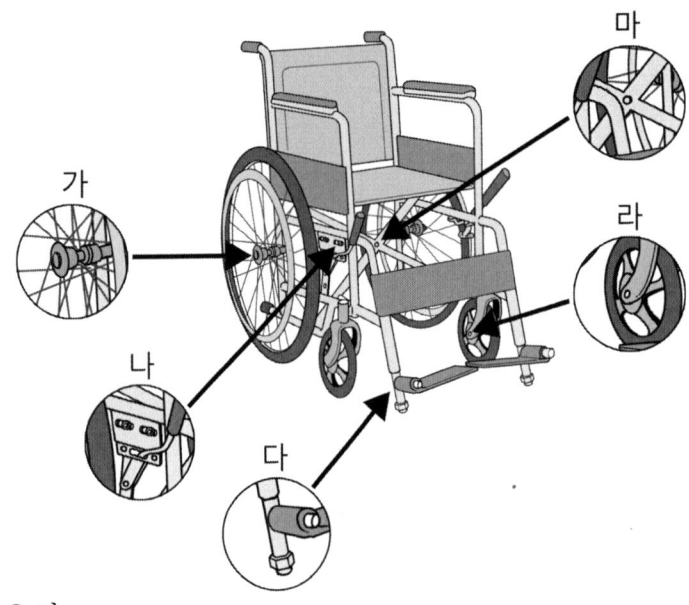

① 가
② 나
③ 다
④ 라
⑤ 마

❹유형

55. 대상자를 휠체어에서 이동변기로 옮기는 순서로 옳은 것은?

> 가. 건강한 다리에 힘을 주어 이동하게 한다.
> 나. 건강한 손으로 이동변기의 먼 쪽 손잡이를 잡게 한다.
> 다. 휠체어 발받침대를 접고 대상자의 두 발을 바닥에 내려놓게 한다.
> 라. 이동 방법을 설명하고 휠체어의 잠금장치를 잠근다.

① 가 → 나 → 다 → 라
② 나 → 라 → 다 → 가
③ 다 → 가 → 라 → 나
④ 라 → 가 → 다 → 나
⑤ 라 → 다 → 나 → 가

56. 다음 그림과 같은 복지용구를 선택할 때 고려 사항으로 옳은 것은?

① 쿠션의 재질은 딱딱해야 한다.
② 커버는 분리하여 세척할 수 있어야 한다.
③ 지퍼는 잘 보이도록 노출되어 있어야 한다.
④ 커버는 소독할 수 있고 변색이 잘되어야 한다.
⑤ 자세를 쉽게 바꿀 수 있도록 표면이 미끄러워야 한다.

57. 감염 예방을 위한 손위생 방법으로 옳은 것은?

① 액체비누보다 고체비누를 사용한다.
② 세면대에 깨끗한 물을 받아 충분히 씻는다.
③ 장갑을 끼고 처치한 후에는 씻지 않아도 된다.
④ 손가락 끝을 반대편 손바닥에 문질러 손톱 밑까지 씻는다.
⑤ 세균 번식을 막기 위해 젖은 수건은 말려서 다시 사용한다.

58. 재가대상자에게 낙상이 발생할 위험이 높은 환경은?

① 경사가 완만한 출입로
② 손잡이가 설치된 복도
③ 엘이디(LED) 조명이 설치된 거실
④ 한쪽에 의자가 놓인 현관
⑤ 낮에 암막 커튼이 쳐진 방

59. 전기 사고를 예방할 수 있는 방법으로 옳은 것은?

① 습기가 있는 곳에서 전기기구를 사용한다.
② 콘센트에서 플러그를 뺄 때에는 지그재그로 움직여 뺀다.
③ 하나의 콘센트에 여러 개의 전기코드를 꽂는다.
④ 전기기구를 세척하기 전에 콘센트에서 플러그를 뺀다.
⑤ 전선에서 불꽃이 일어나면 물을 뿌린다.

60. 재가대상자의 식기 및 주방을 위생적으로 관리하는 방법으로 옳은 것은?

① 세척한 식기는 젖은 채로 포개어 보관한다.
② 음식물이 많이 묻어 있는 식기부터 설거지한다.
③ 그물 모양 수세미보다 스펀지로 된 수세미를 사용 한다.
④ 유리그릇은 뜨거운 상태에서 찬물에 담가 열을 식힌다.
⑤ 냄새나는 밀폐용기에는 녹차 티백을 넣고 뜨거운 물을 부어 둔다.

❹유형

61. 시설에서 실내 환경을 청결하고 쾌적하게 조성 하는 방법으로 옳은 것은?

① 겨울철에는 제습기를 사용한다.
② 보조 난방으로 온도를 조절한다.
③ 방바닥의 먼지는 빗자루로 제거한다.
④ 양변기의 물때는 솔에 식초를 묻혀 닦는다.
⑤ 쓰레기통에서 냄새가 나면 방향제를 뿌린다.

62. 대상자의 은행 업무를 대행하는 방법으로 옳은 것은?

① 장기요양급여 제공기록지를 지참한다.
② 대상자가 요구하면 은행 업무 담당자와 연계해 준다.
③ 요양보호사가 판단하여 필요한 금융 정보를 제공 한다.
④ 업무 처리 결과에 불만족해하면 대상자가 처리 하게 한다.
⑤ 대상자의 업무를 대행하면서 요양보호사의 사적 업무를 처리한다.

63. 재가 치매대상자의 안전을 고려하여 주거 환경을 관리하는 방법으로 옳은 것은?

① 침대는 벽에서 떨어뜨려 놓는다.
② 계단 윗부분에 간이문을 달아 둔다.
③ 현관 출입문은 투명한 유리로 설치한다.
④ 대상자가 다니는 곳에 작은 깔개를 둔다.
⑤ 방에 큰 거울을 두어 자신의 모습을 인식하게 한다.

64. 시설 치매대상자가 "우리 며느리가 나 데리러 언제 와?"라며 반복적으로 물을 때 대처방법은?

① 물을 때마다 며느리와 통화하게 한다.
② 방금 왔다 갔으니 기억해 보라고 한다.
③ 며느리가 언제 오면 좋겠는지 되물어 본다.
④ 여기가 집이니 며느리를 기다리지 말라고 한다.
⑤ 달력에 적힌 며느리의 방문 일정을 보이며 알려 준다.

65. 치매대상자가 식사 때마다 음식을 지나치게 많이 먹을 때 대처방법은?

① 하루에 두 끼만 제공한다.

② 반찬 가짓수를 줄여 제공한다.

③ 매 식사 후에 소화제를 제공한다.

④ 작은 그릇에 담아 식사량을 조절한다.

⑤ 쓴맛이 나는 재료를 음식에 섞어 제공한다.

66. 치매대상자가 화장실을 왔다 갔다 하며 밤새 잠을 이루지 못할 때 대처방법은?

① 기저귀를 채운다.

② 화장실 조명을 꺼 둔다.

③ 따뜻한 홍차를 제공한다.

④ 침구에 대소변이 묻었는지 확인한다.

⑤ 스스로 도움을 요청할 때까지 기다려 준다.

67. 치매대상자가 야간에 실내에서 계속 배회할 때 대처방법은?

① 밖으로 나가 시설 주변을 걷게 한다.

② 배회하지 못하게 주의를 준다.

③ 출입이 가능한 창문은 잠근다.

④ 복잡한 일을 주어 집중하게 한다.

⑤ 실내 조명을 끄고 침대에 눕게 한다.

68. 거울만 보면 욕설을 하는 치매대상자를 돕는 방법으로 옳은 것은?

① 거울을 보며 함께 욕을 한다.

② 집 안의 거울에 천을 씌어 둔다.

③ 무슨 이야기를 하는지 자세히 들어본다.

④ 거울 속에 있는 사람이 누구인지 물어본다.

⑤ 흥분이 가라앉을 때까지 기다렸다가 욕하는 이유를 물어본다.

❹유형

69. 다음 상황에서 요양보호사의 대처방법은?

① 나쁜 꿈을 꾸었는지 물어본다.
② 함께 밖으로 나가 바람을 쐰다.
③ 집단 프로그램에 참여하게 한다.
④ 다른 대상자들에게 사과하게 한다.
⑤ 방에 있는 대상자들을 다른 방으로 이동시킨다.

70. 다음 상황에서 요양보호사의 대처방법은?

> 시설 치매대상자가 해 질 녘이 되면 "죽어야 하는데… 죽지도 않는다."라며 가슴을 치면서 운다

① 눈물을 닦아 주며 옆에 있어 준다.
② 죽음에 대해서 말하지 말라고 한다.
③ 나이 들면 누구나 드는 생각이라고 말한다.
④ 다른 대상자에게 피해가 되니 조용히 하라고 한다.
⑤ 시간이 지나면 괜찮아지니까 조금만 참으라고 한다.

71. 치매대상자가 잠에서 깨어 옷을 다 벗고 방 밖으로 나왔을 때 대처방법은?

① 벗기 어려운 옷을 입힌다.
② 빨리 옷을 입으라고 말한다.
③ 실내 온도가 높은지 확인한다.
④ 벗은 채로 다시 잠을 자게 한다.
⑤ 스스로 체온을 재어 열이 나는지 체크하게 한다.

72. 요양보호사가 대상자의 가족과 의사소통할 때 유의해야 할 사항으로 옳은 것은?

① 자신이 모든 일에 전문가임을 강조한다.
② 자신의 생각이나 감정은 표현하지 않는다.
③ 대상자에 대한 정보를 수시로 주고받는다.
④ 가족과 대상자 간의 갈등은 임의로 해결한다.
⑤ 사적 모임을 가지며 가족과 좋은 관계를 유지 한다.

73. 동료 요양보호사가 대상자에게 식사를 제공하다가 중단한 후 사적인 통화를 오래 할 때 '나-전달법'으로 반응한 것은?

① "밥이 식으니까 빨리 끊어 주세요."
② "이제 통화 좀 그만 하시면 안 될까요?"
③ "개인적으로 급한 일이 있으신가 보군요."
④ "어르신이 기다리고 계셔서 보기에 안쓰럽네요."
⑤ "내가 대신 어르신을 돌보고 있을 테니 편히 통화 해요."

74. 다음과 같은 상황에서 효과적으로 의사소통한 것은?

치매대상자 : 아이고아파. 배 아파 죽겠어
요양보호사 : (   )

① "언제부터 어떻게 아프세요?"
② (배를 짚으며) 여기가 아프세요?"
③ "많이 아프시군요. 장염인가 봐요."
④ "엊저녁에 무엇을 드셨는지 말씀해 보세요."
⑤ "속이 쓰리세요? 더부룩하세요? 콕콕 쑤시나요?"

75. 다음과 같은 방법으로 의사소통해야 하는 대상자는?

- 어려운 표현을 사용하지 않는다.
- 실물, 그림판, 문자판을 이용한다.
- 짧은 문장으로 천천히 이야기한다.

① 시각장애 대상자
② 행동장애 대상자
③ 판단력장애 대상자
④ 지남력장애 대상자
⑤ 공간지각력장애 대상자

76. 치매대상자와 의사소통을 하는 방법으로 옳은 것은?

① 시선은 한곳을 응시한다.
② 언어와 몸짓을 함께 사용한다.
③ 대상자보다 높은 위치에 선다.
④ 대상자와 신체적 접촉은 피한다.
⑤ 대상자 뒤에서 천천히 다가간다.

77. 하임리히법에 관한 설명으로 옳은 것은?

① 천천히 심호흡을 하도록 유도한다.
② 등두드리기와 복부밀어내기를 30 : 2로 한다.
③ 머리를 뒤로 젖히고 턱을 들어 올리게 한다.
④ 음식물이 보이지 않으면 손가락을 입에 넣어 음식물을 찾는다.
⑤ 대상자를 뒤에서 안아 복부의 윗부분을 후상방 으로 밀어 올린다.

78. 대상자가 프로그램에 참여하던 중 손을 베어 출혈이 있을 때 대처방법은?
① 비눗물로 씻긴다.
② 손을 마사지해 준다.
③ 지혈제를 뿌려 준다.
④ 대야에 물을 받아 손을 담가 준다.
⑤ 장갑을 착용하고 거즈로 압박한다.

79. 다음 중에서 재가대상자가 약물을 잘못 복용하는 경우는?
① 약을 물과 함께 복용한다.
② 철분제는 오렌지주스와 함께 복용한다.
③ 약 복용을 잊었을 경우 생각난 즉시 복용한다.
④ 약 처방이 바뀐 경우 이전 약을 먼저 복용한다.
⑤ 칼슘제는 식사 중 또는 식사 직후에 복용한다.

80. 자동심장충격기를 사용할 때 전극패드를 붙이는 위치로 옳은 것은?

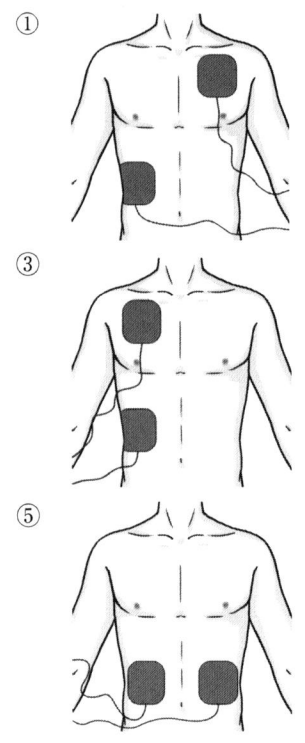
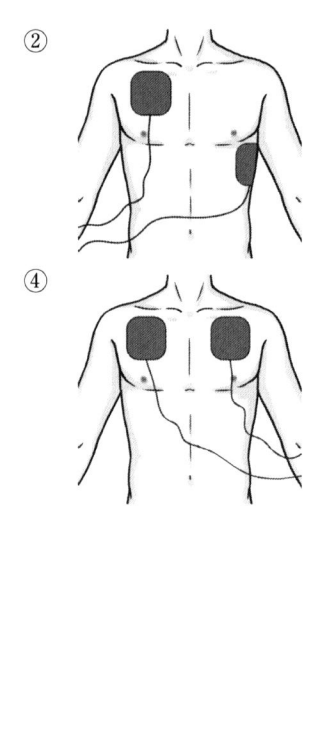

요양보호사 자격시험 ❹유형 정답

1	3	2	1	3	5	4	3	5	1
6	2	7	4	8	3	9	1	10	3
11	3	12	3	13	3	14	4	15	1
16	1	17	5	18	3	19	1	20	5
21	2	22	5	23	3	24	4	25	5
26	5	27	4	28	1	29	2	30	2
31	2	32	3	33	5	34	4	35	5
36	4	37	1	38	5	39	5	40	2
41	1	42	4	43	2	44	1	45	4
46	4	47	3	48	5	49	2	50	1
51	5	52	1	53	3	54	3	55	5
56	2	57	4	58	5	59	4	60	5
61	4	62	2	63	2	64	5	65	4
66	4	67	3	68	2	69	2	70	1
71	3	72	3	73	4	74	2	75	3
76	2	77	5	78	5	79	4	80	2

요양보호사 자격시험 예상문제

❺유형

■ 각 문제에서 가장 적합한 답을 하나만 고르시오.

> 요양보호론(필기시험)

1. 노년기의 신체적 특성으로 옳은 것은?

   ① 기초대사율이 증가한다.
   ② 신체회복력이 향상된다.
   ③ 일상생활수행능력이 향상된다.
   ④ 노화가 비가역적으로 진행된다.
   ⑤ 신체기관의 잔존능력이 향상된다.

2. 노년기에 바람직한 가족관계를 유지하는 방법으로 옳은 것은?

   ① 자녀에게 의존하는 생활을 한다.
   ② 배우자와 애정 표현을 자제한다.
   ③ 형제자매와 경쟁적 관계를 유지한다.
   ④ 고부 관계는 경직된 상태로 유지한다.
   ⑤ 손자·손녀가 긍정적인 자아를 형성하도록 돕는다.

3. 요양보호사가 근로계약 종료로 실직한 경우 실업 급여를 보장하는 사회보험은?

   ① 국민건강보험
   ② 국민연금보험
   ③ 고용보험
   ④ 산업재해보상보험
   ⑤ 노인장기요양보험

❺유형

4. 장기요양서비스 이용 절차 중 괄호 안에 들어갈 내용은?

> 서비스 신청 접수 및 방문상담 → 서비스 제공 계획 수립 → (　　　　) → 서비스 제공 → 모니터링 실시 → 서비스 종료 혹은 지속

① 서비스 방법 개발
② 서비스 기관 안내
③ 서비스 자원 사정
④ 서비스 내용 평가
⑤ 서비스 이용 계약 체결

5. '가족요양비'가 포함된 장기요양급여의 종류는?

① 시설급여
② 재가급여
③ 간병급여
④ 장해급여
⑤ 특별현금급여

6. 노인장기요양보험 일반 급여 대상자가 재가급여를 이용할 때 본인일부부담금의 비율은?

① 장기요양급여비용의 10%
② 장기요양급여비용의 15%
③ 장기요양급여비용의 20%
④ 장기요양급여비용의 25%
⑤ 장기요양급여비용의 30%

7. 다음 중에서 요양보호사의 업무에 해당하는 서비스는?

① 흡인

② 관장

③ 도뇨

④ 욕창 치료

⑤ 외용약 도포

8. 다음 내용에 해당되는 시설 대상자의 권리는?

> 거동이 불편한 대상자가 시설장에게 화장실에 비상벨을 설치해 달라고 요구하였다.

① 신체구속을 받지 않을 권리

② 충분한 정보를 제공받을 권리

③ 사생활과 비밀 보장에 관한 권리

④ 스스로 입소를 결정하고 계약할 권리

⑤ 안락하고 안전한 생활환경을 제공받을 권리

9. 노인학대를 발생시킬 수 있는 요인에 해당하는 것은?

① 가족부양 부담 감소

② 가족관계 갈등 해소

③ 노인의 의존성 증가

④ 노인부양 의식 강화

⑤ 노인의 사회적 관계망 확대

❺유형

10. 요양보호사가 보호받아야 하는 다음과 같은 권리는?

> 연령, 성별, 학력, 출신지역으로 차별받지 않는다.

① 자유권
② 생존권
③ 평등권
④ 청구권
⑤ 노동권

11. 대상자가 음란한 농담을 하며 요양보호사를 강제로 껴안았을 때의 대처방법으로 옳은 것은?

① 껴안은 이유를 물어본다.
② 화를 내며 그 자리를 떠난다.
③ 하지 말라고 분명하게 말한다.
④ 부끄러운 줄 알라며 질책한다.
⑤ 농담을 받아 주며 대수롭지 않게 반응한다.

12. 요양보호사가 지켜야 할 직업윤리로 옳은 것은?

① 대상자의 자기결정권을 존중한다.
② 대상자의 경제적 지위에 따라 대우한다.
③ 대상자에게 업무의 어려움을 하소연한다.
④ 가족의 요구를 위주로 서비스를 제공한다.
⑤ 친근한 대상자에게 먼저 서비스를 제공한다.

13. 요양보호사가 직업윤리를 지켜 행동한 경우는?

① 자신의 건강관리를 철저히 한다.
② 업무내용을 주관적으로 기록한다.
③ 의료인이 없을 때는 역할을 대신한다.
④ 대상자의 동의 없이 개인 정보를 수집한다.
⑤ 대상자를 대신하여 서비스 계약을 체결한다.

14. 다음 상황에서 요양보호사의 대처방법으로 옳은 것은?

> 동료 요양보호사가 서로의 시어머니에게 교차 서비스를 제공하는 것으로 처리하여 급여를 더 받자고 제안한다.

① 일단 생각해 보겠다고 말하고 결정을 미룬다.
② 제안을 수용할 만한 다른 요양보호사를 소개한다.
③ 장기요양급여 제공 원칙에 어긋난다며 거절한다.
④ 시어머니에게 교차서비스 제공에 대해 미리 설명 한다.
⑤ 교차서비스에 대해 주변 사람들에게 비밀로 해 줄 것을 부탁한다.

15. 다음 상황에서 요양보호사가 적절하게 반응한 것은?

> 보 호 자 : 요양보호사가 바뀐 후 아버지의 인지 기능이 나빠진 것 같아요.
> 요양보호사 : (   )

① "이전 요양보호사와 비교하니 기분이 나쁘네요."
② "아버님의 상태를 살핀 후 시설장님께 전달할게요."
③ "아버님이 나빠진 게 제 탓이라는 말씀이신가요?"
④ "제가 볼 때는 인지기능이 이전하고 똑같아요."
⑤ "원래 좋아졌다가 나빠졌다가 그래요."

16. 요양보호사의 근골격계 질환을 예방하기 위해 실시 하는 전신 스트레칭에 관한 설명으로 옳은 것은?

① 동작을 빠르고 신속하게 한다.
② 하나의 자세를 5분 이상 유지한다.
③ 통증이 느껴질 때까지 스트레칭한다.
④ 호흡을 최대한 길게 참으며 동작을 한다.
⑤ 스트레칭을 하면 관절가동범위가 넓어진다.

❺유형

17. 요양보호사가 감염되면 대상자에게 전염될 수 있어 주의해야 하는 질병은?

① 요로감염

② 흡인성 폐렴

③ 궤양성 대장염

④ 알레르기성 비염

⑤ 노로바이러스 장염

18. 설사를 하는 대상자를 돕는 방법으로 옳은 것은?

① 산책을 하게 한다.

② 유제품을 제공한다.

③ 수분 섭취를 제한한다.

④ 섬유소가 많은 음식을 제한한다.

⑤ 설사가 멈춘 후에도 지사제를 먹게 한다.

19. 만성기관지염으로 기도가 좁아져 숨 쉬기 힘든 대상자를 돕는 방법으로 옳은 것은?

① 심호흡과 기침을 하게 한다.

② 뜨거운 물을 자주 마시게 한다.

③ 실내를 차고 건조하게 유지한다.

④ 방향제를 뿌려 실내 공기를 정화한다.

⑤ 감염을 막기 위해 마스크를 쓰게 한다.

20. 고혈압 대상자의 혈압약 복용에 관한 설명으로 옳은 것은?

① 두통이 있을 때 혈압약을 복용한다.

② 비타민K와 함께 복용하여 흡수를 돕는다.

③ 혈압이 조절되지 않으면 이전 약으로 바꿔 복용 한다.

④ 혈압이 높아도 증상이 없으면 복용량을 줄인다.

⑤ 혈압이 조절된다고 투약을 중단하면, 혈압이 다시 올라갈 수 있다.

21. 노화에 따른 근골격계 변화로 옳은 것은?

　① 인대의 탄력 감소

　② 허리의 피하지방 감소

　③ 뼈의 질량 증가

　④ 추간판 두께 증가

　⑤ 근육의 긴장도 증가

22. 전립선비대증의 증상에 관한 설명으로 옳은 것은?

　① 단백뇨가 있다.

　② 소변 줄기가 굵다.

　③ 배뇨 후 잔뇨감이 있다.

　④ 배뇨 횟수가 감소한다.

　⑤ 요의를 느끼지 못한다.

23. 노화에 따른 피부계 변화에 관한 설명으로 옳은 것은?

　① 표피가 두꺼워진다.

　② 손발톱이 두꺼워진다.

　③ 머리카락이 굵어진다.

　④ 각질층의 수분 함량이 증가한다.

　⑤ 모근의 멜라닌 생성이 증가한다.

24. 좌측 뇌에 혈액을 공급하는 혈관이 막힌 뇌졸중에서 나타날 수 있는 증상으로 옳은 것은?

　① 오심을 동반한 위출혈

　② 섬모운동 감소로 인한 기침

　③ 근육 경직 및 안정 시 떨림

　④ 수분 정체로 인한 전신 부종

　⑤ 말을 못 하거나 이해하지 못함

❺유형

25. 노화에 따른 시각계 변화에 관한 설명으로 옳은 것은?
① 결막이 얇아진다.
② 수정체가 투명해진다.
③ 눈물의 양이 증가한다.
④ 각막 반사가 증가한다.
⑤ 동공의 지름이 커진다.

26. 당뇨병 대상자를 돕는 방법으로 옳은 것은?
① 맨발로 운동화를 신게 한다.
② 발톱은 일자로 자르게 한다.
③ 뜨거운 물로 발을 자주 씻게 한다.
④ 운동량이 많은 날은 인슐린 투여량을 늘리게 한다.
⑤ 공복에 운동할 때는 혈당강하제를 갖고 다니게 한다.

27. 노인에게 나타나는 우울증의 특성에 관한 설명으로 옳은 것은?
① 단기기억력이 향상된다.
② 물어보는 말에 적절하게 대답한다.
③ 소화불량 등 신체증상을 호소한다.
④ 무기력과 흥분이 교대로 나타난다.
⑤ 주변 사람들이 우울증임을 쉽게 알아챈다.

28. 수분 섭취를 제한해야 하는 질병은?
① 폐렴
② 천식
③ 방광염
④ 신부전증
⑤ 전립선염

29. 노화로 인한 수면양상의 변화에 관한 설명으로 옳은 것은?

① 아침잠이 많아진다.

② 잠들면 깨기가 힘들다.

③ 수면 시간이 늘어난다.

④ 낮 시간 동안 자주 존다.

⑤ 잠드는 데 걸리는 시간이 짧아진다.

30. 대상자의 성생활에 영향을 주는 요인에 관한 설명으로 옳은 것은?

① 전립선절제술은 발기부전을 유발한다.

② 항고혈압제 복용은 성적 욕구를 높인다.

③ 유방절제술은 성기능의 변화를 초래한다.

④ 과도한 알코올 섭취는 발기지연을 유발한다.

⑤ 뇌졸중 재발을 예방하기 위해 성생활을 금한다.

31. 여름철 폭염에 노출되어 현기증을 호소하는 대상자를 돕는 방법으로 옳은 것은?

① 온수로 목욕하게 한다.

② 지방이 많은 음식을 제공한다.

③ 시원한 물을 천천히 마시게 한다.

④ 따뜻한 물수건을 머리에 대어 준다.

⑤ 실외에서 가벼운 운동을 하게 한다.

32. 요양보호사가 관찰한 내용을 올바르게 기록한 것은?

① "등에 욕창이 심함."

② "며칠 전부터 미열이 있음."

③ "최근에 신체기능이 더 나빠짐."

④ "오후 1시부터 3시까지 낮잠을 잠."

⑤ "오후 5시 이후에 물을 많이 섭취함."

❺유형

33. 방문요양서비스를 제공할 때 관리책임자에게 신속 하게 보고해야 하는 상황은?

① 근처에 사는 딸이 방문하였다.

② 세탁실에 빨랫감이 쌓여 있다.

③ 쓰레기를 분리배출하지 않았다.

④ 새로 도착한 우편물을 발견하였다.

⑤ 베란다에서 배변 중인 대상자를 처음 발견하였다.

34. 임종 대상자를 도울 때 마지막까지 남아 있는 감각을 고려하여 돕는 방법으로 옳은 것은?

① 손을 잡아 준다.

② 조명을 밝게 켜 둔다.

③ 가족사진을 보여 준다.

④ 좋아하는 음악을 들려준다.

⑤ 즐겨 쓰던 아로마 향을 맡게 한다.

35. 임종이 임박한 시설 대상자의 편안한 임종을 돕는 방법으로 옳은 것은?

① 삽입되어 있는 튜브를 제거한다.

② 침상머리를 낮춰 반듯이 눕힌다.

③ 대상자를 조용히 혼자 있게 한다.

④ 가족에게 연락하여 병원 응급실로 옮긴다.

⑤ 대상자가 원했던 종교의 임종의식을 연결해 준다.

요양보호(실기시험)

36. 연하곤란이 있는 대상자에게 음식을 제공할 때 사레를 예방하는 방법으로 옳은 것은?

① 대화하면서 음식을 제공한다.

② 국물이 많은 음식을 제공한다.

③ 식사 전에 입안을 물로 축이게 한다.

④ 다양한 향신료를 넣은 음식을 제공한다.

⑤ 상체를 높이고 턱을 든 자세를 취하게 한다.

37. 의자에 앉아 식탁에서 식사하는 대상자를 돕는 방법으로 옳은 것은?

① 팔받침이 없는 의자에 앉게 한다.

② 대상자를 의자 앞쪽 끝부분에 걸터앉게 한다.

③ 식탁의 상판이 대상자의 배꼽 높이에 오게 한다.

④ 대상자의 발가락 끝이 바닥에 닿게 의자 높이를 조절한다.

⑤ 의자를 식탁과 30°~45° 각도가 되도록 하여 비스듬히 앉게 한다.

38. 대상자의 약물복용을 돕는 방법으로 옳은 것은?

① 알약은 약병 안에 손가락을 넣어 꺼낸다.

② 캡슐약은 캡슐을 제거한 후 복용하게 한다.

③ 가루약은 약을 입에 먼저 넣고 물을 마시게 한다.

④ 약병 가장자리에 묻은 물약은 손가락으로 닦아 낸다.

⑤ 물약은 계량컵을 눈높이로 들고, 처방된 양만큼 따른다.

39. 다음 그림에서 대상자에게 안연고를 투여하는 위치와 방향이 옳은 것은?

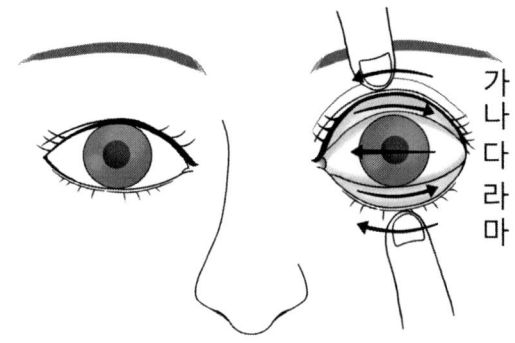

① 가
② 나
③ 다
④ 라
⑤ 마

40. 대상자에게 귀약을 투여하는 방법으로 옳은 것은?

① 귓구멍 중앙에 약을 점적한다.
② 냉장 보관 한 약을 꺼내어 바로 사용한다.
③ 투여 후 면봉으로 약이 묻은 귀지를 제거한다.
④ 귓바퀴를 후하방으로 잡아당겨 약을 투여한다.
⑤ 투여 직후 점적한 쪽 귀를 위로 하여 5분간 누워 있게 한다.

41. 화장실 이용을 돕기 위해 누워 있는 대상자를 일으킨 후에 잠시 앉아 있게 하는 이유는?

① 혈압이 저하되어 어지러울 수 있으므로
② 호흡수가 증가하여 숨이 찰 수 있으므로
③ 체온이 상승하여 식은땀이 날 수 있으므로
④ 맥박이 감소되어 가슴이 아플 수 있으므로
⑤ 복압이 상승하여 요실금을 유발할 수 있으므로

42. 대상자의 침상 배설을 돕는 방법으로 옳은 것은?

① 배변을 돕기 위해 복부 마사지를 한다.

② 활동을 제한하여 배뇨 횟수를 조절한다.

③ 배설 후에 물수건으로 닦은 즉시 옷을 입힌다.

④ 혈뇨를 본 경우 대상자에게 확인시킨 후 버린다.

⑤ 침상발치를 올려 배변하기 쉬운 자세가 되게 한다.

43. 간이변기를 사용하여 배설하는 대상자를 돕는 방법으로 옳은 것은?

① 간이변기 사용 직후에 기저귀를 채워 준다.

② 간이변기 옆에 미끄럼방지 매트를 깔아 준다.

③ 둔부 밑에 방수포를 깐 후에 간이변기를 대어 준다.

④ 바지를 내린후에 허리 아래쪽에 무릎덮개를 덮어 준다.

⑤ 간이변기를 침대 난간과 90°가 되게 놓은 후 대상자를 앉힌다.

44. 대상자의 기저귀 사용을 돕는 방법으로 옳은 것은?

① 윗옷을 가슴까지 올리고 바지를 벗긴다.

② 꼬리뼈 부위에 피부발적이 있는지 살펴본다.

③ 기저귀를 교환할 때마다 시설장에게 보고한다.

④ 사용한 기저귀는 안쪽 면이 보이도록 말아서 버린다.

⑤ 허리를 들 수 없는 대상자는 똑바로 눕혀 교환 한다.

45. 유치도뇨관을 삽입하고 있는 대상자에게 요로감염이 발생할 수 있는 상황은?

① 매일 충분한 수분을 섭취하고 있다.

② 소변주머니가 방광보다 높게 위치해 있다.

③ 소변의 양과 색깔을 2시간마다 확인하고 있다.

④ 소변주머니가 침대 매트리스 아래쪽에 고정되어 있다.

⑤ 소변주머니를 비운 후 배출구를 잠그고 알코올 솜으로 닦고 있다.

❺유형

46. 대상자의 칫솔질을 돕는 방법으로 옳은 것은?

① 잇몸에서 치아 쪽으로 닦는다.
② 머리를 뒤로 젖히고 칫솔질을 한다.
③ 치약은 칫솔모 위에 두툼하게 올린다.
④ 앞니는 칫솔모와 90°가 되게 하여 닦는다.
⑤ 치약의 청량감이 유지되도록 입안을 물로 한 번만 헹군다.

47. 통목욕 시 머리를 감기는 방법으로 옳은 것은?

① 낮보다는 저녁 시간에 감긴다.
② 수건으로 양쪽 귀를 덮고 감긴다.
③ 목욕 의자에 앉혀 머리를 뒤로 젖히게 한다.
④ 머리를 감긴 후 면봉으로 귀 안쪽까지 닦아 준다.
⑤ 젖은 머리를 빗질한 후에 헤어드라이어로 말려 준다.

48. 침상에서 세수하는 대상자를 돕는 방법으로 옳은 것은?

① 대상자를 똑바로 눕힌다.
② 목, 귀, 눈, 코 순으로 닦는다.
③ 코 밖으로 나와 있는 코털은 잘라 준다.
④ 입술과 그 주변을 알코올 솜으로 닦아 낸다.
⑤ 수건에 비누를 묻혀 눈의 안쪽에서 바깥쪽으로 닦아 준다.

49. 대상자의 신체 부위에 따른 목욕 방법으로 옳은 것은?

① 팔은 어깨에서 손끝 방향으로 닦는다.
② 유방은 위아래로 번갈아 가며 닦는다.
③ 다리는 허벅지에서 발끝 방향으로 닦는다.
④ 둔부는 엉덩이 사이와 항문 주위를 닦는다.
⑤ 복부는 배꼽을 중심으로 시계 반대 방향으로 닦는다.

50. 오른쪽 편마비대상자에게 티셔츠를 입히는 순서로 옳은 것은?

① 오른쪽 팔 → 머리 → 왼쪽 팔
② 오른쪽 팔 → 왼쪽 팔 → 머리
③ 머리 → 왼쪽 팔 → 오른쪽 팔
④ 왼쪽 팔 → 머리 → 오른쪽 팔
⑤ 왼쪽 팔 → 오른쪽 팔 → 머리

51. 다음 그림과 같이 휠체어를 자동차의 트렁크로 옮기는 방법으로 옳은 것은?

① 신속하고 빠르게 들어 올린다.
② 팔을 앞으로 뻗어 들어 올린다.
③ 다리를 모아 지지면을 좁혀 들어 올린다.
④ 허리는 펴고 무릎을 굽혔다 펴면서 들어 올린다.
⑤ 발을 움직이지 않고 허리를 회전하여 들어 올린다.

52. 다음 그림과 같이 앉아 있는 오른쪽 편마비대상자를 앞에서 일으킬 때 요양보호사의 지지 방법으로 옳은 것은?

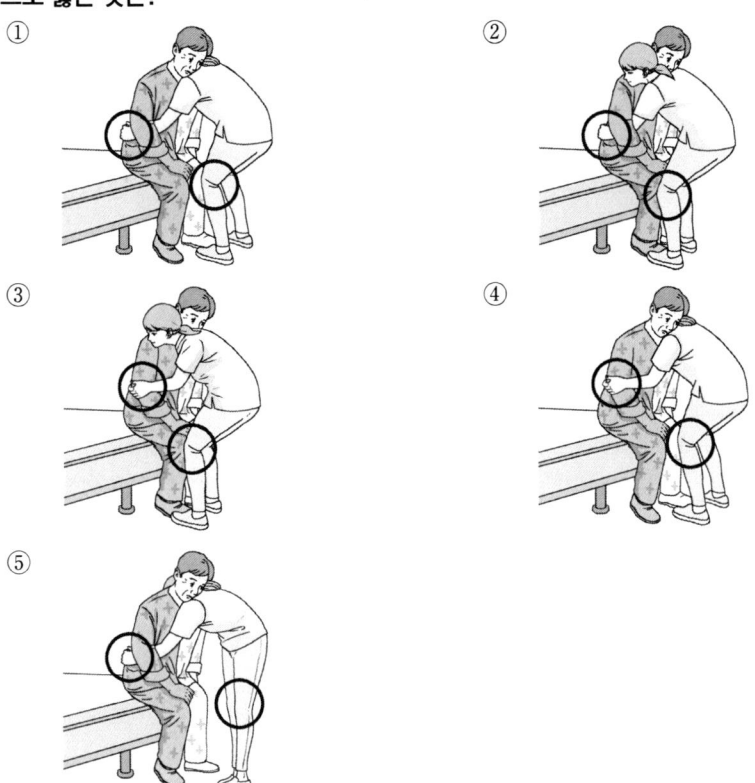

53. 다음 그림과 같은 휠체어의 잠금장치가 고정이 안 될 때 점검해야 하는 것은?

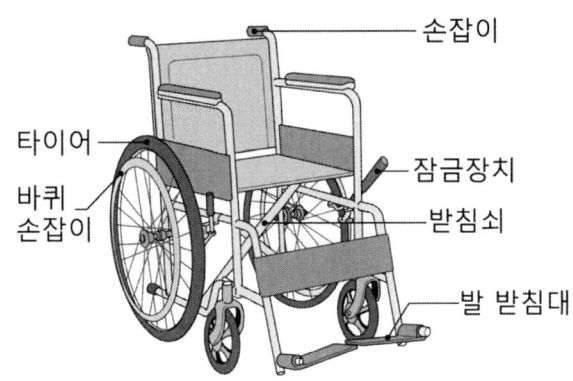

① 타이어 ② 손잡이 ③ 받침쇠
④ 발 받침대 ⑤ 바퀴 손잡이

54. 다음 그림과 같이 휠체어에 탄 대상자를 엘리베이터에 태우는 방법으로 옳은 것은?

①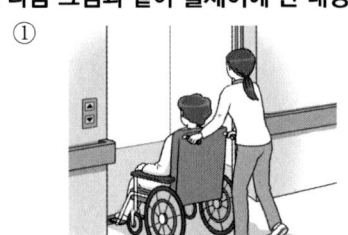
②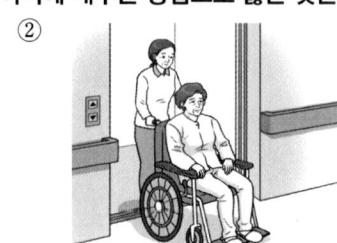
③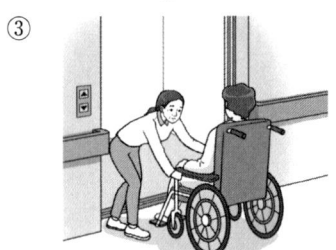
④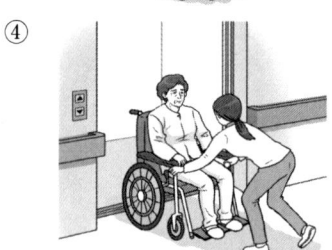
⑤

55. 편마비대상자를 바닥에서 휠체어로 옮기는 순서로 옳은 것은?

가. 대상자 가까이에 휠체어를 놓고 잠금장치를 잠근다.
나. 양쪽 무릎을 꿇고 엉덩이를 들어 허리를 펴게 한다.
다. 건강한 쪽 손으로 휠체어의 팔걸이를 잡게 한다.
라. 건강한 쪽 무릎을 세워 천천히 일어나도록 지지하여 휠체어에 앉힌다.

① 가 → 라 → 나 → 다
② 가 → 다 → 나 → 라
③ 나 → 가 → 라 → 다
④ 나 → 라 → 가 → 다
⑤ 라 → 다 → 나 → 가

❺유형

56. 노인장기요양보험 급여 복지용구 중 대여 품목에 해당하는 것은?

① 지팡이

② 수동침대

③ 이동변기

④ 목욕의자

⑤ 성인용 보행기

57. 대상자의 분비물을 처리하는 방법으로 옳은 것은?

① 손소독제로 손을 닦고 분비물을 처리한다.

② 가래가 묻은 오리털 이불은 햇볕에 말린다.

③ 배설물이 묻은 의류는 구분하지 않고 세탁한다.

④ 분비물에 오염된 일회용 장갑은 씻어 말려 사용한다.

⑤ 혈액이 묻은 물품은 찬물로 씻어 낸 후 더운물로 헹군다.

58. 대상자의 낙상을 예방하는 방법으로 옳은 것은?

① 통이 넓은 바지를 입힌다.

② 복도 바닥을 왁스로 닦는다.

③ 하지근력강화 운동을 시킨다.

④ 취침 시 침대 난간을 내려놓는다.

⑤ 침상을 대상자의 허리 높이로 조절한다.

59. 시설에서 화재로 인해 유해가스가 방출되고 있을 때 대처방법으로 옳은 것은?

① 물을 뿌려 화재를 진압한다.

② 엘리베이터를 이용해 이동한다.

③ 손수건을 이용하여 코와 입을 막는다.

④ 화재가 발생한 방의 문은 열어 놓는다.

⑤ 두 손으로 벽을 짚으며 밖으로 나간다.

60. 재가대상자의 식재료를 관리할 때 식중독 발생 우려가 높은 경우는?

① 두부를 냉장 보관한다.
② 조개류를 냉동 보관한다.
③ 냉동된 육류를 전자레인지로 해동시킨다.
④ 개봉 후 남은 생선 통조림은 랩을 씌워 냉장 보관한다.
⑤ 조리된 식품을 먹기 전에 뜨겁게 데운다.

61. 다음 그림의 세탁표시에 따른 세탁 방법을 옳게 설명한 것은?

① 약한 햇볕에 말림
② 다림질을 약한 온도로 함
③ 드라이클리닝을 약하게 함
④ 산소계 표백제를 적게 사용함
⑤ 세탁기에서는 단시간에 짜야 함

62. 재가대상자의 관공서 방문을 대신해 주는 방법으로 옳은 것은?

① 대상자의 서류 발급비를 기관장에게 청구한다.
② 대상자의 협조가 필요한 부분은 사전에 협의한다.
③ 업무 대행 중 요양보호사의 사적 용무를 병행 한다.
④ 동일한 관공서 업무가 있는 동료 요양보호사에게 부탁한다.
⑤ 업무 대행 결과에 불만족해하는 경우는 대상자가 스스로 처리하게 한다.

❺유형

63. 치매대상자의 식사를 돕는 방법으로 옳은 것은?

① 사발보다 접시를 사용한다.
② 식사 장소는 매일 변화를 준다.
③ 턱받이보다 앞치마를 하게 한다.
④ 물을 흘리면 뚜껑이 없는 컵을 사용한다.
⑤ 음식은 먹기 쉽도록 모두 섞어 제공한다.

64. 재가 치매대상자의 주거환경을 안전하게 조성하는 방법으로 옳은 것은?

① 방 안에 큰 거울을 걸어 둔다.
② 밤에도 화장실 전등을 켜 둔다.
③ 침대는 벽에서 떨어뜨려 놓는다.
④ 난간에 어두운 색 테이프를 붙여 놓는다.
⑤ 출입이 쉽도록 둥근 모양의 문고리를 설치한다.

65. 시설 치매대상자가 다른 대상자들의 칫솔을 주머니에 숨기는 행동을 반복할 때 대처방법으로 옳은 것은?

① 진행되고 있는 미술프로그램에 참여시킨다.
② 가족에게 칫솔을 사 오게 하여 보상하게 한다.
③ 칫솔을 모두 수거한 후 방에 혼자 머물게 한다.
④ 다른 사람의 물건을 만지면 안 된다고 설명한다.
⑤ 일단 제지하고, 그런 행동을 하는 이유를 물어본다.

66. 프로그램이 진행되는 낮 시간에는 계속 졸고, 밤에는 거실을 서성거리는 치매대상자를 돕는 방법으로 옳은 것은?

① 자기 전에 따뜻한 녹차를 제공한다.

② 부족한 잠은 낮잠으로 보충하게 한다.

③ 낮 시간에 간단한 야외활동을 하게다.

④ 저녁 식사 후 고강도 근력운동을 하게한다.

⑤ 잠이 들기 전까지 좋아하는 드라마를 보게한다.

67. 다음 상황에서 요양보호사가 적절하게 반응한 것은?

| 대 상 자 : 누가 날 재우려고 내 밥에 수면제를 넣었어! 저리 치워!
요양보호사 : (   ) |

① "왜요? 식사만 하시면 잠이 와요?"

② "그래요? 누가 넣었는지 보셨어요?"

③ "제가 먼저 먹어 볼 테니까 같이 드세요."

④ "계속 그러시면 앞으로 밥 안 드릴 거예요."

⑤ "그럴 리가 없어요. 걱정하지 마시고 드세요

69. 음악프로그램에 참여하던 치매대상자가 시끄럽다며 갑자기 욕을 하고 소리를 칠 때 대처방법으로 옳은 것은?

① 노래에 맞춰 춤을 추게 한다.

② 방해가 되니 조용히 하라고 한다.

③ 바람을 쐬고 오라고 밖으로 내보낸다.

④ 텃밭에 있는 채소에 물을 주자고 한다.

⑤ 프로그램 진행 규칙에 대해 자세하게 설명한다.

❺유형

70. 치매대상자가 해가 질 무렵만 되면 현관문을 흔들며 집에 가겠다고 할 때 대처방법으로 옳은 것은?

① 침대에 눕힌 후 조명을 꺼 준다.
② 오늘은 늦었으니 내일 가자고 한다.
③ 가족과의 추억에 대해 이야기 나눈다.
④ 시설장의 허락을 받아야 한다고 말한다.
⑤ 현관문이 부서질 수 있다고 주의를 준다.

71. 경증 치매대상자의 인지자극을 위해 다음과 같은 질문을 할 때 향상될 수 있는 것은?

- "조금 전에 누가 다녀가셨나요?"
- "오늘 몇 시에 일어나셨어요?"
- "아침 식사로 무엇을 드셨어요?"

① "왜요? 식사만 하시면 잠이 와요?"
② "그래요? 누가 넣었는지 보셨어요?"
③ "제가 먼저 먹어 볼 테니까 같이 드세요."
④ "계속 그러시면 앞으로 밥 안 드릴 거예요."
⑤ "그럴 리가 없어요. 걱정하지 마시고 드세요."

68. 치매대상자가 군고구마 냄새가 난다며 고구마를 달라고 할 때 요양보호사의 반응으로 적절한 것은?

① "어디에서 냄새가 나는지 찾아보세요."
② "왜 갑자기 군고구마가 생각나셨어요?"
③ "무슨 말씀이세요. 저는 냄새가 안 나는데요."
④ "군고구마가 드시고 싶군요. 함께 사러 나가요."
⑤ "어제도 그 말씀을 하시더니 오늘도 그러시네요."

72. 대상자와 비언어적으로 의사소통하는 방법으로 옳은 것은?

① 창의력

② 순응력

③ 계산력

④ 공감능력

⑤ 단기기억력

72. 대상자와 비언어적으로 의사소통하는 방법으로 옳은 것은?

① 팔짱을 끼고 말한다.

② 대상자보다 눈높이를 낮춘다.

③ 잦은 헛기침을 하며 반응한다.

④ 대화하는 내내 머리를 끄덕인다.

⑤ 대상자를 향해 몸을 약간 기울인다.

73. 재가대상자가 식탁 위에 밥 먹은 그릇을 그대로 두어 밥풀이 말라붙어 있을 때 '나-전달법'으로 적절하게 반응한 것은?

① "식사를 하신 지 오래되었나 봐요."

② "밥풀이 하나도 안 남게 깨끗이 좀 드세요."

③ "그릇이 그대로 있네요. 어디가 불편하세요?"

④ "밥풀이 말라붙어 있는 것을 보니 맛있게 드셨군요."

⑤ "설거지하기가 힘들어요. 다 드신 그릇은 싱크대 물에 담가 두셨으면 좋겠어요."

74. 의사소통할 때 라포가 형성되었다고 볼 수 있는 대상자의 반응은?

① 눈 마주치기를 피한다.

② 시선을 한 곳에 고정한다.

③ 손으로 입을 가리고 말한다.

④ 무슨 일이라도 털어놓고 말한다.

⑤ 마음에 들지 않으면 슬쩍 넘어가 피한다.

75. 다음 상황에서 요양보호사의 공감적 반응으로 적절한 것은?

> 대상자 : 세월이 갈수록 후회되는 일도 많고, 외롭고, 사는 것도 재미없고….
> 요양보호사 : (   )

① "우울증이신 것 같아요."
② "요즘 많이 외롭고 힘드신가 봐요."
③ "재미있는 이야기를 들려드릴게요."
④ "부정적인 생각은 정신건강에 나빠요."
⑤ "나이가 들면 대부분 다 그렇게 느껴요."

76. 주의력결핍장애 대상자와 효과적으로 의사소통하는 방법으로 옳은 것은?

① 다양한 환경적 자극을 준다.
② 메시지를 큰 소리로 빠르게 말한다.
③ 한 번에 여러 내용을 명확하게 말한다.
④ 익숙한 사물에 대한 내용으로 대화한다.
⑤ 목표에 맞는 복합적인 활동을 제시한다.

77. 프로그램에 참여하던 대상자가 쓰러져 경련을 할 때 응급처치 방법으로 옳은 것은?

① 즉시 인공호흡을 한다.
② 안정을 위해 조용한 방으로 옮긴다.
③ 대상자의 머리 아래에 딱딱한 것을 대어 준다.
④ 경련이 멈출 때까지 양쪽 어깨를 꽉 잡아 준다.
⑤ 입에 거품이 있는 경우 고개를 옆으로 돌려 준다.

78. 대상자가 뜨거운 물을 팔에 쏟아 화상을 입었을 때 응급처치 방법으로 옳은 것은?

① 물집이 생기면 터뜨려 준다.
② 화상 부위에 치약을 발라 준다.
③ 얼음 조각을 화상 부위에 대어 준다.
④ 화상 입은 쪽 팔에 착용한 장신구를 빨리 빼 준다.
⑤ 수돗물을 화상 부위에 세게 틀어 준다.

79. 대상자가 한꺼번에 많은 약을 먹은 후 의식을 잃고 쓰러져 있을 때 대처방법으로 옳은 것은?

① 하임리히법을 적용한다.
② 즉시 우유를 데워 먹인다.
③ 토사물은 의료진에게 보이기 위해 병원에 가져간다.
④ 입 안에 손가락을 넣어 삼킨 약을 구토하게 한다.
⑤ 주변에 있는 먹고 남은 약과 용기를 치운다.

80. 자동심장충격기를 사용할 때 가슴압박을 반드시 중단해야 하는 경우는?

① 자동심장충격기의 전원을 켤 때
② 자동심장충격기의 패드를 부착할 때
③ 자동심장충격기에서 심장리듬을 분석할 때
④ 자동심장충격기가 에너지를 충전하는 동안
⑤ 자동심장충격기의 쇼크 버튼을 누른 후 2분 동안

요양보호사 자격시험 ❺유형 정답

1	4	2	5	3	3	4	5	5	5
6	2	7	5	8	5	9	3	10	3
11	3	12	1	13	1	14	3	15	2
16	5	17	5	18	4	19	1	20	5
21	1	22	3	23	2	24	5	25	1
26	2	27	3	28	4	29	4	30	4
31	3	32	4	33	5	34	4	35	5
36	3	37	3	38	5	39	4	40	5
41	1	42	1	43	3	44	2	45	2
46	1	47	3	48	3	49	4	50	1
51	4	52	2	53	1	54	2	55	2
56	2	57	5	58	3	59	3	60	4
61	5	62	2	63	3	64	2	65	1
66	3	67	3	68	4	69	4	70	3
71	5	72	5	73	5	74	4	75	2
76	4	77	5	78	4	79	3	80	3

요양보호사 자격시험 예상문제

❻유형

■ 각 문제에서 가장 적합한 답을 하나만 고르시오.

요양보호론(필기시험)

1. 다음과 관련된 노년기의 신체적 특성은?

· 잠재되어 있던 질병이 나타남
· 질병상태가 급격하게 악화되어 사망에 이를 수 있음

① 의존성의 증가
② 경직성의 증가
③ 사회성의 증가
④ 우울감의 증가
⑤ 과거 회상의 증가

2. 노인 부양 문제의 개선 방안으로 옳은 것은?

① 세대간의 갈등을 조절한다.
② 획일적인 노인복지서비스를 제공한다.
③ 장기적인 돌봄은 가족이 전담하도록 한다.
④ 노인 재교육 프로그램 예산을 축소한다.
⑤ 사회보험은 축소하고 개인보험은 확충한다.

❻유형

3. 다음에서 설명하는 노인복지의 원칙은?

> · 노인은 가능한 한 오랫동안 가정에서 살수 있어야 한다.
> · 노인은 개인의 선호와 변화된 능력에 따라 적응할 수 있는 환경에서 살 수 있어야 한다.

① 참여의 원칙
② 독립의 원칙
③ 통합성의 원칙
④ 평생교육의 원칙
⑤ 자아실현의 원칙

4. 장기요양서비스 전달체계에서 국민건강보험공단의 역할은?

① 의사 소견서 발급
② 장기요양등급 판정
③ 국고 및 지방비 지원
④ 요양보호사 자격증 발급
⑤ 장기요양서비스 비용 청구

5. 장기요양서비스 이용지원에 관한 설명으로 옳은 것은?

① 서비스 모니터링 후에 계약을 체결한다.
② 서비스 종료는 용양보호사가 결정한다.
③ 서비스 이용체결은 구두로 한다..
④ 서비스 이용 시 장기요양인정서가 필요하다.
⑤ 서비스 제공 계획 수립은 기관중심으로 한다.

6. 요양보호 업무의 목적으로 옳은 것은

① 노인 인식 개선 교육
② 경제적 자립 생활 지원
③ 장기요양인정 신청 유도
④ 노인 프로그램 인증 및 평가
⑤ 대상자의 신체기능 유지 및 증진

7. 요양보호서비스의 제공 원칙으로 옳은 것은?

① 필요한 경우 요양보호사가 판단하여 서비스를 변경한다.
② 대상자의 성향보다 시설의 규칙을 우선한다.
③ 서비스를 제공 할 때 대상자의 잔존능력을 고려한다.
④ 대상자와 의견이 충돌하면 보호자가 해결하도록 한다.
⑤ 치매대상자의 돌발상황은 동료 요양보호사와 의논하여 해결한다.

8. 시설에 대상자의 의견 수렴 건의함을 설치하지 않았을 때 대상자가 침해받을 수 있는 권리는?

① 노인 인식 개선 교육
② 경제적 자립 생활 지원
③ 장기요양인정 신청 유도
④ 노인 프로그램 인증 및 평가
⑤ 대상자의 신체기능 유지 및 증진

9. 다음 중 노인학대에 해당하는 것은?

① 집안 경조사에 노인이 참여하게 한다.
② 노인이 시설에 입소한 후에 가족이 시설에 자주 왕래한다.
③ 노인의 연금을 가족이 임의로 사용한다.
④ 시설 입소 결정 과정에 노인의 의사를 반영한다.
⑤ 재산관리에 관한 결정권을 노인이 행사하게 한다.

❻유형

10. 「산업재해보상보험법」에서 규정한 산업재해근로자 보호 내용으로 옳은 것은?

① 보험급여에 일정세금이 부과된다..
② 보험급여의 유효기간은 1년 미만이다.
③ 보험급여는 양도하거나 압류할 수 있다.
④ 산업재해를 당했다는 이유로 해고 할 수 없다.
⑤ 산업재해로 요양하던 중에 퇴직하는 경우에는 장해급여가 중단된다.

11. 다음과 같은 상황에서 요양보호사의 대처방법은?

> 청력에 문제가 없는 대상자가 대화할 때마다 귀가 잘 들리지 않는다면서 요양보호사에게 몸을 밀착한다.

① 정색하며 몸을 밀친다.
② 점잖지 못하다고 나무란다.
③ 대응을 안하고 다른 업무를 시작한다.
④ 대상자의 배우자에게 재발방지를 약속받는다.
⑤ 적절한 조치가 이루어지도록 기관장에게 보고한다.

12. 요양보호사가 지켜야 할 직업윤리가 옳은 것은?

① 대상자의 인권을 존중한다.
② 약소한 보상은 받아도 무방하다.
③ 서비스 제공 시 대상자 자녀의 욕구를 반영한다.
④ 개인적 선호에 따라 대상자를 선택한다..
⑤ 타 직종과의 협력보다 업무의 신속성을 우선시한다.

13. 재가대상자의 자녀가 일회용 마스크 재사용을 요청했을 때 요양보호사의 대처방법은?

① 고민해본다고 대답을 회피한다.
② 대상자의 건강에 해롭다고 설명한다.
③ 서비스 제공 시 대상자 자녀의 욕구를 반영한다.
④ 개인적 선호에 따라 대상자를 선택한다.
⑤ 타 직종과의 협력보다 업무의 신속성을 우선시한다.

14. 요양보호사가 직업윤리 원칙을 준수한 사례는?

① 자신의 종교를 믿도록 강요한다.
② 대상자의 의견을 물은 후에 서비스를 제공하였다.
③ 대상자에게 필요한 물품을 구입하여 판매하였다.
④ 별도의 서비스를 대상자와 개인적으로 계약하였다.
⑤ 대상자 부재중에 서비스를 제공한 후 메모를 남겼다.

15. 대상자의 배우자가 본인 부담금할인을 요청할 때 대처방법은?

① 위법한 행위라고 설명한다.
② 기관장과 상의한 후에 결정하겠다고 말한다.
③ 복지용구를 구매해 주면 할인해 준다고 말한다.
④ 1년이 지나면 추가 할인을 받을 수 있다고 말한다.
⑤ 장기요양등급을 상향 조정해 주겠다고 말한다.

16. 수근관증후군을 의심할 수 있는 증상은?

① 주먹을 쥐면 팔과 어깨가 저림.
② 팔을 들고 내릴 때 팔꿈치에 통증이 있음.
③ 팔을 돌리면 어깨통증이 있음.
④ 손목을 구부려 양쪽 손등을 맞대고 밀 때 손가락과 손바닥이 저림.
⑤ 팔을 펴고 손목을 손등 쪽으로 젖힐 때 팔꿈치 안쪽이 저림.

17. 다음중 요양보호사가 감염 예방에 유의하면서 행동한 경우는?

① 손으로 입과 코를 가리고 기침을 하였다.
② 요양보호사가 잠복결핵 상태에서 손을 씻고 대상자를 돌보았다.
③ 옴에 감염된 요양보호사의 옷을 찬물로 세탁하였다.
④ 임신한 요양보호사가 장갑을 끼고 수두대상자를 돌보았다.
⑤ 노로바이러스에 감염된 요양보호사가 마스크를 착용하고 대상자를 돌보았다.

18. 노인성 질병의 특성에 관한 설명으로 옳은 것은?

① 질병의 예후가 명확하다.
② 급성질병이 대부분이다.
③ 질병의 증상이 뚜렷하게 나타난다.
④ 한가지 질병이 단독으로 발생하는 경우가 많다.
⑤ 수분과 전해질 균형이 깨지기 쉽다.

19. 위궤양 대상자를 돕는 방법으로 옳은 것은?

① 훈연한 음식을 먹게한다.
② 흡연자이면 금연하게 한다.
③ 잠자리에 들기 전에 녹차를 마시게 한다.
④ 검은 색 대변을 보더라도 정상이라고 안심시킨다.
⑤ 비스테로이드성 소염진통제를 자주 복용하게 한다.

20. 노화와 관련된 호흡기계의 특성으로 옳은 것은?

① 폐포의 탄력성이 증가하여 숨 쉬기가 편하다.
② 기침반사가 증가하여 미세물질을 걸러내기 쉽다.
③ 콧속 점막에 습기가 증가하여 공기 흡입이 쉽다.
④ 호흡근육이 약화되어 호흡증가시 피로해지기 쉽다.
⑤ 기관지 내 분비물이 감소하여 감염 발생 위험이 낮다.

21. 노화에 따른 심혈관계 변화로 옳은 것은?

① 심장근육이 얇아진다.
② 최대 심박동수가 증가한다.
③ 심장근육의 탄력성이 증가한다.
④ 정맥약화로 하지부종이 생긴다.
⑤ 심장이 한번에 내보내는 혈액량이 증가한다.

22. 골다공증으로 고관절 골절의 위험이 높은 대상자에게 행동 수정이 필요한 경우는?

① 연어, 고등어, 달걀을 자주 섭취한다.
② 규칙적으로 하지근력 강화운동을 한다.
③ 거실에 널려있는 물건이 없도록 청소한다.
④ 안경도수가 맞지않아 안경을 새로 맞춘다.
⑤ 저체중 상태를 유지하기 위해 다이어트를 한다.

요양보호사 자격시험 ❻유형 정답

1	3	2	1	3	2	4	2	5	4
6	3	7	3	8	5	9	3	10	4
11	5	12	1	13	2	14	2	15	1
16	4	17	2	18	5	19	2	20	4
21	4	22	5	23		24		25	

한국방송통신대입학은곧성공입니다

isbn 9791193186602
정가49800원

저자 김정수
출생 전북고창
약력 방통대 경제학과
국내최초국가기간전산망
국내최초이동통신사업자선정
비트코인 백만장자저자
억만장자선물옵션저자
발행일 10월23일